SALEWA

Keltenkalk – Inhalt

Einklang

„Keltenkalk“ heißt eine Route in diesem Kletterführer, dessen Einzugsbereich sich von der Stadtgrenze Wiens bis ins südöstliche Niederösterreich erstreckt. Kalk in all seinen Variationen ist das prägnante Element der Felsmassive in diesem Buch, und viele dieser Felsen liegen auf geschichtsträchtigem Boden, inmitten von uraltem keltischen Siedlungsgebiet – Wallanlagen im Wienerwald und in der Buckligen Welt sowie Gräben in den Fischauer Bergen zeugen davon.

Genauso geschichtsträchtig wie das beschriebene Gebiet sind auch viele Felsen in diesem Bereich. Klettern in und um Wien hat eine alte Tradition. Der Begriff der „Kletterschule“, sozusagen der Vorläufer des Klettergartens, entstand hier genauso wie die erste Schwierigkeitsbewertung im Fels.
Gebouldert wurde an der Mizzi Langer Wand schon in der Steinzeit des Kletterns und der 1896 gegründete „Alpine Rettungsausschuss Wien“ war der erste organisierte Bergrettungsdienst der Welt.
Daran soll „Keltenkalk“ erinnern. Und auch daran, dass Klettern mehr ist als ein bunter, cooler Trendsport mit all seinen Auswüchsen – eine Betätigung in der Natur nämlich. Das Umfeld „Natur“ beinhaltet die Felsen, ihre Umgebung, die Tiere, Pflanzen und die Menschen, die dort leben – und alle wollen respektiert werden. „Draußen“ gibt’s keine Putzfrau wie in der Halle, die den Dreck wegräumt.

Eines noch – der Schwierigkeitsgrad einer Route ist nicht das Wichtigste. Auch wenns für das Ego bedeutsam ist, ob die gekletterte Route jetzt 8 oder 8+ ist – in Wirklichkeit ists wurscht und den Lauf der Welt ändert es auf keinen Fall. Wenn euch eine Bewertung also nicht passt – durchstreichen, eigenen Vorschlag hinkritzeln und die Autoren damit nicht belästigen. Schließlich ist der Spaß am Klettern doch das einzig Wichtige.

Titelseite:
Triskel(e); Luft, Erde, Wasser;
Glücks- & Schutzsymbol
der Kelten.

Photo : Tim Ker
PETZL
… und der Rest liegt an dir
PETZL
HIRUNDO
Der Gurt den man kaum spürt, für maximale Performance.
Ultraleichter Sportklettergurt mit sehr gutem Hängekomfort. Atmungsaktive Materialien.
Deltaförmige Beinschlaufen ermöglichen maximale Bewegungsfreiheit.
Mini DoubleBack Schnalle zur schnellen und exakten Anpassung. www.petzl.com

Hinweise

Vorsicht!

Durch Sanierung, Hakendiebstahl (kommt immer wieder vor), Hakenausbruch (kommt zum Glück nur selten vor) und nicht zuletzt dem Zahn der Zeit, der dem Material doch auch zusetzt, kann sich natürlich der Absicherungszustand ändern. Die vorgenommene Bewertung der Absicherung bezieht sich auf den Stand von Fühjahr 2003.

Nochmals Vorsicht!

In vielen Klettergebieten im Bereich Kaltenleutgeben, aber auch im Helenental, am Thalhofergrat, in Teilen der Flatzer Wand, im Bereich Calimero Wall steckt ein Klebehakentyp, der falsch verarbeitet wurde. Einige dieser Haken sind abgebrochen, besonders bei den Abseilstellen (Griffbügel mit kleinem Sauschwanzl) ist Vorsicht geboten. Am besten sind die Haken an der goldbraunen Farbe zu erkennen. Mittlerweile wurden viele dieser Haken entfernt und durch neue, sichere Klebehaken ersetzt, trotzdem Augen auf und beim Abseilen an besagten Bügeln eventuell Bäume, Sanduhren oder Nachbarhaken dazufädeln.

Vorsicht bei Haken die so aussehen!

Haftung:

Die Ausarbeitung aller in diesem Führer beschriebenen Anstiege und Routen erfolgte nach bestem Wissen und Gewissen der Autoren. Autoren und Verlag können jedoch keine Gewähr für die Richtigkeit der Angaben übernehmen.
Die Autoren können keinerlei Haftung für Unfälle oder Schäden übernehmen, da jeder Kletterer die Verantwortung für die Routenauswahl und das Einschätzen der persönlichen Leistungsfähigkeit selbst übernehmen muss.

Autoren:

Robert Gruber, Bernd Schwanda

Zeichenerklärung

Statistik:
In der Statistik werden die Routen des Gebietes in einem Balkendiagramm nach Schwierigkeit geordnet dargestellt. Bei Doppelbewertung (z. B. 8+/9-) wird diese der niedrigeren Bewertung zugeteilt (bei 8+/9- also 8). Mehrseillängenrouten werden nach der schwierigsten Länge beurteilt.
Proj. = Projekte.

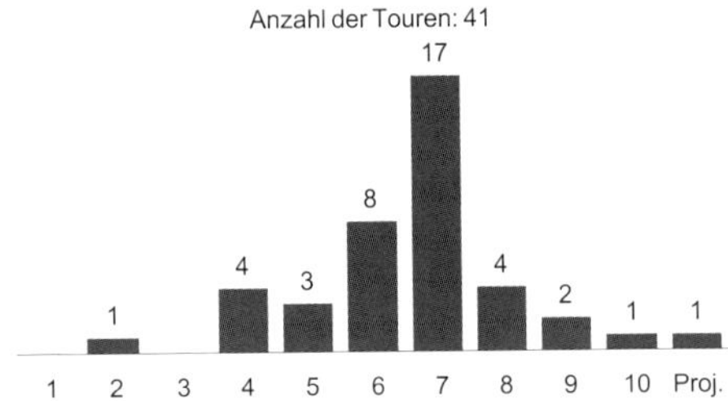

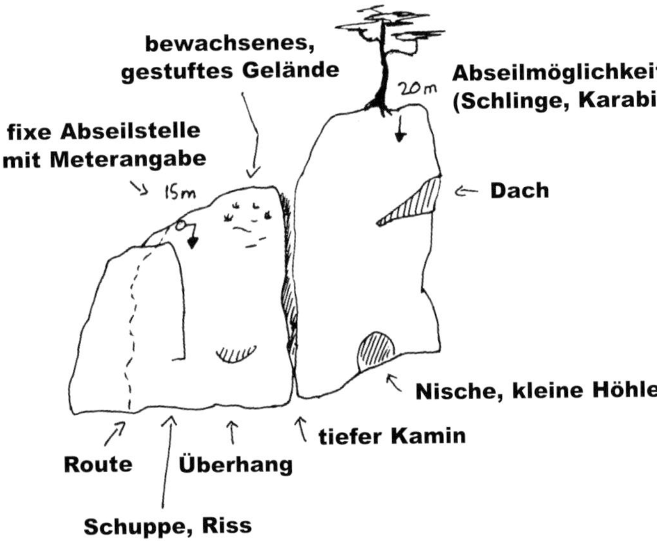

Schwierigkeitsbewertung:
Sowohl die Routen als auch die Boulder werden nach der bei uns noch immer üblichen UIAA-Skala von 1-11 bewertet. Wem die französische Skala bzw. die Bleau-Skala für Boulder lieber ist – selbst umrechnen.

Übrigens: Schwierigkeitsbewertung ist natürlich subjektiv – wem eine Bewertung nicht passt, der kann diese im Führer ja selbst ausbessern.
Bei Bouldern: „**sd**" bedeutet Sitzstart – Hintern am Boden!

Lage: Exposition der Wand (z. B. N, O, SW ...)

Höhe: Wandhöhe (z. B. 25-30m)

Bewertung:

*	Grenzgeniale Route
***	Sehr schön, gute Züge, super Fels
**	Schöne Route, lohnend
*	OK, nix Besonderes
-	Ohne Stern, naja - brüchig oder erdig - eher unlohnend

Absicherung:

ppp Perfekte Bohr- bzw. Klebehakenabsicherung, geringe Hakenabstände auch im leichten Gelände.

pp Gute Bohr-/Klebehakenabsicherung, es können jedoch etwas weitere Abstände vorkommen, auch an den Schlüsselstellen ist der Haken nicht immer in Griffweite.

p Bohr-/Klebehakenabsicherung nicht mehr klettergartengemäß. Weite Abstände auch an den Schlüsselstellen einer Route, zwingende Schwierigkeiten, eventuell Keile bzw. Friends nötig, bedenkenloses Fallenlassen ist nicht mehr angesagt.

~~**p**~~ Keine Haken vorhanden!

Wandneigung:

 Plattiges, geneigtes Gelände

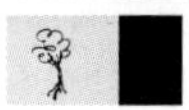 Senkrechte Wandklettereien

 Vorwiegend überhängende Kletterei

Kindereignung:

 Dieses Symbol gibt's nur, wenn ein Fels besonders kinder- bzw. familienfreundlich ist: Das bedeutet gefahrloses Gelände am Wandfuß, Möglichkeiten zum Spielen, gut zu erreichen, leichte Routen ...

Anfänger:

L Dieses Symbol findet dann Verwendung, wenn es in einem Klettergarten besonders gut geeignete Anfängerrouten gibt: Geringe Schwierigkeiten, sehr gute Absicherung bzw. gute Möglichkeit zum Toprope-Klettern.

Die Lutterwand - ideal für Kinder und Anfänger

Kaltenleutgebner Tal, Rodaun, Kalksburg

Allgemeines:
Direkt vor den Toren Wiens liegen diese traditionsreichen Felsen, eingebettet in die typische Wienerwaldlandschaft. Sie mögen nicht besonders hoch, besonders mächtig oder von exquisiter Felsqualität sein – aber jede Menge Wiener Klettergeschichte und –geschichten wurden hier geschrieben. Namhafte, noch viel mehr unbekannte Kletterer taten hier ihre ersten Schritte im Fels; und lebten wir nicht in der Zeit der Kunstwände und des Hallenkletterns, wäre es auch heute noch so ... Trotzdem, die unproblematische Erreichbarkeit lässt die Felsen immer populär sein, und wer die ersten Schritte im Naturfels oder am scharfen Ende des Seils tun will, hat hier ein reiches Betätigungsfeld.

Vor allem Christian Hacker ist es zu danken, dass unzählige Klebehaken in fast allen der hier vorgestellten Gebiete stecken, er verpasste auch vergessenen Felsen wie z. B. dem Jungkunststein ein modernes Aussehen.

Also auf, raus in den Wienerwald, und wenn ihr euch mit Slicks, Magnesia und superbequemem Hüftgurt in einer Route abmüht, dann denkt daran, dass vor Jahrzehnten hier schon jemand mit festen Berghammerln und Hanfstrick geklettert ist.

Kaltenleutgebner Tal, Rodaun, Kalksburg Übersicht

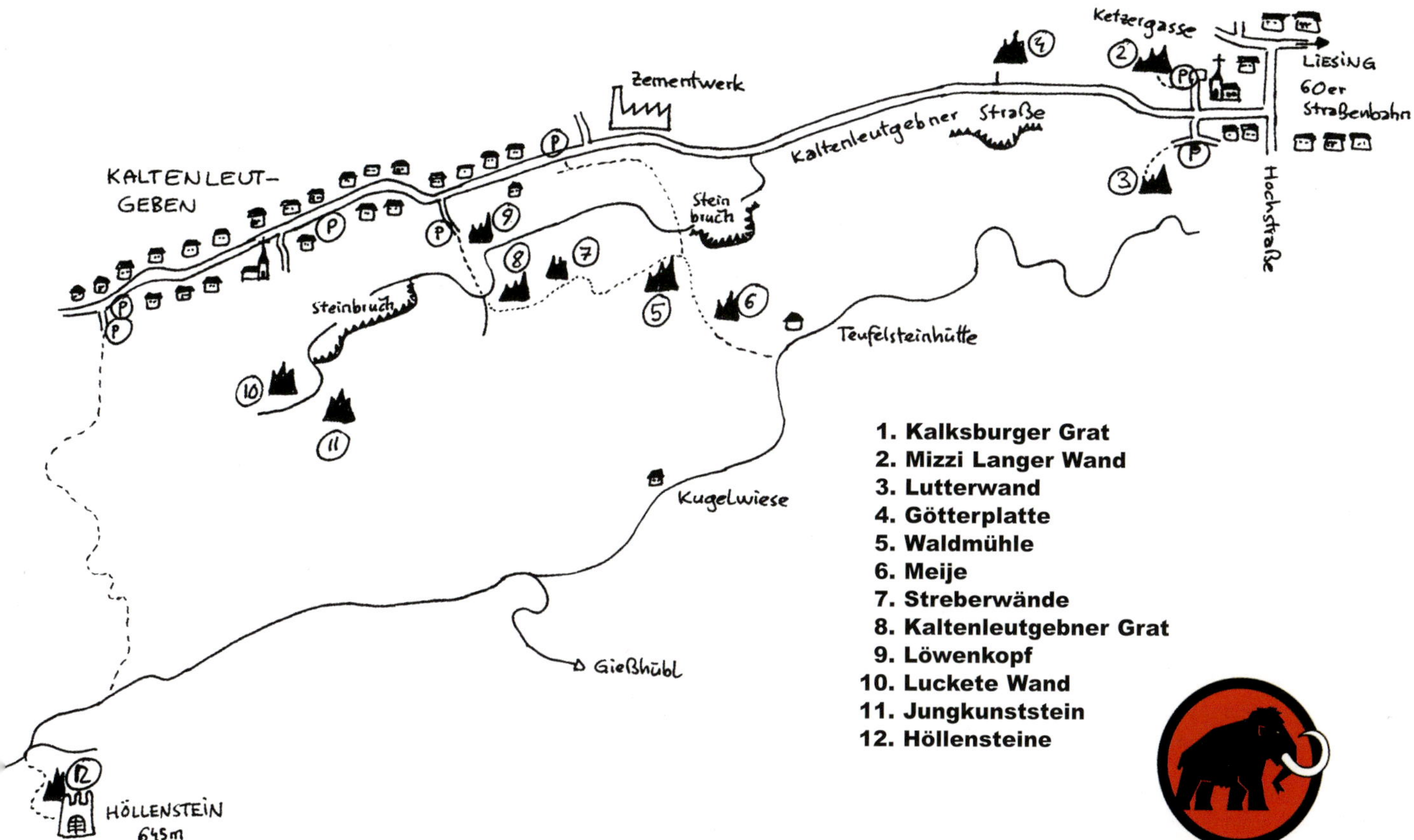

1. Kalksburger Grat
2. Mizzi Langer Wand
3. Lutterwand
4. Götterplatte
5. Waldmühle
6. Meije
7. Streberwände
8. Kaltenleutgebner Grat
9. Löwenkopf
10. Luckete Wand
11. Jungkunststein
12. Höllensteine

Kalksburger Grat

Lage: W **Höhe:** 6m

ppp L

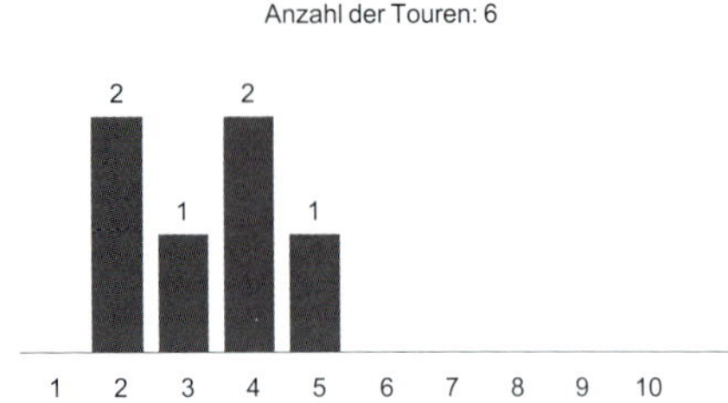

Besonderes: Ideal für Kinder und die allerersten Schritte im Fels.
Dieser Fels ist etwas ganz Besonderes: der Kleinste in diesem Führer! So klein er auch ist, 6 Routen wurden eingerichtet. Der Fels ist noch schön rau, gutgriffig und recht steil – Anfänger, Kinder und Leute mit Höhenangst sind hier willkommen.

Zufahrt: ÖV: Mit dem Bus von Liesing Richtung Breitenfurt, aussteigen am Kalksburger Kirchenplatzl. Hier in die Straße „In der Klausen" einbiegen bis zum Haus Nr. 26 (Forstverwaltung).
PKW: Auf der Breitenfurter Straße bis zum Kalksburger Kirchenplatz (gleich nach der Tordurchfahrt). Hier rechts (Ampel) in die enge Gasse „In der Klausen" und im Bereich Haus Nr. 20 parken.

Zugang: Beim Haus Nr. 26 (Forstverwaltung) zweigt ein Wanderweg rechts ab. Hier auf Steigspur zum untersten Gratausläufer und links des Grates, an kleinen Nischen (leichte Boulder möglich) zum obersten Gratturm (3min). Man kann auch den Grat von unten direkt überschreiten (1-, lieb, 50m).

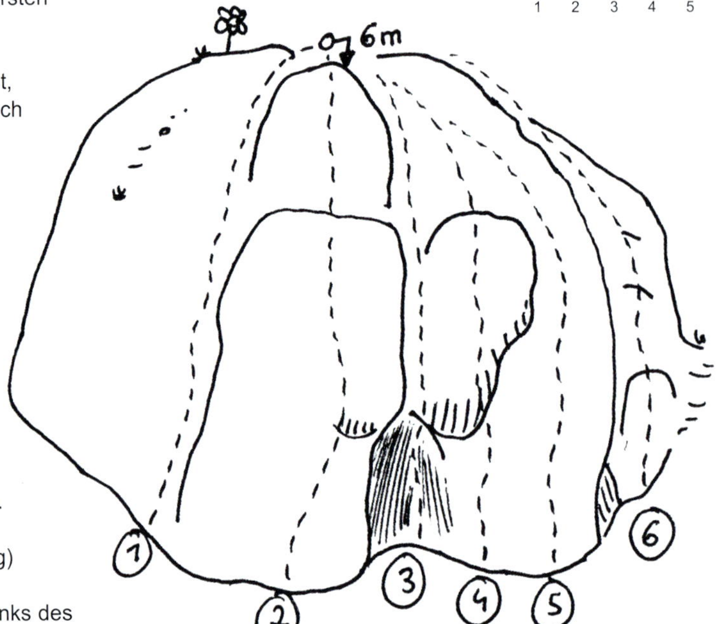

1. Verschneidung **2+ ∗**
2. Kante **4 ∗**
3. Höhlenbär **4+ ∗**
4. Pfeiler **5 ∗**
5. Riss **3- ∗**
6. Rechte Flanke **2 ∗**

Götterplatte

Lage: SW **Höhe:** 25m

ppp

Anzahl der Touren: 5

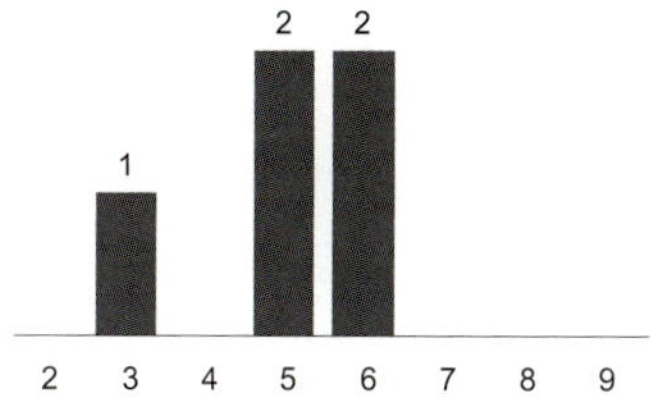

Besonderes: Bei Nässe sehr rutschig. Vorsicht – im linken Teil keine Geschosse aufs Haus abfeuern.

Eine brüchige Plattenwand, quasi im Straßengraben – nicht gerade das Gelbe vom Ei. Der „Hendlsteig", dereinst mit nur 2 Bohrhaken eine recht anspruchsvolle Plattenschleicherei, ist aber recht nett – nun mit vielen Klebehaken auch für die Wappler zu genießen.

Zufahrt: ÖV: Von Rodaun (Endstelle 60er) oder Liesing mit dem Bus Richtung Kaltenleutgeben zur Haltestelle „Polstermühle" beim Haus Kaltenleutgebner Str. Nr. 12, gegenüber vom grausigen Riesensteinbruch. PKW: Von Rodaun über Ketzer- und Hochstraße in die Kaltenleutgebner Straße, bis zum Haus Nr. 12.

Zugang: Der Fels liegt neben dem Haus (1min).

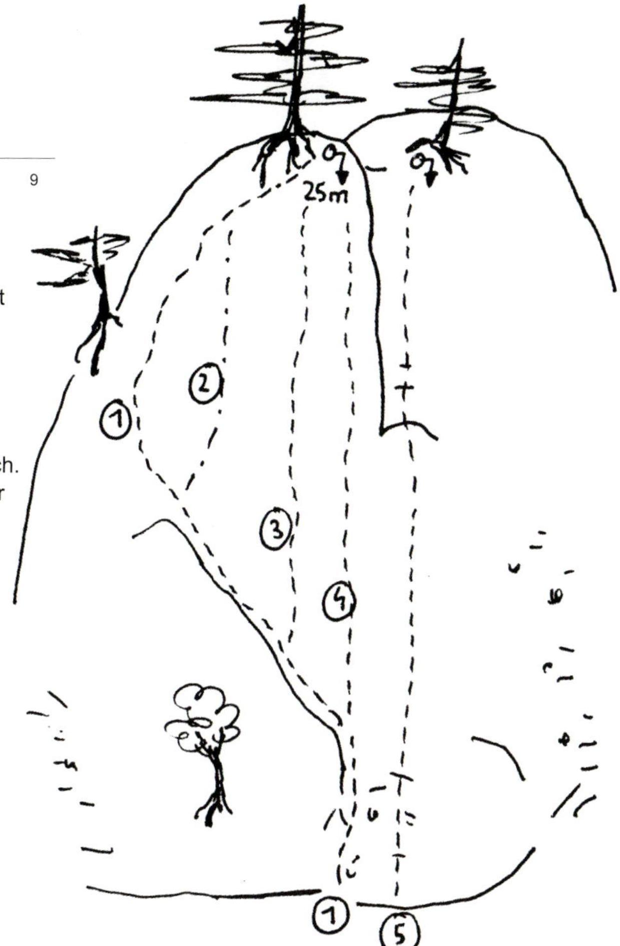

1. Riss **3 ✱** Etwas brüchig
2. Abkürzer **5-**
3. Plattenfuchs **5+ ✱**
4. Hendlleiter **6- ✱**
5. Hendlsteig **6+ ✱**

3. bis 4. Plattenklettereien, teils brüchig, teils erstaunlich fest, Einstieg sehr flechtig

Mizzi Langer Wand

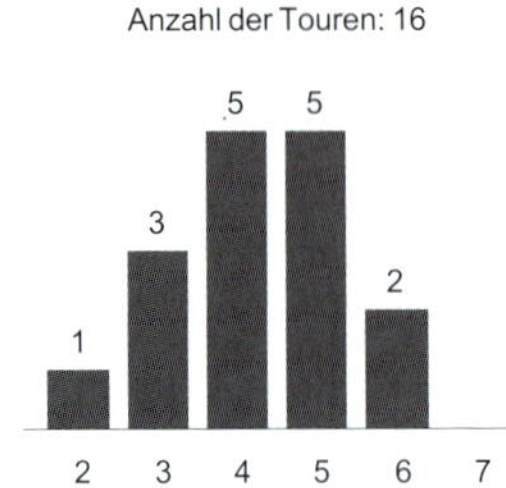

Lage: S **Höhe:** bis 35m

Besonderes: Helm empfehlenswert (besonders im linken Teil)! Tw. extrem abgeschmiert! Oft brüchig! Keine Haken in den Routen, meist Toprope-Sicherung.

Die Mizzi Langer Wand ist wohl der traditionsreichste Klettergarten im Nahbereich Wiens. Unzählige Wiener Kletterer, bekannte und unbekannte, taten hier ihre ersten Schritte im Fels und trainierten für größere Ziele. In Sportkletterzeiten hat die Langer Wand ein wenig an Beliebtheit eingebüßt, die sonnige Lage und bequeme Erreichbarkeit lockt aber noch immer viele Besucher an. Die zahlreichen Kletterer haben natürlich ihre Spuren hinterlassen, der Fels ist teilweise extrem abgeschmiert. Im linken, hohen Wandteil ist der Fels ganz schön brüchig, ein Helm am Kopf schadet hier nicht. Alle Anstiege werden mit Seilsicherung von oben – oder halt solo – geklettert, oberhalb der wichtigsten Wandzonen gibt es Umlenkhaken, die leicht zugänglich sind.
Eine detaillierte Routenbeschreibung erübrigt sich – praktisch jeder Quadratzentimeter wurde hier schon geklettert. Im folgenden werden nur die lohnendsten, klassischen Linien erwähnt, der Rest bleibt der Fantasie überlassen ...

Zufahrt: PKW: Ketzergasse-Hochstraße, Kaltenleutgebner Straße. Nach 400m rechts in die Willergasse und nach kurzer Steigung zu großem Parkplatz links. ÖV: Mit Straßenbahn 60 zur Endstation Rodaun. Zu Fuß zur Hochstraße und weiter wie oben.

Zugang: Vom Parkplatz in wenigen Minuten am hier beginnenden Weg durch Wald zur Wand.

1. Bereich „Schwarze Platte“, 10m, **3-** bis **4+**
2. **4** Brüchig
3. Ameisenplatte **5+** Brüchig, Helm, Toprope, 35m!
4. Grosse Diagonale **4+** Brüchig, Helm, Toprope!
5. Grosse Platte **4+ ✱** Brüchig, von oben sichern, 35m!
6. SKK-Platte **5 ✱** Brüchiger Klassiker, 35m
7. Sepp Bauer Platte **6 ✱** Alt, brüchig, klassisch. Die Platte im Einstiegsbereich nennt sich „Akademikerplatte“ und bietet unzählige, stark abgekletterte Bouldermöglichkeiten, 35m
8. Pfeilerweg **4+** Auch brüchig
9. **2-3**
10. Rhinozeroshaut **3 ✱** Runzlige Platte
11. Sichel **5+ ✱**
12. Ferserlüberhang **5+ ✱✱** Altes, beliebtes, millionenfach begangenes Testpiece
13. Grosses Dreieck **4+ ✱✱** Trotz des Specks 2 Sterne, unzählige Varianten möglich
14. Rampe **6 ✱✱** Hangelriss
15. Hangelriss **5+ ✱✱** Auch ein Hangelriss, der von der Dreiecksspitze rechts abzweigt
16. Kleines Dreieck **3+ ✱**
17. Gendarm Minibouldernturm

Mizzi Langer Wand

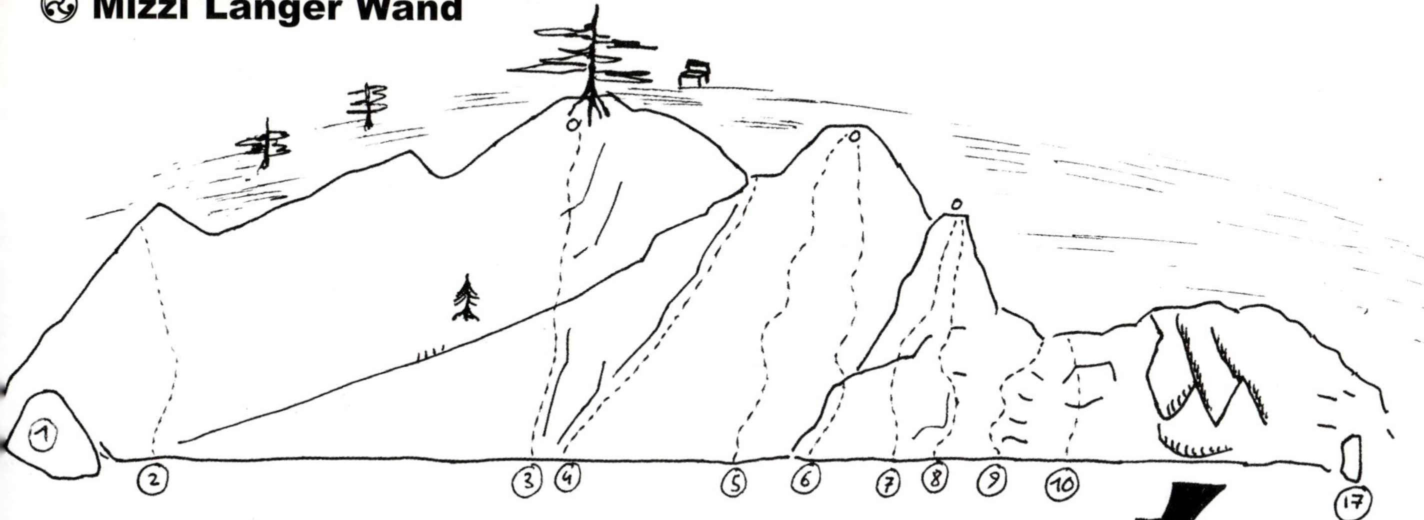

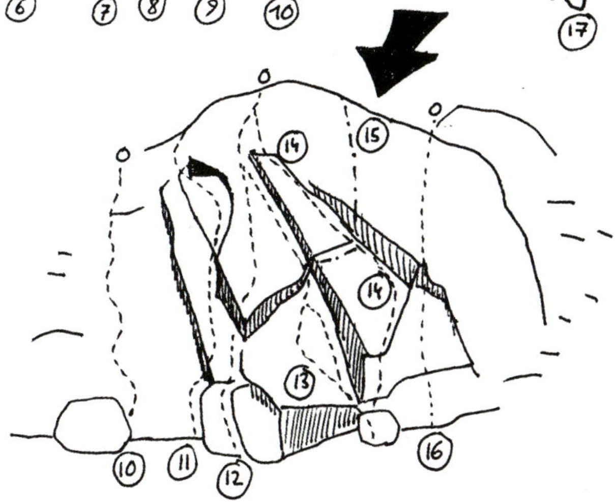

MAMMUT

Lutterwand

Lage: W, NW **Höhe:** bis 15m

ppp **L**

Am Stadtrand gelegene, leicht erreichbare und dementsprechend beliebte Felsformation mit langer Tradition. Die Routen sind übermäßig gut abgesichert. Das Routennetz ist sehr dicht gewebt und so kann man sich das Schwierigkeitsniveau selbst zurechtlegen. Im linken Teil ist die Felssubstanz mit vielen Schuppen durchsetzt, im rechten Teil dominiert etwas glatter Fels mit Auflegern. Aufgrund der zahlreichen Besucher ist die Felsoberfläche natürlich schon ziemlich abgeglättet. Alles in allem ein schnell erreichbares Gebiet, familienfreundlich dank der großen Lagerwiese davor, optimal für Anfänger und für einen Kurzausflug.

Zufahrt:
PKW: Ketzergasse – Hochstraße – Kaltenleutgebner Str. Dieser ca. 400m bis zur Kreuzung mit der Willergasse folgen. Links über die Bahn (Sonnbergstrasse) und gleich rechts die Waldmühlgasse bis zu ihrem Ende. Hier parken.
ÖV: Straßenbahn 60 bis Rodaun. Zu Fuß zur Hochstraße, weiter wie oben.

Zugang: Vom Ende der Waldmühlgasse den Weg in 5min zur deutlich sichtbaren Felswand folgen.

Große Schuppe 2+, Lutterwand

Lutterwand - linker Wandteil (bis 15m, W) 1-12
Durchwegs schöne Klettereien, die teilweise sehr knapp beieinander liegen. Besonders genussvoll sind die Routen entlang der Schuppenstrukturen.

Lutterwand - rechter Wandteil (bis 15m, NW) 13-24
Ebenfalls große Routendichte, Fels nicht so gut wie im linken Teil. Die Anstiege lassen sich beliebig kombinieren, je nach Griffwahl lassen sich auch die Schwierigkeiten variieren.

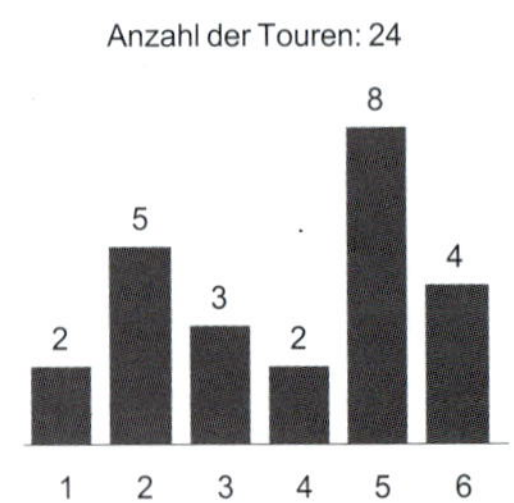

Lutterwand

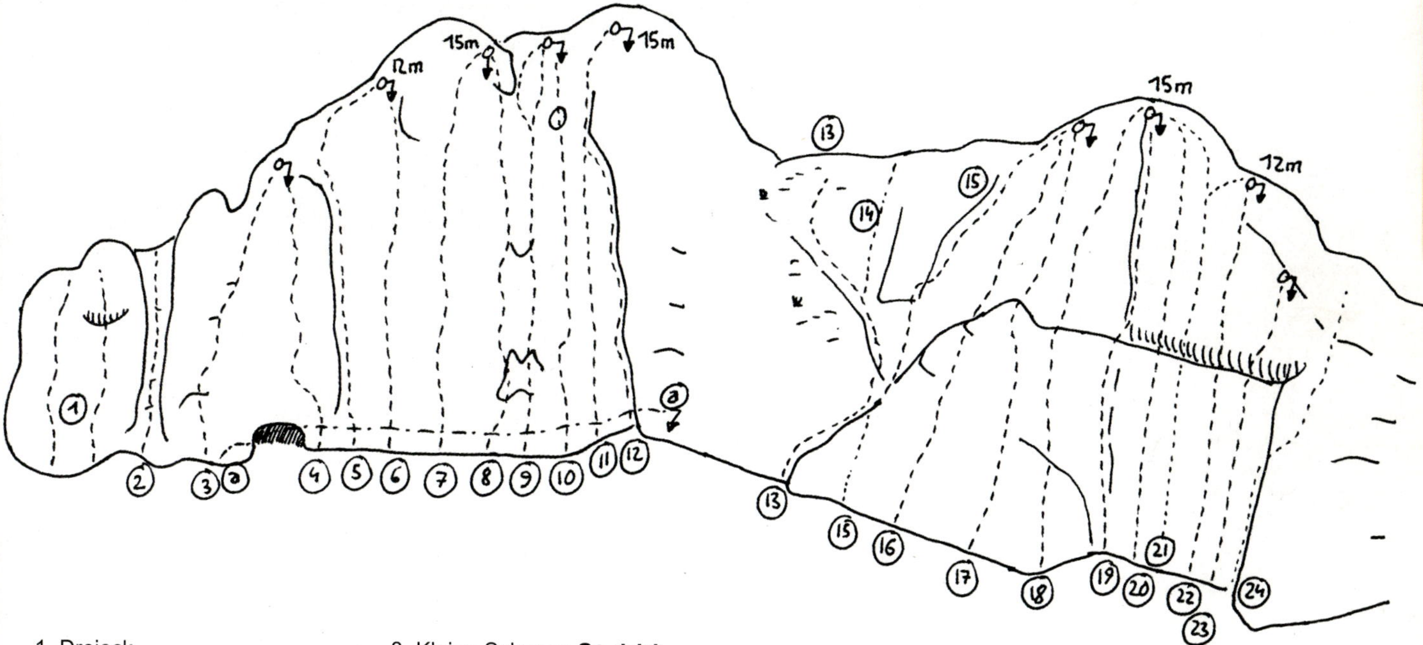

1. Dreieck,
   je nach Variante bis **5**
2. Kamin **1+**
3. Vorbau **2**
4. Höhlenüberhang **5**
5. Grosse Schuppe **2+ ✱✱**
6. Sandplatte **5+ ✱✱**
7. Plattenschleicher **4+ ✱✱**
8. Kleine Schuppe **2+ ✱✱✱**
9. Lutter Platte **4 ✱✱**
10. Pfeilschnell **5 ✱✱**
11. Sanduhrenparadies **3+ ✱✱✱**
12. Verschneidung **3 ✱✱**
13. Normalweg **1**
14. **2+**
15. Diagonale **5- ✱**
16. Der Urschrei **6+ ✱✱**
17. Mauerblümchen **5- ✱✱**
18. Neue Welt **5+ ✱✱**
19. Weg der Erstbesteiger **3 ✱✱**
20. Friends **5- ✱✱**
21. Wild Entschlossen **6- ✱✱**
22. Sonnenwende **6- ✱✱**
23. Athleten vortreten **6- ✱✱**
24. Verschneidung **2 ✱**

Boulder:
a) C'est la vie **6- ✱** Quergang

Abendklettern, Kleine Schuppe 2+, Lutterwand

Waldmühle, Meije, Streberwände, Kaltenleutgebner Grat, Löwenkopf

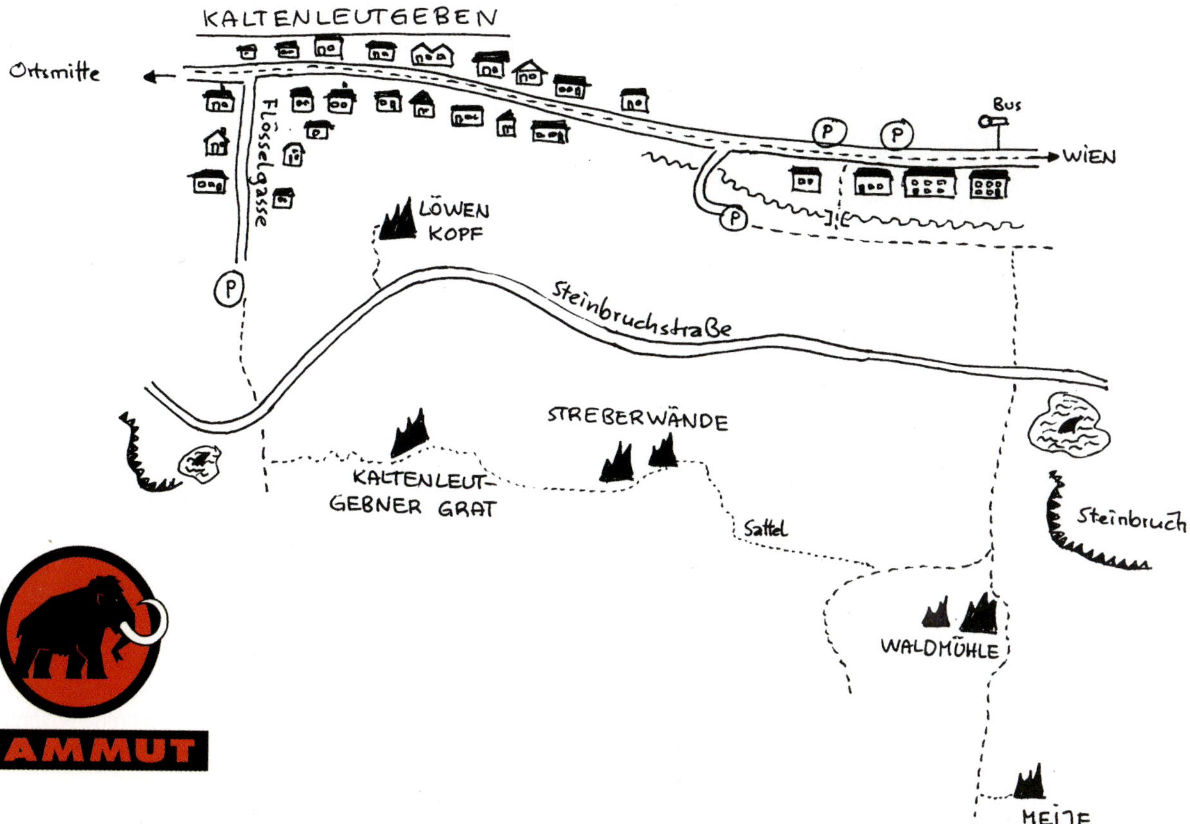

Waldmühle

Lage: W, N **Höhe:** bis 15m

ppp

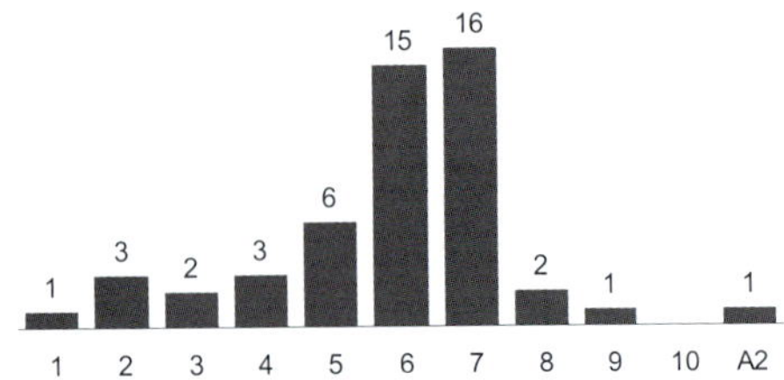

Besonderes:
Der Fels ist teilweise schon extrem abgeschmiert!

Schattig im Wald gelegen, bieten die Felsen der Waldmühle durchgehend steile Wandklettereien in recht kompaktem Fels. Vor allem in der Nachkriegszeit waren die anspruchsvollen Anstiege ein beliebtes Trainingsziel der Wiener Kletterer, und auch heute noch erfreuen sich die Felsen an heißen Tagen einiger Beliebtheit. Die meisten Anstiege wurden mit Klebehaken abgesichert, einziges Manko ist der an einigen Stellen schon arg polierte Fels. Alles in allem ein durchaus empfehlenswertes Gebiet für den schon etwas fortgeschrittenen Kletterer.

Zufahrt: ÖV: Mit dem Bus von Liesing bzw. Rodaun zur Station Waldmühle, gleich nach dem Ortsbeginn von Kaltenleutgeben. PKW: Über Rodaun nach Kaltenleutgeben, gleich nach der Ortseinfahrt rechts parken, nach der Busstation.

Zugang: Zwischen den Gemeindebauten auf der linken Straßenseite beginnt ein markierter Weg, der über eine Brücke führt. Nach der Brücke am breiten Weg nach links (Richtung Wien), bald zweigt rechts ein markierter Weg ab. Diesem folgen, eine Straße überqueren, am rechten Steinbruchrand entlang, direkt zu den Felsen (10-15min).

Waldmühle - Hauptwand (15m)

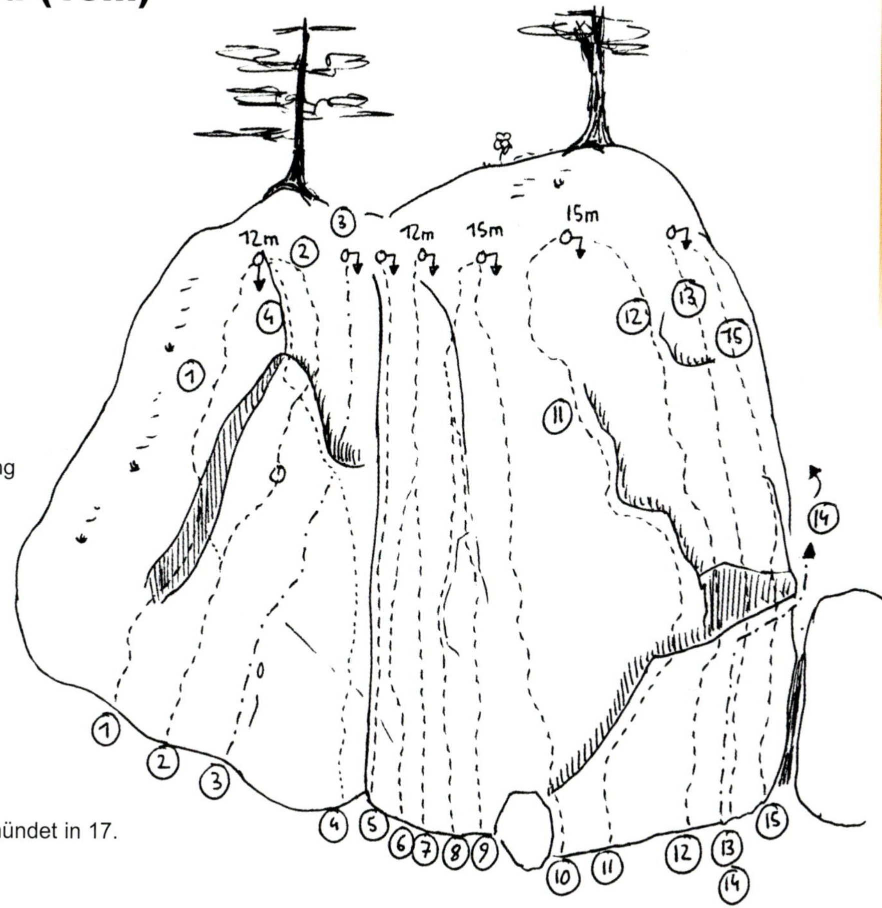

1. Waldknecht **7 ✱** Links Gemüse, rechts Überhang
2. Speckloch **5+ ✱✱** Klassiker, Name!
3. Steinmühle **7+ ✱** Definiert
4. Polyp **6- ✱✱** Untergriffe
5. Verschneidung **4 ✱✱** Schon sehr glatt
6. Schau, Schau **4 ✱**
7. Sehr Schlau **6+/7- ✱** Definiert, sehr beengend
8. Direkte RO-Kante **7 ✱** Schwieriger Beginn
9. Ro-Kante **5+ ✱** Klassiker
10. Rohling **8- ✱** Alte Techno-Route
11. Oberlehrer **6- ✱✱** Wienerwaldklassiker!
12. Alles im Lot **8- ✱✱** Definiert, ohne Riss links
13. Diretissima **7+ ✱✱** Klassiker!
14. Wiener Lehrer **6+ ✱** Klassiker, geht ums Eck, mündet in 17.
15. Neue Diretissima **7 ✱✱**

Waldmühle - Hauptwand oberer Teil (10m)

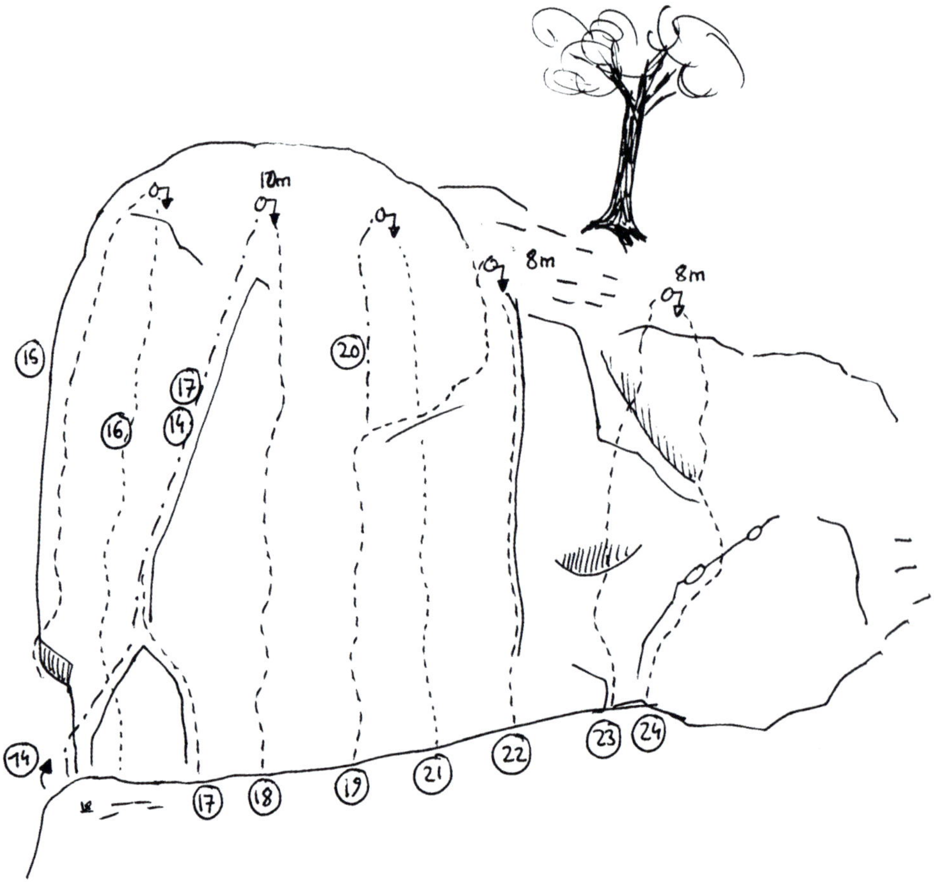

16. Strenger Lehrer **7+ ∗** Diffizil
17. Mephisto **5+ ∗∗** Klassiker
18. Drückeberger **7 ∗** Wandkletterei
19. Berger **6 ∗** Ausstieg ohne Haken
20. Direkter Berger **6+ ∗**
    Besseres Ende zu 19.
21. Wo die Teufel wohnen/Toni **7- ∗**
    Toprope
22. Schwarzer Adler **6+ ∗**
23. Prima Ballerina **9- ∗∗**
    Gute Boulderstelle, definiert,
    ohne Zweifingerloch beim 1. Bolt,
    sonst leichter
24. Seufzer **5+ ∗**

Waldmühle - obere Wand (bis 10m)

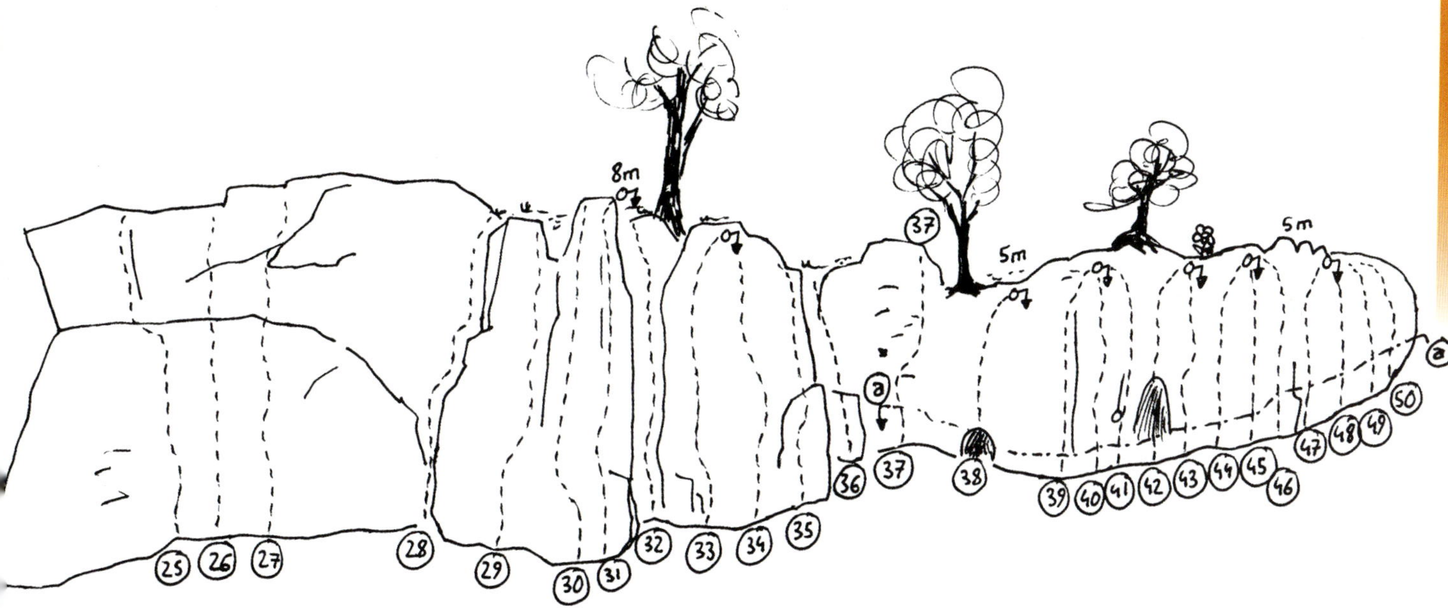

25. **A2** – Riss
26. Wilder Überhang **6+** Toprope
27. Jork **6** Toprope
28. Schmierseifenverschneidung **2+** Toprope
29. 18er Kante **7 ***
    Alte Haken, besser Toprope
30. König **4+ *** Keine Haken!
31. Herzweg **6- ***
32. Kamin **2+**
33. Boris-Risse **6- *** Schmierig
34. Rote Punkte **6 ***
35. Mittelweg **2** Keine Haken
36. Westweg **1**
37. Baumsteig **3** Keine Haken, dreckig
38. Satan **5 *** Praise the Lord!
39. Othmar **3+ *** Lieb
40. Triglav **5+ ***
41. Speed **7- *** Sehr wenig Platz ...
42. Pongo-Überhang **6 **** Superklassiker
43. Rabbit Run **6+ ***
44. Idealist **7 ***
45. A-Killer **7- ***
46. Idealistenwahn **7 *** Üble Löcher
47. Via Frama **6- ***
48. Magnesiaschrei **7-**
49. Fight gravity **7-** Keine Haken
50. Hoppala **7** Ohne Kante, ohne Haken

Boulder: a) Think pink **7+**, Quergang, schmierig, besser von links nach rechts

Meije

Lage: O **Höhe:** 10m

Besonderes: Lange Bandschlinge für den Stand am Gipfel. Vorsicht, die Standhaken sind schon älteren Datums.

Die Meije in der Dauphine, über 3900m hoch, ein mächtiges Massiv mit langen Graten und wilden Wänden, ist genau das Gegenteil der Wienerwalder Meije. Nur der Name ist gemeinsam, unsere Meije ist ziemlich klein geraten, überschreiten kann man sie auch ...

Zufahrt: Siehe Waldmühle.

Zugang: Links an der Waldmühle-Hauptwand steil vorbei, dann dem nun flachen Graben ein paar Minuten folgen und links steil zum Fels, der oben am Hang thront (5min ab Waldmühle).

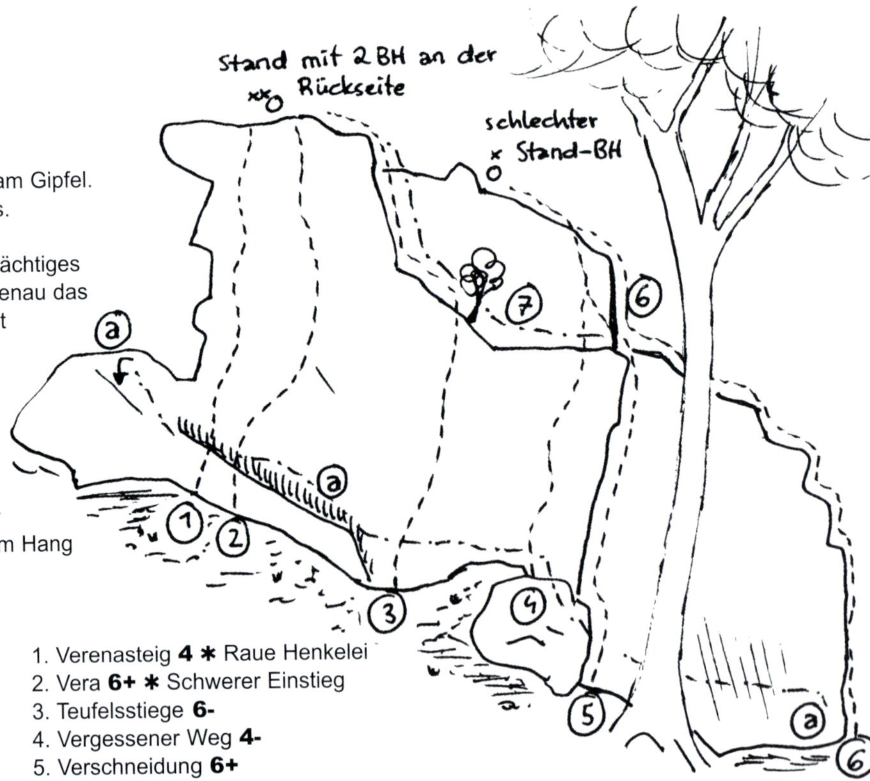

1. Verenasteig **4 *** Raue Henkelei
2. Vera **6+ *** Schwerer Einstieg
3. Teufelsstiege **6-**
4. Vergessener Weg **4-**
5. Verschneidung **6+**
6. Grat **3+**
7. Schichtplatte **4**
   Steigt an der brüchigen Westseite ein und wechselt in die Ostflanke

Boulder:
a) Oststurm **7+** Quergang mit Gehgelände am Mittelblock

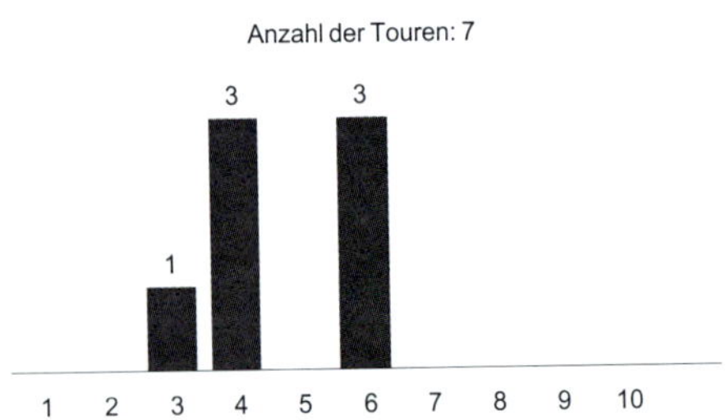

Streberwände

Lage: S **Höhe:** bis 10m

ppp

Besonderes: Ziemlich abgeschmiert!

In der Nachkriegszeit beliebtes Trainingsgebiet, haben die Streberwände trotz der Sanierungsaktion viel an Bedeutung verloren. Trotzdem finden die steilen, kurzen Wandklettereien an oft stark abgeschmierten Leisten und Löchern immer wieder ihre Liebhaber. Trotz der Südlage ist es im Sommer ziemlich schattig, und Dank des für Wienerwaldverhältnisse steilen und langen Zustiegs ist man meist allein hier heroben.

Zufahrt: PKW/ÖV: Siehe Kaltenleutgebner Grat.

Zugang:
a) Am besten vom Kaltenleutgebner Grat ziemlich steil den Weg weiter in 10min zu den Felsen.
b) Auch von der Waldmühle kann man steil und mehr oder weniger weglos durch den seichten Graben Richtung SW auf den Flösselberg und somit zu den Streberwänden gelangen (10-15min ab Waldmühle), mühsamer als a).

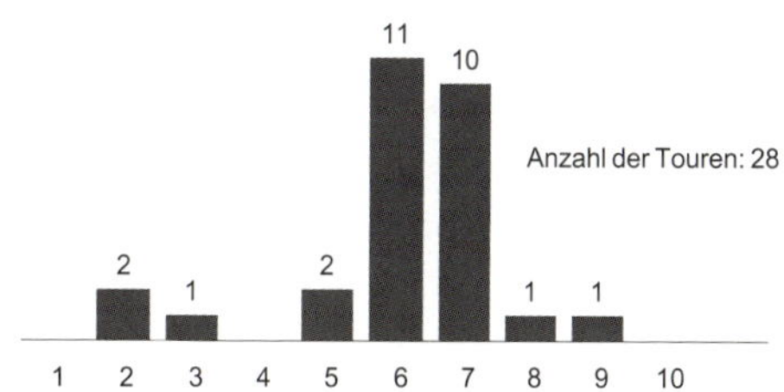

Untere Streberwand (10m)

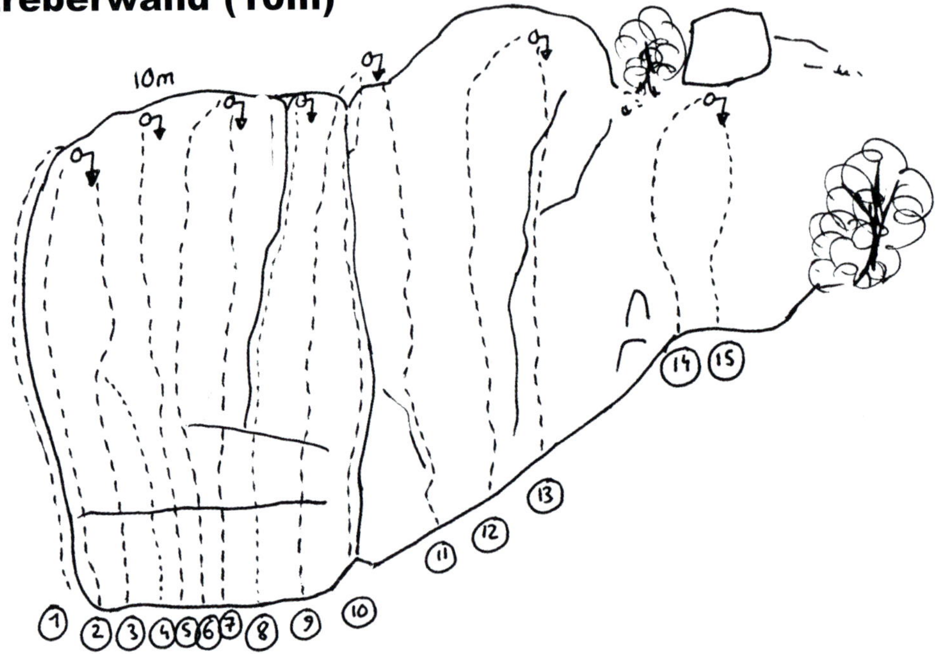

1. Westwind **7- ✱✱** Je nach Definition auch schwieriger
2. Streberkante **7- ✱✱** Klassiker
3. Gute alte Zeiten **7- ✱**
4. Schlechte Zeiten **7-** Einstiegsvariante
5. Teatime **6+ ✱✱** Steil und schön
6. Jähr **7-/7 ✱**
7. Breakfast Tea **6+ ✱**
   Je nach Definition auch schwieriger, sehr beengend ...
8. Streberweg **6- ✱✱** Klassischer abgespeckter Riss
9. Nicht Meckern **6- ✱** Hineingedrückt ...
10. Alter Weg **5- ✱** Klassiker
11. Schwarze Wand **6 ✱✱**
12. Zebrariss **6- ✱✱** Risskletterei
13. Chiquita **6+ ✱**
14. Aqui Aqua **7+ ✱** Kurz und schleimig
15. Ein echter Wiener fällt nicht runter **9-/9 ✱✱**
    Harte Kurzroute mit alten Bohrhaken

⊛ Obere Streberwand (7m)

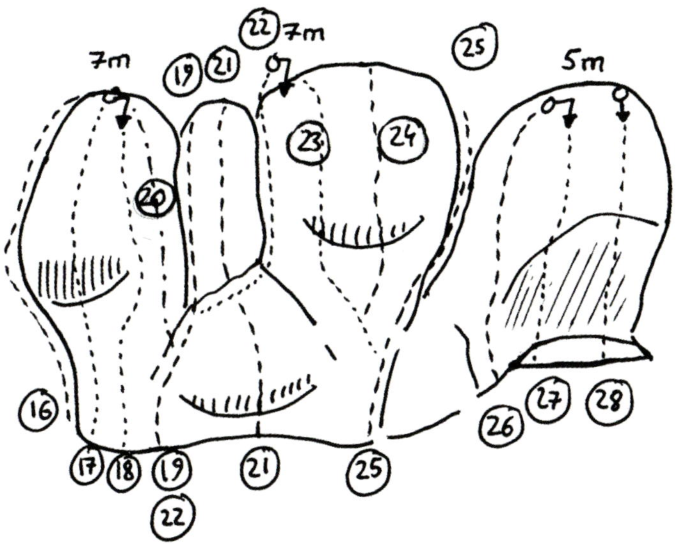

16. Aller Anfang ist schwer **6 ✱** Runde Kante
17. Fasslkante **7+ ✱✱** Lochkletterei
18. Diagonale **5- ✱** Keine Haken
19. Linker Riss **3+ ✱** Tiefer Riss, keine Haken
20. Lolita **6+ ✱** Sehr kurz
21. Ameisenweg **6+ ✱✱**
    Hübscher Einstiegsüberhang, keine Haken
22. Schlucht **2+** Die leichteste Route hier
23. Kleine Monster zeigen Muskeln **6+ ✱✱** Kurzer Überhang
24. Schrei der Angst **7 ✱✱** Kurz, guter Fels
25. Plattiger Riss **2+** Keine Haken
26. Kein Saft **7- ✱** Kurz
27. Keine Kraft **8+ ✱**
    Definierte, schwierige Variante, keine Haken, Toprope!
28. Steiler Weg **7- ✱** Abgeschmierter Rissklassiker

Boulder:

a) Seifenquergang **7- ✱** Quert die gesamte Untere Streberwand

b) Für Streber **7+/8- ✱✱** Quert die gesamte Obere Streberwand
Im Bereich der Routen 26. -28.
Varianten weiter oben (schwieriger!) möglich

Löwenkopf

Lage: W **Höhe:** 10-18m

ppp

Besonderes: Kunstgriffe in „Klonen erlaubt“.

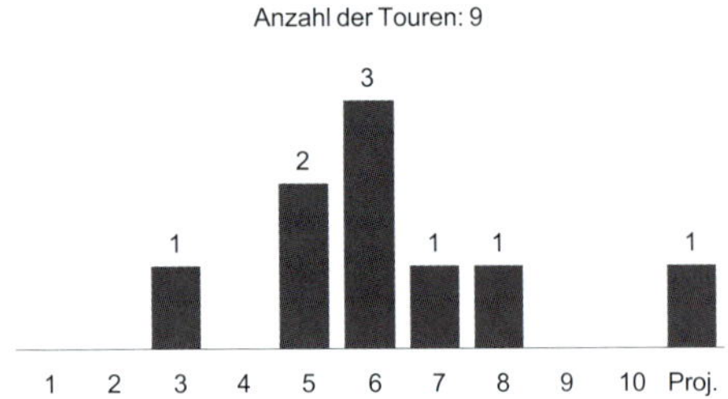

Im Wald versteckter Fels mit zwei sehr voneinander differierenden Wandteilen: Oben gibt’s eine nette, eher plattige Wand und weiter unten steht ein (leider bröseliger) gewaltiger Überhang. Kunstgriffe ermöglichen das Klettern im gelbbrüchigen Überhang, die Platte oben bietet Griffe an Sprenglöchern.

Zufahrt: PKW: Wie Kaltenleutgebner Grat.
ÖV: Wie Kaltenleutgebner Grat.

Zugang: Vom Parkplatz am Hohlweg zur querführenden Steinbruchstraße. Hier links bis zu scharfer Rechtskurve in kleinem Sattel. Kurzer steiler Abstieg links hinunter (5min).

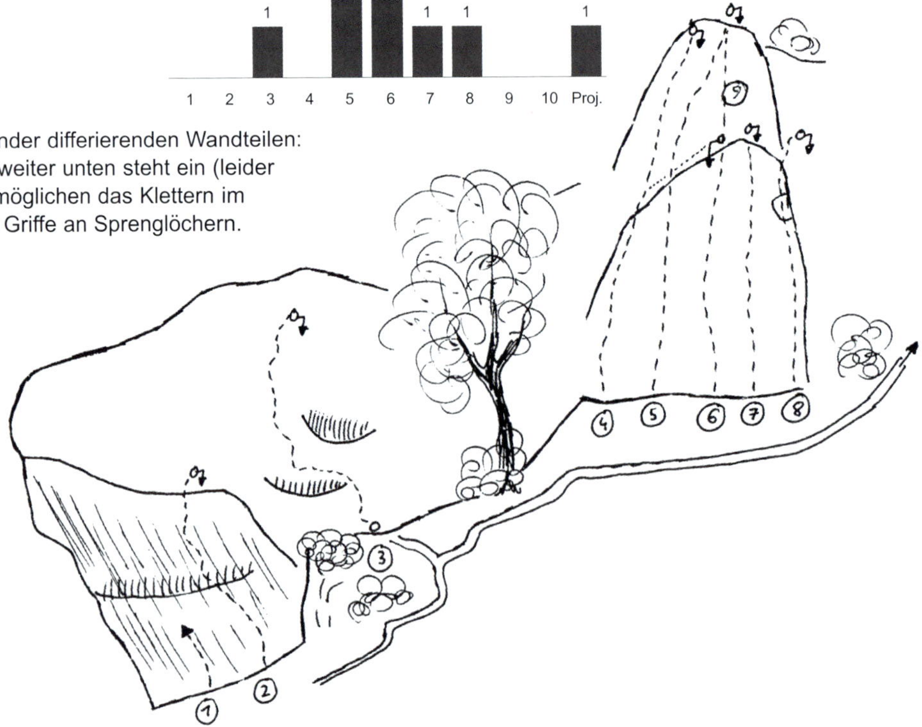

1. Projekt
2. Klonen erlaubt **8 *** Künstliche Griffe
3. König der Löwen **6+ **** Witzige Linie durch die Überhänge
4. Junglöwe **5- *** Nette Plattenroute
5. Königsetappe **5+ *** Unten Wand, oben Platte
6. Hyänenkiller **6 ***
7. Käpten Dynamit **7-** Etwas unübersichtlich
8. Donarit **6 ****
9. Löwenbart **3+ **** Nette Platte

Kaltenleutgebner Grat

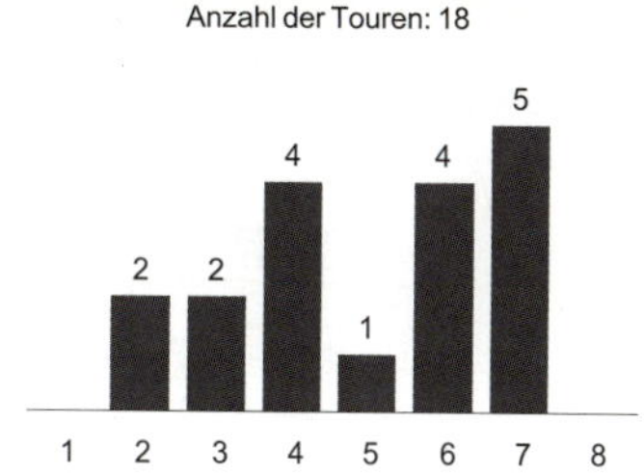

Lage: S **Höhe:** 5-15m

ppp **L**

Seit der Sanierung ein beliebtes, sonniges Kletterziel mit abwechslungsreichen, extrem gut abgesicherten Routen. Die Routendichte ist sehr hoch, und so existieren auf engstem Raum auch 18 eingerichtete Touren. Besonders nett ist auch die klassische Gratüberschreitung mit echtem Reitgrat am Schluss.

Zufahrt: PKW: Von Kaltenleutgeben in die Flösselgasse (ca. 1,5km ab Ortsbeginn) und bis zu ihrem Ende, hier kleiner Parkplatz.
ÖV: Von Liesing mit dem Bus nach Kaltenleutgeben/Zettel-Hof. Zu Fuß die Hauptstr. weiter zur Flösselg.

Zugang: Den Hohlweg weiter, über die querlaufende Steinbruchstraße drüber und links zum Wanderweg am Hang. Hier gleich wieder links steil im Wald zu den Felsen (5min).

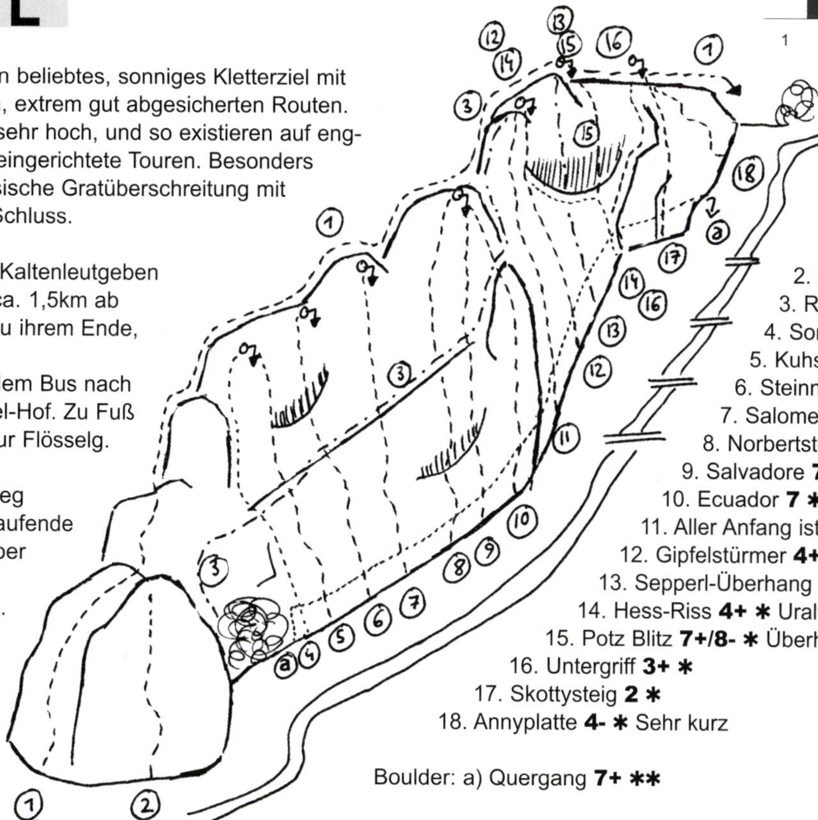

1. Gratüberschreitung **2 ✱✱** Wienerwaldklassiker!
2. Zeck **4+**
3. Rampe **3 ✱✱** Lohnend!
4. Sombrero **5- ✱**
5. Kuhschelle **6 ✱**
6. Steinnelke **6+ ✱✱**
7. Salome **6+ ✱✱**
8. Norbertsteig **7 ✱✱** Steile Wandkletterei
9. Salvadore **7 ✱✱** Steile Leistenkletterei
10. Ecuador **7 ✱✱**
11. Aller Anfang ist schwer **7- ✱**
12. Gipfelstürmer **4+ ✱**
13. Sepperl-Überhang **6+ ✱✱** Kurzer Überhang
14. Hess-Riss **4+ ✱** Uralter Anstieg
15. Potz Blitz **7+/8- ✱** Überhang, Einzelstelle
16. Untergriff **3+ ✱**
17. Skottysteig **2 ✱**
18. Annyplatte **4- ✱** Sehr kurz

Boulder: a) Quergang **7+ ✱✱**

Übersicht Luckete Wand und Jungkunststein

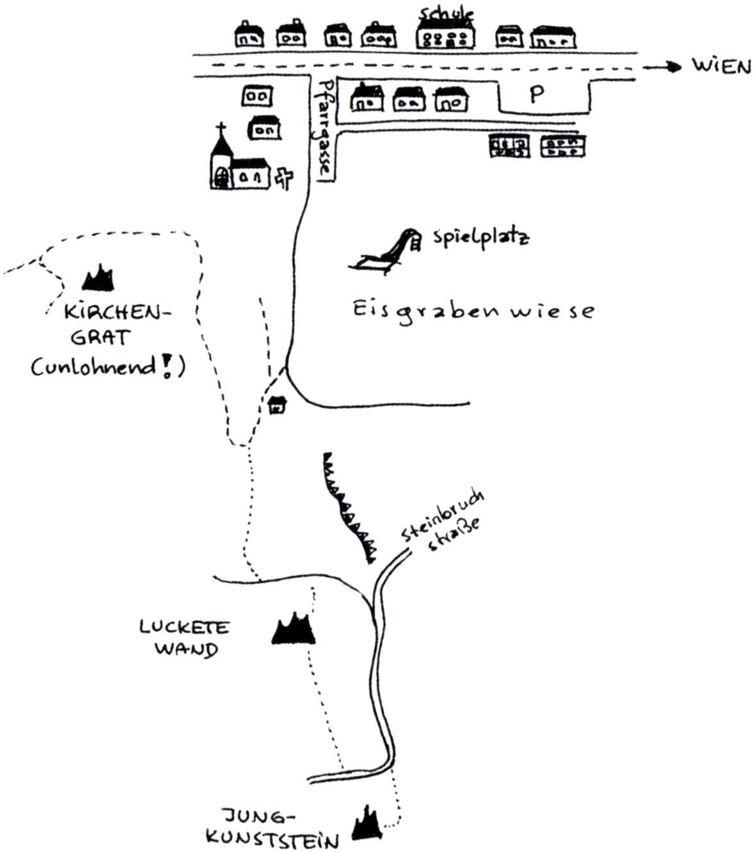

Lage: N **Höhe:** bis 10m

ppp L

Besonderes: Nach Regen länger feucht.

Versteckt im Wald gelegen bietet sich hier dem Liebhaber löchriger Überhänge mit moderaten Schwierigkeiten ein wahres Paradies an. Alle Routen sind bestens gesichert, im Sommer ist es schön schattig, der Fels ist ungemein griffig, ruhige Lage – einziger Nachteil ist die mickrige Wandhöhe von gerade mal 10 Meter.

Zufahrt: PKW: Bis Kaltenleutgeben-Hauptplatz, hier ein großer Parkplatz bei den hässlich-gelben Häusern. ÖV: Mit dem Bus ab Liesing/Bahnhof oder ab Rodaun (Endstelle 60er) bis Kaltenleutgeben-Hauptplatz.

Zugang: Auf der Hauptstraße kurz nach Westen, dann links in die Pfarrgasse abzweigen (rosa Supermarkt am Eck). Am rechten Rand der Wiese (grüne Markierung) bis an ihr Ende, hier der Markierung folgend bei kleinem Haus in den Wald. Gleich danach (Tafel: „Kaisersteig") biegt der markierte Weg scharf rechts weg, hier im Graben gerade weiter, nach einer Steilstufe links zu einem Querweg und gerade zu den Felsen hinauf (2-10min).

Luckete Wand

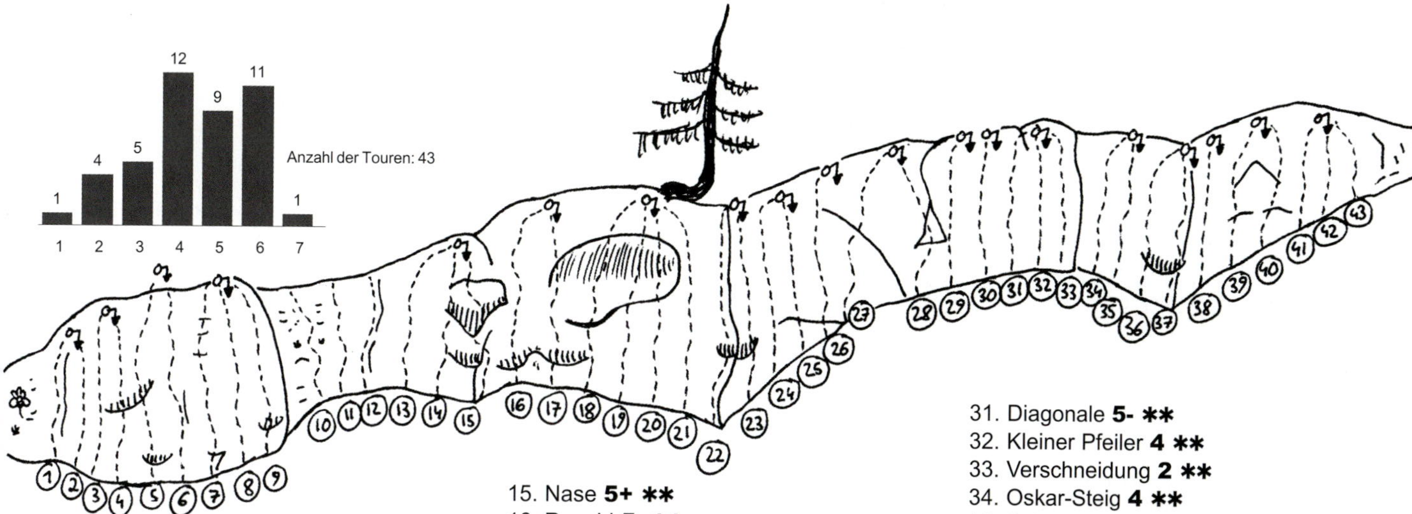

1. Kleiner Riss **2+** (5m)
2. Soso **4+ ∗** (6m)
3. Klarer Fall **4 ∗** (8m)
4. Aus alten Zeiten **4+ ∗**
5. Dragon **6- ∗**
6. TP **5 ∗**
7. Riesenloch **3 ∗**
8. Buchenloch **3- ∗∗**
9. Kantenreiter **6- ∗**
10. Normalweg **1+** Keine BH
11. Nicht Normal **2**
12. Unschlüssig **3+ ∗**
13. Lange Rampe **3 ∗**
14. Schiefer Überhang **6- ∗**
15. Nase **5+ ∗∗**
16. Ruachl **5- ∗∗**
17. Nur zu **5+ ∗∗**
18. Wohin **6 ∗∗**
19. Athlet **6- ∗∗**
20. Bananenföhre **6- ∗∗**
21. Kraftakt **6- ∗∗**
22. Henkers Dessert **6+ ∗∗**
23. Machs schwieriger **6 ∗∗**
24. Für alle **4- ∗∗**
25. Ganz lustig **4+ ∗∗**
26. Felszacken **5- ∗∗**
27. Rote Punkte **5+ ∗∗**
28. Dreieck **4+ ∗∗**
29. Finale **5- ∗∗**
30. Immer mehr **3+ ∗**
31. Diagonale **5- ∗∗**
32. Kleiner Pfeiler **4 ∗∗**
33. Verschneidung **2 ∗∗**
34. Oskar-Steig **4 ∗∗**
35. Polarisation **5- ∗∗**
36. Klassiker **4+ ∗∗**
37. Mit sanfter Kraft **7+ ∗∗** Definiert
38. Croatdance **6+ ∗∗**
39. Dreamer **6- ∗∗**
40. Dreieck **4+ ∗∗**
41. Rote Punkte **4 ∗∗**
42. Traum **4- ∗∗**
43. Serpentine **2+ ∗**

Boulder:

a) Quergang **6 ∗∗**
Die ganze Wand knapp überm Boden von links nach rechts queren – Schlüsselstelle zu Beginn

Etwas für Hallenfreaks, Klonen erlaubt 8 (an Kunstgriffen!), Löwenkopf

Jungkunststein

Lage: N, O **Höhe:** 8-15m

ppp

Besonderes: Sehr schattig.

Ein recht einsamer, im dichten Wienerwald versteckter Felsturm mit gut gesicherten, recht steilen Anstiegen in noch rauem Fels. Die seltenen Besuche bringen es mit sich, dass manche Routen recht staubig und mit Spinnennetzen dekoriert sind. Ideal im Hochsommer – sehr schattig!

Zufahrt: PKW/ÖV: Wie Luckete Wand.

Zugang: Von der Lucketen Wand gerade aufsteigen zu querverlaufender Forststraße, diese nach links (Osten) abwärts in den nächsten Graben. Nun im Graben auf Waldweg ansteigend, bis nach ca. 300m rechts der Felsen sichtbar wird (ca. 15-20min ab Kaltenleutgeben). Siehe Übersicht Luckete Wand/Jungkunststein.

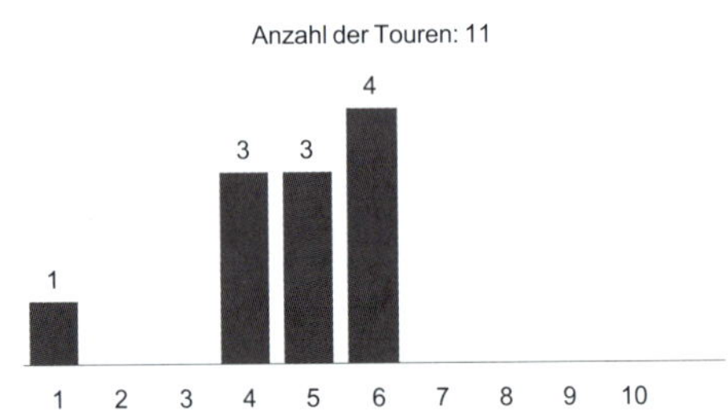

Jungkunststein Ost (15m), Nord (8m)

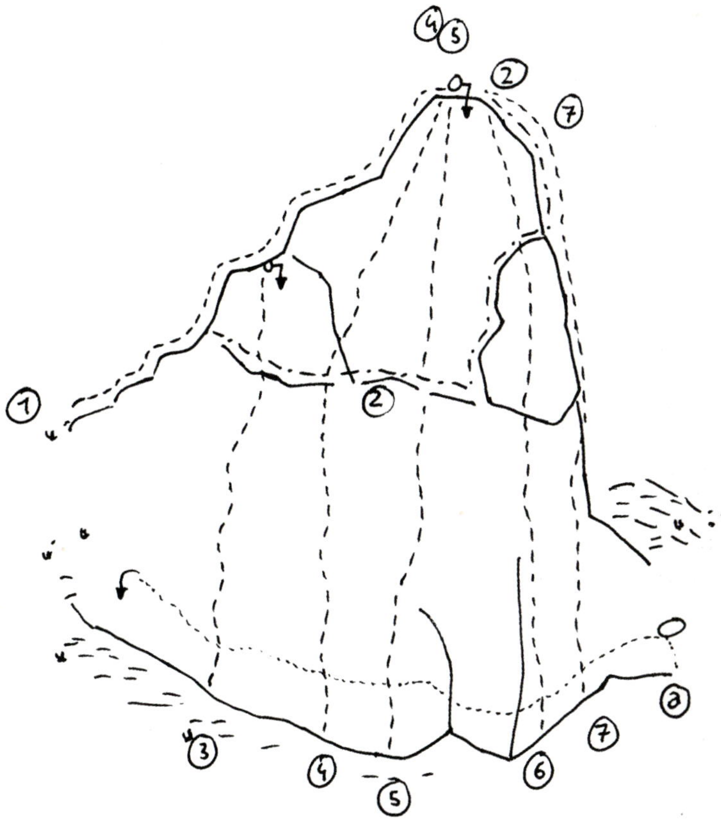

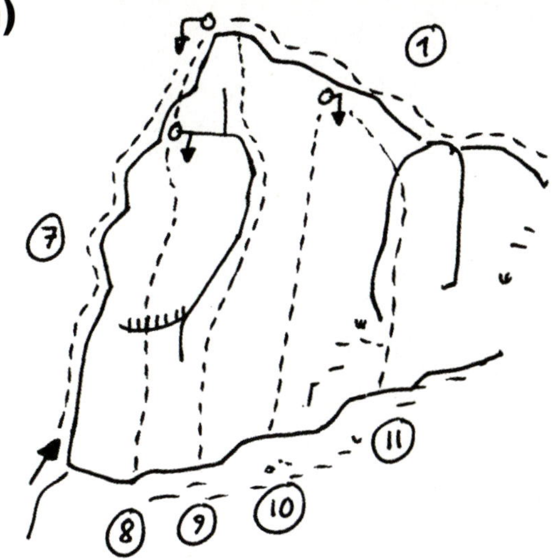

1. Gratanstieg **1 ✱** Lieb
2. Gipfelstürmer **4- ✱✱** Querung an Rissen
3. Zottelbär **4- ✱**
4. Meister Petz **5 ✱**
5. Großer Bär **6 ✱** Ganz nett
6. Problembär **6+ ✱✱** Steile Wand
7. Bärenfalle **6 ✱✱** Schöne Kante
8. Tanzbär **6 ✱**
9. Nordwandriss **5- ✱** Rauer Riss
10. Dir. Nord **5 ✱**
11. Försterweg **4**

Boulder:
a) Eierbär **6 ✱** Quergang

Höllensteine

Lage: N, O **Höhe:** 8-10m

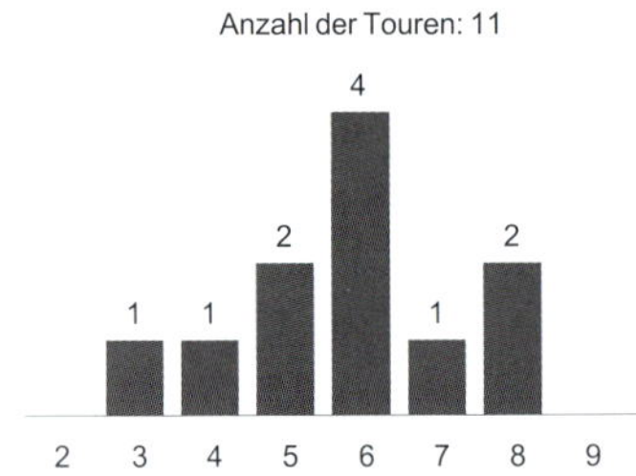

Besonderes: Keine Haken!

Idyllisch am 645m hohen Höllensteingipfel gelegene Felsgruppe. Die Felsqualität ist gut, leider erreicht die Wandhöhe nicht einmal 10m – zu hoch zum Bouldern, zu niedrig zum Einbohren. So klettert man am besten mit einem kurzen Seil im Toprope und holt sich nachher ein Bier im nahen Schutzhaus.

Zufahrt:

a) PKW oder Bus bis Gasthof „Kaiserziegel" in Kaltenleutgeben.
b) PKW bis Weißenbach bei Mödling, hier bis zum Parkplatz im Wassergspreng.

Zugang:

a) Am rot mark. Wanderweg zur Liechtenstein-Höhenstraße, diese entlang Richtung Westen zu markanter Weggabelung und links Richtung Höllenstein-Schutzhaus. Die Felsen liegen im Bereich des Höllensteingipfels links neben dem Weg, kurz vor der Hütte (45min).
b) Vom Wassergspreng das Tal einwärts und entweder steil links zum Höllensteingipfel (Markierung) und kurz weiter zu den Felsen (45min).
Oder bequemer das Tal bis ans Ende, wo man auf die Liechtenstein-Höhenstraße stößt. Dann weiter wie bei a) (gesamt 1h).

Großer Höllenstein

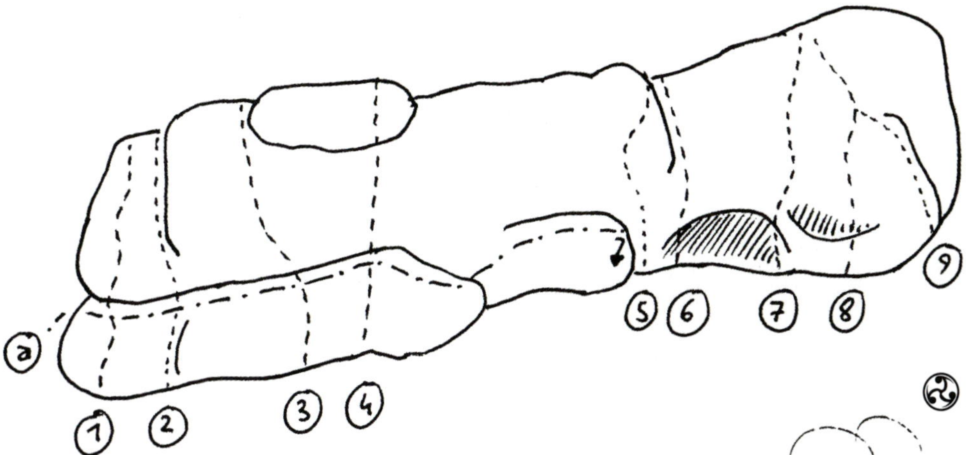

1. NW-Kante **5**
2. Karl-Riss **7- ✱** Piazriss
3. Karinweg **6- ✱✱** Klassiker
4. Oh Teufel **6- ✱**
5. Lochgeist **6 ✱**
6. Höllengeist **6+ ✱**
7. Holter die Boulder **8+ ✱✱** Harter Locheinstig
8. Warmer Teufel **8- ✱✱** Ebenso
9. Hänsel **4 ✱**
10. Südkante **5+ ✱** Scharfe Kante
11. Südriss **3+**

Boulder:

a) Quergang **7- ✱✱** Sehr schöner Hangelquergang!
b) Aller Anfang ist schwer **7+ ✱** Etwas dreckig

Höllensteinturm

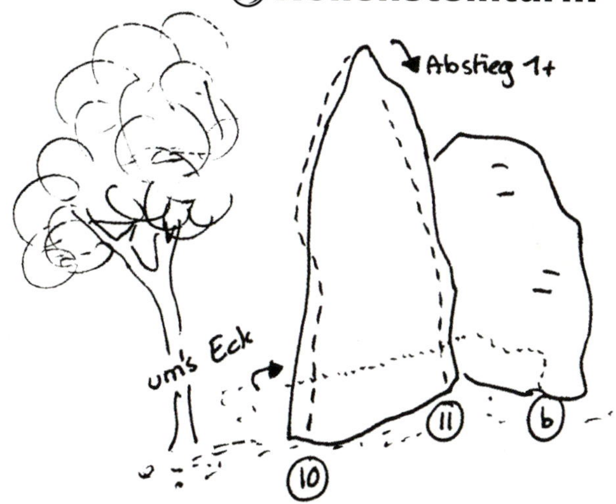

climbing harnesses

climbing harness

> soul [C031]

new

SOUL found its origin as a combination of temporary (blues) and spiritual (gospel songs) music. Expressive manifestation combined with vocal and instrumental experience are characteristic for soul. Spontaneous reaction of the audience are common part of soul performance.

[Encyclopaedia of jazz and modern popular music]

> Harness intended for climbers, who have devoted their soul to mountains. That is the reason for designing the harness for alpinism and mountain climbing. Environment, where we can often meet these devoted people.

The construction of a harness is adapted to its purpose - buckles on adjustable leg-loops are commonplace. There are also two buckles on the waist belt offering possibility to centre the harness after adjustment of waist belt size.

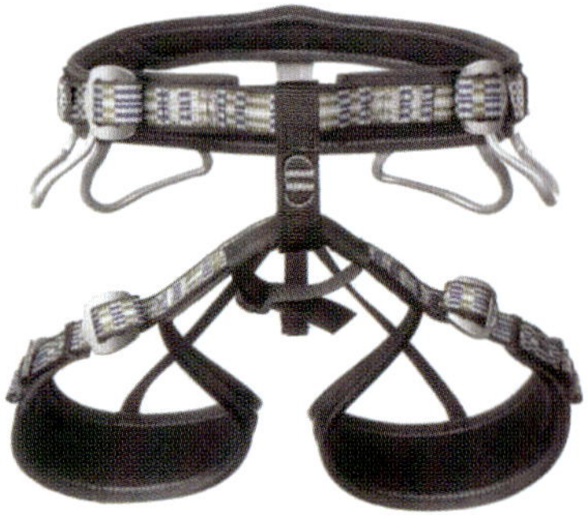

Size: M/L, XL • Weight: 495 g [M/L]

Mödling Übersicht

1. **Gießwände**
2. **Wassergspreng**
3. **Weißes Kreuz**
4. **Glocknergrat**
5. **Erikagrat**
6. **Efeugrat**
7. **Lausbubenwände**
8. **Ritterfels**
9. **Matterhörndl**
10. **Raue Platte**
11. **Friedrichswand**

Allgemeines:
Hinter Mödling, in der Klause, stehen eine Menge Felsen, die zahlreiche Klettermöglichkeiten bieten. Drei markante Grate bilden die größten Massive. Die Überschreitung des Glocknergrates ist sicher eine der schönsten leichten Mehrseillängenrouten im Nahbereich von Wien. In den Gratflanken gibt es aber auch jede Menge gut gesicherter Sportkletteranstiege, und trotz der Stadtnähe liegen die Felsen landschaftlich hübsch im für die Region typischen Föhrenwald. Allen Massiven gemeinsam sind die kurzen Zustiege und das für Mödling typische, mit Leisten und Auflegern durchsetzte Gestein. Mit der Friedrichswand besitzt dieses Gebiet auch eine ordentliche hohe, leider sehr brüchige Felsformation. Ebenfalls in diesem Abschnitt werden die Klettergärten in der Nähe von Gießhübl behandelt, altklassische Felsen mit viel Tradition wie die Gießwände und das Wassergspreng.

Übersichtsskizze für die Gebiete 4 -11 auf Seite 46.

Gießwände Zufahrt

Lage: W, SW **Höhe:** 8-35m

p pp ppp

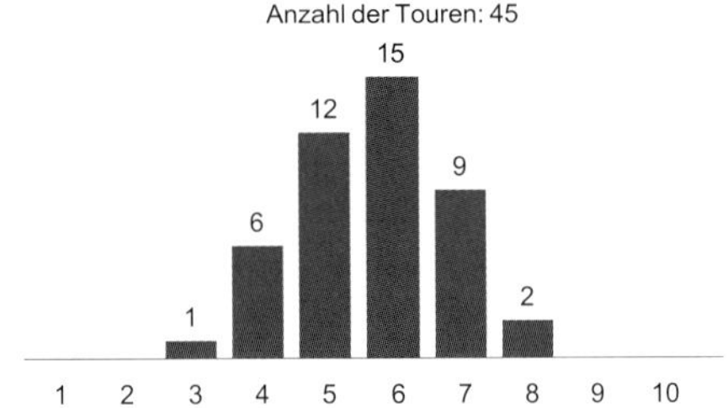

Besonderes: Die „Plattige Wand“ ist komplett mit Klebehaken eingerichtet, in den anderen Routen stecken nur tw. (oft alte!) Haken, diese werden meist Toprope geklettert. (Evtl. lange Bandschlinge mitnehmen.)

Auch die Gießwände zählen zu den altklassischen Wiener Kletterfelsen. Sie erinnern an einen Peilstein in Miniaturformat: Genauso wie dieser schauen sie nach Westen in eine schöne Hügellandschaft. Der Fels hat ähnlich plattig-glatten, löchrigen Charakter und oberhalb steht eine (nur an Wochenenden bewirtschaftete) Hütte. Die Absicherung ist unterschiedlich, die leichten Klassiker an der Hauptwand lassen sich mit Keilen ganz gut sichern, an den Ausstiegen finden sich aber überall Haken zum Toprope-Sichern. Nur die „Plattige Wand“ wurde komplett eingebohrt.

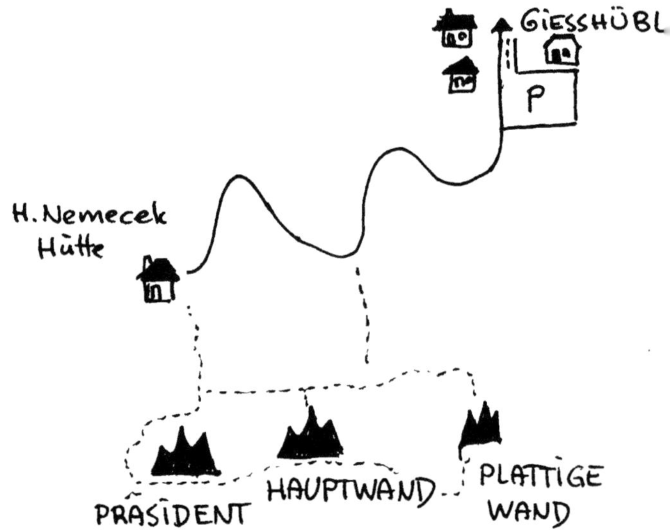

Zufahrt: ÖV: Von Liesing mit dem Bus bis zur Endstation in Gießhübl. PKW: Nach Gießhübl und den Berg hinauf, bis zum großen Parkplatz (gebührenpflichtig) am Ortsende.

Zugang: Am besten über die Wiese zur Hans-Nemecek-Hütte hinauf. Bei der Hütte links in den Wald und abwärts zum Gipfel des „Präsidenten“. Rechts absteigen zum Wandfuß, oder links weiter zu den Gipfeln der „Hauptwand“ und der „Plattigen Wand“ (10-15min).

Präsident (15m), Armer Hansi (6m)

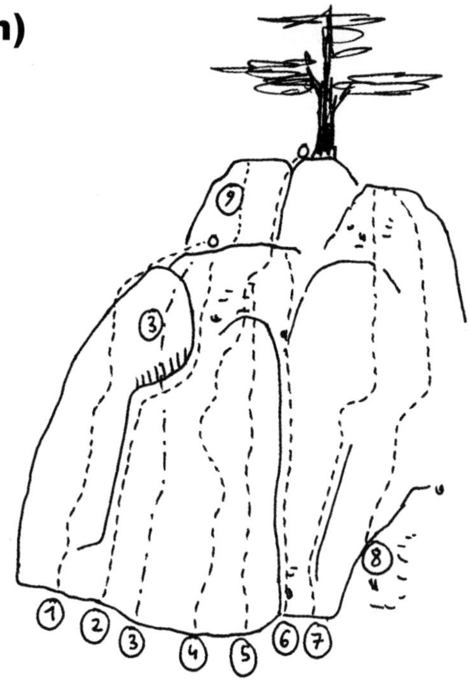

1. Präsidentenbuckel **5 ✱** Keine Haken
2. Präsidentenriss **5+ ✱** Abgeschmiert, alte und wenige Haken
3. Präsidentennase **7- ✱✱** Abgeschmiert, doch lohnend
4. Präsidentenplatte **6 ✱**
5. Präsidentenpfeiler **5 ✱✱** Nach oben hin leichter
6. Präsidentenverschneidung **4+ ✱✱** Keine Haken
7. Hakenplatte **4+ ✱✱** Schöne Henkelplatte
8. Ohne Haken **6- ✱** Name!
9. In der Kürze liegt die Würze **6 ✱** Ein Uralthaken, kurze Platte

Armer Hansi (6m)

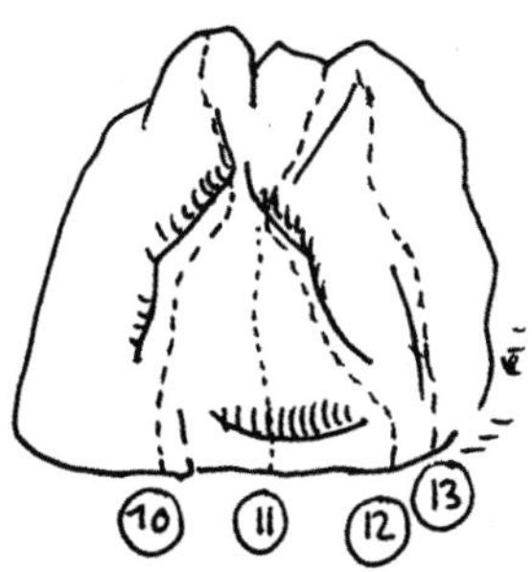

Gleich rechts vom Präsident

10. Armer Hansi **6-** Toprope
11. Flaschenhals **8-** Abgeschmiert, Toprope
12. Reicher Fritzi **5+** Toprope
13. Leichter Fritz **5** Toprope

֍ Hauptwand (bis 35m)

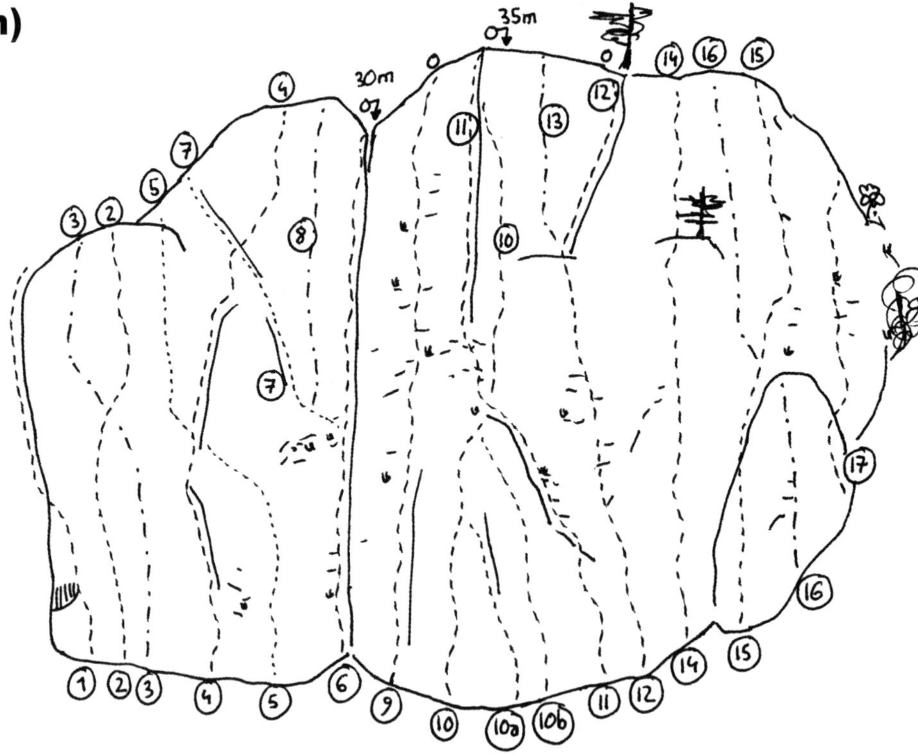

1. Frickkante **5+ ✱✱** Toprope, direkt: **7+**
2. Nachtwind **7 ✱✱** Toprope
3. Gino **6+ ✱** Toprope
4. Triogratriss **5- ✱✱** Keile oder Toprope
5. Die Ratte **6+ ✱** Toprope, schön!
6. Breite Ries **3+ ✱✱** Klassiker, Keile!
7. Der Kalte **6- ✱** Besser Toprope
8. Aus Alt mach Neu **7 ✱** Alte Haken, etwas definiert
9. Direkte Breite Ries **4 ✱** Grasig
10. Try **6- ✱✱** Sehr schön, besser Toprope!

10a. Variante **5 ✱**

10b. Variante **7- ✱**

11. Breite Ries-Kante **4+ ✱✱✱** Steil und schön, Toprope
12. Diagonalriss **5- ✱✱** Keile, nur oben schwer
13. Can Electric Gargle Gfraster **8- ✱✱** Alte Haken, definiert
14. MC2 **7+ ✱** Toprope
15. Bruce **6 ✱** Toprope
16. Südwestpfeiler **5- ✱✱** Keile oder Toprope
17. Rosa **4 ✱** Toprope

㊎ Plattige Wand (15m)

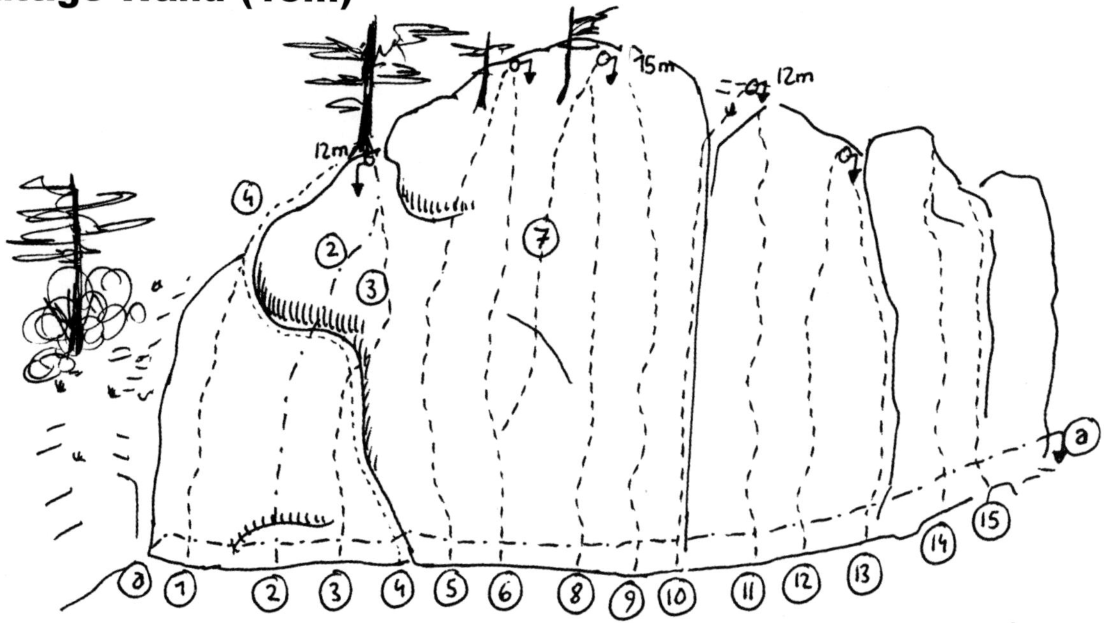

1. Schriftenmörder **5+ ✱** Hakenlose Lochkletterei
2. Power on the Mauer **8 ✱✱** Harter Einstieg
3. Kindernachthemd **7 ✱✱** Keine Haken!
4. Linker Riss **5+ ✱✱** Abgeschmiert
5. Body Chip **7- ✱✱** Lochkletterei
6. Unikum **6 ✱✱**
7. Unicoda **6+ ✱✱**
8. Cony David **6- ✱✱**
9. King Salomon **7- ✱✱**
10. David Riss **6+ ✱✱** Klassischer Riss
11. Schach **7+ ✱✱**
12. Matt **7+ ✱✱**
13. Goliath Riss **6- ✱✱**
14. Grind **6 ✱** Keine Haken!
15. Rechter Riss **4+ ✱** Toprope!

Boulder:

a) Power die Mauer **9- ✱✱** Quergang, Schlüsselstelle zu Beginn

Wassergspreng

Lage: N, S, W **Höhe:** bis 12m

ppp L

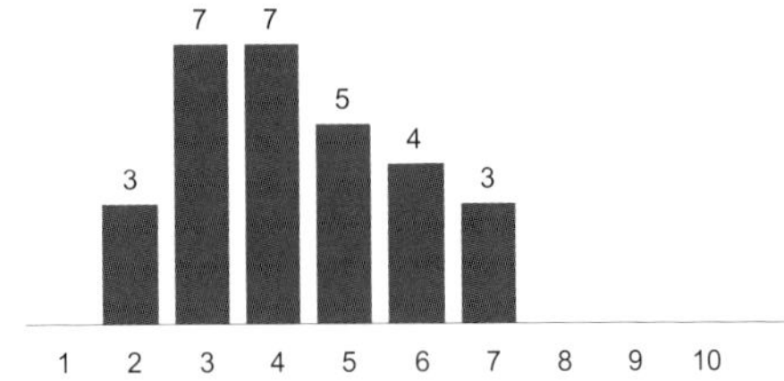

Besonderes: Viele Gelsen! Einige Anstiege auch für Anfänger und Kinder bestens geeignet.

Im Buchenwald versteckter Felsen, der gänzlich saniert wurde und für den beginnenden Vorsteiger wegen der sehr geringen Hakenabstände gut geeignet ist. Auch für Kinder ist der Fels interessant, zumal am daneben fließenden Bächlein geplanscht werden kann. Teilweise schon abgeschmierter Fels.

Zufahrt: ÖV: Mit Bus von Liesing bis zur Endstation in Gießhübl.
PKW: a. Entweder zum großen Parkplatz am Ortsende von Gießhübl.
b. Bis Weißenbach bei Mödling, hier ins enge Tal Wassergspreng bis zum Parkplatz.

Zugang:
a. Vom großen Parkplatz links der Wiese, am Waldrand, ins Tal hinunter, hier auf der Forststraße nach rechts (talaufwärts) bis zu den Felsen (ca. 15min).
b. Vom Parkplatz der Markierung Richtung Gasthof „Seewiese“ folgen, bis rechts der Forststraße die Felsen liegen (10min).
Folgt man der Forststraße ein Stück weiter taleinwärts, kann man in der nächsten Linkskurve über den rechten (östlichen) Hang auf Steigspuren zu den Gießwänden aufsteigen (ca. 10min).

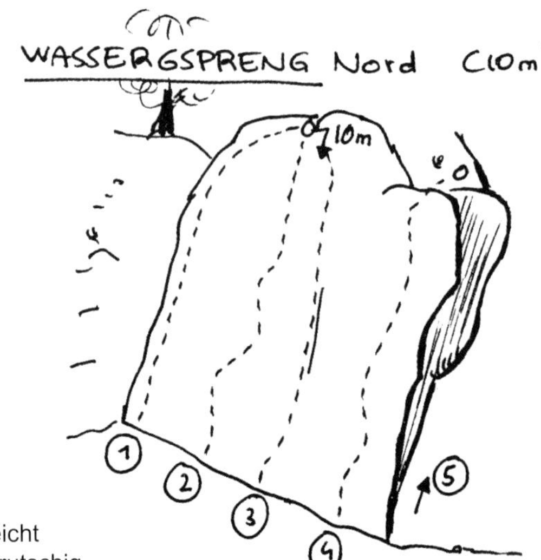

1. Nordriss **4+** Schas
2. Dir. Nordwand **5 ✱**
3. Rosariss **6 ✱** Gar nicht so leicht
4. Heiße Sohlen **7 ✱** Toprope, rutschig

Wassergspreng West und Süd (12-8m)

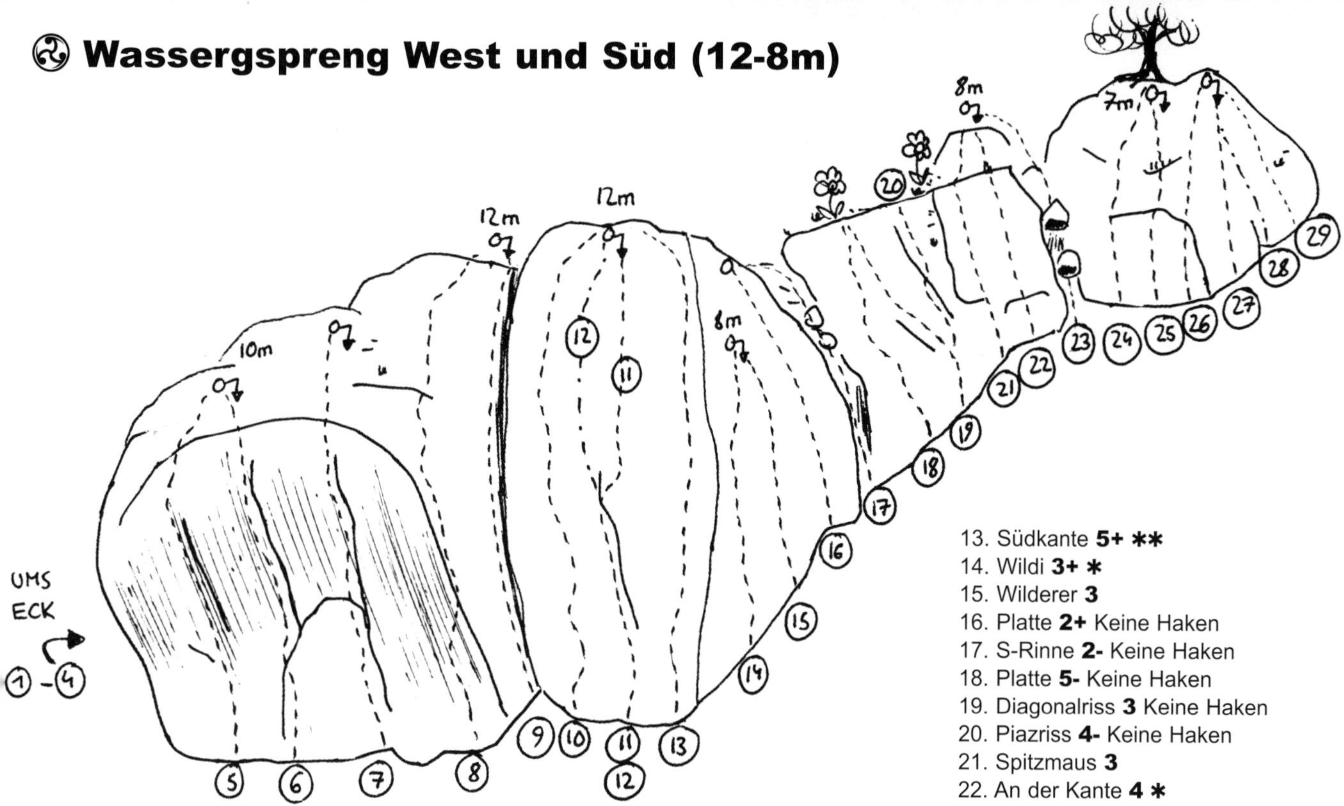

5. Linker Riss **7 ✱✱**
   Vielleicht die beste Route hier?
6. Wastl im Wald **6+ ✱**
   Toprope, keine Haken!
7. Rechter Riss **6+ ✱✱** Toller Riss!
8. Plattenpanzer **7+ ✱**
   Definiert – nicht rechts rausgreifen!
9. SW-Kamin **3 ✱✱** Schöner Kamin
10. SW-Kante **6+ ✱** Steil, schmierig
11. Gelsenplatte **6 ✱**
12. Blutsauger **5+ ✱**
13. Südkante **5+ ✱✱**
14. Wildi **3+ ✱**
15. Wilderer **3**
16. Platte **2+** Keine Haken
17. S-Rinne **2-** Keine Haken
18. Platte **5-** Keine Haken
19. Diagonalriss **3** Keine Haken
20. Piazriss **4-** Keine Haken
21. Spitzmaus **3**
22. An der Kante **4 ✱**
23. Rote Rinne **1** Keine Haken
24. Wiesel **4+ ✱**
25. Höhlenweg **3+ ✱**
26. Wasserkante **4 ✱**
27. Hohlrippen **4 ✱**
28. Speckjause **4+**
29. Variante Steffl **3**

Weißes Kreuz

Lage: N **Höhe:** bis 20m

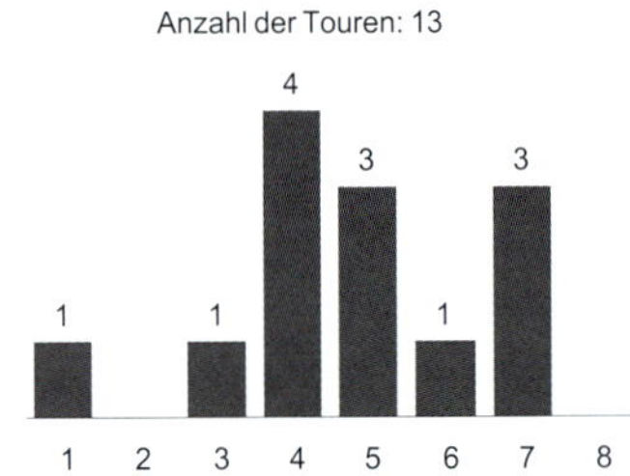

Besonderes: Keine Haken vorhanden. Seilsicherung von oben! Nur für Lärmunempfindliche (Autobahn!). Zumindest 45m-Seil zum Topropen nötig sowie Bandschlingen.

Ziemlich versteckte Felswand, die nur einen Steinwurf von der Autobahn entfernt ist und ein wahres nordseitiges Schattendasein führt. Lärmunempfindliche Einsamkeitsfanatiker mögen hier ihren Spaß haben, allen anderen sei höchstens der Ausblick in die Hinterbrühl empfohlen.

Zufahrt: ÖV: Mit dem Bus von Mödling in die Hinterbrühl. Dann zu Fuß zum Friedhof, der unterhalb des weithin sichtbaren Steinbruches liegt.
PKW: Nach Hinterbrühl-Zentrum und hinauf zum Friedhof (beschildert) unterhalb des weithin sichtbaren Steinbruches. Hier Parkplatz.

Zugang: Vom Friedhof die Straße bis ans Ende und gerade weiter in das kleine Tal hinein. Den Steinbruch rechts liegen lassen, auf Steig talaufwärts bis man links die Felsen erkennt. Links über den Bachlauf und noch kurz aufwärts zu den Felsen links (10min).

Weißes Kreuz

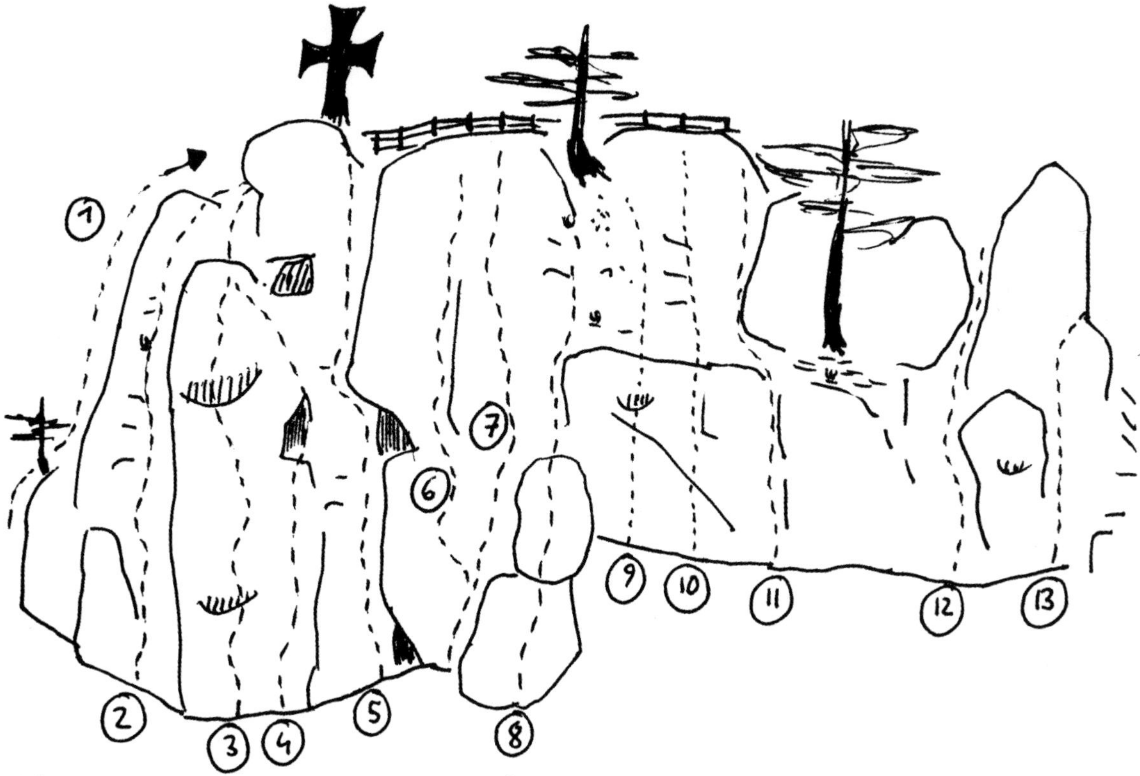

1. Ostgrat **1**
2. Quartettsteig **4** Brüchig
3. Dir. Edelweiß-Steig **7** *
4. Edelweiß-Steig **6** *
5. Arbeitslosenweg **5-** *
6. Weg der Überhänge **4+**
7. Verschneidung **5**
8. Blocksteig **3**
9. White Reality **7**
10. White Crack **7-**
11. Riss **5-**
12. ? **4**
13. Blockverschneidung **4**

Mödlinger Klause, Rauhe Platte Übersicht

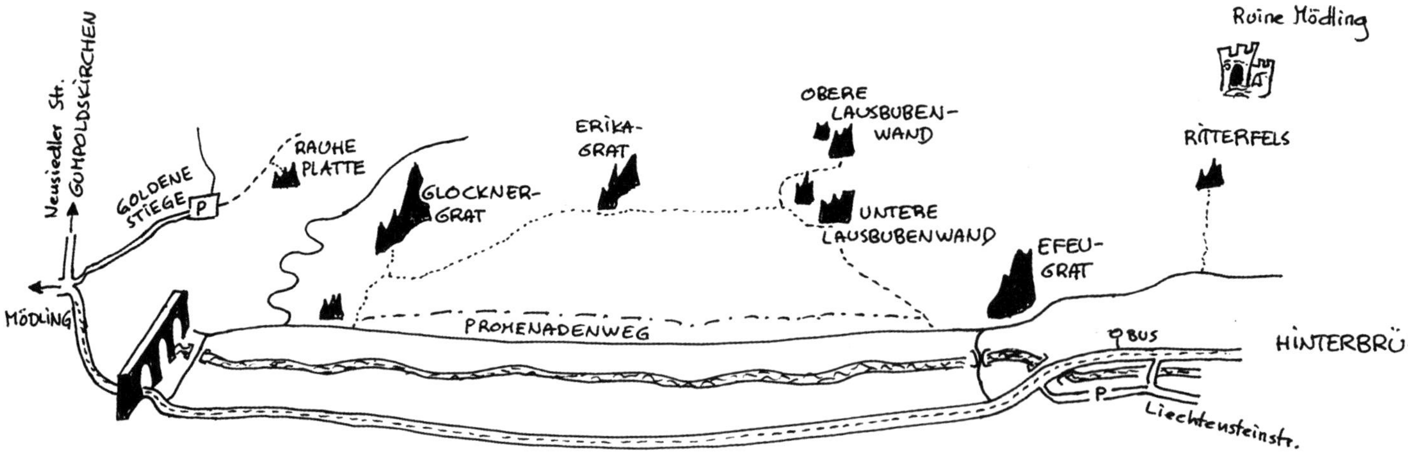

Glocknergrat

Lage: O, W
Höhe: Gratüberschreitung ca. 100m, Seitenwände bis 30m

ppp pp

Besonderes: Die meisten Routen sind bestens abgesichert, in einigen wenigen steckt noch altes Material. Diese Routen werden extra erwähnt.

Der Glocknergrat, Mödling am nächsten gelegen, bietet mit seiner Gratüberschreitung im 3. Grad wohl die schönste Kletterei im unteren Schwierigkeitsbereich in der unmittelbaren Nähe von Wien. Aber auch in den Flanken des Grates existieren zahlreiche schöne Routen in festem Fels. Das Angebot ist abwechslungsreich, Kanten, Platten, Überhänge, Risse – alles wird angeboten.

Zufahrt: ÖV: Vom Bahnhof Mödling mit dem Bus Richtung Hinterbrühl bis zum Beginn der Klause (Aquädukt).
Oder zu Fuß durch die Fußgängerzone.
PKW: Am besten über die Umfahrung Mödling Richtung Hinterbrühl. Von Mödling kommend, am Beginn der Klause, unterm Aquädukt parken.

Zugang: Vom Aquädukt den Bach überqueren und auf den Promenadenweg. Diesen nach rechts, in die Klause hinein, bis links hinter einem markanten Felsturm die Steigspuren zum Grat abzweigen. Steil empor zum Gratfuß (10min).

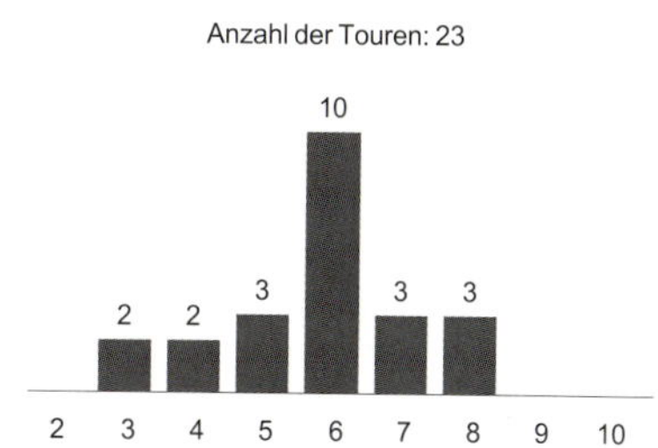

Glocknergrat Ost

1. Gratüberschreitung **3+** *
   Abwechslungsreich und wunderschön, folgt immer der leichtesten Linie, beginnt bei markantem Kamin, ca. 120 Klettermeter bis ganz oben, mit Bühlerhaken saniert

1a. Variante **4+ ****
   Lohnende Variante nach dem Kamin, saniert

2. ? **6+** Alte Haken, naja (Simek, Hristovski)
3. Frühschoppen **7-**
   Alte Haken, verwachsen (Patlik)
4. The Edge **6+ ***** Tolle Kletterei, unten Überhänge, oben scharfe Kante (Hacker)
5. Fiaker **6+ **** Witziger Riss
6. Frühling **8- ***
   Mäßig und alte, miese Haken (Thurner)
7. Kleiner Gerhard **8+ ***
   Kurz, hart, alte Bolts (Riedl)
8. Sommer **6 **** Schöne Wandkletterei (Riedl)
9. Aids oder geht's **6+ ****
   Schon etwas abgeschmiert, lang (Riedl)
10. Zu einfach **6 **** Schöne, lange Route (Riedl)
11. Kleiner Hansi **6 *** (Schürz, Simek)
12. Pferdehölle **6 **** (Hacker)
13. Blauer Portugieser **6+ ****
   Guter Überhang (Hacker)
14. Winter **7+ ***** Klassiker! (Riedl)

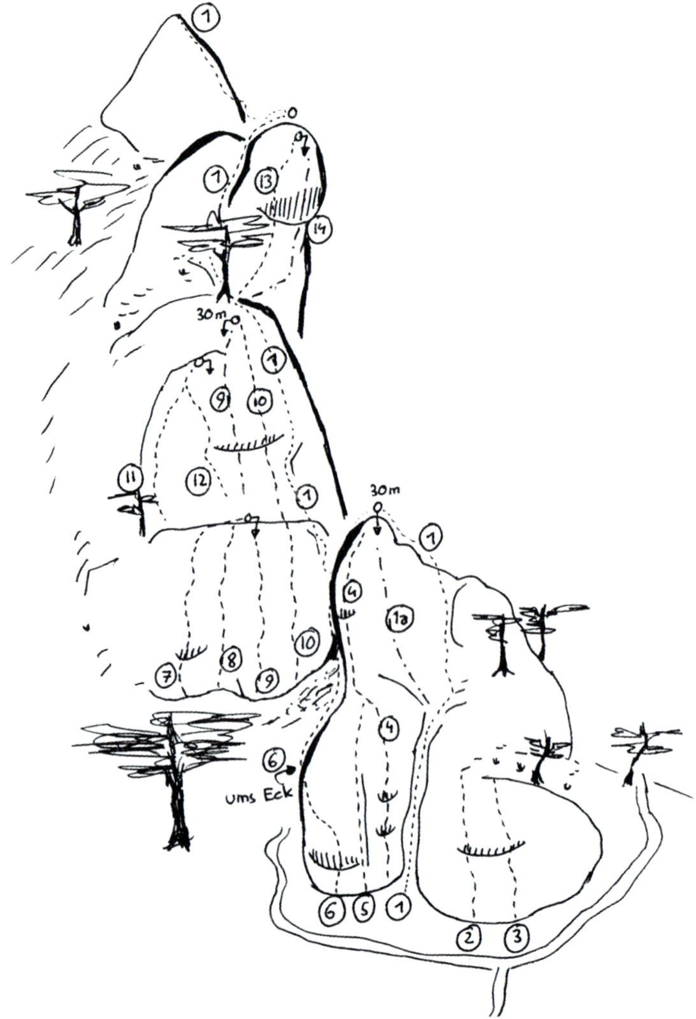

Glocknergrat von Westen

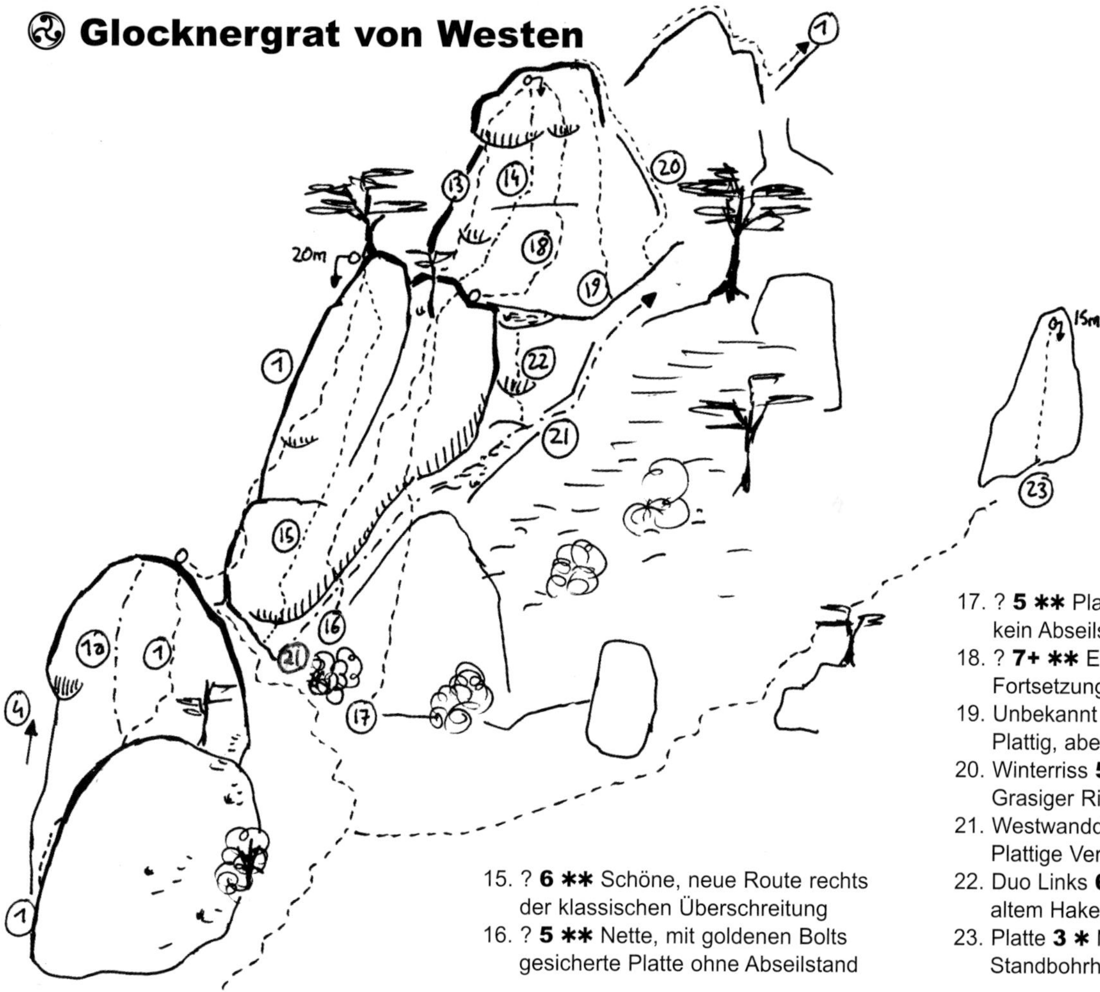

15. ? **6 ✱✱** Schöne, neue Route rechts der klassischen Überschreitung
16. ? **5 ✱✱** Nette, mit goldenen Bolts gesicherte Platte ohne Abseilstand
17. ? **5 ✱✱** Platte, oben kurze Kante, kein Abseilstand
18. ? **7+ ✱✱** Einzelstelle, lohnende Fortsetzung zu 17., bestens gesichert
19. Unbekannt **8- ✱✱** Plattig, aber alte Bolts! (Patlik)
20. Winterriss **5+ ✱** Grasiger Riss mit alten Haken (Thurner)
21. Westwanddiagonale **2 ✱** Plattige Verschneidung
22. Duo Links **6** Rechts **4+** Kurzvariante mit altem Haken zu 21., Schas
23. Platte **3 ✱** Nett für Anfänger, derzeit nur Standbohrhaken

Efeugrat

Lage: N **Höhe:** bis 40m

ppp **L**

Besonderes: Ultrakurzer Zustieg, nichts für Einsamkeitsfanatiker.

Direkt neben der Straße gelegen, zählt der Efeugrat zum idealen Ziel für Gehfaule. Vor allem Alfred Riedl ist es zu verdanken, dass der Felsklotz heute so benutzerfreundlich eingerichtet ist, sogar ein Klettersteig existiert im rechten Teil. Der Fels ist fest, mit vielen Leisten und Auflegern, hält aber auch immer wieder Henkel parat, leider teilweise schon recht abgeschmiert. Menschenfeind sollte man allerdings keiner sein, denn entlang des Promenadenweges am Wandfuß ziehen wahre Horden an Spaziergängern vorbei.

Zufahrt: PKW: Von der Südautobahn über die Umfahrung Mödling Richtung Hinterbrühl. Unter dem Aquädukt in die Klause, entweder gleich hier parken, oder ein Stück weiter, bis man in einer Rechtskurve links den markanten Grat mit eingezäuntem Wandfuß erkennt. Gleich nach der Kurve rechts in einer Seitengasse Parkmöglichkeiten.
ÖV: Vom Bahnhof mit dem Bus in die Klause, oder zu Fuß ab Bahnhof durchs Zentrum von Mödling (25min).

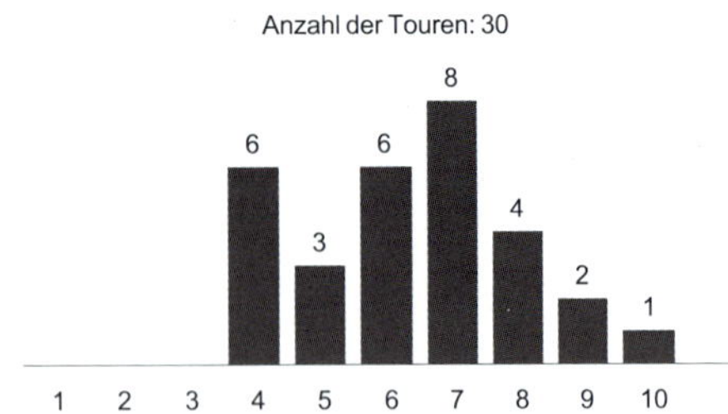

Zugang: Der Efeugrat befindet sich direkt am Promenadenweg.

1. Der Galgen **5** Alte Haken, verwachsen
2. Dornröschen **9- *** Alte Haken, gebohrter Griff (Fachet)
3. Snöf **7- **** Abgeschmierter Klassiker (Eigler)
4. Co-KG **7 ***
5. Black shadow on the wall **8- **** Kurzer Überhang (Fachet)
6. Winkler Empor **8 *** Definierte Einzelstelle, nicht nach rechts ausweichen (Winkler)
7. Rampenführe **4- **** Lieb leicht
8. Bier fia´n Hias **6- **** Versteckte Route (Riedl)
9. Kantenflug **6+ **** Etwas unübersichtlich (Riedl)
10. Kamin **4 **** Schön düster
11. Schweißtreiber **9- ****
    Gar nicht leichte, überhängende Wand (Riedl)
12. Rechtsdrall **7 ***** Klassischer Henkelüberhang (Riedl)
13. Mutprobe **6- *** Verlängerung von 12. (Riedl)
14. Dachverschneidung **6- *** Tolle, lange Felsfahrt
15. Eiertanz **7 *** Schmierig (Riedl)
16. Direkter Hias **6+, 7+, 5+ ***** Drei kurze, schöne Längen – kann natürlich auch in einem geklettert werden (Riedl)
17. Schroffenweg **4 ***** Leicht, guter Fels! (Riedl)

Efeugrat

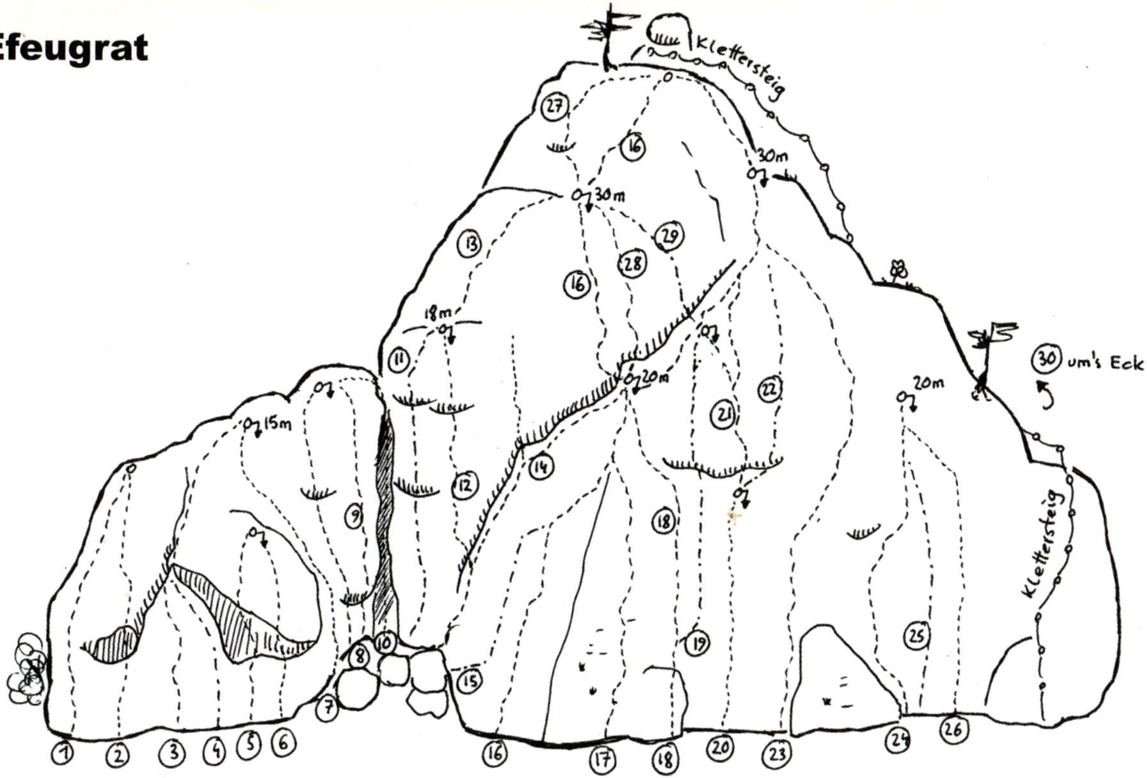

18. Efeu Ade **4 ***** Superfels, Genuss (Riedl)
19. ? **8 **** Leistenfels
20. Herz für Anfänger **4 **** Nett (Gauster)
21. Fuck Head **8+/9- **** Hart, kurz, kleingriffig (Finsterer)
22. Sondereinsatz **10- ***** (Manhart)
23. Verschneidung **4+ **** Lang, nett
24. Nähmaschine **6 **** Leider recht abgeschmiert (Riedl)
25. Dechant Müller **7 **** Schon glatt (Riedl)
26. Ernas Angst **6 **** (Riedl)
27. 2-Freunde-Dach **5+ *** Nett (Riedl)
28. Schlange **7+/8- ***** Guter Überhang (Riedl)
29. Diagonalriss **7 **** Hangelriss (Riedl)
30. Ameisensteig **5+** Mäßig (Riedl)

Erikagrat

Lage: N, W **Höhe:** Gratüberschreitung ca. 80m, Seitenwände 15-30m

ppp

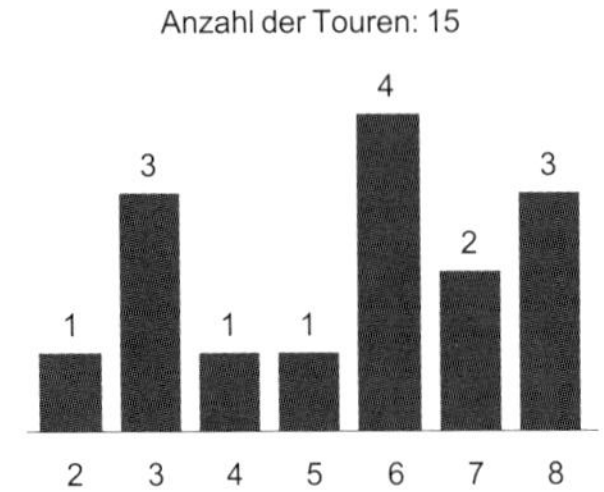

Der mit Eisenbändern gezähmte Grat fristet zwischen Glockner- und Efeugrat ein Schattendasein. Zu Unrecht, denn der Fels ist fest, teilweise recht rau, die Routen sind alle saniert und sehr gut abgesichert. Die Gratüberschreitung bietet eine nette, leichte Felsfahrt, an der Basis finden sich interessante Sportklettereien.

Zufahrt: PKW/ÖV: Siehe Efeugrat.

Zugang: Vom Efeugrat ein kurzes Stück den Promenadenweg Richtung Mödling, dann im Wald, schräg links haltend, auf einer der vielen Steigspuren unter die Lausbubenwand und links zum Grat queren (ca. 10min). Oder vom Beginn des Glocknergrates auf Steigspuren waagrecht nach rechts zum Erikagrat.

1. Kamin **3-** Keine Haken
2. Ozon go home **7- ✱** Boulder oder Toprope
3. Rennschnecke **7+ ✱** Boulder oder Toprope
4. Gratüberschreitung **3 ✱✱✱** Sehr schöne Genusskletterei über den ganzen Grat, ca. 80m, nach oben hin immer leichter
5. Übung mit Erika **6 ✱✱** Henkelroute (Riedl)
6. Steig genau **8- ✱** Einzelstelle (Riedl)
7. Steirerbua **6 ✱** Komischer Riss (Pucher)
8. Salzstangerl **8 ✱✱** Harte Kurzroute (Riedl)
9. ? **4+ ✱** Neu und hübsch (Jascha)
10. Rampe **2+ ✱**
11. Erika aktuell **6 ✱✱** Schöne, plattige Wand (Riedl)
12. Wotan wartet nicht **8- ✱✱** Abwechslungsreiche Kletterei, unten toller Überhang (Riedl)
13. Verschneidung + Schlucht **3 ✱✱** Nett (Jascha)
14. I am solo **6+ ✱** (Riedl)
15. Erikaverschneidung **5 ✱** (Riedl)

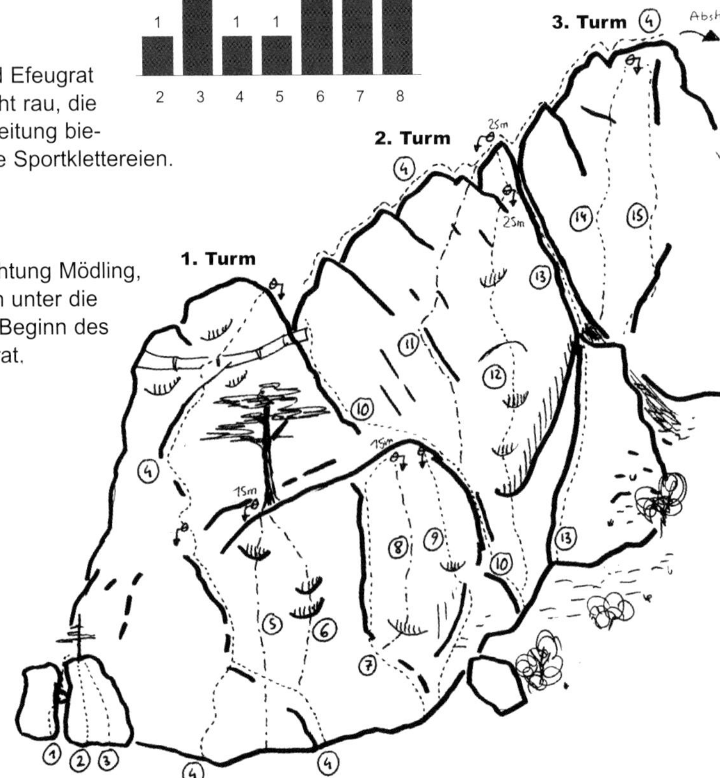

50 Meter westlich und 50 Meter unterhalb ein Boulderblock: Mit einem Quergang, mehrere definierte Boulder möglich: „Fangoboy" **8+**

Schattiges Ambiente auf der Unteren Lausbubenwand

Lausbubenwände

Lage: N **Höhe:** bis 20m

ppp **Lausbubenpfeiler:** **pp**

Besonderes: An der Unt. Lausbubenwand zahlreiche beliebte Bouldermöglichkeiten.

Drei Wände, im Wald verborgen und recht unterschiedlich vom Charakter her. Boulderartige Kurztouren und kleine Dächer an der unteren, steile Genusstouren im 6. und 7. Grad an der oberen Wand, leicht überhängende und wegen der schlechten Haken etwas moralische Wandkletterei am Pfeiler.

Zufahrt: ÖV/PKW: Wie Efeugrat.

Zugang: Links vom Efeugrat auf Steigspuren rechts steil in den Wald. Man gelangt zuerst zur Unteren Lausbubenwand. Links ums Eck und kurz hinauf und schon steht man vor dem Lausbubenpfeiler. Links ums Eck weiter und leicht rechts ansteigend zum schrofigen Vorbau der Oberen Lausbubenwand.

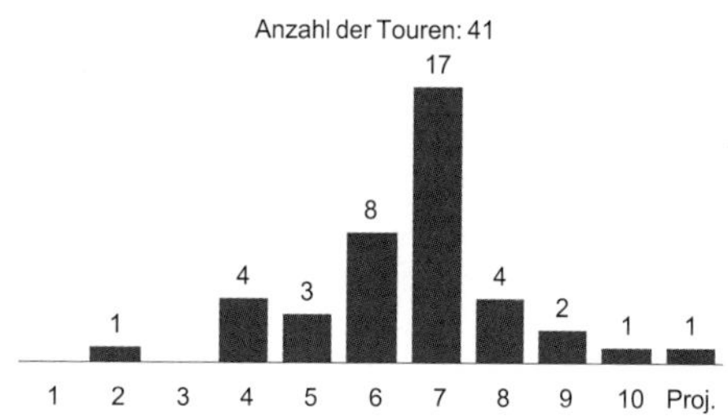

Untere Lausbubenwand

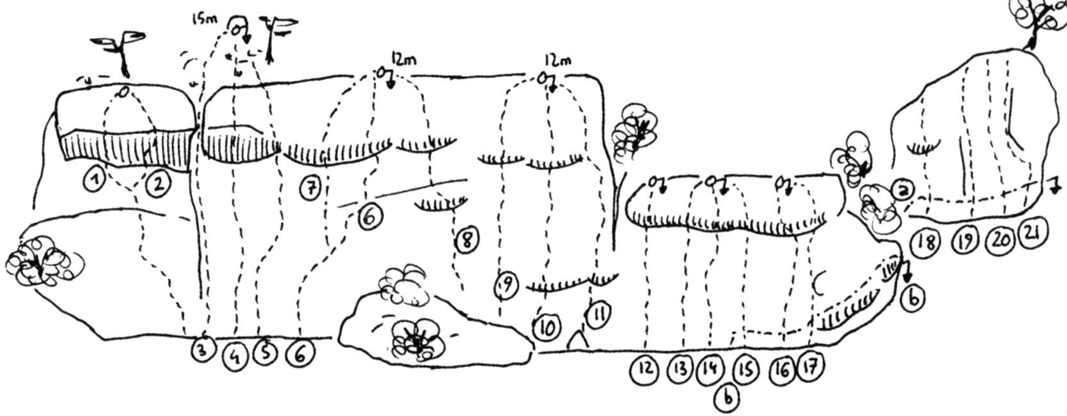

1. Excitation **9+ ✱** Beinharter Untergriffumsetzer, dreckiger Ausstieg (Bacher)
2. Projekt
3. Bergführerriss **5+** Dreckig, keine Haken, naja (Thurner)
4. ? **8-/8 ✱✱** Ein weiter Zug im Überhang, interessant (Riedl)
5. Streck dich **7+ ✱✱** Lohnend! (Riedl)
6. Au so rau **7- ✱✱** Klassiker, gute Griffe (Riedl)
7. ? **7+/8- ✱✱** Versteckte Griffe (Riedl)
8. ? **6+ ✱** Neu und noch rau (Riedl)
9. Sturmtag **7 ✱** Unübersichtlich (Riedl)
10. Asterix **6+/7- ✱✱** Schon etwas abgeschmiert (Riedl)
11. Prolo **8- ✱** Einzelstelle (Riedl)
12. Rheumatic fever **10+ ✱** Beinhart, unbestätigt (Bacher)
13. Obelix **8 ✱✱** Einzelstelle (Riedl)
14. ? **9 ✱✱** Harte Einzelstelle (Bacher)
15. Dynamo ins Jenseits **8+ ✱✱** Alfis Übung (Fachet)
16. Via Ente **7+ ✱** (Winkler)
17. Idefix **7** (Winkler)
18. Mist **6** Keile oder Toprope
19. Riss **7- ✱** Schwerer Beginn, alte Haken
20. Oho **6-**
21. Öha **5+**
22. Kamin **4**
23. Tränenverschneidung **6+** Zwei alte Haken, gleich neben dem Kamin
24. Psycho I **7+ ✱✱** Gute Route, alte Haken (Fachet)
25. Tränen für Irene **7+ ✱✱✱** Lohnend, alte Haken (Fachet)

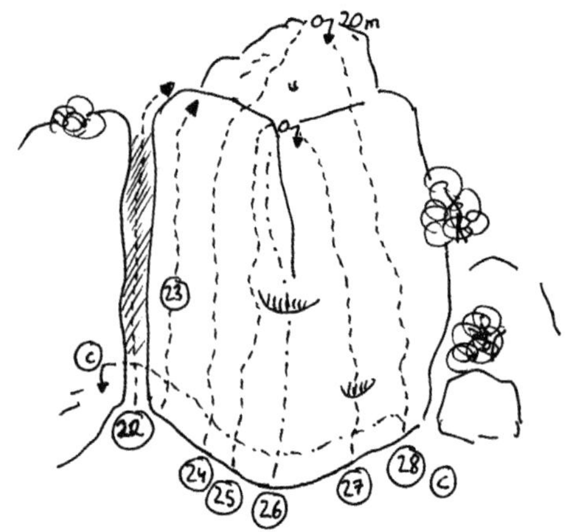

26. Kante **8 ✱✱** Direkt an der Kante (Reicht)
27. Moralist **7+/8- ✱** Alte Haken, naja (Riedl)
28. Ulknudel **7-** Alte Haken (Riedl)

Obere Lausbubenwand

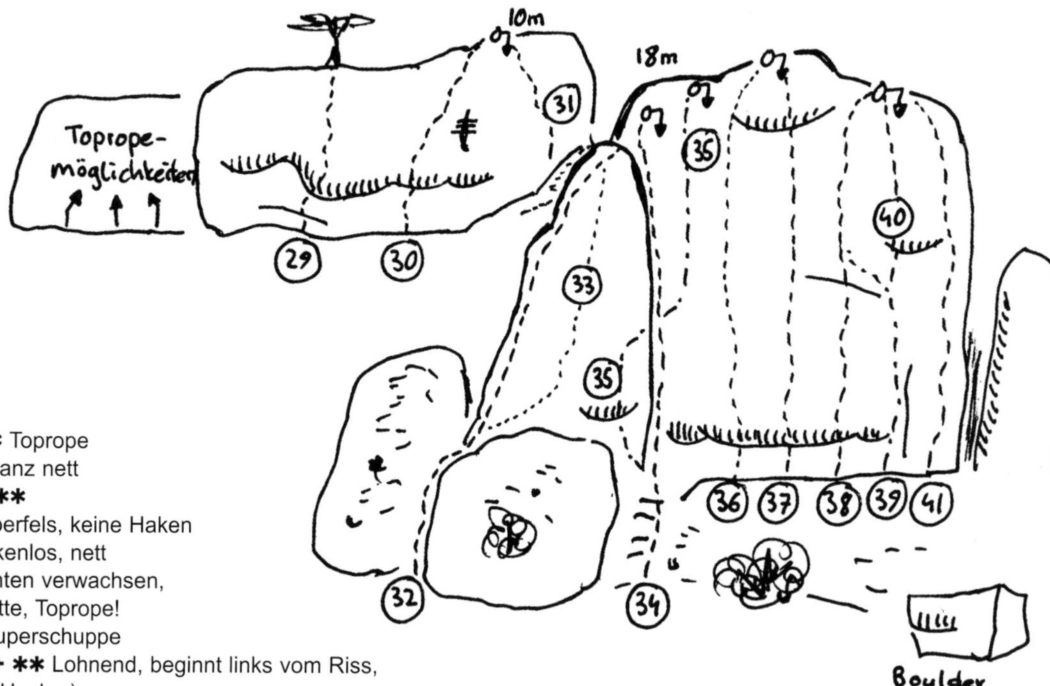

29. Hansisteig **7 ✱** Toprope
30. Zwerg **6+ ✱** Ganz nett
31. Gipfelwand **4 ✱✱**
    Kurz, aber Superfels, keine Haken
32. Grat **2 ✱✱** Hakenlos, nett
33. Pfeiler **5- ✱** Unten verwachsen,
    oben nette Platte, Toprope!
34. Riss **4+ ✱✱** Superschuppe
35. Hin und her **6+ ✱✱** Lohnend, beginnt links vom Riss, kreuzt diesen (Hacker)
36. Machs doch schwer **7 ✱✱** Schön! (Riedl)
37. Abendsonne **7- ✱✱✱** Tolle Wandkletterei (Riedl)
38. Tape dich direkt **7+ ✱✱** Schwieriger Beginn (Riedl)
39. Tape dich **7- ✱✱** Zahme Variante (Riedl)
40. Horror **7- ✱✱✱** Sehr schöne Wandkletterei (Riedl)
41. Lausbubenkante **6 ✱✱** Nett (Riedl)

Boulder:
a) Hidden hole **8-/8 ✱** Quergang
b) Quergangsklassiker **6- ✱** Henkelquerung, in diesem Bereich gibt es unzählige, definierte, auch ziemlich schwere Boulder an schon sehr glatten Leisten
c) Beyond the edge **8/8+ ✱** Quergang

Ritterfelsen

Lage: N **Höhe:** bis 15m

ppp

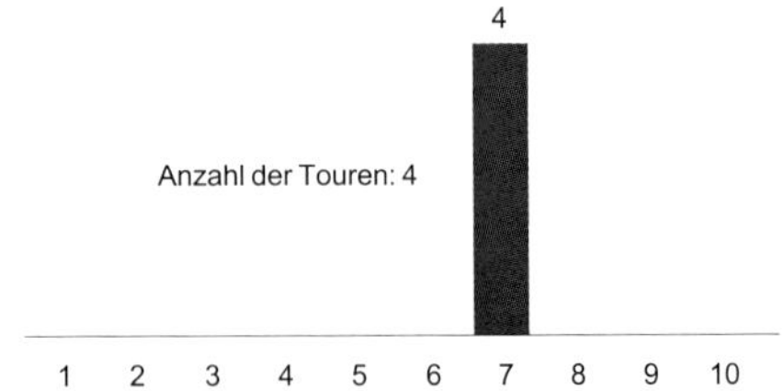

Kleiner, aber netter Fels, der selten besucht wird. Überhängende, noch recht raue Klettereien, erschlossen vom unermüdlichen Alfred Riedl – klein aber fein!

Zufahrt: ÖV/PKW: Wie Efeugrat.

Zugang: Vom Efeugrat am Promenadenweg Richtung Hinterbrühl (taleinwärts), kurz vor dem 1. Haus (Mauer) links in den Wald und gerade hoch zum Fels (5min).

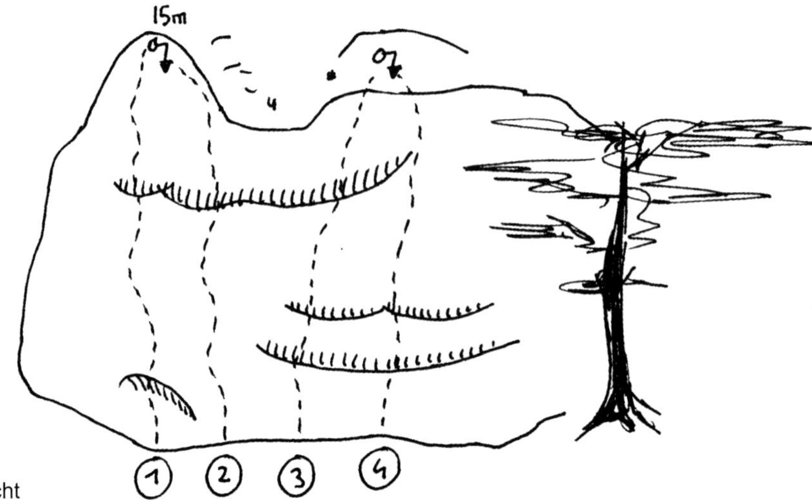

1. Ritterfräulein **7- **** (Riedl)
2. Raubritter **7+ **** (Riedl)
3. Burgherr **7+/8- **** (Riedl)
4. Hofnarr **7- *** Etwas brüchig, nicht so schön wie der Rest (Riedl)

Rauhe Platte

Lage: S **Höhe:** bis 15m

ppp **L**

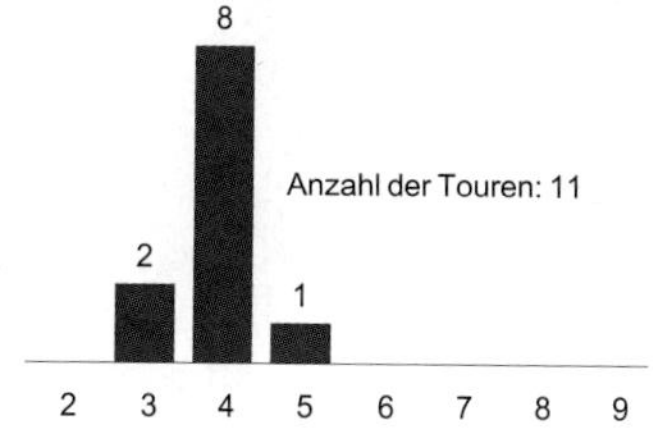

Besonderes: Idealer Anfänger- und Kinderklettergarten mit flacher Reibungskletterei.

Klassische Reibungsplatte, die Dank der sonnigen Lage und der übermäßig guten Absicherung viele Freunde gefunden hat. Nach Regen trocknet alles schnell wieder auf, der Zustieg ist kurz, nur im Sommer kommt man ordentlich ins Schwitzen...

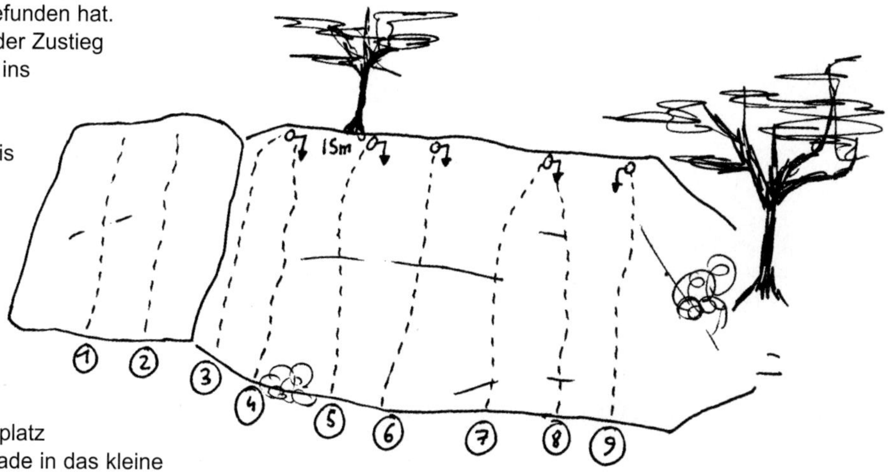

Zufahrt: ÖV: Vom Bahnhof Mödling mit Bus bis zur „Goldenen Stiege" und zu Fuß zum großen Parkplatz am Straßenende. Evtl. auch vom Bahnhof durch die Fußgängerzone hierher. PKW: Von Mödling Richtung Hinterbrühl, knapp vor der Klause an der Kreuzung Schillerstraße/Neusiedler Straße schräg links in die „Goldene Stiege" abzweigen und zum Parkplatz.

Zugang: Der große Steinbruch links vom Parkplatz bleibt unberücksichtigt! Am markierten Weg gerade in das kleine Tal hinein, Richtung „Anninger, Goldene Stiege". Nach ca. 250m rechts die Rauhe Platte (3min).

1. Andrea the croat **4 *** Keine Haken
2. Black hole **4+ *** Keine Haken
3. Pille **3** Etwas splittrig
4. Silicon Valley **4 ***
5. Enterprise **4+ ***
6. Mr. Spock **3 ****
7. Captain Kirk **4+ ****
8. Dir. Südwand **4+ ****
9. Sauerkraut extrem **5- **** Reibung!

Links noch eine flechtig, splittrige Platte mit 2 Toprope- bzw. Solorouten:
Baden intensiv **4+** Links
Romanisch **4+** Rechts

Matterhörndl

Lage: alle Richtungen **Höhe:** 8m

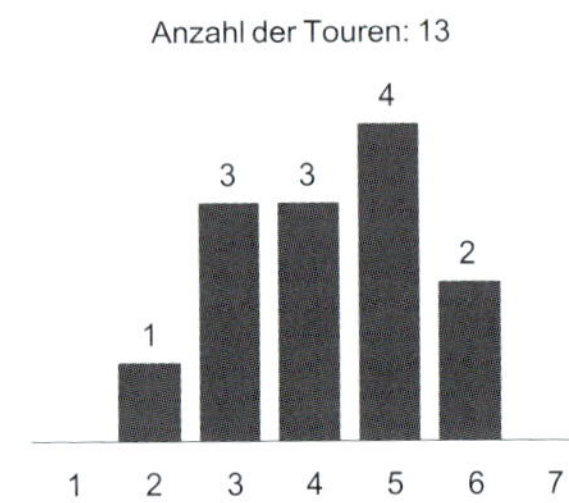

Besonderes: Entweder klettert man seilfrei oder man benötigt lange Bandschlingen und evtl. Keile, um am Gipfel einen Stand einzurichten. Die Felssubstanz ist gut!

Ein mystischer, 10m hoher Fels mit Durchschlupfloch, vor langer Zeit „Pfennigstein“ genannt. Im Mittelpunkt eines Pentagramms, gebildet von Felsblöcken, liegend, sagenumwoben, ein netter Spaziergang, vielleicht an einem Nebeltag...

Zufahrt: ÖV: Wie zum Efeufelsen, zur Haltestelle Vorderbrühl. Bei Hausnr. 51 beginnt ein gelb markierter Wanderweg zum Föhrenhof.
PKW: Von Vorderbrühl durch die Meiereigasse zum Föhrenhof, Parkplatz.

Zugang: Am gelb markierten Wanderweg am rechten Wiesenrand in den Wald. Bei Wegkreuzung Richtung „Grenzweg, Matterhörndl“ gelb mark. gerade weiter, bei der nächsten Kreuzung ebenfalls gerade weiter (Holztafel „Anninger“), ein kleines Tal aufwärts, eine Forststraße überqueren, gerade im Tal weiter und in einen kleinen Sattel. Hier nun nach rechts, Richtung „Husarentempel“, auf einer Forststraße in einem Bogen zu einer Rastbank und zum dahinter befindlichen Felsen (25-30min).

Matterhörndl West

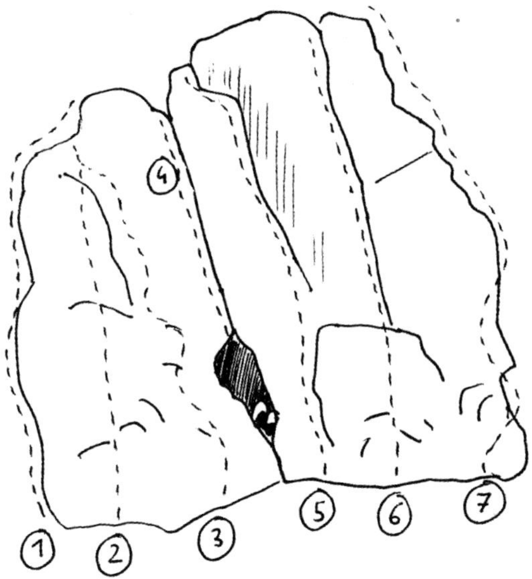

1. Nordkante **5- ✱✱** Toll überhängend
2. NW-Wand **5 ✱**
3. Rampe **3 ✱** Nett
4. Westkamin **4 ✱** Lustig
5. Westriss **6- ✱✱** Guter Riss
6. SW-Riss **4+ ✱**
7. Südkante **2 ✱✱** Lieb, leichtester Anstieg

Matterhörndl Ost

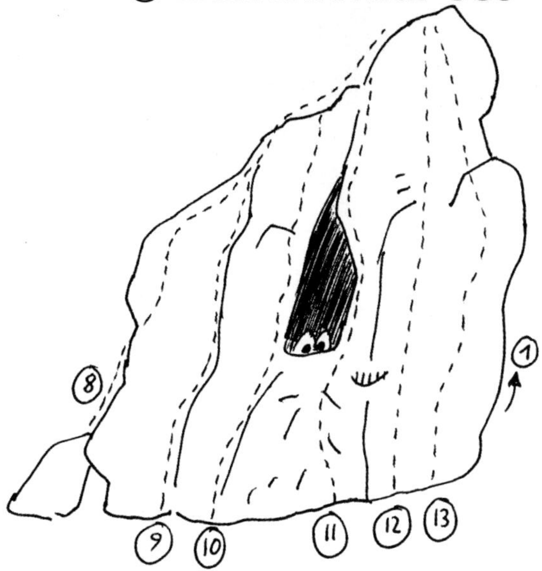

8. Rechte Südkante **3 ✱**
9. Südostriss **4+ ✱**
10. Ostkante **4+ ✱**
11. Ostkamin **3 ✱**
12. Linke Nordwand **6- ✱**
13. Rechte Nordwand **5 ✱**

Friedrichswand

Lage: Süd **Höhe:** bis 70m

p pp

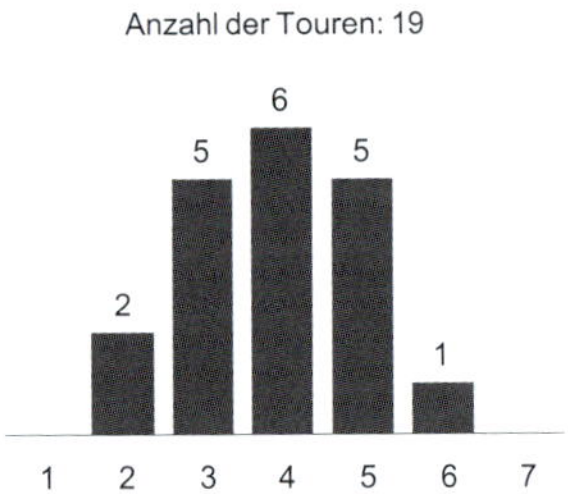

Besonderes: Sicherlich die brüchigste Wand in diesem Kletterführer. Helm nötig! Die meisten Routen verlangen auch einen sehr sicheren Seilersten!

Gleich hinter Mödling, etwas versteckt in einem Graben, bröselt diese ganz schön hohe Plattenwand leise vor sich hin... Nicht allzu oft verirren sich Kletterer hierher, die mäßige Absicherung, der splittrige Fels und die flache Plattenkletterei liegen einfach nicht im Trend. Nichtsdestotrotz gibt es einige lohnende Anstiege. Die „Schwarze Verschneidung" ist ein Wienerwaldklassiker, und die Platte ganz rechts wartet sogar mit richtig festem Fels auf!

Zufahrt: PKW: In Mödling-Zentrum fährt man über Neusiedler Straße und Grutschgasse zur HTL, rechts an dieser vorbei in die Gumpoldskirchner Str. Richtung Gumpoldskirchen. Nach einer scharfen Linkskurve rechts in die Prießnitzgasse und diese bis an ihr Ende (Parkplatz).
ÖV: Mit dem Bus vom Mödlinger Bahnhof zur HTL, weiter wie oben.

Zugang: Am Spielplatz vorbei taleinwärts, bei der Weggabelung rechts in den Seitengraben. Gleich rechts liegt die Wand (ca. 5min).

Friedrichswand

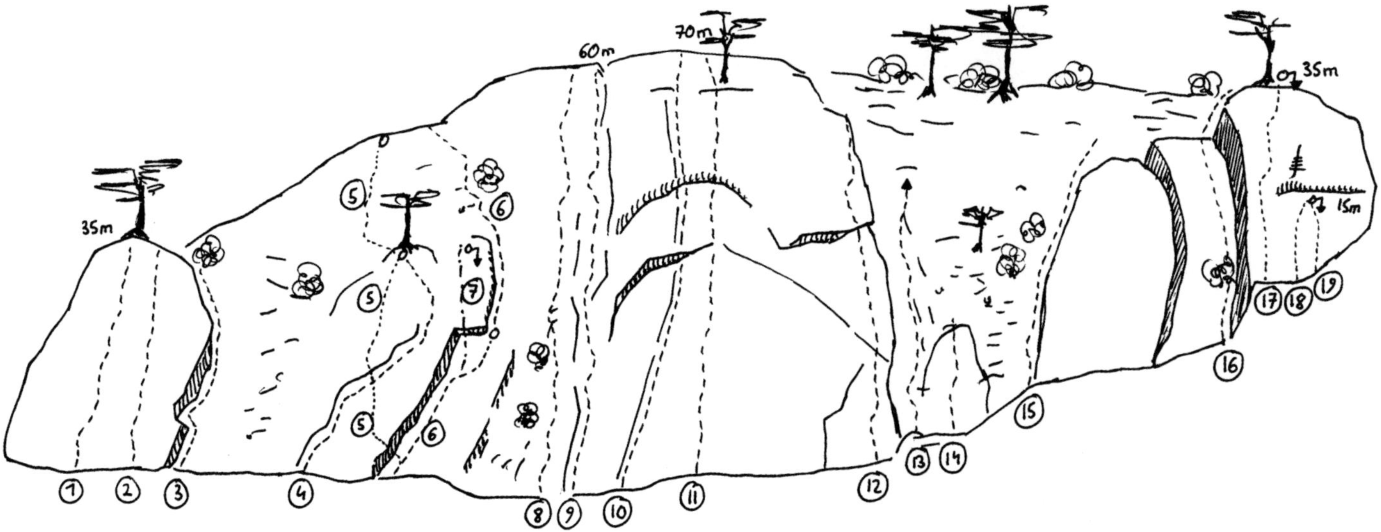

1. Westliche Platte **4+** Keine Haken, splittrig
2. Rechter Anstieg **5** Keine Haken, splittrig
3. Verschneidung **4-** Keine Haken, sehr brüchig
4. Schwibbogenplatte **4** Keine Haken, splittrig
5. Des Kaisers neue Kleider **4+, 2+ ∗**
   Klebehaken, durchaus fester Fels, nette Route, etwas weitere Hakenabstände, 2. Länge Bruch (Jascha)
6. Schwarze Verschneidung **3+,3 ∗** Wienerwaldklassiker, ganz nett. Eingebohrt, aber weite Abstände.
7. Kuhschelle **4 ∗** Variante zu 6., ganz nett. Klebehaken (Jascha)
8. Plattiger Pfeiler **3** Ohne Haken, naja
9. Günther **2+** Schotterrinnen (Höllthaler)
10. Hauptriss **5-** Ein alter Haken, sehr brüchig, Vorsicht!
11. Weg der Jugend **6- ∗** Lang, sprittrig, Klebehaken in weiten Abständen – nur für sichere Vorsteiger! (Simek, Hristovski)
12. Karwendelpfeiler **4** Saubrüchig, keine Haken
13. Friedrichswandrinne **2-** Schuttrinne
14. Kleine Platte **3** Keine Haken
15. Westliche Verschneidung **3** Bruch, keine Haken
16. Östliche Verschneidung **3** Bruch, keine Haken
17. Teils...teils **5- ∗** Kante, splittrig, Klebehaken, recht nett, weit gesichert (Hacker, Simek, Hristovski)
18. Weberknecht **5 ∗∗** Überraschend fest, Klebehaken (Hacker, Simek, Hristovski)
19. Zwa Züge **5 ∗∗** Einstieg splittrig, dann fest, Klebehaken (Hacker, Simek, Hristovski)

Keltenkalk-Bouldern im Helenental

Helenental

Von Baden im Osten bis hinüber nach Mayerling im Westen erstreckt sich das Helenental, in Liedern besungen, von unzähligen Wanderern und Joggern besucht und von stinkenden Autos durchfahren. Gäbe es die extrem stark befahrene Straße nicht, könne man fast von einem Paradies sprechen – die plätschernde Schwechat, dichte Wälder, nur wenige Häuser, und natürlich die Felsen, die vor allem im Vorderen Helenental dichtgedrängt im Wald stehen.

Die Zustiege sind meist sehr kurz, die Felsqualität ist im allgemeinen gut, die Felsoberfläche oft recht glatt. Für alle ist etwas vorhanden, Anfänger fühlen sich an der Siegenfelder Platte wohl, Leute mit Höhenangst werden die Helenentaler Blöcke oder das Dachswandl lieben, Einsamkeitssuchende finden ihr Glück am abgelegenen Badener Turm, wirklich gute Kletterer treffen sich am Beethovenwandl, die Boulderer finden zahlreiche Blöcke im Unterholz und so weiter – für jeden gibts etwas zu tun, je nach Jahreszeit kann man sich für Schatten oder Sonne entscheiden – viel Spaß im schönen Helenental!

Vorderes Helenental Übersicht

1. **Badener Turm**
2. **Jammerwandl**
3. **Engelstein**
4. **Dachs-, Osp-, Vogelwandl**
5. **Zwergwandl**
6. **Helenentaler Blöcke**
7. **Beethovenwand**
8. **Brückenfels**
9. **Siegenfelder Platte + Dach**
10. **Badener Kletterschule**

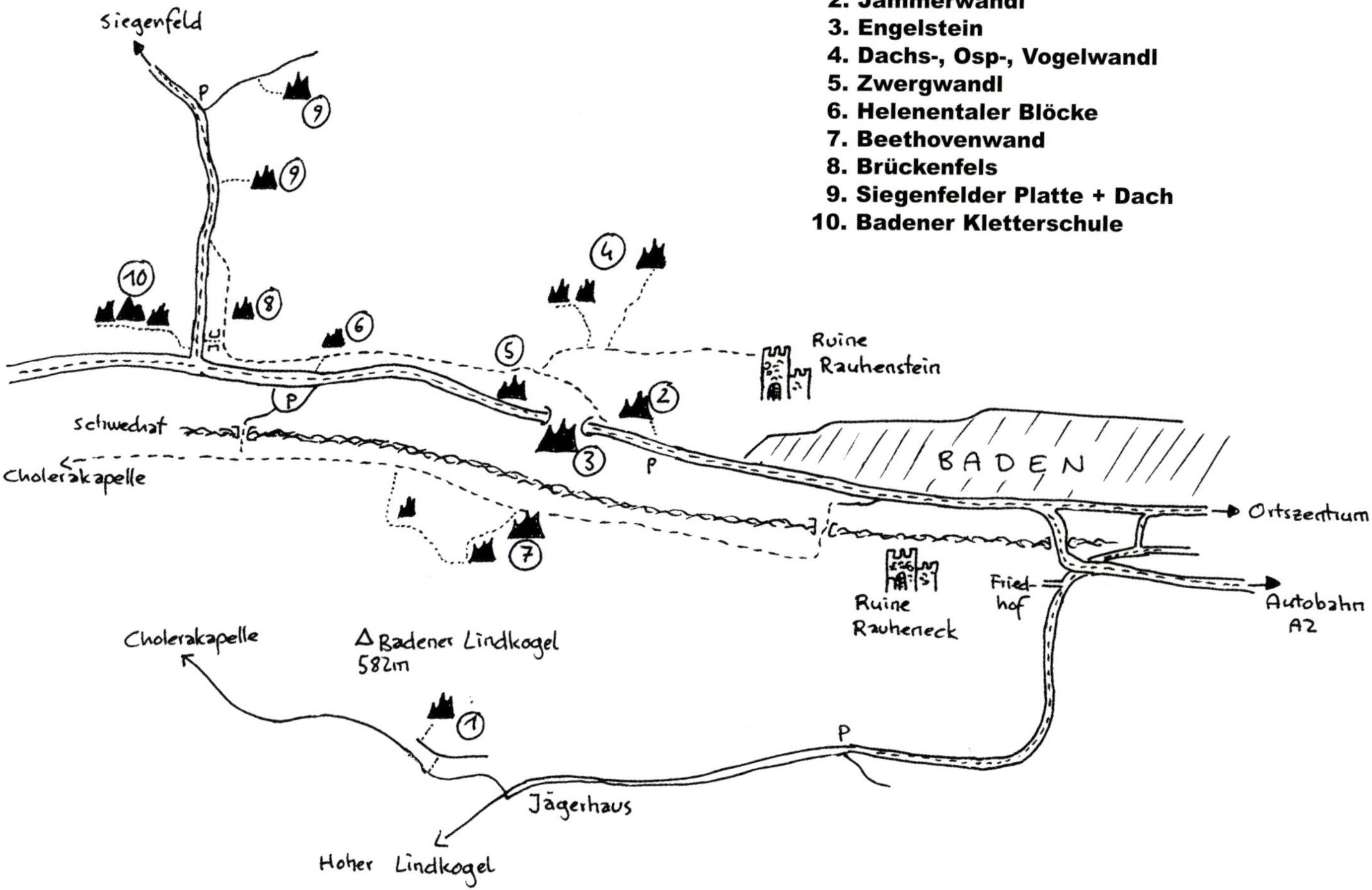

Badener Turm

Lage: Süd **Höhe:** bis 20m

pp ppp

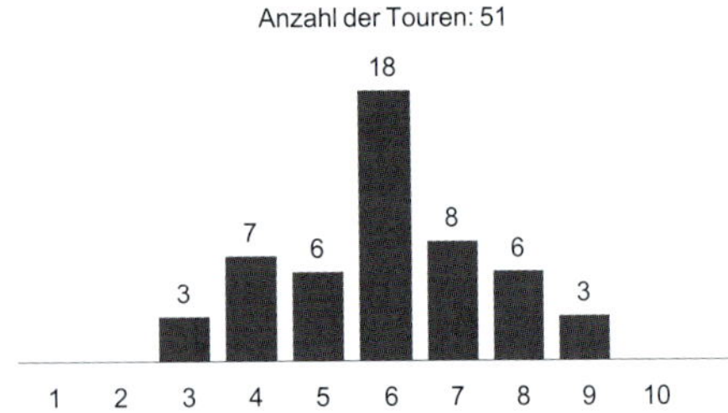

Besonderes: Derzeit von März bis September Kletterverbot wegen Eulenbrut. Die meisten Anstiege sind sehr gut mit Klebehaken gesichert, in einigen Routen stecken aber noch recht alte und wenige Haken.

Ein tief im Wald verborgenes Felsmassiv mit recht langem Zustieg, gar nicht so leicht zu finden – dies ist wohl der Grund, weshalb es hier recht einsam zugeht. Am Fels kann es nicht liegen, dessen Qualität ist durchwegs sehr gut, besonders am Turm selbst sind alle Routen sehr schön und bestens gesichert. Einziges Manko ist das Kletterverbot von März bis September wegen Eulenbrut.

Zufahrt: PKW: Am besten von der Südautobahn kommend die Umfahrung Baden wählen. Am Beginn des Helenentals, bei markanter Verkehrsinsel rechts ins Zentrum abbiegen. Gleich nach dem Aquädukt rechts in der „Weilburgstraße" über die Schwechat, nach der Brücke rechts und gleich wieder links abzweigen in die „Jägerhausstraße". Bei der nächsten Kreuzung rechts unterm Aquädukt durch und links die „Steinbruchgasse" bergauf, bald nachdem man in den Wald kommt parken (Fahrverbot).
ÖV: Von Baden mit dem Bus ins Helenental bis zur Cholerakapelle. Hier dem markierten Weg Richtung Jägerhaus folgen. Weiter wie unten (ca. 30min).

Zugang: Vom Fahrverbot weiter bis zum Jägerhaus. Hier rechts, zwischen den Häusern durch, gleich nach einer Steigung rechts abzweigen und gerade in Kürze (zuletzt nicht markiert) zu querverlaufender Forststraße. Auf dieser kurz nach links bis zu Hochstand bei einer Lichtung. Gleich davor auf schwachem Steig im teils dichten Wald zu den erst zuletzt sichtbaren Felsen (ca. 20-30min).

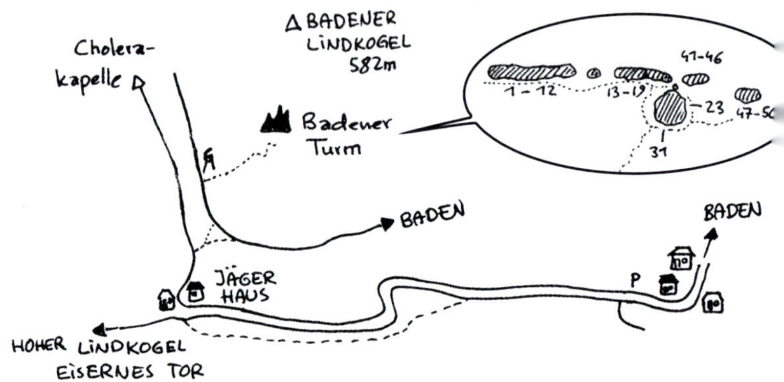

Vor langer Zeit am Brückenfels, Hiroshima 8-

Badener Turm - Linke Nebenwand

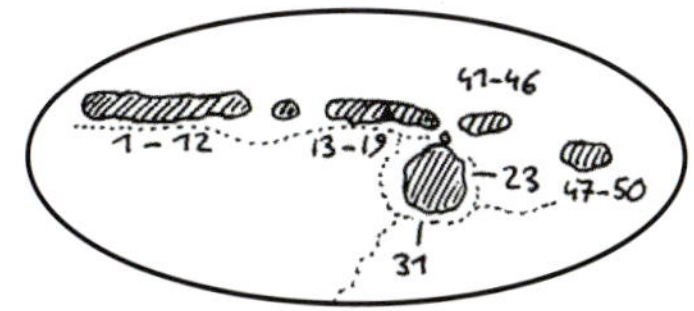

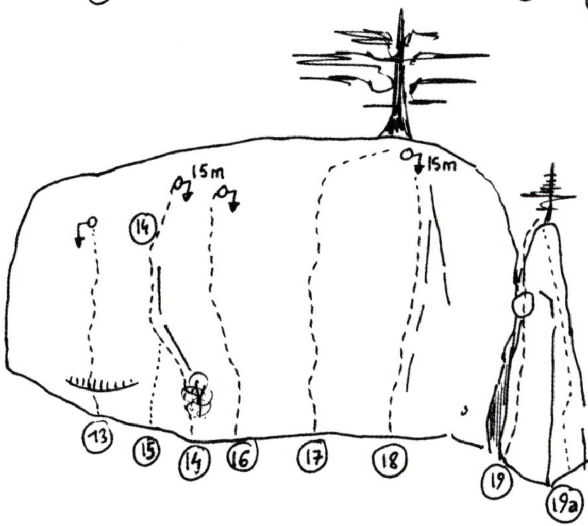

1. Syphon **8+ ✱✱** Kurz und schwer (Patlik)
2. Auferstehung **8+/9- ✱✱** Kurz und noch schwerer (Patlik)
3. Zwischenruf **5- ✱** Alte Haken
4. Grabtuch **6+ ✱** Keine Haken
5. Klemmschwein **7 ✱✱** Keilroute! Kurz aber anstrengend (Patlik)
6. Räuberleiter **6+ ✱** Alte Haken (Patlik)
7. Dachdecker **6+ ✱** Alte Haken, guter Fels (Patlik)
8. Kum a hin **8+/9- ✱✱** Boulderstelle (Patlik)
9. Rehrattler **6- ✱**
10. Hohler Zahn **5+ ✱** (Hacker)
11. Hohle Schuppe **5 ✱** Name! (Hacker)
12. Risseinsteiger **4+ ✱** (Hacker)
13. Tumor **8+/9- ✱✱** Sehr kleingriffig (Patlik)
14. Klassiker **6+ ✱✱** Nach dem Dornenbusch sehr schön
15. Variante **7- ✱** Direkteinstig, keine Haken
16. Melmac **8+ ✱✱** Schwere Stelle oben (Patlik)
17. Aber bitte mit Sahne **8 ✱✱✱** Geniale Einzelstelle (Enserer)
18. Nacht und Nebel **6✱✱** Schön und steil
19. Ruachlerkamin **4-** Keine Haken, etwas brüchig

19a. Ruachlerpfeiler **4-** Nett, keine Haken

Badener Turm - Bergseite / Talseite

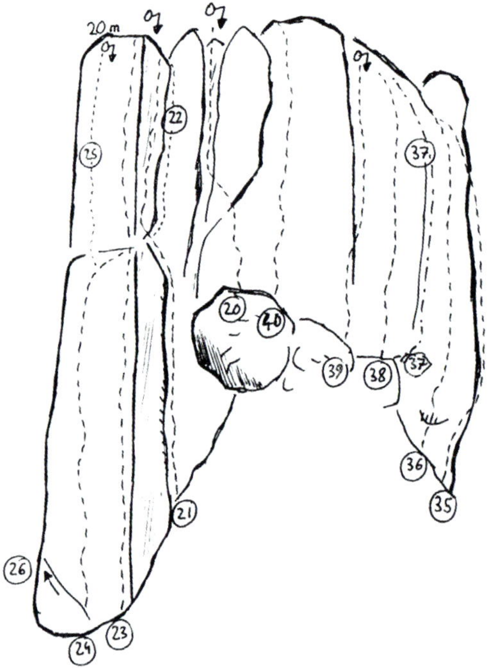

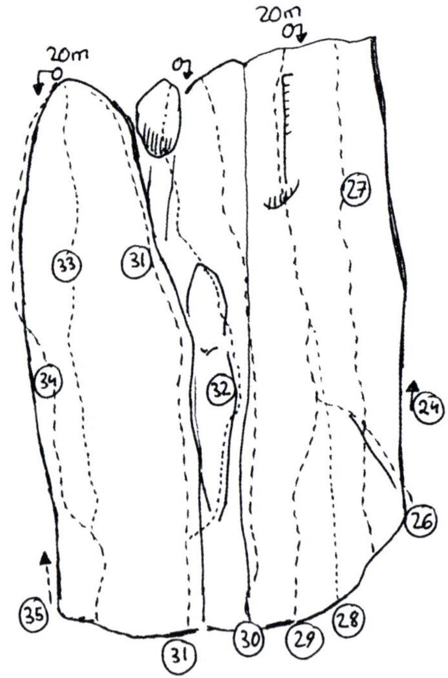

20. Normalweg **4- ✱** Leichtester Weg auf den Turm
21. Nordostriss **6- ✱** Steil, etwas brüchiger Beginn
22. Dir. Ausstieg **4- ✱**
23. Nordostkante **6+ ✱✱** Sehr schöne steile Kante
24. Dir. Ostwand **6+ ✱✱** Guter Fels, oben nach rechts zu 23.
25. Luftbuderant **9- ✱✱** Boulderstelle, den Abseiler erst vom Henkel einhängen! Nicht auf den Bügel greifen! (Patlik)
26. Diagonale **5 ✱** Einstiegsvariante
27. Sehr super **7- ✱✱** Steile Kletterei (Hacker)
28. Süka-ori **8- ✱** Sehr definierte Variante (Hacker)
29. Südostkantenriss **6 ✱✱** Steil und gut
30. Is so **6+ ✱✱** (Patlik)
31. Rechter Südriss **5 ✱✱**
32. Linker Südriss **5 ✱✱**
33. Bäh-Platte **6+ ✱** Toprope
34. Badener Waschl **8-** Definiert, sonst max. **7- ✱** (Patlik)
35. B. E. Kante **7- ✱✱** Schwerer Beginn

Badener Turm - Rechte Nebenwand / Pfeiler

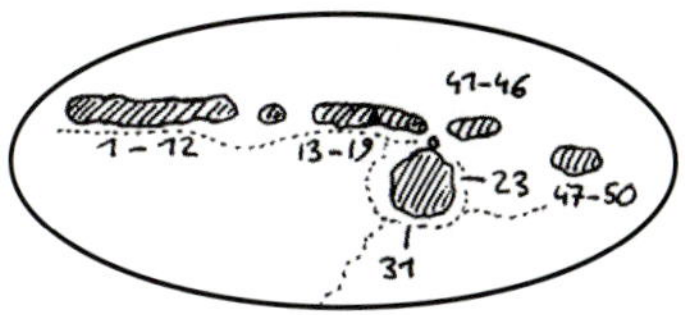

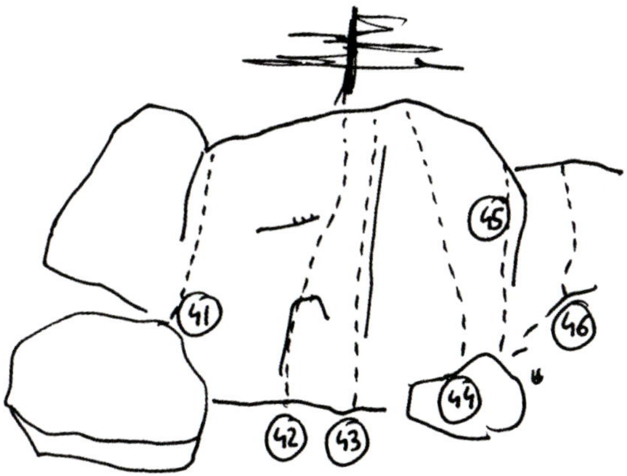

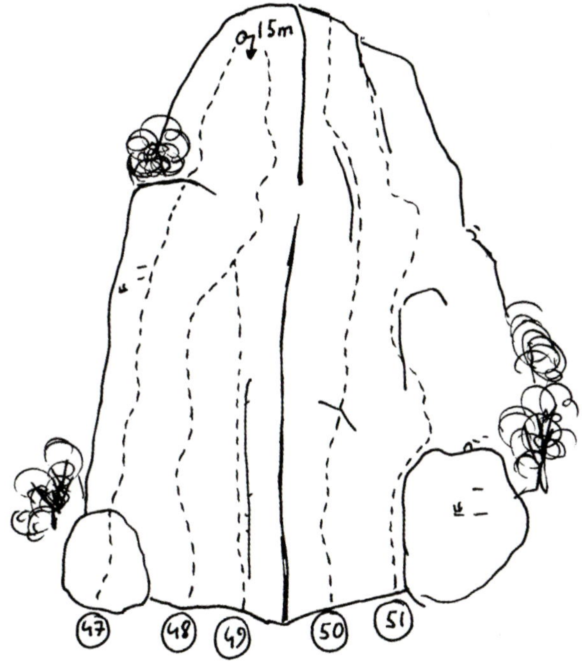

36. Dir. Westwand **7+/8- ✱** Etwas brüchig
37. Grindula **6 ✱✱** Vom Block in die Wand queren
38. The bell **6+ ✱✱** Kurz aber schön
39. The stand **7- ✱✱**
40. Turmfalke **5- ✱✱** Sieht schwerer aus
41. Blockriss **3+**
42. Rinnenriss **3**
43. Kämpferriss **3**
44. Gabelriss links **4**
45. Gabelriss rechts **5**
46. Platte **6-**
47. Ariel Futur **6+ ✱** Moralisch! (Patlik)
48. Wildschwein **7 ✱✱** Gut, alte Haken! (Patlik)
49. Bügelbrett **6+/7- ✱✱** Alte Haken, guter Fels (Patlik)
50. Südostriss **6- ✱** Alte und oben keine Haken (Patlik)
51. Ostriss **4-** Keine Haken

41.-46. Kurz, splittrig, hakenlos, Schas

Jammerwandl

Lage: Süd **Höhe:** bis 25m

ppp

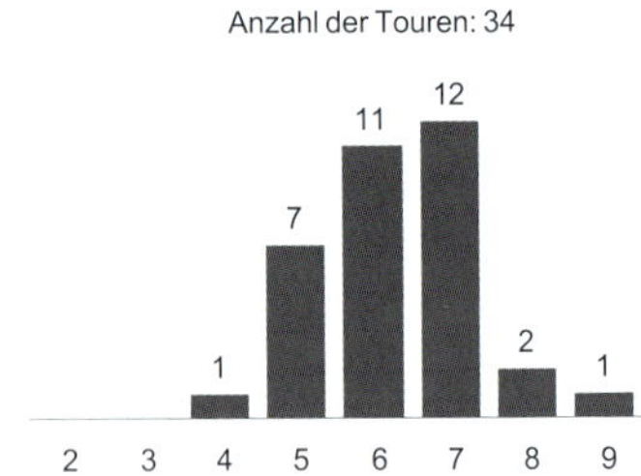

Besonderes: Ultrakurzer Zustieg. Im Sommer meist heiß.

Heute kaum mehr vorstellbar: 1987 von Christian Hacker und Freunden erschlossen, war dies praktisch der erste Klettergarten im Nahbereich Wiens, der komplett mit Bohrhaken ausgestattet war. Abwechslungsreiche Routen, von Platten bis hin zu kleinen Dächern ist alles vorhanden, kurzer Zustieg, sonnige Lage – kein Wunder, dass das Jammerwandl gut besucht ist, und die vielen Kletterer haben auch ihre (Schweiß-) Spuren am Fels hinterlassen. Trotzdem empfehlenswert, zumal auch in der kalten Jahreszeit gut geklettert werden kann.

Zufahrt: PKW: Von Baden ins Helenental, gleich nach dem Ortsende steht die Wand rechts der Straße: Links Parkplätze.
ÖV: Mit dem Bus vom Bahnhof in Baden Richtung Helenental bis zur Station „Jammer Pepi“.

Zugang: 1min.

1. Laubfrosch **6+** Alte Haken (Hacker)
2. Berta **7-** Alte Haken (Hacker)
3. Bertl **6-** Alte Haken (Hacker)
4. Das große Aufwärmen **7 *** Etwas definiert (Hacker)
5. Das kleine Aufwärmen **5- *** Nett (Hacker)
6. Bunte Kuh **7 **** (Hacker)
7. Junge Römer **7+ **** Einzelstelle, schon etwas glatt (Hacker)
8. Das Comeback **7- ***** Lohnend! (Hacker, Simek)
9. Golden Ambrosia **7 ***** (Hacker, Simek)
10. Jammer Pepi **6+ **** Klassiker (Hacker)
11. Unschlüssig **8- **** (Hacker)
12. Mayflower Nr. 1 **6- *** (Hacker, Hauger)
13. Dir. Einstieg **5 *** (Hacker)
14. Variante **5 *** Keine Haken
15. Plattenzauber **6 **** Leider schon abgeschmiert (Hacker)
16. Top star **7 ***** Superroute über kleine Dächer (Hacker)

16a. Variante **6+/7- **** Lohnend!

17. Kurze Kamine **5- **** Kaminkletterei (Hacker, Miller)
18. Sai need faad **9- **** Einzelstelle, etwas schmerzhaft (Fachet)
19. Faade Nocken **6+ **** Kreuzt 20. in der Mitte (Zinsmeister)

Jammerwandl

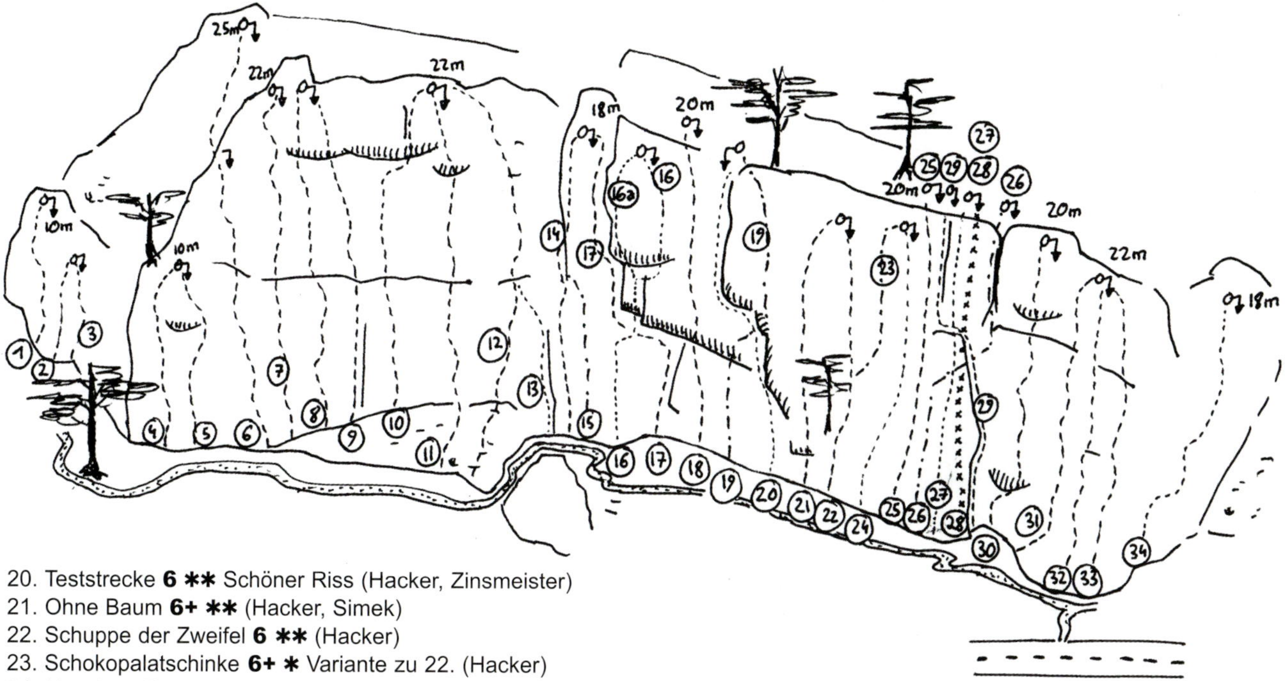

20. Teststrecke **6 ✱✱** Schöner Riss (Hacker, Zinsmeister)
21. Ohne Baum **6+ ✱✱** (Hacker, Simek)
22. Schuppe der Zweifel **6 ✱✱** (Hacker)
23. Schokopalatschinke **6+ ✱** Variante zu 22. (Hacker)
24. Hexalotte **7- ✱✱** (Hacker, Zinsmeister)
25. Wilder Schnittlauch **5- ✱✱** (Hacker)
26. Terrassendiagonale **5+ ✱✱** Genussroute, führt oben nach rechts (Hacker, Zinsmeister)
27. Ameisenbär **6+ ✱✱** Platte (Sperlich, Hristovski, Hacker)
28. Tante Emma **7** (Hacker)
29. Putzteufel **5+ ✱✱** Kreuzt 26., 27., 28. oben nach links (Hacker, Zinsmeister)
30. Efeuteufel **8 ✱✱** Schwere Stelle oben (Hristovski, Burkhard)
31. Efeuzorn **7 ✱✱** Schon sehr abgeschmiert (Hacker, Simek, Miller)
32. Invasion der Ameisen **7- ✱✱** Platte (Hristovski, Hacker)
33. Ameisenmord **7 ✱✱** (Hacker)
34. Sonnenkante **4+ ✱** Alte Bohrhaken (Hacker, Simek)

Ameisenflipp 5+, Engelstein

Engelstein, rechter Teil

Engelstein

Anzahl der Touren: 17

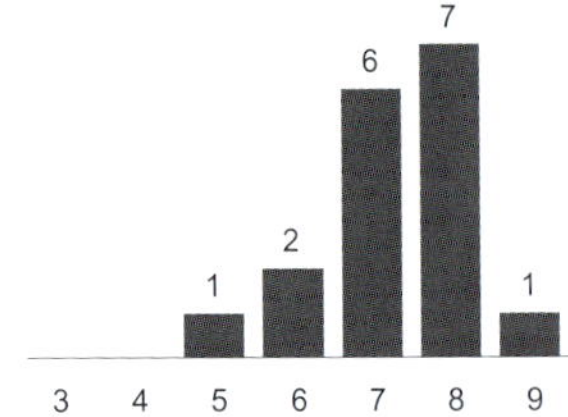

Lage: S, W **Höhe:** 20m

pp

Besonderes: Der Fels steht direkt an – oder besser – in der Schwechat. Die Einstiege erreicht man mittels Querung an guten Griffen über dem Wasser. Teilweise altes, schlechtes Hakenmaterial.

Dieser Fels ist ein Unikum in diesem Führer: Er entragt direkt der Schwechat – Klettern über dem Fluss ist angesagt. Dementsprechend unbequem ist vor allem die Seilhandhabung an den Ständen knapp ober dem Wasserspiegel – dies und der oft unangenehm glatte Fels halten die Besucherzahlen in Grenzen. So fristet der Engelstein, der übrigens auch als Urtelstein bekannt ist, ein Dornröschendasein – obwohl mittlerweile einige Routen mit neuen Klebehaken saniert wurden. Trotzdem Vorsicht, alte Bohrhaken sind noch zu Hauf zu finden!

Zufahrt: ÖV/PKW: Wie zum Jammerwandl.

Zugang: Von der Bushaltestelle, noch vor dem Tunnel, auf kleinem Steig runter zur Schwechat. So erreicht man die Routen im rechten Wandteil (1min).
Zum linken Teil besser vor dem Tunnel einen Steig auf den Engelsfelsgipfel und auf der anderen Seite hinab. Über die Straße (Obacht!) und zur Schwechat (5min).

Engelstein

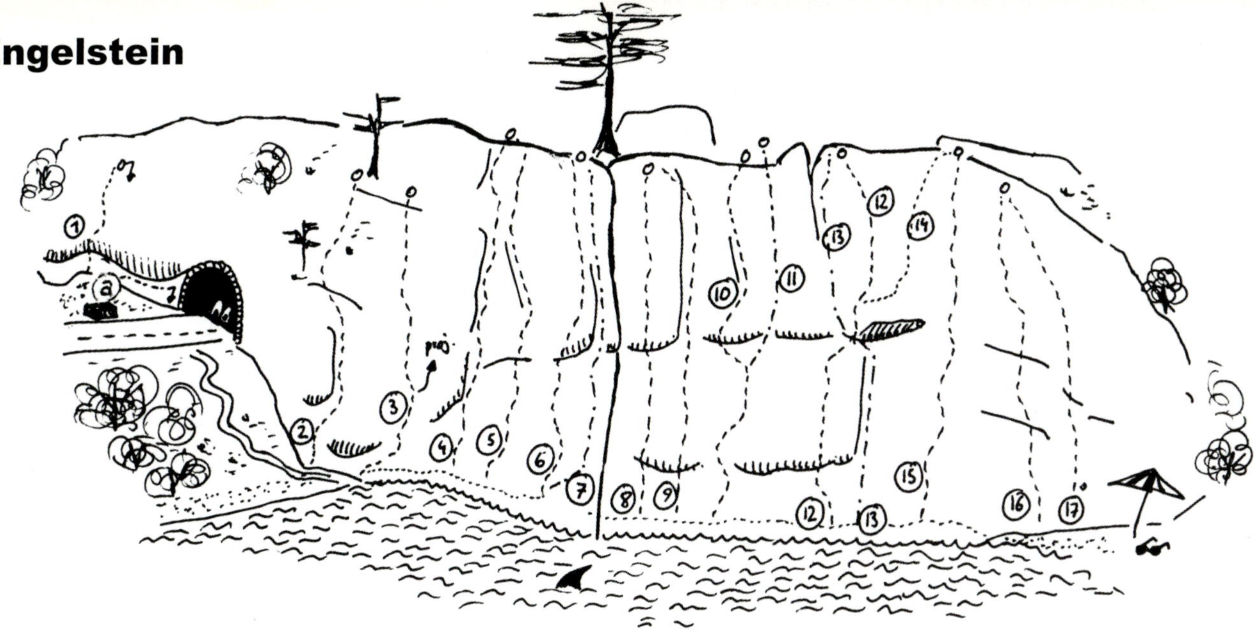

1. Schleudergefahr **8- ✱** Kurzroute, naja (Gruber, Holy)
2. Drum dream **7** Alte Bolts, verwachsen, Schas (Hacker, Hauger)
3. Adolfons **8 ✱** Schlechte Haken, Vorsicht! (Fachet)
4. Katzenjammer **8** Oder **6-, 1 x AO ✱** Einzelstelle, sonst leichter, teilweise alte Haken (Burkhard)
5. Schlichtweg **8 ✱** (Hristovski, Hacker)
6. Heaven and hell **7+ ✱✱** Etwas eigenartig (Hacker)
7. Weg aus dem Fisch **8 ✱** Anspruchsvolle Kletterei, weit gesichert, alte Bolts (Fachet)
8. Happy day **7+ ✱✱** Eine der besseren Routen hier (Hacker, Simek)
9. Yellow Submarine **8- ✱✱** Die erste Route hier, leider alte Bolts (Hacker, Simek)
10. On sight Adelheid **8 ✱** (Enserer)
11. Tollwut **7+ ✱✱** Alte Haken (Helma, Hacker, Fachet)
12. Kabanossi **7+ ✱✱** (Hacker)
13. Bissige Kreuzspinne **6+ ✱✱** Alte Haken (Hacker)
14. Ossikaba **7+ ✱✱** Klebehaken, Variante zu 12. (Hacker)
15. Gichtfinger **9- ✱** Schwere Einzelstelle (Hacker, Bacher)
16. Ameisenflipp **5+** (Hacker, Simek, Hauger)
17. Kurzer Murx **6-** (Hacker)

Boulder:

a) Quergang **10** (ev. noch schwerer)
Beinharte Traverse neben der Straße, noch Projekt

Ospwandl, Dachswandl, Vogelwand

Lage: S **Höhe:** 18m (Vogelwandl), sonst max. 8m

pp ppp

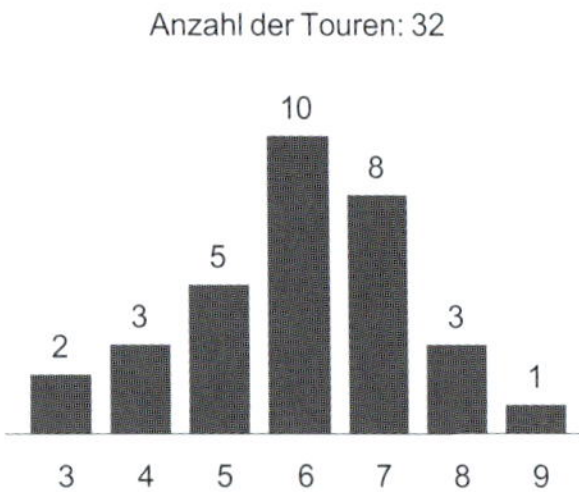

Besonderes: Am Ospwandl noch alte Bohrhaken. Vorsicht!
Das Dachswandl eignet sich gut für erste Vorstiegsversuche.

Drei kleine, aber feine Wände mit gänzlich unterschiedlichem Charakter: Am Ospwandl dominiert braune, kräftige Überhangkletterei, am Dachswandl gibt es ultrakurze aber recht steile Routen, am Vogelwandl findet man hübsche, löchrige Wand- und Plattenkletterei. Links des Dachswandls gibt's dazu noch nette Boulder in genialem, sintrigem Fels.

Zufahrt: PKW/ÖV: Wie Jammerwandl.

Zugang: Von der Bushaltestelle unterm Jammerwandl, bei der ehemaligen Jausenstation, am Wanderweg helenentaleinwärts. Bei Wegkreuzung rechts, ansteigend ein kurzes Stück zurück und sofort auf Steiglein im Wald recht steil zum Ospwandl.
Links ums Eck zum Dachswandl (10min).
Vom Ospwandl schräg rechts bergauf zum Vogelwandl (3min).
Wer nur zum Vogelwandl will, geht bei der Abzweigung Ospwandl vorbei, kurz bevor man oberhalb des Jammerwandls angelangt ist, zweigt man links auf Steigspur ab und steil gehts direkt zum Vogelwandl hinauf (10min).

Dachswandl, Ospwandl

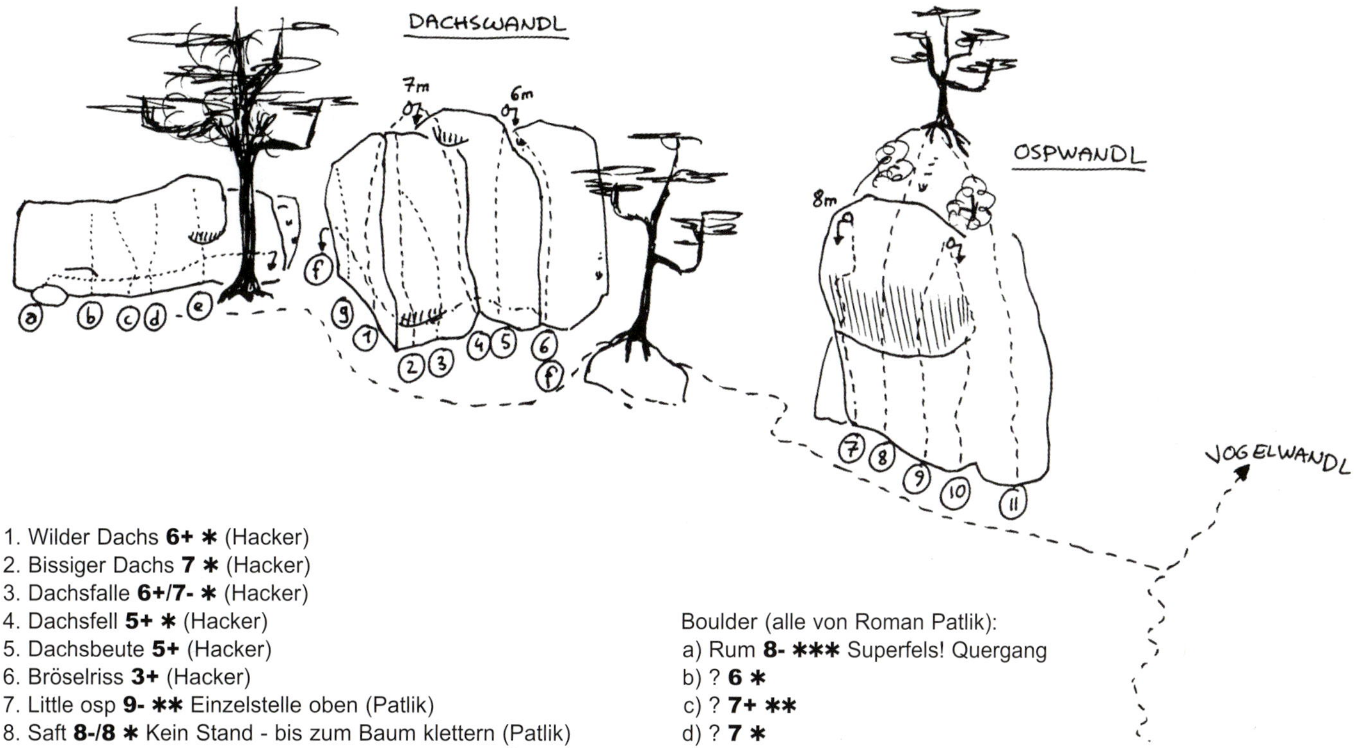

1. Wilder Dachs **6+ ✱** (Hacker)
2. Bissiger Dachs **7 ✱** (Hacker)
3. Dachsfalle **6+/7- ✱** (Hacker)
4. Dachsfell **5+ ✱** (Hacker)
5. Dachsbeute **5+** (Hacker)
6. Bröselriss **3+** (Hacker)
7. Little osp **9- ✱✱** Einzelstelle oben (Patlik)
8. Saft **8-/8 ✱** Kein Stand - bis zum Baum klettern (Patlik)
9. Primorka **8+/9- ✱✱** Kurz, Einzelstelle (Patlik)
10. Cooper hard **8 ✱** (Patlik)
11. Cooper **7+ ✱** Komisch – bis zum Baum klettern

Boulder (alle von Roman Patlik):

a) Rum **8- ✱✱✱** Superfels! Quergang
b) ? **6 ✱**
c) ? **7+ ✱✱**
d) ? **7 ✱**
e) Pezi Bär **9-/9 ✱✱** Aufleger!
f) Bier **7+/8- ✱✱** Komisches Ende – Querung
g) Unterarmalarm **6 ✱**

Vogelwandl

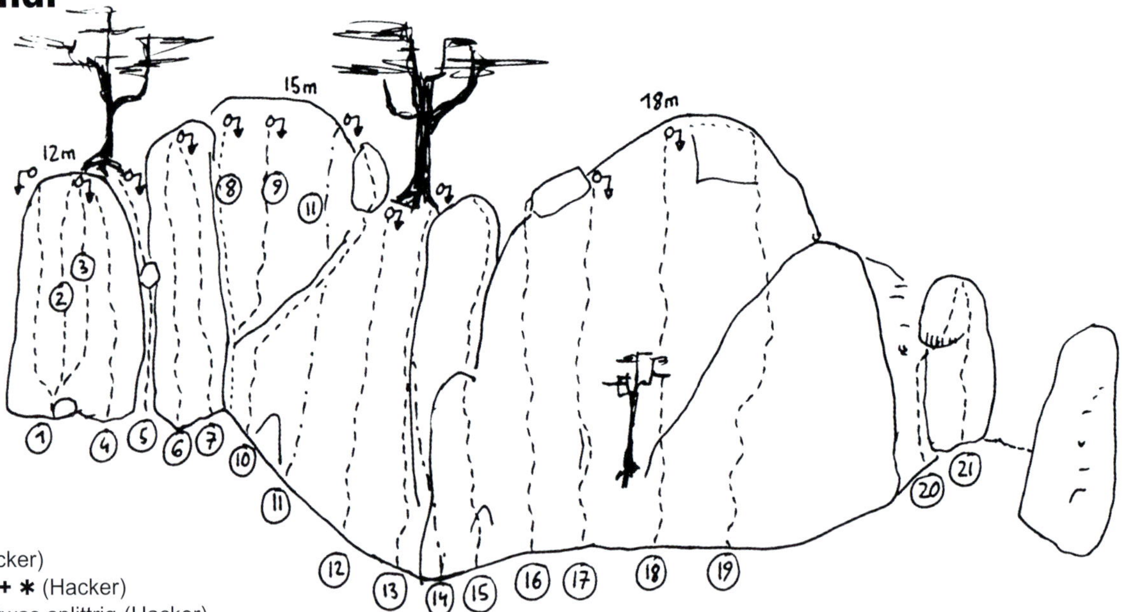

1. Outside **6- ✱** (Hacker)
2. Doppelte Arbeit **5+ ✱** (Hacker)
3. Pfeilerriss **5- ✱** Etwas splittrig (Hacker)
4. Schwanenhals **6 ✱** (Patlik)
5. Vogelverschneidung **3+**
6. Sally **7-/7** (Hacker) **✱✱**
7. Flamingo Road **7+ ✱✱** Schöne Wandkletterei (Pattlik)
8. Geier-Wally **6 ✱✱** Verschneidung (Patlik)
9. Aasgeier **7+ ✱✱** (Hacker)
10. Wiedehopf **4+ ✱✱** Nette Rampe (Patlik)
11. Schnapsdrossel **7+ ✱✱** Interessanter Beginn (Patlik)
12. Kondor **7+ ✱✱✱** Unübersichtlich (Patlik)
13. Vogerl-Tanz **6 ✱✱** (Hacker)
14. Grünspecht **6+ ✱✱** Markanter Riss (Hacker)
15. Vogelkante **6 ✱✱** Schön! (Hacker)
    Einstiegsvariante von links: **6+**
16. Vögeln erlaubt **6+ ✱✱✱** Tolle Platte (Patlik)
17. Mauerläufer **6+ ✱✱** Schön (Patlik)
18. Kolibri **7- ✱✱✱** Platte (Patlik)
19. Spatzenhirn **5+ ✱** Etwas weiter gesichert (Patlik)
20. Jungmeise **4+** Keine Haken
21. Gimpel **4** Keine Haken

Zwergwandl

Lage: S **Höhe:** 15m

ppp

Besonderes: Nur für Lärmunempfindliche.
Trotz Südlage schattig.

Plattenwand gleich neben der Bundesstraße, glatter Fels, laut, naja...
Rechts einige gute Bouldermöglichkeiten.

Zufahrt: PKW: Von Baden ins Helenental, durch den Tunnel, ca. 50m danach befindet sich rechts die Wand neben der Straße. Noch ein kurzes Stück weiter zum großen Parkplatz links der Straße.
ÖV: Vom Bahnhof Baden mit dem Bus ins Helenental bis zur Station bei der Straßenkreuzung nach Siegenfels. Auf der Straße kurz zurück Richtung Baden zu obigem Parkplatz.

Zugang: Vom Parkplatz auf der Straße zurück bis zur Wand (3min). Oder, länger aber mit weniger Gefahr: gegenüber des Parkplatzes über die Böschung auf einen Wanderweg, an den Helenentaler Blöcken vorbei Richtung Baden. Wo links ein weiterer, markierter Weg abzweigt, rechts steil auf Trampelpfad zur Straße bzw. zur Wand hinunter.

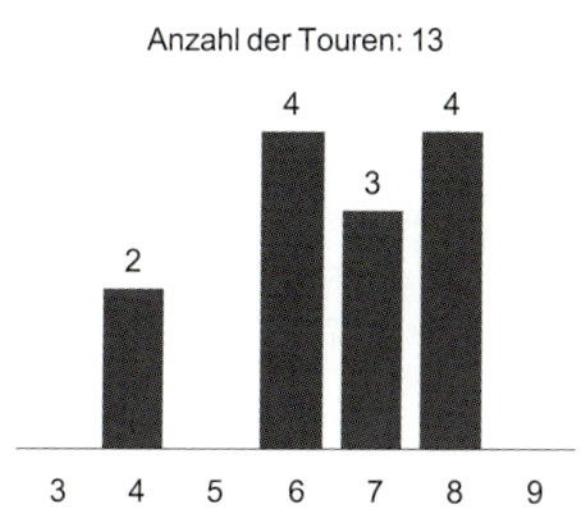

1. Bumble bee **6- ∗** (Hacker)
2. Seven pointed Ladybird **4+ ∗** (Hacker)
3. Easy Rider **6+ ∗∗** (Hacker)
4. Leutnant Webri **7+/8- ∗∗** (Hacker)
5. Nichts für schwache Geister **8- ∗∗** (Gauster)
6. Stand up and fight **7 ∗** (Hacker)
7. Greenhorn **7- ∗** (Hacker)
8. Moonlightning **6- ∗** (Hacker)
9. **4+ ∗** (Hacker)
10. Aalglatt **8 ∗** (Hacker)
11. Zwergenfalle **8- ∗** (Hacker)
12. Fallschnee **8- ∗** (Hacker)
13. Schneewitwe **6 ∗** (Hacker)

Muttis Liebling 8, Helenentaler Blöcke

Helenentaler Blöcke

Lage: S **Höhe:** 15m

Besonderes: Trotz der Südlage eher schattig. Kinderfreundlich!

Niedrige Felsformation mit Routen von sehr unterschiedlichem Charakter: Harte Boulder, gestufte Wandkletterei, Platten, Überhänge – alles sehr kurz, in eher glattem Fels, aber sehr gut gesichert und mit äußerst kurzem Zustieg.

Zufahrt: PKW/ÖV: Wie Badener Kletterschule.

Zugang: Vom Parkplatz auf die andere Straßenseite, die Böschung hinauf und schon steht man vor dem Fels (1-2min).

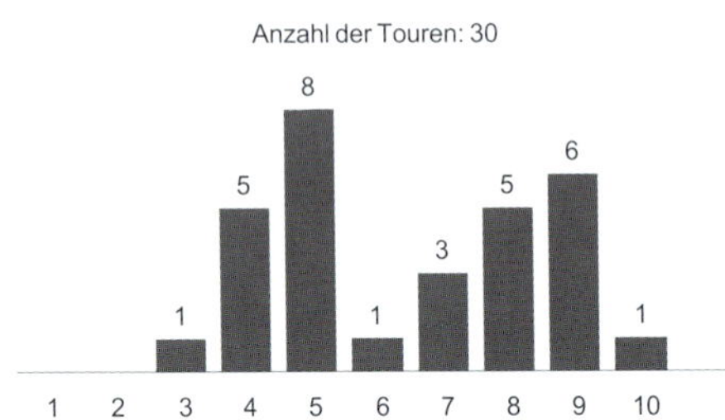

Helenentaler Blöcke

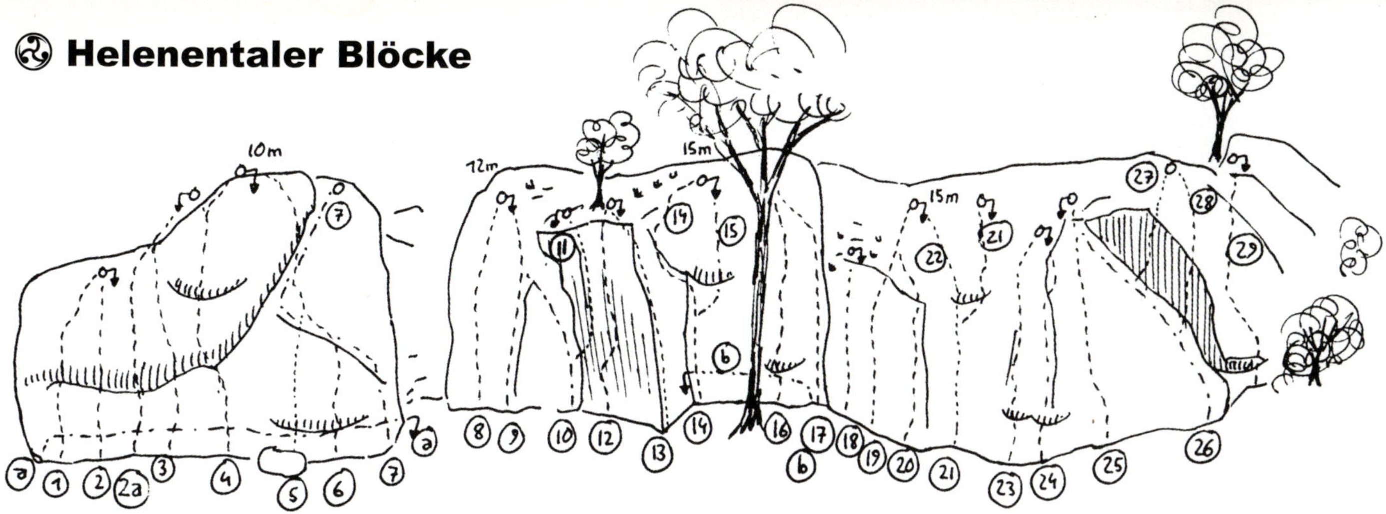

1. Riesengroßes Aufwärmen **8- ✱** (Hacker)
2. Großes Aufwärmen **7 ✱** Kleiner Klassiker (Enserer)

2a. ? **9+ ✱✱** (Bacher)

3. Sweet city woman **10- ✱✱** (Bacher)
4. Männerträume **8+ ✱✱** Kurz und hart (Enserer)
5. Bloc infernal **9+ ✱✱** Boulder, jetzt mit Haken
6. Wilde Züge **8 ✱** Unten schwer, oben leicht (Hacker)
7. Nonplusultra-Steig **5-**
8. Grünmandl **5- ✱** Alte Haken (Hacker)
9. Zephir **4** Alte Haken (Hacker)
10. Stoja Steig **5 ✱**
11. Die Last des Erbes **9 ✱** Definiert, komisch (Bacher)
12. Helmut **9+ ✱✱** Kurz aber gut mit üblem Aufleger (Würzl)
13. White edge **9- ✱** Arge Foothook-Kante (Meder)
14. Heimoverschneidung **5 ✱** Alte Haken, gar nicht so leicht
15. Direkter Ausstieg **6+** Komisch, alte Haken (Hacker)
16. Beisszange **7** Eigenartig, alte Haken (Hacker, Rainer)
17. Ruck Zuck **5-** (Hacker)
18. Kasu **5- ✱** (Miller)
19. Atlas **4+** (Hacker)
20. Mariannenkante **4 ✱** Nett
21. Keine Wahl **5- ✱** Unterm Überhangerl nach rechts (Hacker)
22. Direkter Ausstieg **5 ✱** (Hacker, Miller)
23. Little Crack **7** Gar nicht leicht (Hacker, Miller)
24. Ohmeier **4+**
25. Blauer Fritz **4+ ✱** Platte
26. Fritzlpromenade **3 ✱** Lieb
27. **9- ✱** (Bacher)
28. **8 ✱** (Bacher)
29. **8- ✱** (Bacher)

Boulder:

a) Muttis Liebling **8 ✱✱** Guter Quergang (Patlik)

b) Scheisszange **7 ✱** Kurzquerung im Bereich von 16. (Gruber)

Siddharta 9, Beethovenwand

Beethovenwand / Scharfeneck

Lage: N, W **Höhe:** 20m

pp ppp

Besonderes: Einige Routen sind lange feucht.

Finster, glatt, von Dächern durchzogen – so sieht Christoph Würzls Meisterwerk aus. Er hat diese Wand zu dem gemacht, was sie heute ist, eine Ansammlung von sauschweren, technisch anspruchsvollen Routen in meist ziemlich glattem, von Leisten und Auflegern durchsetztem Fels. Kühle Temperaturen erhöhen die Erfolgschancen, einige Routen sind erst nach ausgiebigen Trockenperioden kletterbar.
Für alle, die es nicht ganz so schwer mögen, steht einen Stock höher das Scharfeneck, eine Felsformation die auch gemütlichere Klettereien in schattiger Lage ermöglicht.

Zufahrt: PKW/ÖV: Siehe Badener Kletterschule.

Zugang: Vom großen Parkplatz über die Brücke ans andere Ufer der Schwechat und am breiten Weg ein Stück Richtung Baden, bis – genau gegenüber vom Engelstein – die Wand unübersehbar neben dem Weg steht (5min).
Zum **Scharfeneck** verfolgt man den Wandfuß rechts aufwärts, ums Eck und steil in Kürze zu den Felsen (3min ab Beethovenwand).

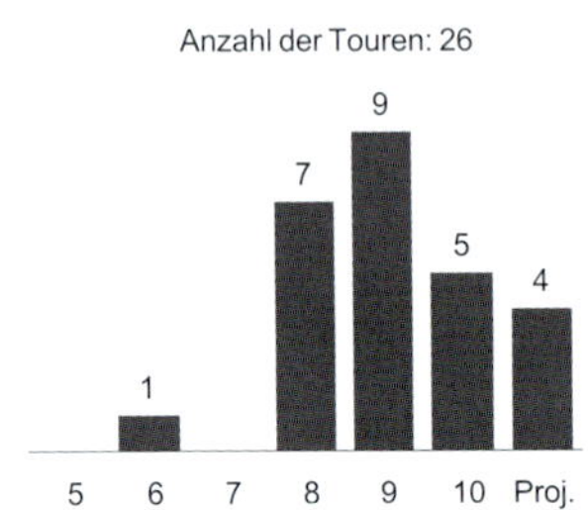

Beethovenwand

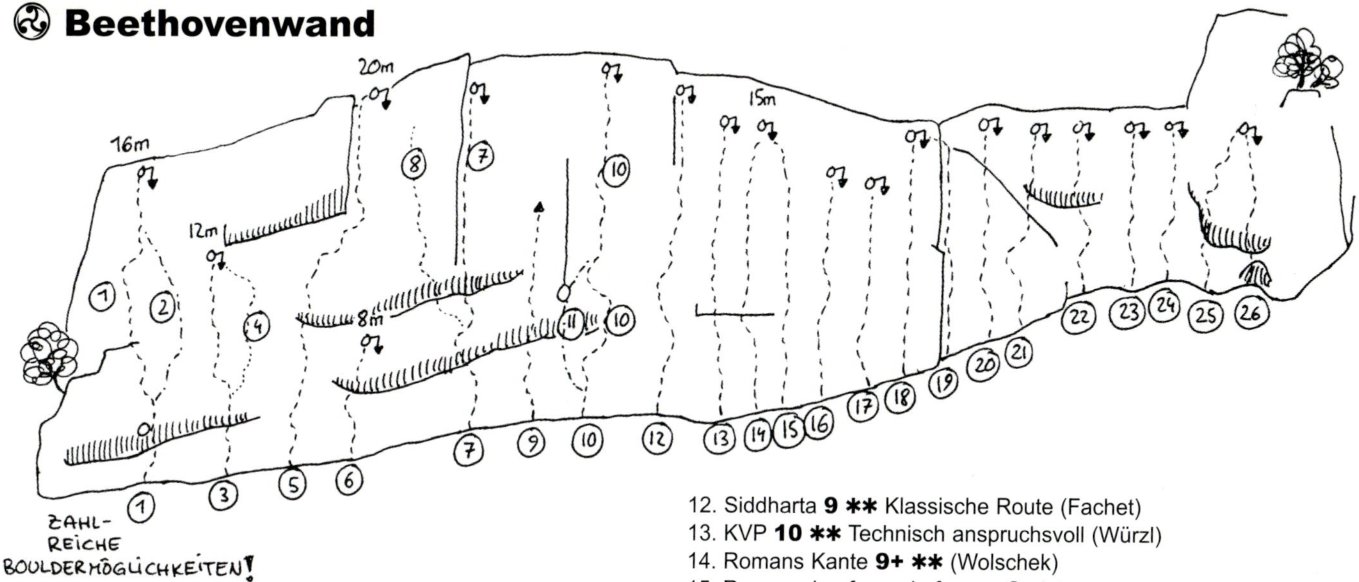

1. Don`t worry **8- ✱** Überhang plus Einzelstelle oben (Hacker)
2. ÖKM-Kante **9-/9 ✱** Üble Kantenkletterei (Würzl)
3. Schwere Ausstattung **10+ ✱✱✱** Beinharte Boulderroute (Würzl)
4. LÜ **10+/11- ✱✱✱** Komplexe Züge an Minileisten (Würzl)
5. Sterben=zu wenig **9+/10- ✱✱✱**
   Klassiker an geschlagenen Griffen (Fachet)
6. Ewing **9+ /10- ✱✱** Übler Schulterzug (Jansenberger)
7. Happel **10-/10 ✱✱** Kunstgriff, Faustklemmer,
   Dach, Riss – oft nass (Würzl)
8. Projekt
9. Projekt
10. Surprise **10-** Technisch anspruchsvolle Krätzerei (Reicht)
11. Projekt
12. Siddharta **9 ✱✱** Klassische Route (Fachet)
13. KVP **10 ✱✱** Technisch anspruchsvoll (Würzl)
14. Romans Kante **9+ ✱✱** (Wolschek)
15. Rosegarden funeral of sores **9- ✱✱**
    Dach mit kleingriffiger Platte (Würzl)
16. Give it away **9 ✱✱**
    Schweres Dach mit kleinen Griffen danach (Würzl)
17. Feistritzer **8+ ✱** (Patlik)
18. Fritze Lacke **8 ✱** (Patlik)
19. Aus Spaß wird Ernst **6-** Verwachsener Riss
20. Depression **8+ ✱✱** Diffizile Kletterei (Würzl)
21. It`s hard to be a man **8 ✱** Eigenartig (Fachet)
22. Steppenwolf **9-/9 ✱** Üble Stelle oben – alte Bolts (Fachet)
23. Vergangenheitsbewältigung **8- ✱✱** (Fachet)
24. Wie Schuppen von den Augen **8+ ✱✱** Sehr diffizil (Fachet)
25. Don`t fly extra dry **9/9+ ?** (Bacher)
26. Projekt

Scharfeneck

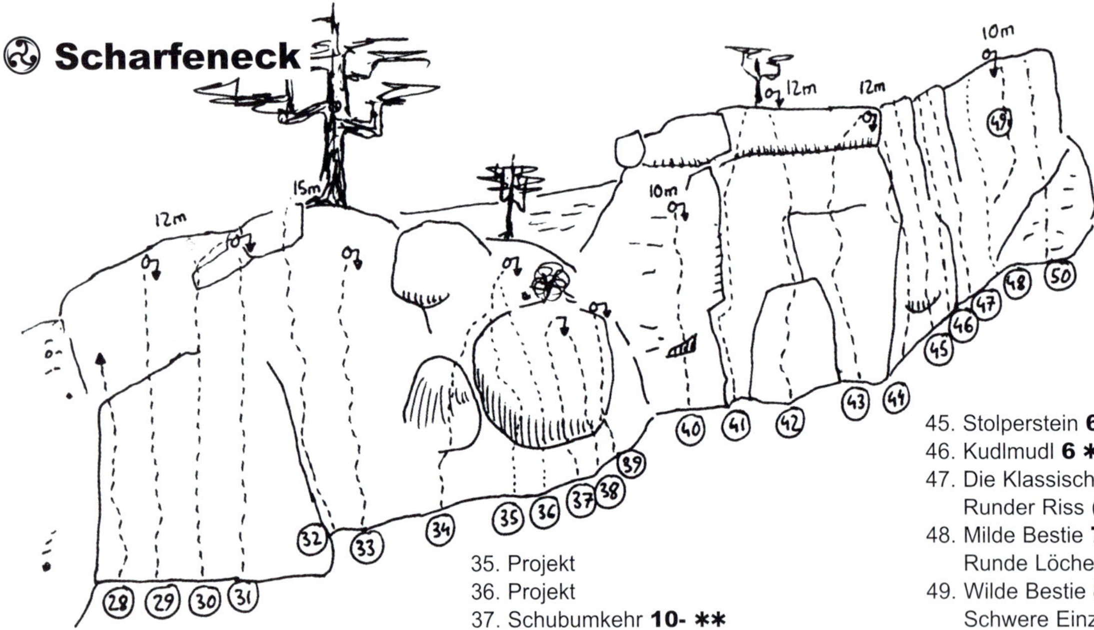

28. Der Standard **7+**
    Alte Bolts, Schas (Hacker)
29. Kuschelecke extrem **6+ ✱** Nette Wandkletterei (Gruber, Holy)
30. ? **6+ ✱** Einzelstelle am Einstieg
31. ? **6- ✱✱** Schöne großgriffige Kletterei
32. Tumor **7+ ✱✱**
    Wandkletterei an Leisten, oben kein Stand – nach links ausweichen (Patlik)
33. Leben und leben lassen **9 ✱✱**
    Gute Züge, miese alte Bolts (Reicht)
34. A Lurch **7+**
    Alter Bohrhaken, naja (Hacker)
35. Projekt
36. Projekt
37. Schubumkehr **10- ✱✱**
    Kurzer, harter Boulder (Bacher)
38. Hekla **9 ✱✱**
    Kurzer, harter Boulder (Bacher)
39. Zwerg Nase **8 ✱** Kurzer Boulder, direkt klettern (Gruber, Holy)
40. Unten hui, oben pfui **5 ✱** (Gruber Holy)
41. Schuppenriss **4+ ✱✱** Netter steiler Riss ohne Abseilstand (Hacker)
42. Waldgnom **6 ✱✱** Steil, schön, leider alte Haken (Hacker)
43. Scharferneck Nordwest **6- ✱✱** Schön, alte Haken (Hacker)
44. Toprope-Verbot **7- ✱✱** Einstiegsüberhang, dann leichter (Hacker)
45. Stolperstein **6 ✱✱** Alte Haken (Hacker)
46. Kudlmudl **6 ✱✱** Alte Haken (Hacker)
47. Die Klassische **6 ✱✱**
    Runder Riss (Hacker)
48. Milde Bestie **7- ✱✱**
    Runde Löcher (Hacker, Burkhard)
49. Wilde Bestie **8 ✱**
    Schwere Einzelstelle (Burkhard)
50. Entbestialisierung **7** (Gruber, Holy)

Schräg unterhalb steht noch ein Felsturm mit bereits ziemlich verstaubten, 10 Meter hohen Routen im Wald, das „Herzige Türmchen“. Routen von links nach rechts.

1. ... und die Kleinen verrecken **6+**
   Für Kleine schwerer (Gruber, Holy)
2. Dschungeldach **5+**
   Verwachsen, alte Bolts (Gruber, Holy)
3. Herziges Türmchen **7-**
   Verstaubt, alte Haken (Hacker, Burkhard)

Brückenfels

Lage: W **Höhe:** 15m

pp ppp

Besonderes: Noch einige alte Bohrhaken vorhanden.

Unscheinbarer, aber gar nicht schlechter Fels – leicht überhängend, überraschend griffig, schattig im Wald gelegen – es lohnt sich hier vorbeizuschauen, zumal bei leichtem Regen hier durchaus geklettert werden kann. Die Routen wurden mittlerweile saniert, allerdings stecken auch noch einige ältere Bohrhakenmodelle.

Zufahrt: PKW/ÖV: Wie Badener Kletterschule.

Zugang: Bei der Kreuzung Richtung Siegenfeld, gegenüber des Hauses über die Brücke und gleich links zum Fels (2-3min vom großen Parkplatz).

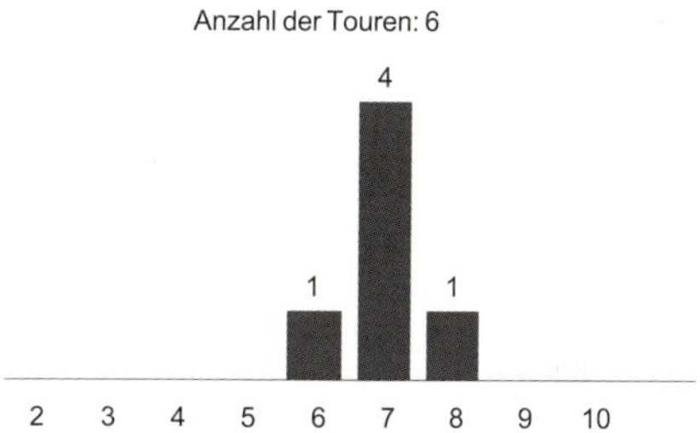

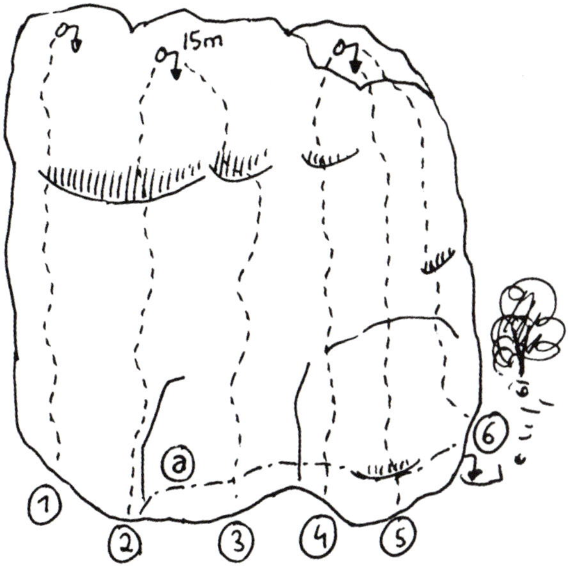

1. Audrey`s dance **7+ ∗** Die Neueste an diesem Fels (Hacker)
2. Hiroshima **8- ∗∗** (Jentzsch)
3. Hirosh **7+ ∗∗** Einzelstelle (Hacker, Sperlich)
4. Hit C-100 **7- ∗** (Hacker, Rainer)
5. Huj, huj **6- ∗** (Hacker, Rainer)
6. Uj **7- ∗** (Hacker, Rainer)

Boulder:

a) Dickes Ende 8 ∗ (Mairgruber) Abgeschmierter Quergang

Siegenfelder Dach, Siegenfelder Platte

Lage: Platte Süd, Dach West **Höhe:** bis 15m

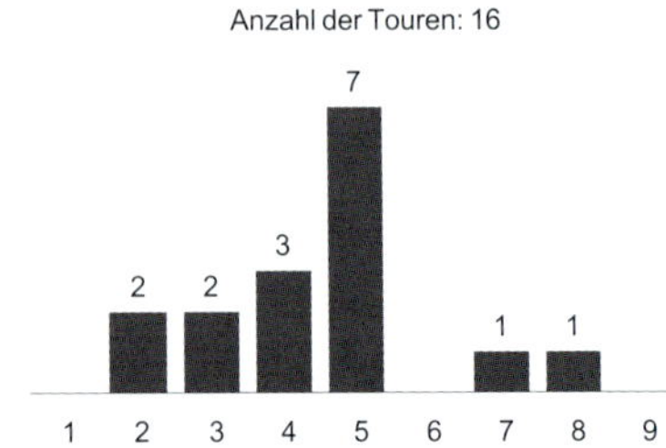

Besonderes: Die Platte ist für Anfänger und Kinder bestens geeignet. Beim Dach existiert nur mehr der linke Bereich – VORSICHT!

Zwei Massive, wie sie unterschiedlicher nicht sein können – gemeinsam ist ihnen nur die Lage in Steinbrüchen.
Die Siegenfelder Platte ist stark geneigt und wurde leider mit unzähligen Klebehaken ziemlich verschandelt, rastermäßig und kerzengerade ziehen die Routen in beängstigender Dichte empor – ein Paradies für Anfänger und Feiglinge, ein Alptraum für Alpinpuristen!
Das Siegenfelder Dach hatte einmal witzige Dachklettereien zu bieten – bis ein Felssturz das halbe Dach auf die Bundesstraße beförderte...

Zufahrt: PKW: Von Baden ins Helenental bis zur Kreuzung bei der Kletterschule. Rechts Richtung Siegenfeld abbiegen und kurz weiter, bis an der rechten Straßenseite ein Parkplatz sowie eine Forststraße mit Schranken zu sehen sind. Hier parken.
ÖV: Von Baden mit dem Bus ins Helenental zur Station „Abzweigung Siegenfeld". Nun zu Fuß zu obigem Parkplatz.

Zugang: Vom Parkplatz die Forststraße verfolgen, nach ca. 300m rechts in den Steinbruch. Die Platte befindet sich an der linken Seite (3min).
Wer die Reste des Daches bewundern will, geht vom Parkplatz die Straße rund 100m zurück, bis zu den markanten Felstrümmern. Oberhalb das Ex-Dach (3min).

Siegenfelder Dach

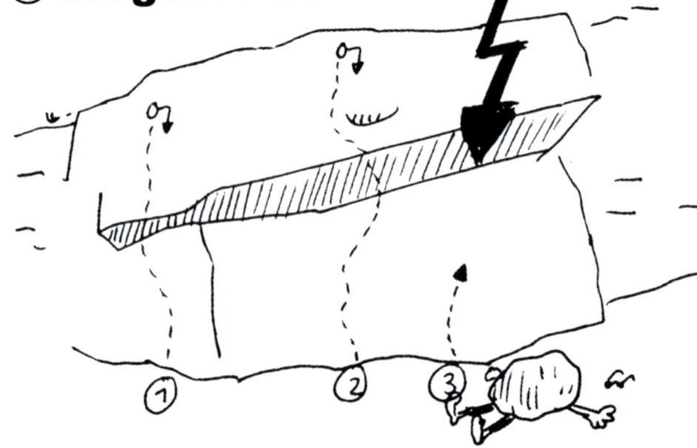

1. Simml-Hagl **5+** (Hacker, Simek)
2. Siegenfelder Reality **7+ **** Witziges Dach, nach dem Bergsturz muss jeder selbst entscheiden, ob er hier klettern will – solange es die Route noch gibt (Hacker, Hauger)
3. Schreck im finish > Gibt's nicht mehr!

Siegenfelder Platte

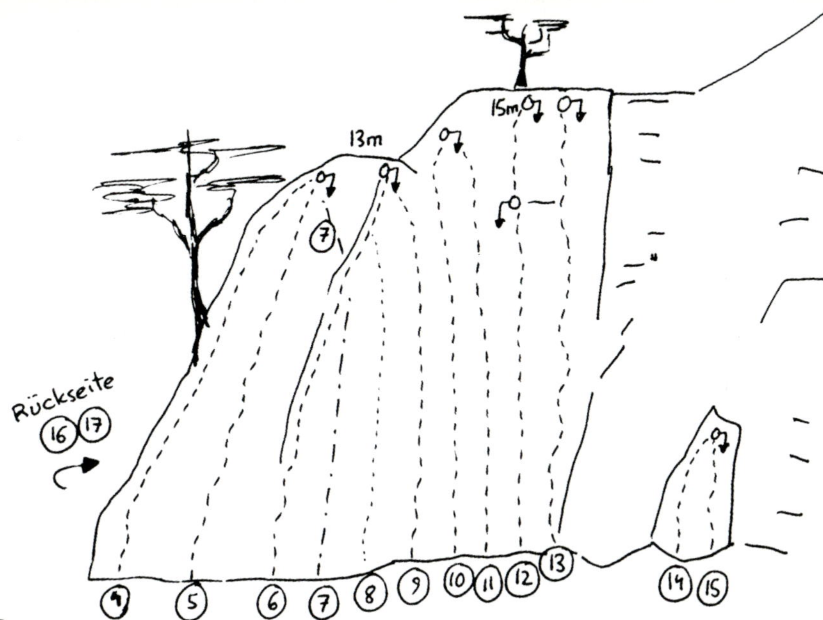

4. Vergessener Grat **3+ ✱✱** Lieb
5. Weißer Pfeiler **4- ✱✱**
6. Plattiger Riss **3+ ✱✱**
7. Streitspur **4+/5- ✱✱**
8. The fox **5- ✱✱**
9. Rozario **5- ✱✱**
10. Kurz und bündig **5- ✱✱**
11. Prinz **4+ ✱✱**
12. Blaupunkt **5- ✱✱**
13. Waiting **5 ✱✱**
14. ? **2-**
15. ? **2-**

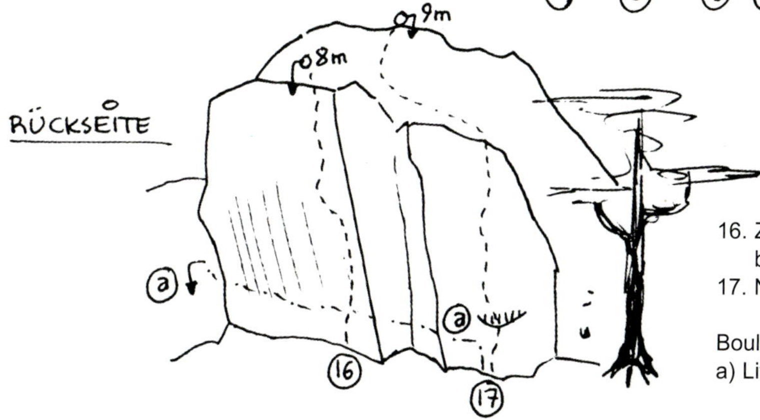

16. Zooropa **8- ✱✱** Definierte Kurzroute, im Überhang bleiben (Hacker)
17. Numb **5+ ✱** Nett (Hacker)

Boulder:
a) Little foot **7+/8- ✱** Kurzer Quergang

Weißer Pfeiler 4-, Siegenfelder Platte

Plattiger Riss 3+, Siegenfelder Platte

Badener Kletterschule

Lage: S **Höhe:** bis 20m

ppp L

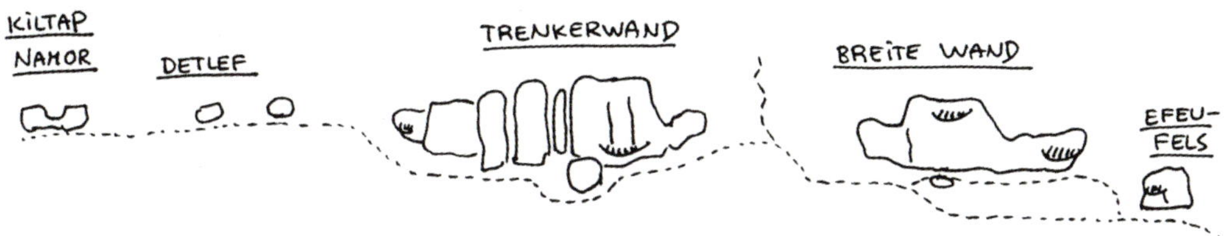

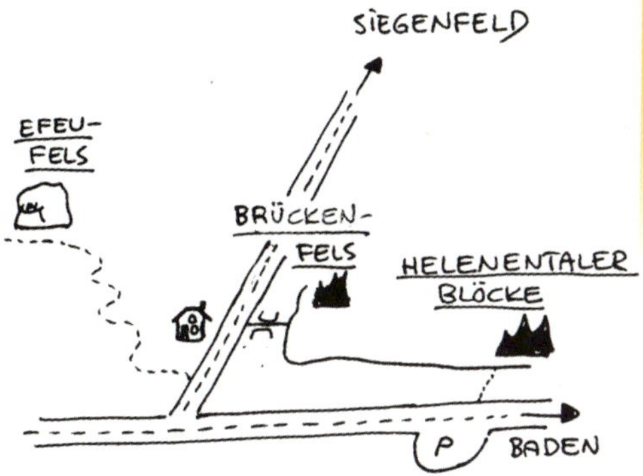

Besonderes: Mildes Klima – oft auch im Winter gute Bedingungen. Einige Routen sind schon sehr stark abgeschmiert. Die meisten Touren sind mit Klebehaken saniert, aber auch einige alte Bolts gibt's noch!

Der größte Klettergarten im Helenental blickt auf eine lange Tradition zurück, schon vor 70 Jahren wurde hier geklettert und für höhere Ziele trainiert. So um 1985 herum fasste der Sportklettergedanke auch im Wienerwald Fuß, am Peilstein wurde bereits eifrig dem roten Punkt nachgejagt, und nun kam man auf die Idee, auch in den kleinen Klettergärten des Wienerwaldes Bohrhaken zu setzen. Plötzlich wurde nicht mehr für die Dolomiten, sondern für die kurzen Routen vor der Haustür trainiert. Christian Hacker und Christian Enserer bohrten die ersten Touren in der Kletterschule ein, und Christian war es auch, der schließlich das ganze Gebiet komplett erschloss – und bis heute ist die Beliebtheit der Kletterschule ungebrochen, auch wenn so mancher Griff schon ordentlich glänzt...

Zufahrt: PKW: Von der Südautobahn in Baden abfahren, auf der Umfahrung ins Helenental. Am Ortsende von Baden passiert man einen Tunnel (Engelstein), ca. 500m danach befindet sich links ein großer Parkplatz. Hier parken.
ÖV: Vom Badener Bahnhof mit dem Bus ins Helenental bis zur „Abzweigung Siegenfeld".

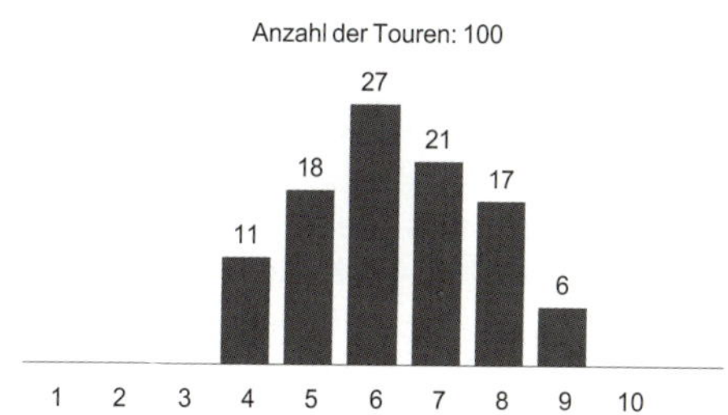

Zugang: Vom großen Parkplatz neben der Straße 100m weiter taleinwärts zur Kreuzung mit Abzweigung nach Siegenfeld. Zwischen Kreuzung und Haus beginnt ein Steig, der in Kürze zu den Felsen führt (je nach Sektor 5-10min).

Efeufelsen

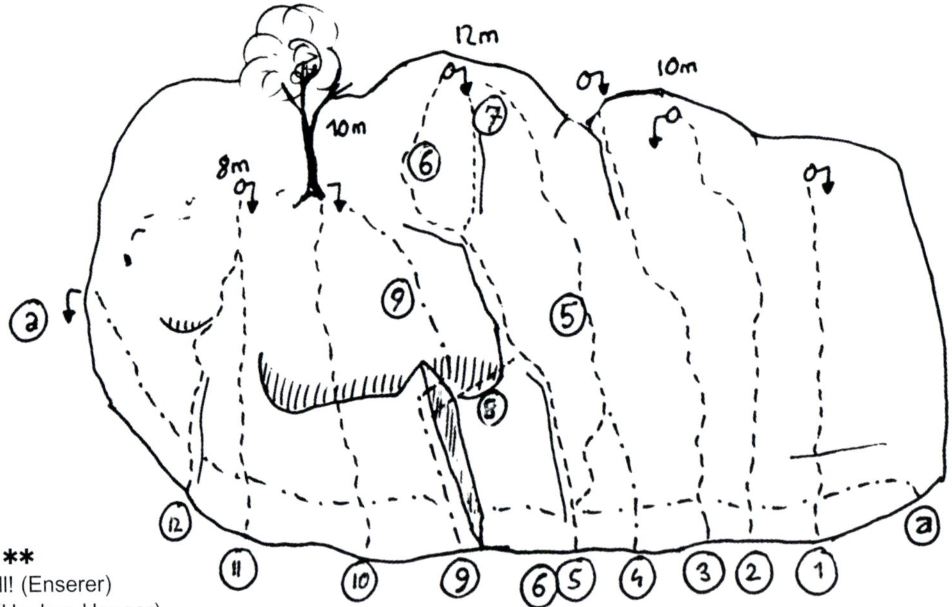

1. Don`t fly **7 ✱** (Hacker)
2. Testpiloten vortreten **9- ✱✱**
   Technisch anspruchsvoll! (Enserer)
3. Empty Garden **7+ ✱✱** (Hacker, Hauger)
4. Variante **8 ✱✱** (Reicht)
5. Heavy Metal Pepi **7 ✱✱** Schon ziemlich abgeschmiert (Bilik, Matasovsky)
6. Dir. Ausstieg **6+ ✱** (Hacker)
7. Gelber Steig **6 ✱✱** Steiler Riss (Simek, Hacker)
8. Teufelspromenade **8- ✱** Variante, Querung ums Eck (Hacker)
9. Pensionistenfick **9- ✱✱** Kleine Leisten, ohne den Riss! (Würzl)
10. Im Schatten der Burenwurst **9 ✱✱** Harte Züge über die Wampe (Helma)
11. Efeulaus **6 ✱** Alte Bohrhaken (Simek, Hacker)
12. Artistensteig **4+ ✱** Alte Haken, verwachsen

Boulder:
a) Long drive **8- ✱✱** Langer, schon ziemlich schmieriger Quergang (Patlik)

Breite Wand rechts „Mon Amour“

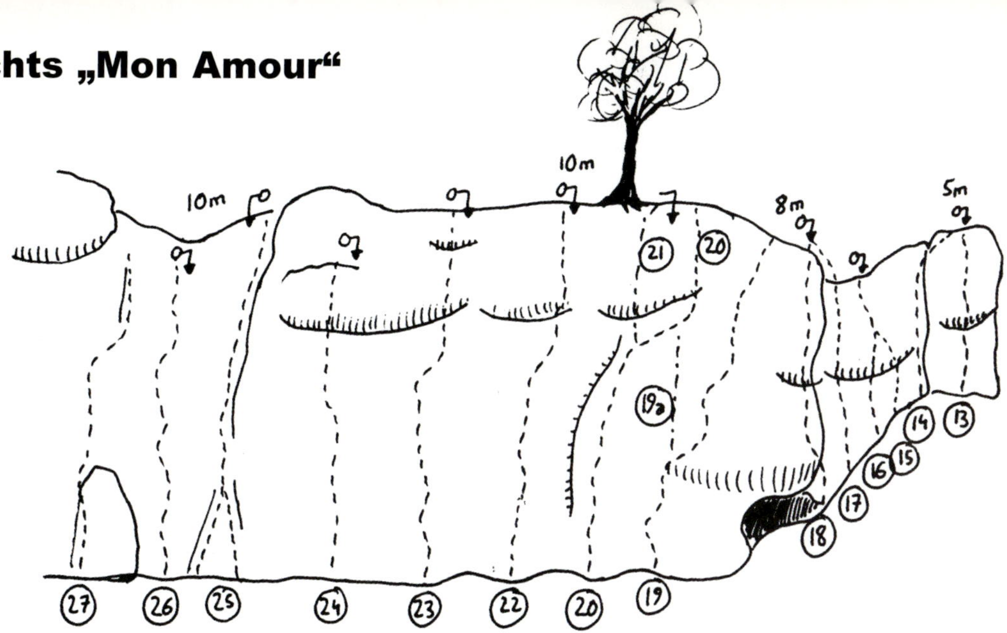

13. Zum Drüberhaun **6+** (Hacker)
14. Wilde Mexikanerin **5+** (Hacker)
15. Mixer **6** (Hacker)
16. Whiskey **6** (Hacker)
17. Eiszunge **7- ***
    Boulder mit altem Bolt (Hacker)
18. Spezifisch dynamisch **8 ***
    Schmerzende Fingerlöcher,
    alter BH (Enserer)
19. Mord am dritten Finger **9- ***
    Ebenfalls schmerzhaft,
    ebenfalls alte BH (Enserer)

19a. Projekt

20. Kaffee mit Kuchen **8 ****
    Superklassiker, schon ziemlich
    abgeschmiert (Enserer)
21. Kinderfest bei Pumuckl **8+ *****
    Perfekter Ausstieg zu 20. (Enserer)
22. Mon Amour physique **9+/10- ***** Klassiker mit eleganten
    Zügen, schon recht glatt (Sonnleitner)
23. Tolle Biene **8+ ***** Sehr schön! (Enserer)
24. Down under show **8/8+ **** Weiter gesichert,
    gute Züge (Enserer, Kromer)
25. Heilfroh **4+ *** (Hacker)
26. Black out **8- *** Überraschend schwere Platte,
    alte Haken (Hacker)
27. Selbstmörderriss **5+ **** Alter Klassiker, alte Haken
28. Poltergeist **7- *** Netter Überhang, alte Haken (Hacker, Simek)
29. Dachrinne **5+ **** Genussroute (Hacker, Simek)
30. Pinkel flink **7 *** Abgeschmiert, alte Haken (Hauger, Hacker)
31. Reinboltz **7- *** Oben leicht links (Hacker, Simek)
32. Triplix **7- **** Nett (Hacker, Hauger)
33. Neuer R-Steig **5- **** Gestufter Genuss, alte Haken
34. Neue Blockrampe **5- **** Nett
35. Neuer Efeusteig 5**+ **** Nett, alte Haken
36. Variante **5+ ***
37. Direkter Efeusteig **6+ ****
    Gerader Ausstieg mit Überhang, alte Haken (Hacker)
38. Fingerhut **7- *** Alte Haken (Hacker, Miller)
39. Prügelknabe **6 *** Riss, oben mit 38., alte Haken!

39a. Variante **8-/8 **** (Bacher)

40. Excalibur **9-/9 **** Bis zum Abschlussüberhang **8-**,
    dann Einzelstelle, für Große etwas leichter (Fachet)
41. Neuer Diagonalriss **6+ *****
    Superriss und Henkelausstieg (Kromer)

Breite Wand links und zentral

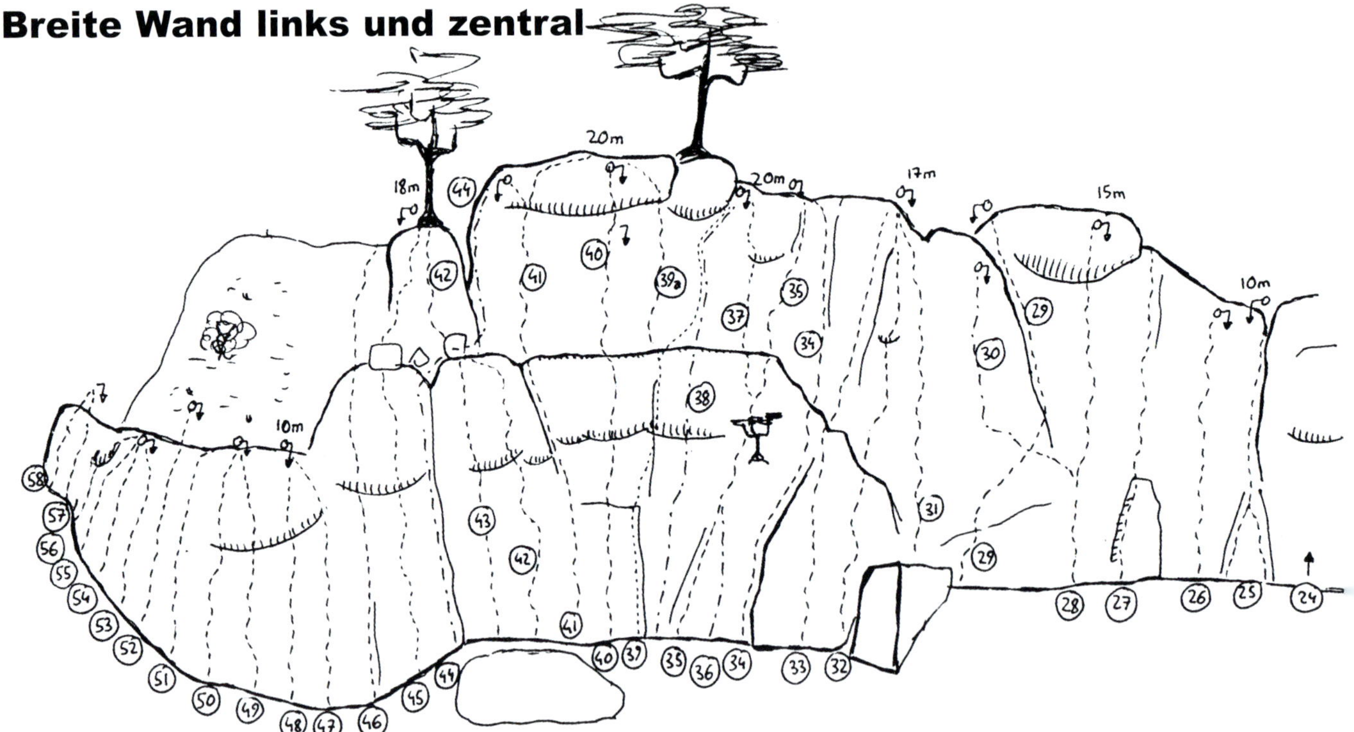

42. The boxer **8- ✱✱** Einzelstelle (Hacker, Simek)
43. Cheyenne **7+/8- ✱** Sehr beengend (Hacker)
44. Alte Verschneidung **5 ✱✱** Schön
45. Wassermann **6+ ✱✱** (Hacker)
46. Wasserfall **6 ✱✱** Schon recht glatt (Hauger, Hacker)
47. Hundewetter **7 ✱✱** Etwas unübersichtlich (Hacker, Simek)
48. Grrr **7 ✱** (Hacker, Hauger)
49. Pfarrer Assmann **6+ ✱** (Hacker, Simek)
50. Toccata **7- ✱** (Hacker, Simek)
51. Vivaldi **6+ ✱** (Hacker, Simek)
52. Andante **5- ✱** (Hacker)
53. Ratte **5+ ✱** (Hacker)
54. Adagio **5+ ✱** (Hacker)
55. Lulu **6 ✱** (Hacker)
56. Alte Führe **5+ ✱** (Hacker)
57. Schas im Wald **6+ ✱** (Hacker)
58. Für Anfänger **4** (Hacker)

Trenkerwand rechts

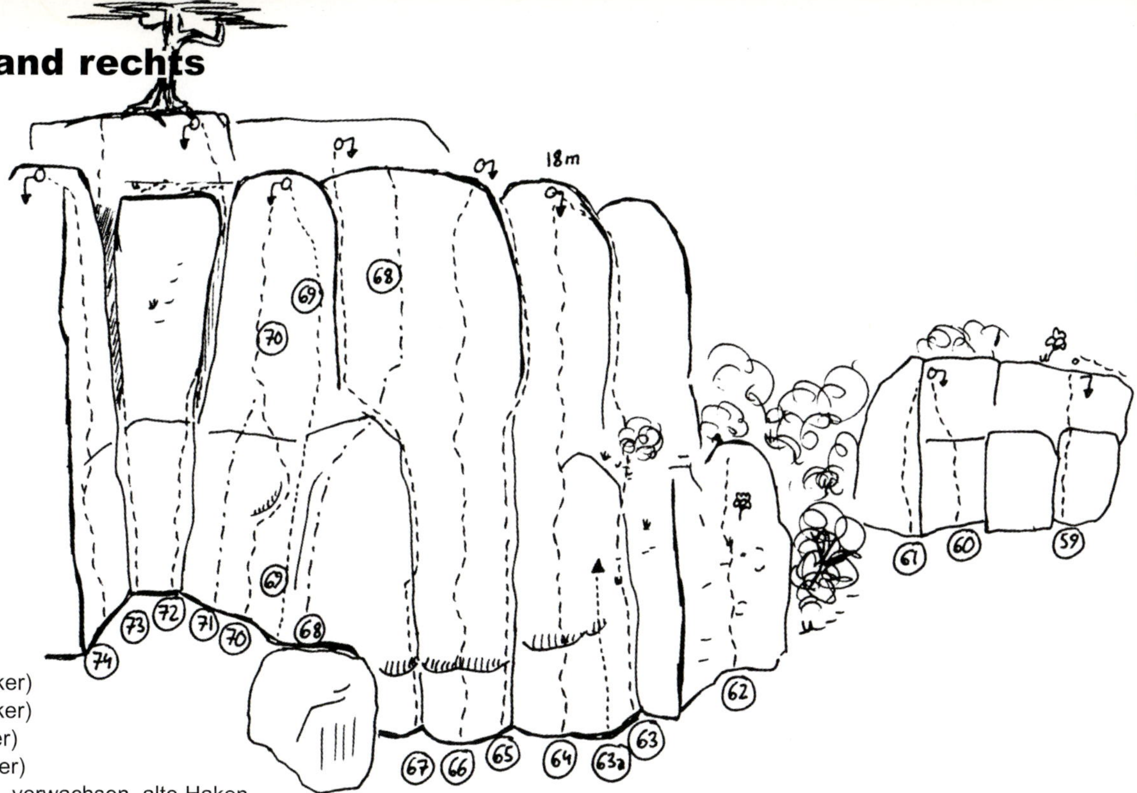

59. Mausi **4** Schas (Hacker)
60. Hasi **4+** Schas (Hacker)
61. Affi **5+** Schas (Hacker)
62. Ratti **5-** Schas (Hacker)
63. Hildesteig **4-** Staubig, verwachsen, alte Haken
63a. Variante **6+** Alter Haken (Hacker)
64. Ballett volta **8- **** Unten schwer, oben leichter, alte Haken (Hacker, Simek)
65. Luis-Trenker Verschneidung **6+ ***** Schöner Klassiker, saniert
66. Wolfsblut **7+ **** Lohnend (Hacker)
67. Ingrid W. Verschneidung **6+ ***** Saniert und schön
68. Adrenalin **7- **** Erste Bohrhakenroute in Baden (Hacker)
69. Slip slide away **7- *** Alte BH (Horvath, Szerelem)
70. L.B.H. Riss **7 *** Alte BH, komisch
71. Müsliman **6+ *** Kurzvariante, alte BH (Hauger)
72. Rechter Babykamin **4- ****
73. Linker Babykamin **4 ****
74. Alice in wonderland **8 **** Superroute, direkt klettern (Enserer)

Trenkerwand links

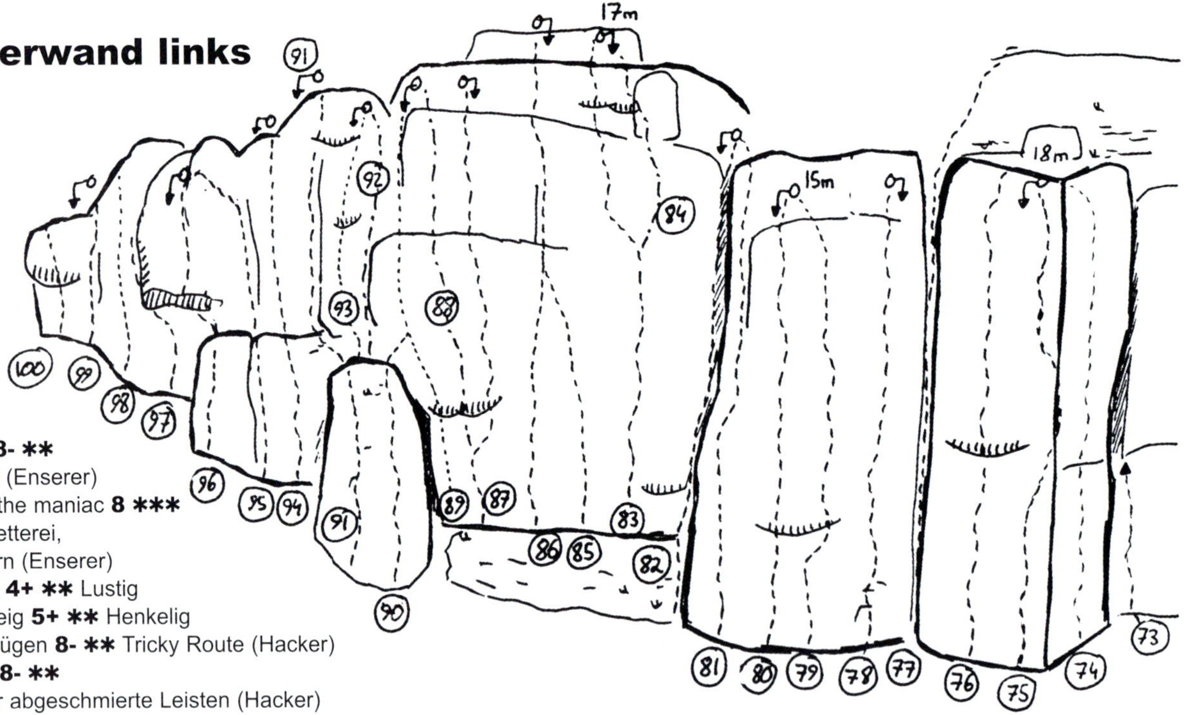

75. Marantana **8- ✱✱**
    Gute Kante! (Enserer)
76. Doctor and the maniac **8 ✱✱✱**
    Elegante Kletterei,
    direkt klettern (Enserer)
77. Baumkamin **4+ ✱✱** Lustig
78. Hoffmannsteig **5+ ✱✱** Henkelig
79. Mordsvergnügen **8- ✱✱** Tricky Route (Hacker)
80. Bügeleisen **8- ✱✱**
    Schön, aber abgeschmierte Leisten (Hacker)
81. Prommerlkante direkt **7- ✱** Platteneinstieg, Kante leichter
82. Kamin **4 ✱✱** Nett
83. Kottan **6 ✱✱** Klassiker (Hacker)
84. Pilch **6- ✱✱** Umgeht die Crux von 83. (Hacker)
85. Teutscher Teutone **7- ✱✱** (Hacker)
86. Warrior **6 ✱✱** Genuss (Hacker)
87. Steckenpferd **6- ✱✱** (Hacker)
88. Hengst **7- ✱✱** (Hacker)
89. Palmkatzerl **6+ ✱✱✱** Henkelroute (Hacker)
90. Spreizer **6 ✱✱** Vom Turm ins Palmkatzerl spreizen (Hacker)
91. Vinzenz **6 ✱✱** (Hacker)
92. Nachschulung **5+ ✱✱** (Hacker)
93. Frater Calidus **6 ✱✱** (Hacker)
94. Cento **6+ ✱✱** (Hacker)
95. Otello **5 ✱** (Hacker)
96. Mus-Musculus **8- ✱** Einzelstelle, alte BH (Hacker)
97. Grosser Überhang **7-** Alte BH (Hacker)
98. Quattro **4-** Keine Haken (Hacker)
99. Flickflack **5** Alte Haken (Hacker)
100. Die Widerspenstige Zähmung **8-** Alte BH, naja (Hacker)

Boulderblöcke westlich der Badener Kletterschule

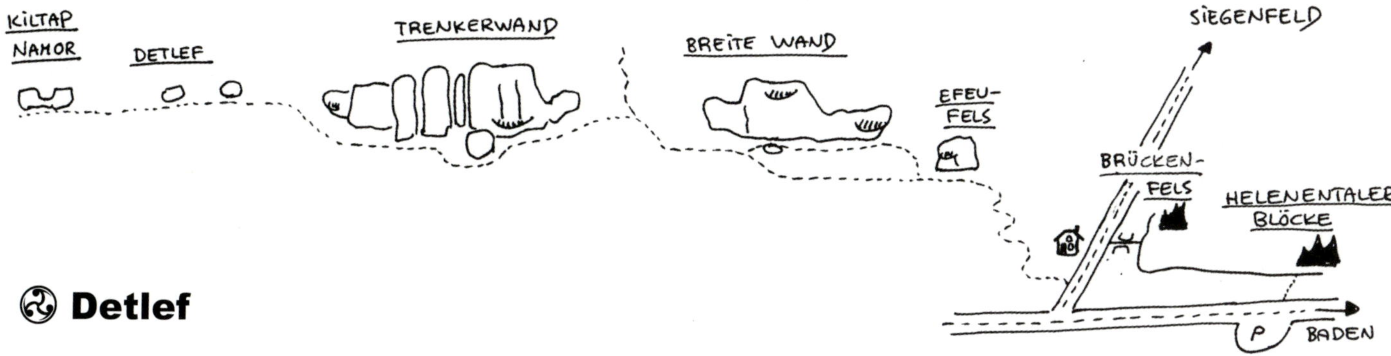

Detlef

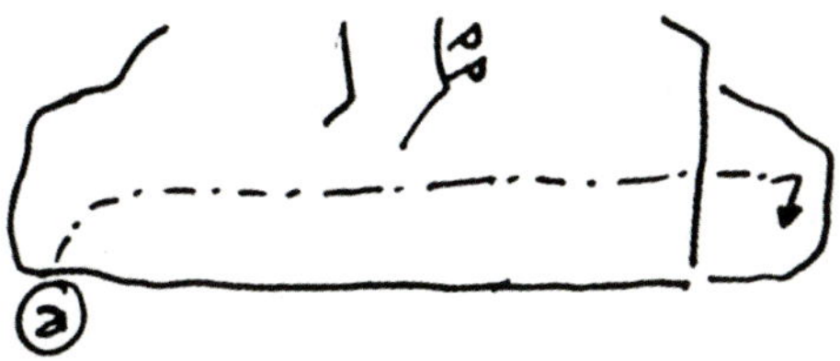

Kiltap Namor

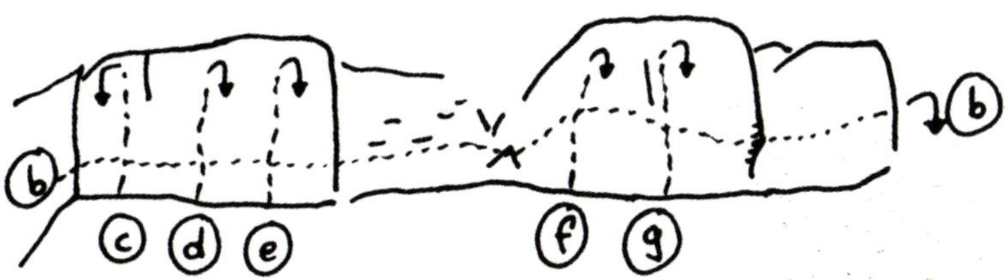

a) Detlef **7-/7 ✱✱** (Patlik)
b) Kiltap Namor **9- ✱✱** (Patlik)
c) Tick **8+ ✱✱** Nicht nach links steigen! (Patlik)
d) Pick **8-** (Patlik)
e) Trick **7-** (Patlik)
f) La glatt **8+** (Patlik)
g) Track **7-** (Patlik)
h) A Lurch **7+** 100m weiter westlich (Patlik)

Zweite Schlüsselstelle von Exstatischer Sturm 9-, Krainer Nadeln

Hinteres Helenental Übersicht

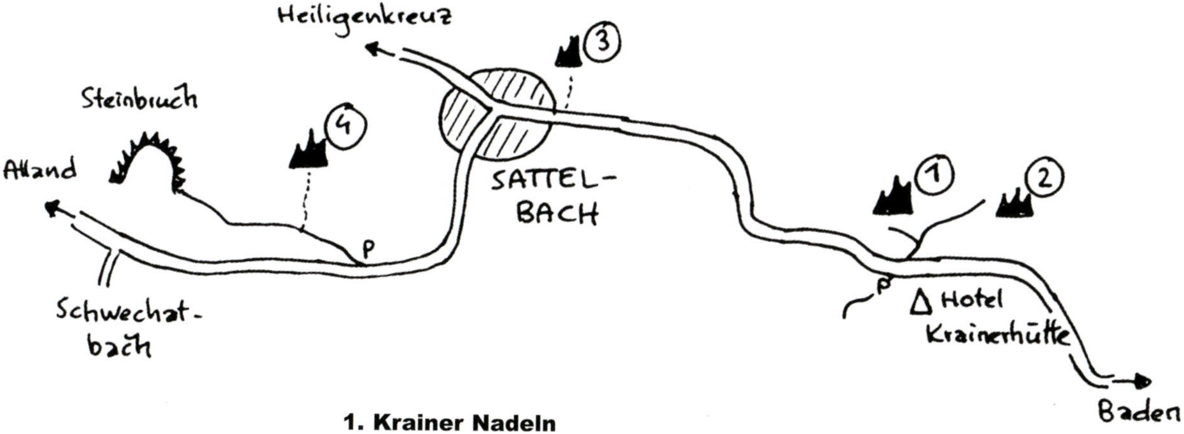

1. Krainer Nadeln
2. Exstatischer Sturm
3. Chainsaw Charly
   (ohne Skizze, langer Quergang 8)
4. Highway Star

Krainer Nadeln

Lage: W, S, O **Höhe:** bis 20m

pp

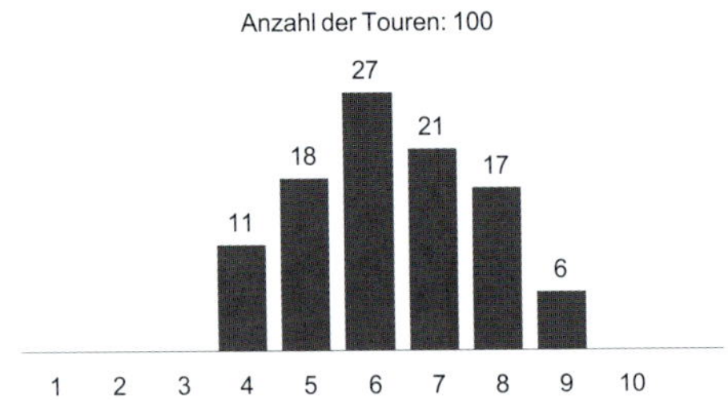

Besonderes: Der Felsqualität ist nicht blindlings zu vertrauen – teilweise splittrig!

Die optisch einladenden Krainer Nadeln lockten immer wieder Kletterer an – der brüchige Fels vertrieb sie aber alle, sogar schwere Unfälle gab es hier durch Hakenausbruch.
Das Trio Blecha, Sypniewski und Göb ließ sich nicht abschütteln, die lohnendsten Linien wurden geputzt und mit soliden Klebehaken abgesichert. Zusammen mit Romans Bouldern ist so ein kleines, aber ganz nettes Gebiet entstanden.

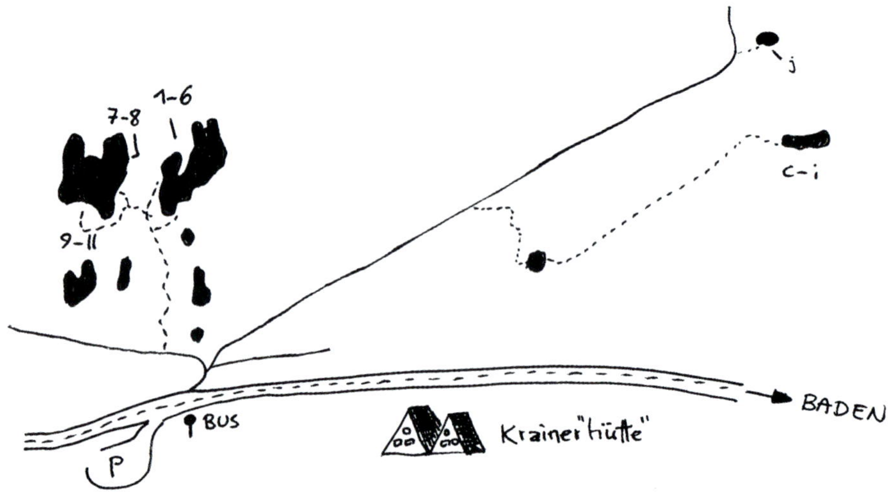

Zufahrt: PKW: Im Helenental bis zum markanten Hotel „Krainerhütte", ein Stück weiter Richtung Alland befindet sich auf der linken Seite ein großer Parkplatz.
ÖV: Mit dem Bus im Helenental bis zur Station „Krainerhütte".

Zugang: Die Felsen sind deutlich sichtbar, steil durch den Wald direkt hinauf (ca. 5min).
Zum „Exstatischen Sturm" siehe Skizze (ca. 15min).

Hauptnadel West, Große Westnadel Süd

Hauptnadel West

1. Gat scho, Betti **7 ✱** Kleingriffige Crux
2. Dragons tail **7- ✱** Unübersichtlicher Beginn
3. Only for Ebenerdige **5-** Leicht alpin
4. Projekt
5. Fragmental Agression **7 ✱**
   Endet an der Dachkante (oben Bruch!)
6. Projekt

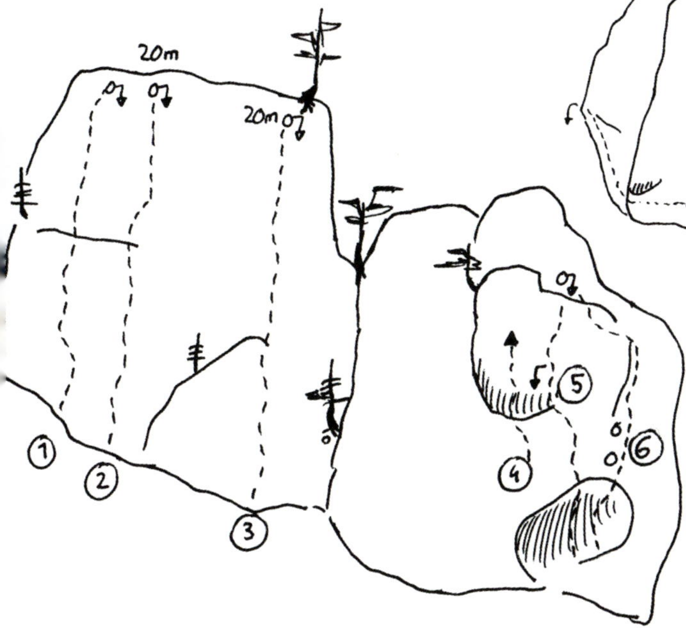

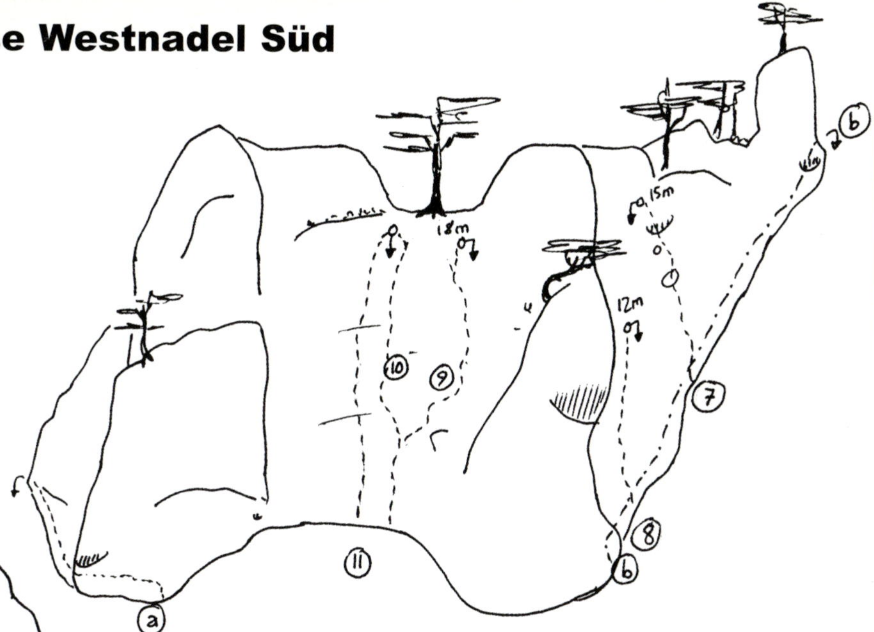

Große Westnadel Süd

7. Beginners mind **7- ✱✱** Schöne Kletterei
8. Halbe Sache **6+ ✱** Etwas eigenartig
9. Gefahr von rechts **7- ✱**
10. Atomic force microscopy **5+ ✱✱** Nett
11. Grüner Schatten **5+ ✱**

Boulder:
a) Jein **7- ✱** (Patlik)
b) Blech oder Blume **8- ✱✱** Langer Quergang (Patlik)

Exstatischer Sturm

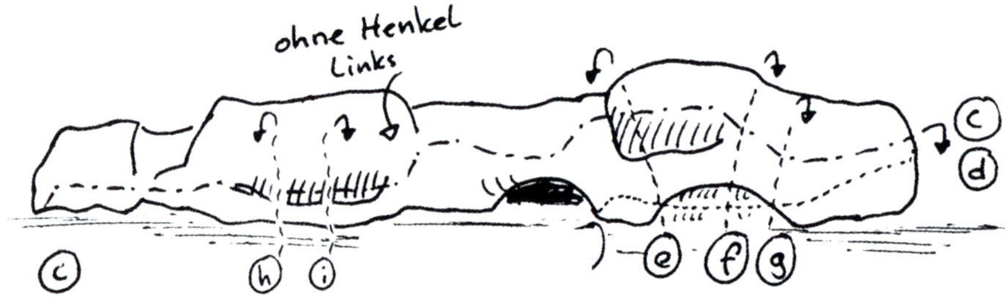

c) Exstatischer Sturm **9- ✱✱✱** Langer, anfangs etwas brüchiger Quergang, immer knapp über dem Boden, nur 2. Schlüsselstelle höher (ohne die Henkel ganz oben!) (Patlik)

d) Unterwelt **7+ ✱ sd** Knapp überm Boden

e) Nokk **7 sd ✱**
f) Absinth **8 ✱✱ sd**
g) ? **7/7+ sd**
} Je nach Definition leichter oder schwieriger

h) **7- ✱ sd**

i) **7+/8- sd** Leider brüchig

Tittenfick

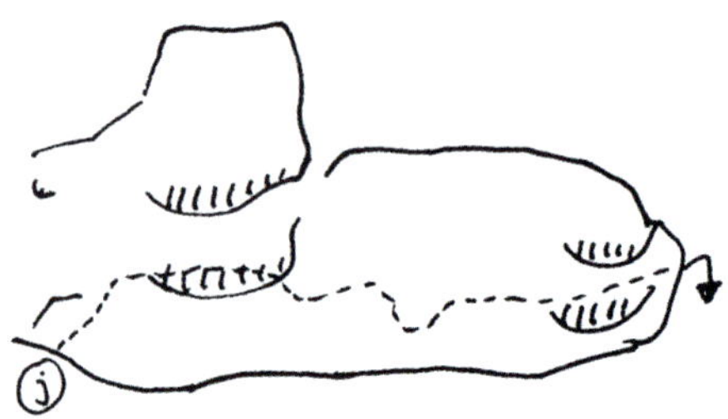

j) Tittenfick **8+ ✱✱** Selten begangen (Patlik)

Highway Star

Lage: S **Höhe:** 18m

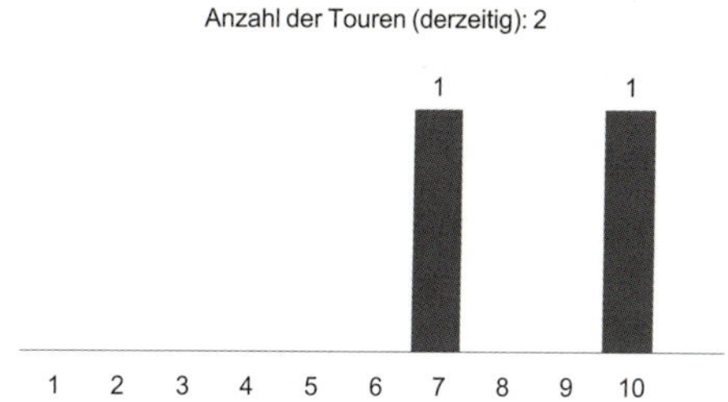

Besonderes: Sehr guter Boulderquergang.
Kletterer werden hier aber leider nicht gerne gesehen!

Dieser Fels, der eigentlich Ungarstein heißt, wurde durch Romans Boulderquergang „Highway Star" bekannt. In der Folge wurden auch Routen eingebohrt – es existieren momentan allerdings nur zwei, da in den restlichen die Haken nie eingeklebt wurden. Vielleicht gut so, denn Kletterer werden hier eh nicht gerne gesehen, und auch die Boulder wachsen langsam wieder zu.

Zufahrt: PKW: Im Helenental nach Sattelbach, hier links Richtung Alland weiter. Nach markanter Kurve folgt ein gerades Straßenstück, bald zweigt rechts eine Schotterstraße (Schranken) ab. Hier parken.
ÖV: Mit dem Bus ins Helenental, entweder in Sattelbach oder eine Station weiter in Schwechatbach aussteigen. Von Sattelbach zu obiger Forststraße, von Schwechatbach die Straße zurück und ebenfalls zur Forststraße.

Zugang:
Ziemlich steil (10min).

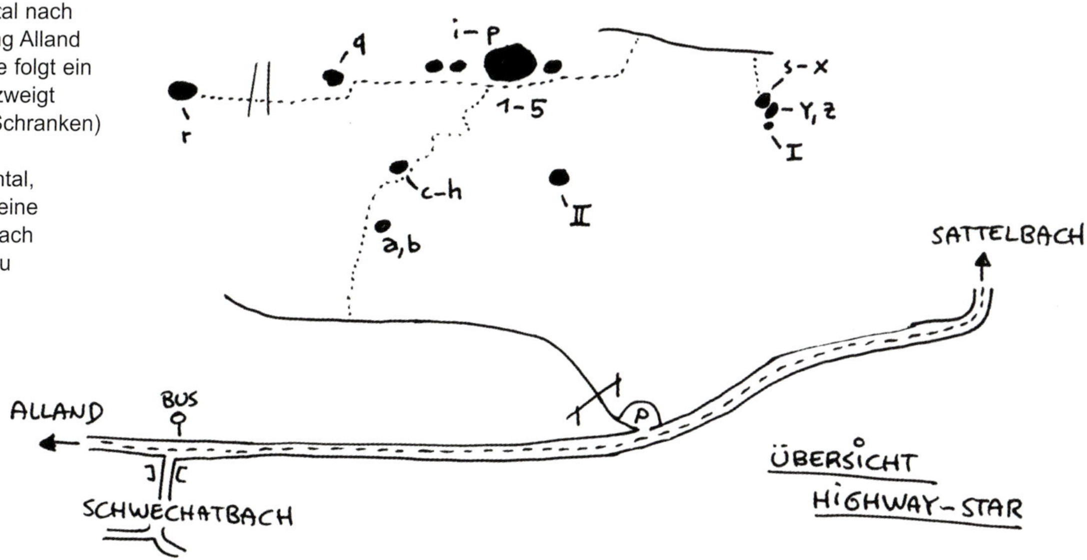

Highway Star (a-h)

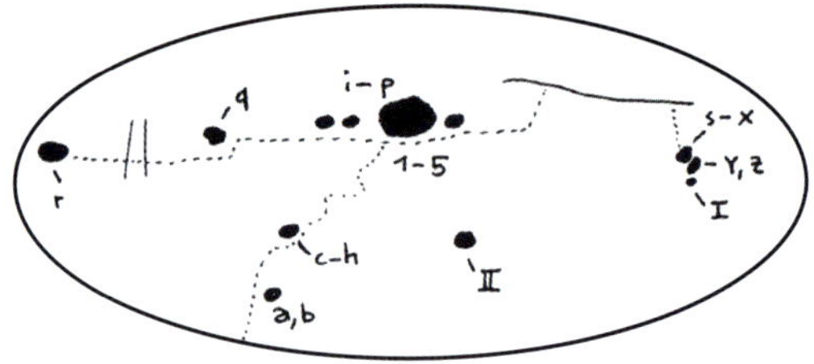

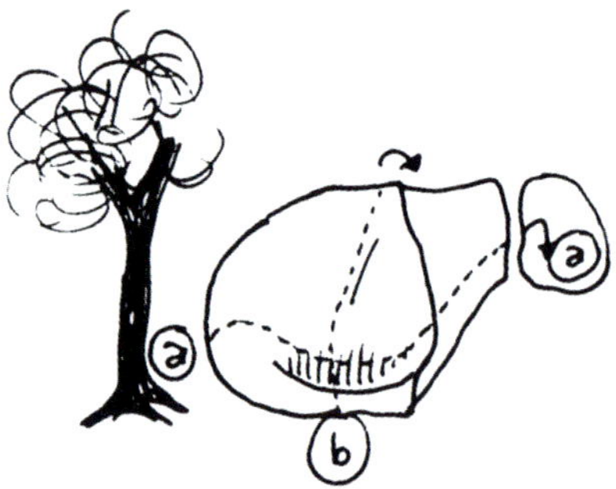

a) Kriechendes Chaos **8 **** (Gruber)
b) 4 Pfoten **7 * sd** (Gruber)

c) Underground **8-** Dreckig (Patlik)
d) Columbia **7+ **** Gute Kante (Patlik)
e) Birne Helene **9 **** Üble Aufleger, Ausstieg über d) (Patlik)
f) Projekt Fortsetzung von e)
g) Po-Mann **7 * sd** Gerade rauf (Patlik)
h) Ratlik **7- * sd** Querung (Patlik)

Highway Star Hauptwand (i-p)

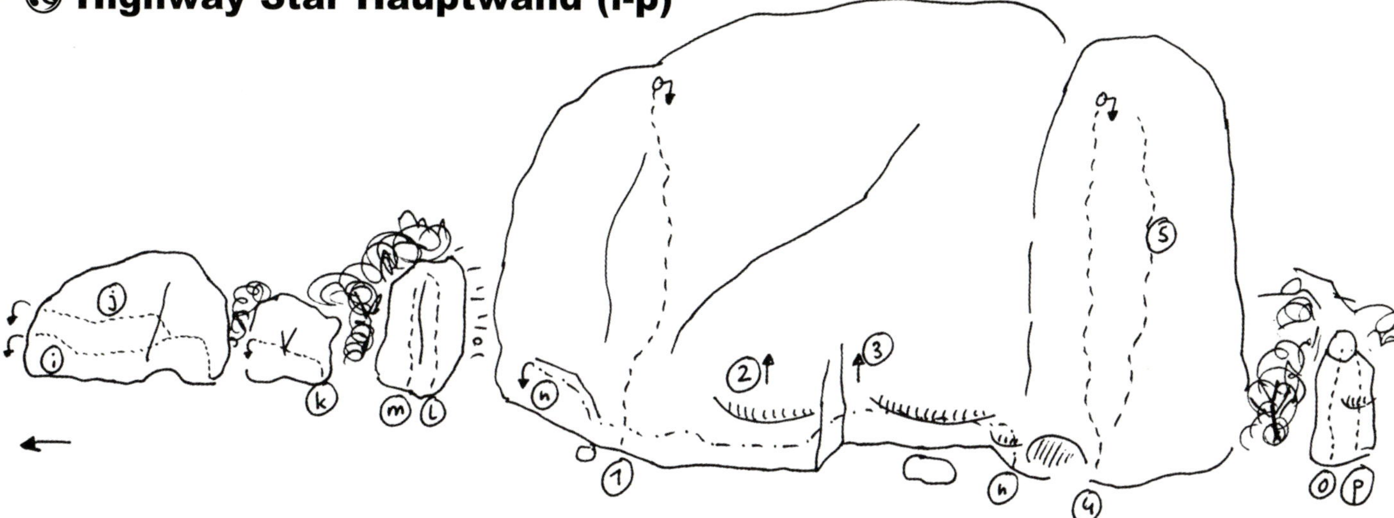

i) Don Karlos **8+/9- ✱✱** Technisch anspruchsvoll (Patlik)
j) ? **7 ✱✱** Eine Etage höher – leichter (Patlik)
k) Sputnik **7+ ✱** (Patlik)
l) Ariane **7- ✱** Hoher Boulder (Patlik)
m) Abstieg **5-** (Patlik)
n) Highway star **9/9+ ✱ sd** Genialer Ausdauerquergang (Patlik)
o) Unt´n **6** Brüchig (Patlik)
p) Ob´n **7** Brüchig (Patlik)

Routen:
1. Red Bull **7- ✱** Nette Kletterei (Schmid)
2. Keine Haken
3. Keine Haken
4. ? **9+/10- ✱✱✱** Technisch anspruchsvoll (Reicht)
5. Projekt

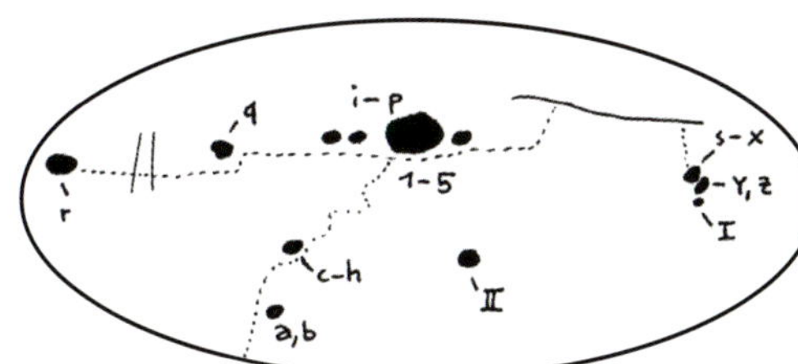

Highway Star (q-z)

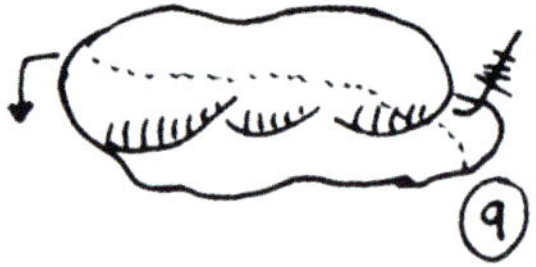

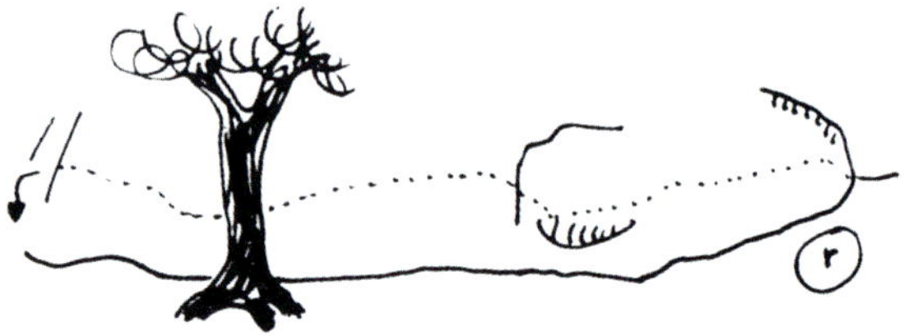

q) Gunfighter 9- **✱✱ sd** Kurz und gut (Schmid)
r) Maximale Bruchlast **8** Brüchig (Patlik)

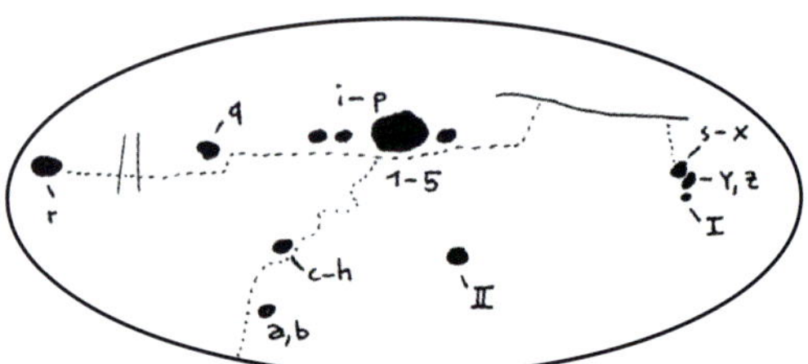

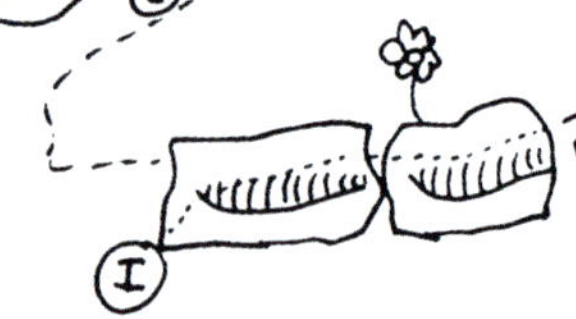

s) Projekt
t) Eiger Süd **7- ✱✱** (Patlik)
u) Schmarotzer **8+ ✱✱** Diffizil (Patlik)
v) Elefanten im Schlafrock **6+ ✱** (Patlik)
w) ? **6+ ✱** (Patlik)
x) ? **6+ ✱** (Patlik)
y) The fox **7 ✱** (Patlik)
z) Dru **7 ✱** (Patlik)
I) Foothook **8- ✱✱** (Patlik)
II) Sugar hill **8+/9- ✱✱** (Patlik)

Highway Star 9/9+, einer der genialsten Quergänge im Helenental

Frechdachs 8-/8, Lindenwandl

Lindkogel Übersicht

Abseits vom Kletterrummel liegende Felsen, bis jetzt kaum bekannt.
Der „Arsch der Welt" heißt nicht umsonst so, recht weltentrückt (zumindest für Wienerwaldbegriffe) liegt die schattige Wand hoch über dem Helenental.
Das Bum-Bum-Wandl hingegen steht fast direkt an der Straße, trotzdem wird es bis jetzt fast nur zum Bouldern aufgesucht.
Und schließlich noch der Vöslauer Klettergarten, alles andere als ein Highlight in diesem Führer.

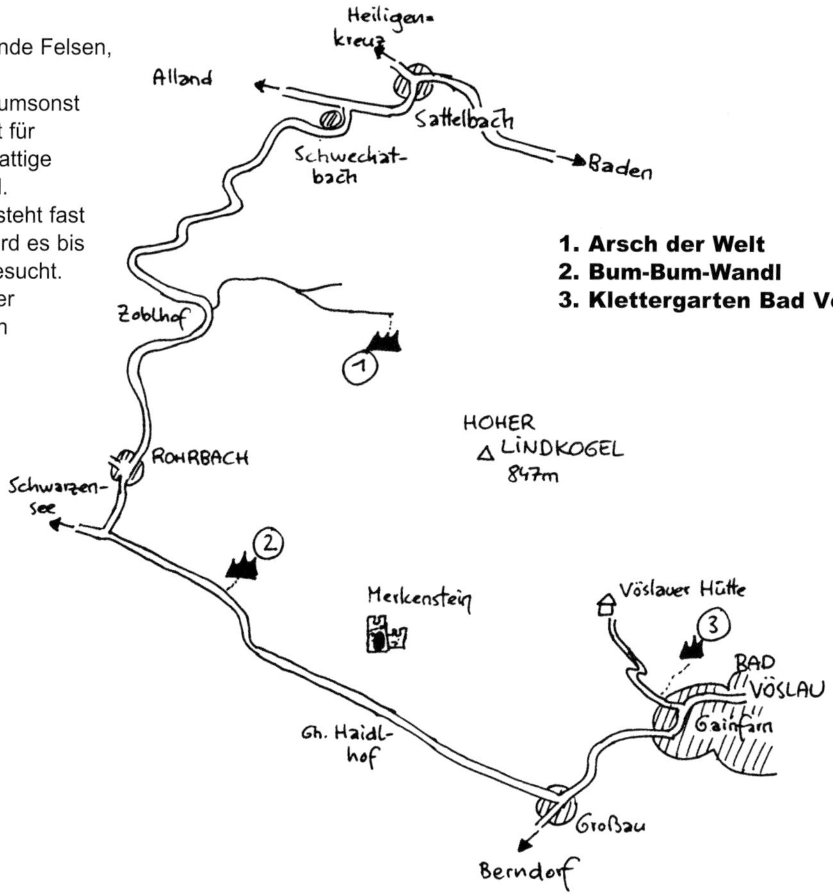

1. Arsch der Welt
2. Bum-Bum-Wandl
3. Klettergarten Bad Vöslau

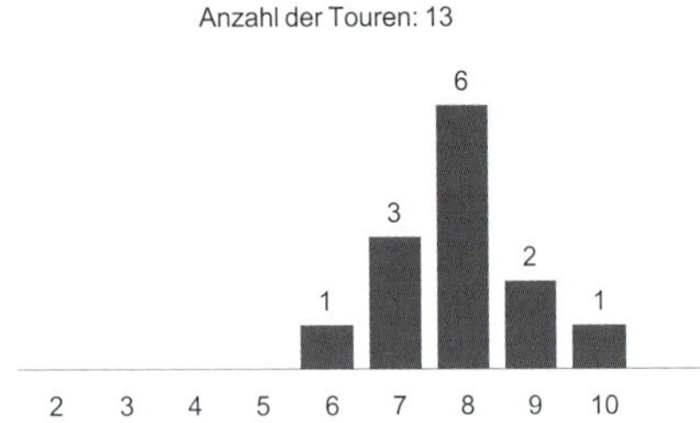

Arsch der Welt

Lage: N **Höhe:** 18m

ppp

Besonderes: Zustieg lässt sich mit Mountainbike verkürzen!

Schon 1995 eingerichtete, jedoch weitgehend unbekannte Wand in ruhiger schattiger Lage. Der Fels ist recht rau, mit vielen Leisten durchsetzt, die Routen durchwegs steil. Eine interessante Alternative für heiße Tage, mit etwas längerem Zustieg und einigen Bouldermöglichkeiten in der Umgebung.

Zufahrt: PKW: Von Sattelbach im Helenental Richtung Mayerling, in Schwechatbach links abbiegen und auf schmaler, kurviger Straße zum „Zoblhof", Mostheuriger und Parkplatz.
ÖV: Mühsam! Von Schwechatbach (Bushaltestelle) evtl. zu Fuß zum „Zoblhof" (gut 1h) oder
von Sattelbach einem markierten Weg zur Orchideenwiese folgen (gut 1h). Evtl. mit Mountainbike!

Zugang: Vom „Zoblhof" nicht dem Weg zum Hohen Lindkogel/Eisernes Tor folgen, sondern auf der Forststraße (Fahrverbot!) mit schönem Blick ins Tal der Schwechat Richtung Orchideenwiese. Bei der ersten Weggabelung der rechten Straße (unmarkiert) folgen, nach dem zweiten, markanten Grabeneinschnitt rechts ein Fels mit Bouldermöglichkeiten. Noch kurz weiter, dann rechts über die Böschung und in Kürze steil zur Wand (ca. 20min).

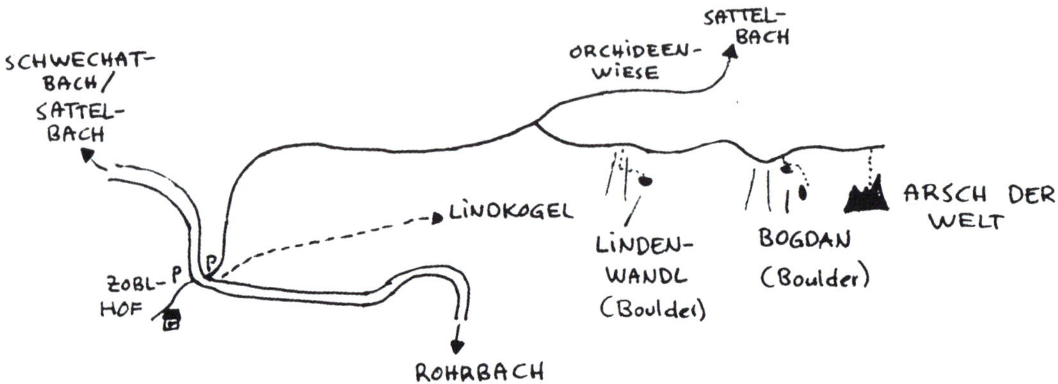

Arsch der Welt

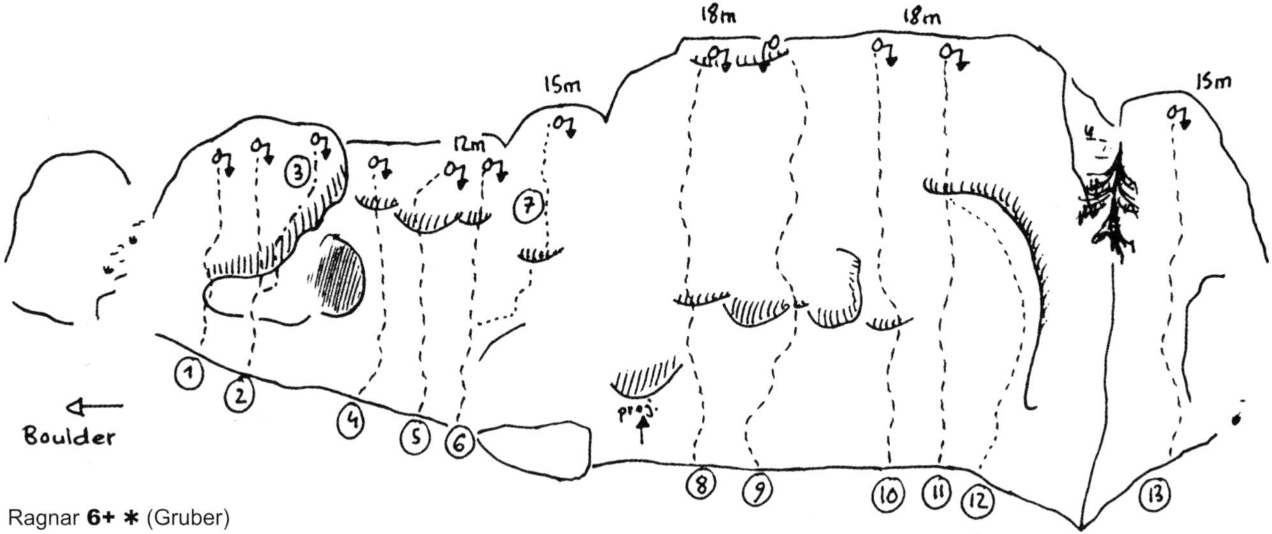

1. Ragnar **6+ ✱** (Gruber)
2. Kriegeskunst **9+/10- ✱✱** Kurz aber hart (Würzl)
3. Benson Arizona **10- ✱✱** Boulderroute (Würzl)
4. Definator **8+ ✱** Definierte Einzelstelle (Gruber)
5. Nachthexe **8 ✱✱** (Gruber)
6. Nebelhexe **7+ ✱✱** (Gruber)
7. Raunacht **8- ✱✱** Unübersichtlich (Holy)
8. Hohl in der Birn **8 ✱✱** Ausdauerroute (Gruber)
9. Gemischtwarenladen **8/8+ ✱✱✱** (Gruber)
10. Da Oasch **8+/9- ✱✱✱** Einzelstelle (Gruber)
11. Krätzenkönig **9- ✱✱** Definierte Einzelstelle (Gruber)
12. Erdnuss **7- ✱✱** Nette Verschneidung (Gruber)
13. Schokobanane **7 ✱** (Schmid)

Boulder 50m links, v.l.n.r.:

- Auf **7+**
- ? **9-**
- ? **9-**
- ? **9**
- ? **8+**
- Bussard **8/8+**

Lindenwandl (Boulder)

Zustieg: Siehe Skizze.

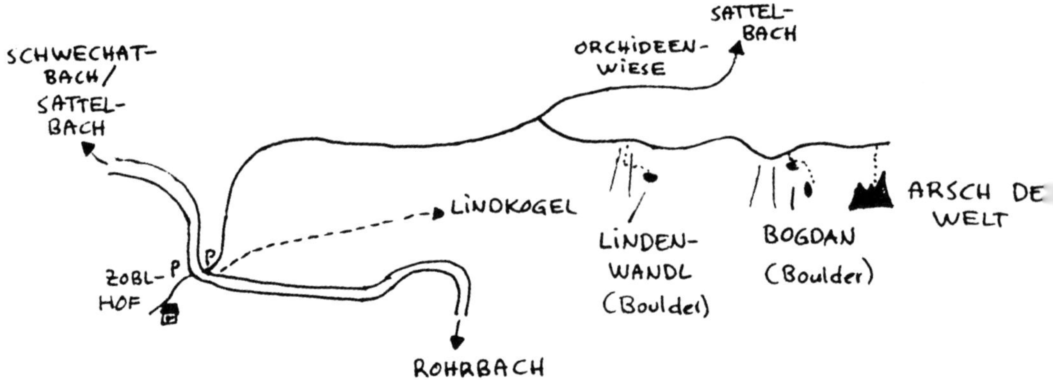

a) **5-** (Patlik)
b) **7 ✱** (Patlik)
c) Baumbart **3+** (Leszuk)
d) In memoriam **4+** (Gruber)
e) **5- ✱** (Patlik)
f) **6- ✱** (Patlik)
g) **6+ ✱** (Patlik)
h) Wr. Schnitzel **7 ✱✱** Netter Quergang (Patlik)
i) Dachs **7 ✱** Überhang (Patlik)
j) Frechdachs **8-/8 ✱✱ sd** Sitzstart, schön! (Gruber)
k) A Pala **8- ✱✱** Überhang, gute Züge, hoch (Patlik)
l) ?
m) Lindenriss **8- ✱✱** Lohnend, recht hoch! (Patlik)
n) **8-** Oben brüchig!
o) Zum Lindenwirt **9- ✱✱** Quergang, für Große leichter (Patlik)

Bogdan (Boulder)

Zustieg: Siehe Skizze.

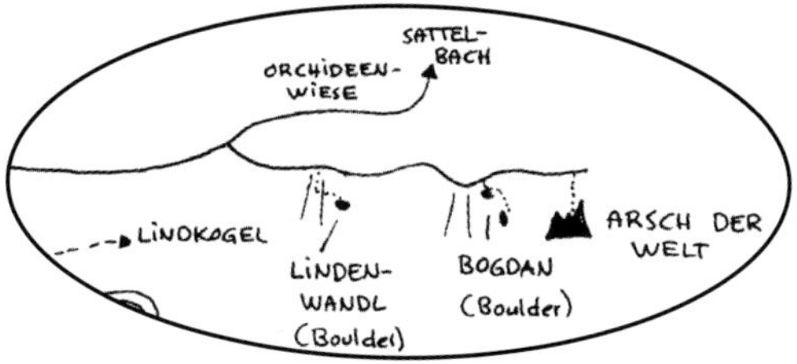

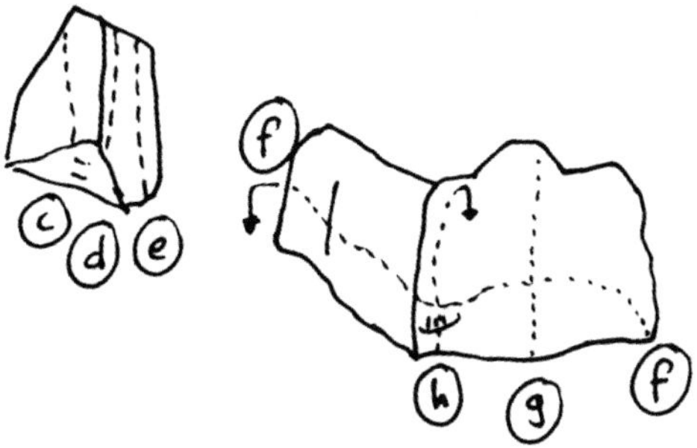

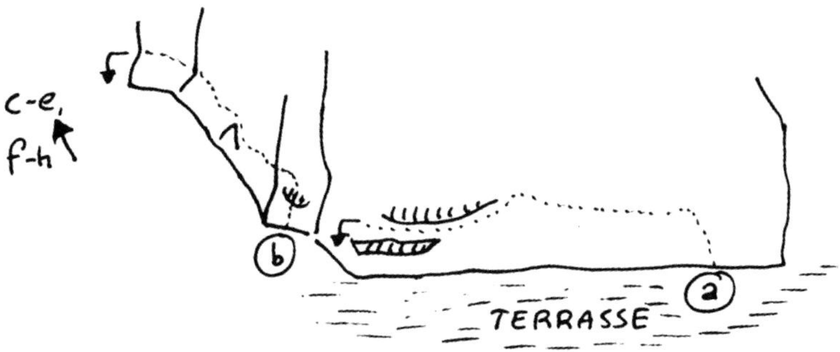

a) Bogdan **9-/9 ✱✱** Diffiziler Quergang (Patlik)
b) Spaßkontrolle **9- ✱✱** Ebenfalls (Patlik)
c) Platte **6+ ✱** (Patlik)
d) Kante **5- ✱** (Patlik)
e) **6+ ✱** (Patlik)
f) Le collision **8+ ✱✱** Gute Züge! (Patlik)
g) ? **7 ✱** (Patlik)
h) ? **8 ✱✱** Vorsicht! (Patlik)

Bum-Bum-Wandl

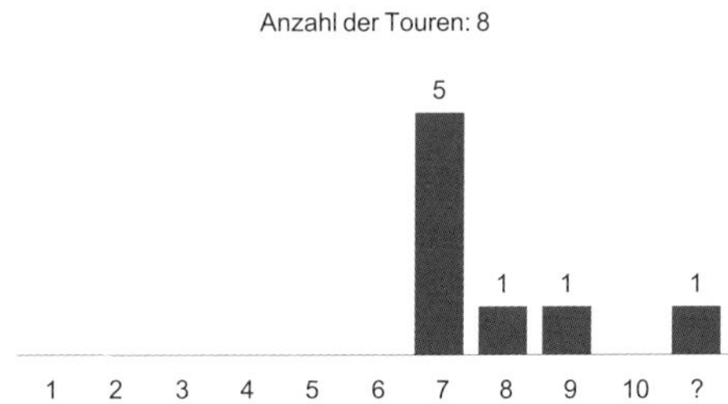

Lage: SW **Höhe:** 15m

pp ppp

Besonderes: Gute Bouldermöglichkeiten! Nicht überall Abseilhaken!

Trotz des minimalen Zustiegs ein verstecktes, kaum besuchtes Wandl – lediglich die Boulder erfreuen sich einiger Beliebtheit. Der Fels ist teilweise überraschend gut, teilweise aber auch recht splittrig. Lohnend sind vor allem die Routen rund um „Hägar“, der linke Teil ist recht botanisch.

Zufahrt: Mit dem PKW von Bad Vöslau her, über Gainfarn und das Wirtshaus „Haidlhof“ Richtung Schwarzensee. Kurz vor der Abzweigung nach Rohrbach befindet sich auf der rechten Straßenseite eine markante, große Parkbucht.
ÖV: Mit der Bahn nach Bad Vöslau und am besten mit dem Fahrrad über Gainfarn wie bei der PKW-Zufahrt beschrieben.

Zugang: Von der Parkbucht ca. 100m wieder Richtung Vöslau zurückgehen, dann kurz durch Wald steil zur Wand (3min).

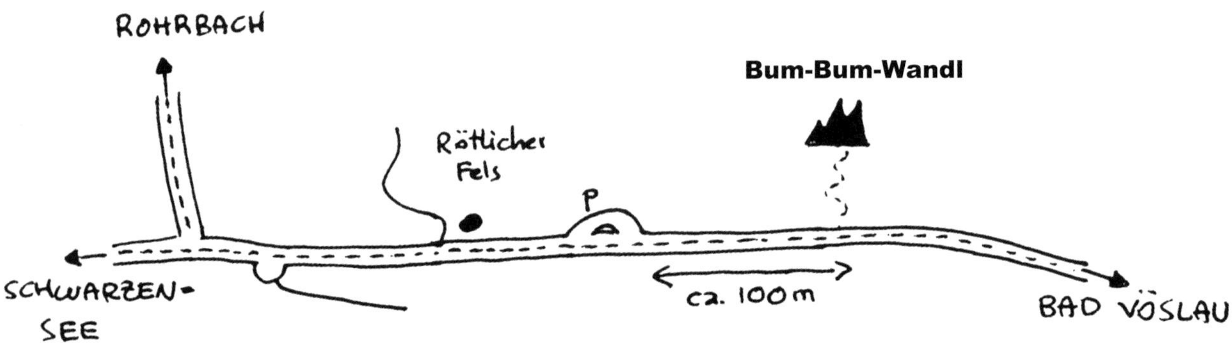

Bum-Bum-Wandl

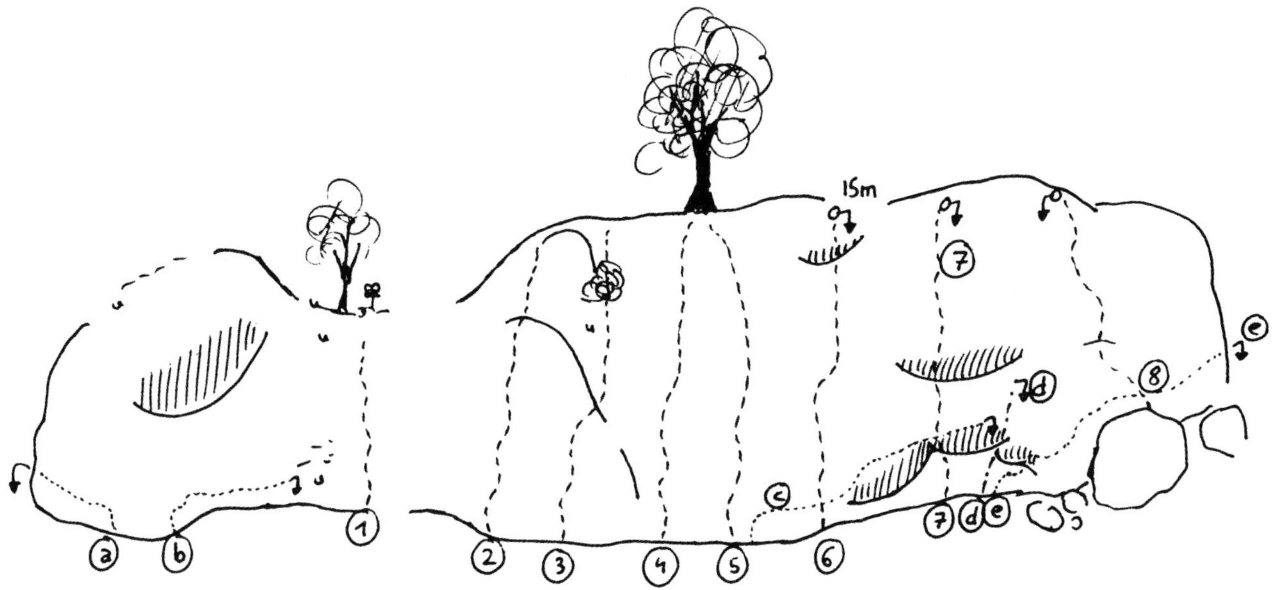

1. ?
2. Kleinod **7-**
3. Weg der Erstersteiger **7- ✱** (Schmid, Patlik)
4. Matschbirn **7 ✱** (Schmid, Patlik)
5. Neverdry **9- ✱✱** Gute Platte, oft nass
6. Würstl mit Saft **7+ ✱** (Schmid)
7. Hägar **8/8+ ✱✱** Toller Lochüberhang (Schmid, Patlik)
8. Nonsexmonkrock **7- ✱** (Schmid)

Boulder:

a) Reinfall **8- ✱** Quergang (Gruber)
b) Billa heute **7+ ✱** Quergang (Patlik)
c) Arthurogonal **9- ✱✱✱** Quergang, ober dem Überhang (Patlik)
d) Morbid angel **8+ ✱✱ sd** Sitzstartboulder, bis zu großem Loch (Gruber)
e) Der blaue Bum-Bum **8+/9- ✱✱ sd** Guter Quergang an Fingerlöchern (Patlik)

Klettergarten Bad Vöslau

Lage: W **Höhe:** 15m

pp ppp ■ **L**

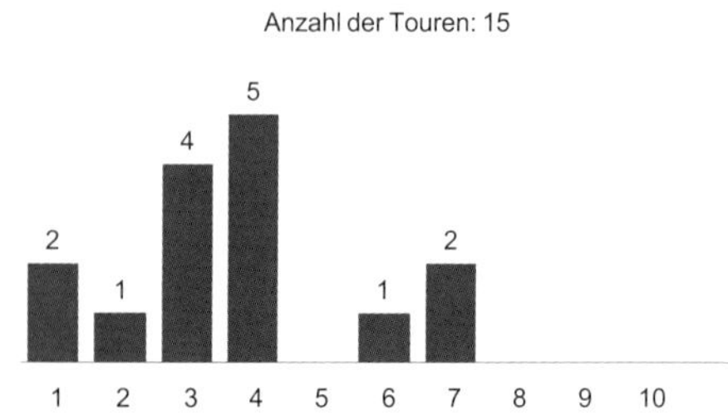

Besonderes: Teilweise ziemlich brüchig, etwas eigenartig eingebohrt. Nicht überall Abseilstände.

Ein eher mickriger Klettergarten mit drittklassigem Fels, höchstens für Anfänger interessant, aber auch für die gibts schönere Gebiete. Eingerichtet von den Naturfreunden.

Zufahrt: PKW: Nach Bad Vöslau, am Hauptplatz Richtung Berndorf („Hochstraße", dann „Hauptstraße"). Schließlich rechts in die „Steinbruchgasse" bis zu Parkplatz rechts.
ÖV: Von Bad Vöslau-Bahnhof mit dem Bus nach Gainfarn. Von hier in die „Steinbruchgasse". Weiter siehe Skizze.

Zugang: Kurz der grünen Markierung folgen, dann aber rechts weg und blau/gelb markiert (TVN-Rundwanderweg) weiter, einen Querweg überschreiten und noch ein Stück bis zum Klettergarten rechts des Weges (ca. 10min).

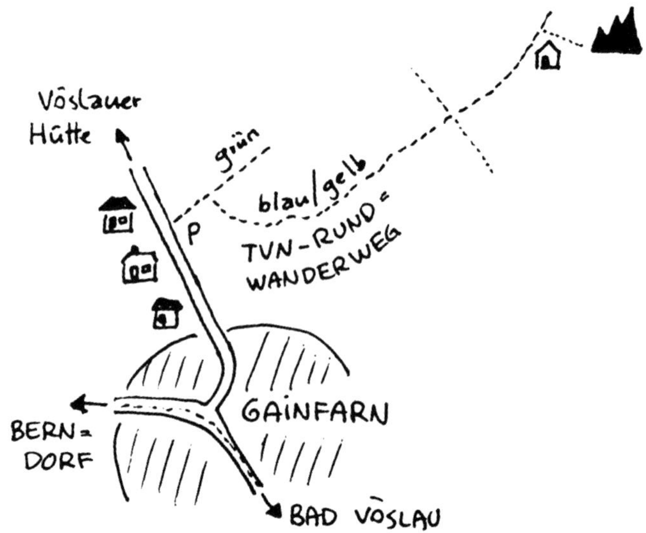

Klettergarten Bad Vöslau

1. Blau **1**
2. Blau **1**
3. Variante **4**
4. Gelb links **3+**
5. Gelb mitte **3+**
6. Gelb rechts **4**
7. TVN **6 ∗**
8. Dächer **7- ∗**
9. Gelbe Querung **4+ ∗** Ganz nett
10. Rot **4 ∗**
11. Blau **3-**
12. Wulst **7+ ∗** Schwierige Einzelstelle
13. Variante **4-**
14. Gelb **3-**
15. Blau **2**

Diagonalkante 8, im finstren Loche von Arnstein

Peilstein Übersicht

Eines gleich vorweg – die Hauptwände des Peilsteins werden an dieser Stelle nicht behandelt, einerseits würde dies den Rahmen sprengen, andererseits gibt es die gute alte Tradition eines eigenen Peilsteinführers (für 2004 ist übrigens eine Neuauflage in Aussicht!).

Doch am langgezogenen Rücken des Peilsteins gibt es noch andere Felsbildungen, nicht ganz so mächtig aber trotzdem mit
überaus lohnenden Routen:
Die Arnsteinwand mit ihrer mächtigen Höhle, die Blöcke von Holzschlag, wo Boulder und eingerichtete Routen nebeneinander existieren und schließlich der Thalhofergrat, der sich zu einem der beliebtesten Klettergärten in der Umgebung Wiens gemausert hat. Somit gibt es auch abseits der Peilsteinplatten eine Menge zu erklettern und zu erleben.

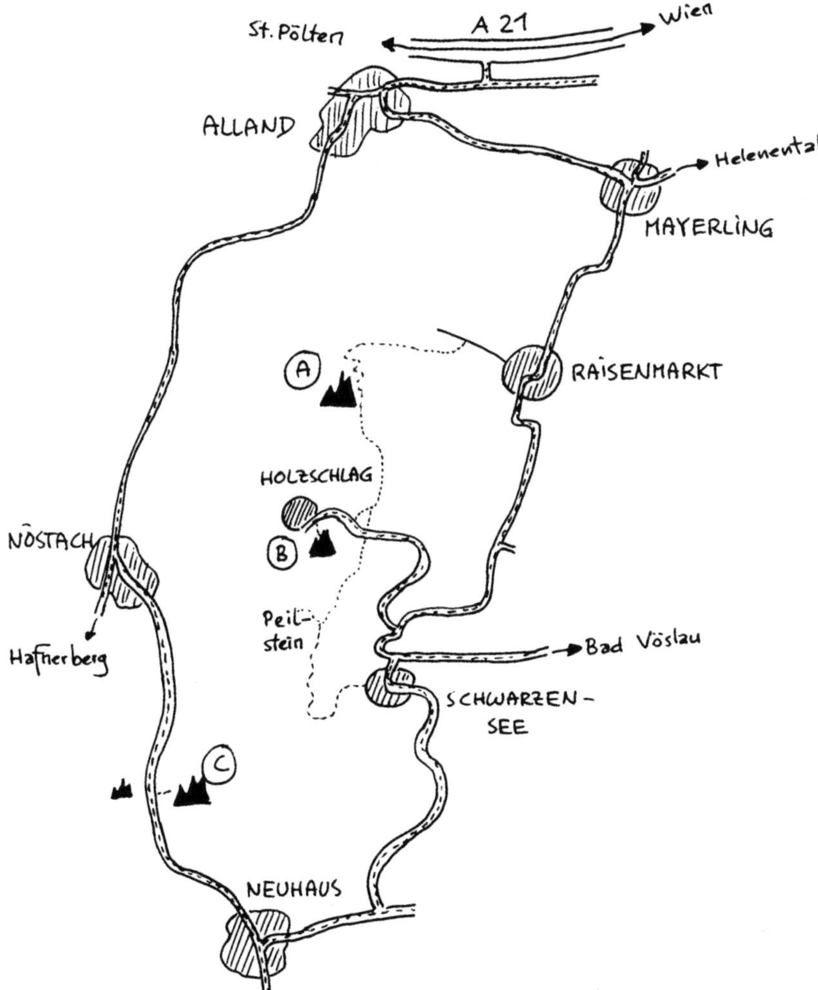

A. Arnsteinwand
B. Holzschlag
C. Thalhofergrat

Arnstein

Lage: W **Höhe:** bis 30m

ppp

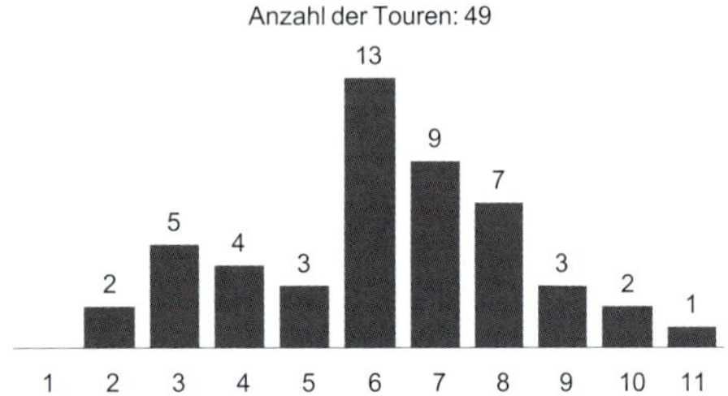

Besonderes: Im Bereich der Höhle ist Klettern auch bei Regen möglich.

Die Arnsteinwand lag lange Zeit vollkommen im Schatten des übermächtigen Peilsteins, Kletterer verirrten sich nur selten hierher, im Gegensatz zu den Wanderern, welche schon immer gerne die Höhle besuchten und dem Rauschen der Buchen im Wind lauschten. Die Höhle war es dann auch, die das Klettervolk auf den Plan rief, stark überhängende Routen zu kreieren. In weiterer Folge wurden die Felsen im Umkreis ebenfalls erschlossen und Roman Patlik – eh klar, wer sonst – putzte auch einige Boulder im Umkreis. So entstand ein interessantes, landschaftlich schön gelegenes Gebiet, welches nur bei starkem Westwind ziemlich ungemütlich werden kann.

Zufahrt:
ÖV: Von Mödling oder Baden mit den nur spärlich verkehrenden Buslinien nach Raisenmarkt.
PKW: A21 bis zur Abfahrt Mayerling, über Alland nach Mayerling, hier rechts abbiegen bis ins Ortszentrum von Raisenmarkt. Entweder hier parken oder weiter Richtung Peilstein, bis kurz vor Schwarzensee, in einer markanten Linkskurve (links Haus), eine Straße nach Holzschlag abzweigt. Dieser folgen bis kurz vor Holzschlag. Nachdem die Straße den markierten Weg Richtung Peilsteinhaus überquert, befindet sich in einer Art Sattel (freie Aussicht) rechts ein kleiner Parkplatz.

Zugang:
a) Von Raisenmarkt am markierten Weg Richtung Peilsteinhaus. Nach ca. 20min gelangt man direkt zur Wand.
b) Vom oben erwähnten Parkplatz zurück zum markierten Weg. Hier in den Wald, Richtung Raisenmarkt, dem breiten Weg abwärts folgen. Nach ca. 15min gelangt man zu den Wänden, welche man von oben erreicht. Der Weg führt schließlich absteigend zum Wandfuß.

Südwand 4+, Arnsteinnadel

Arnstein Übersicht

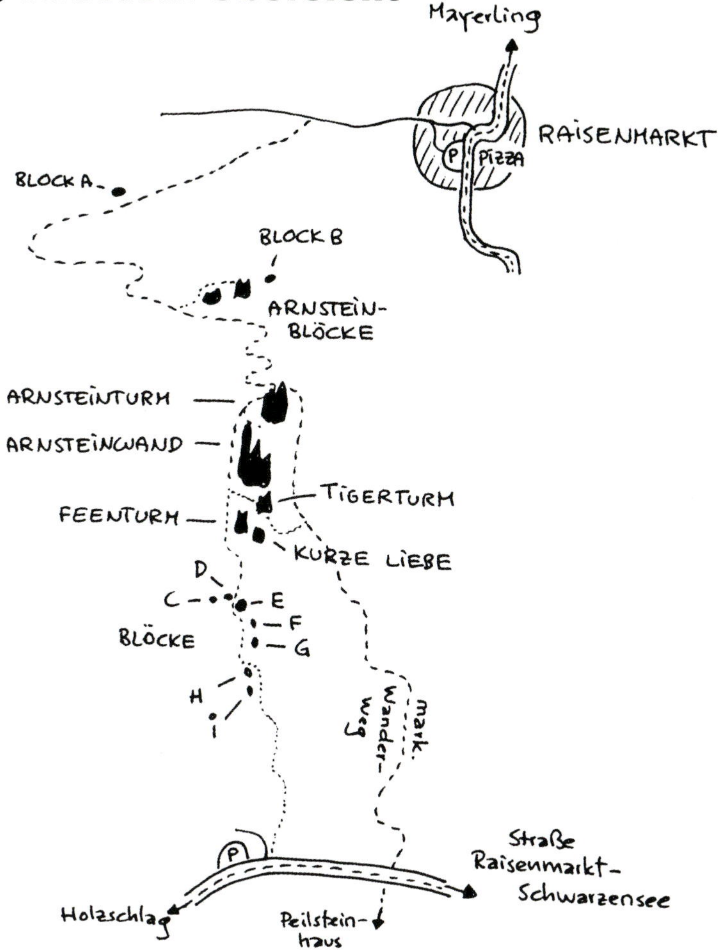

Arnsteinblöcke

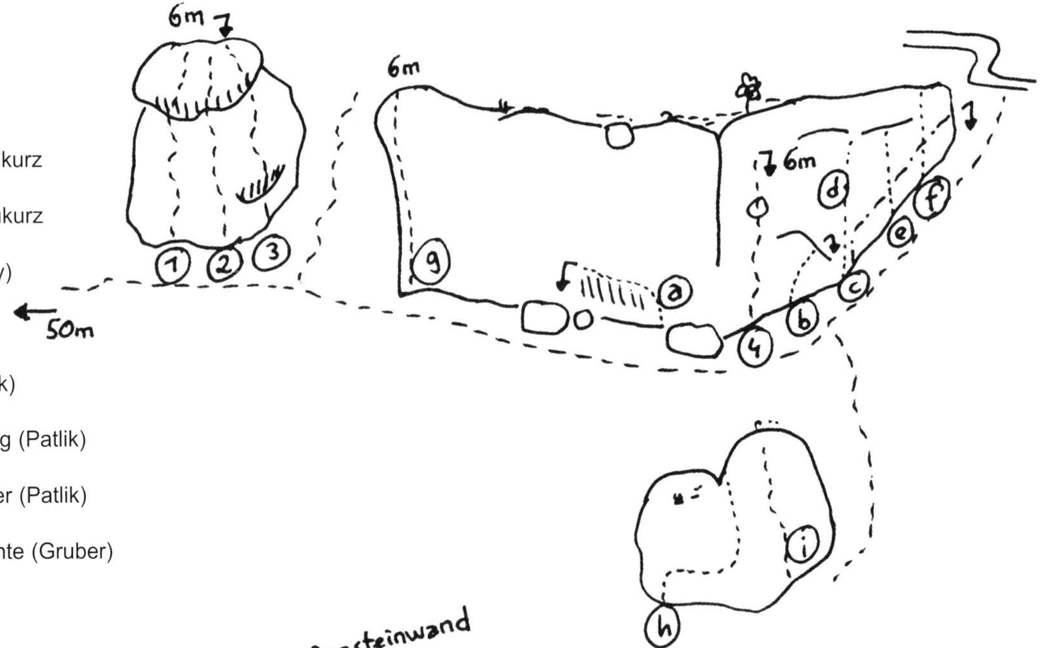

1. Direkter Schock **3+** Sanduhr, zu kurz
2. Schock **3** Viel zu kurz
3. Eiswind **6+** Alter Bohrhaken, saukurz
4. Hot Sex Movie **7-**
   Uralte Bolts, Schas (Gruber, Holy)

Boulder:
a) Giffli **8+ *** Kurze Querung (Patlik)
b) ? **9 sd** Kurz und hart
c) Easy Rider **5- *** Leichte Querung (Patlik)
d) HM **7 **** Recht hoch! (Patlik)
e) Schreck Pur **8 **** Hoher Boulder (Patlik)
f) Undertacker **8- **** (Patlik)
g) Schiffsbug **6 *** Hohe Boulderkante (Gruber)

Block A

Block A – Boulder:
a) Floor it **7+ *** Nette Querung
b) Für mein Baby **5**

Block B

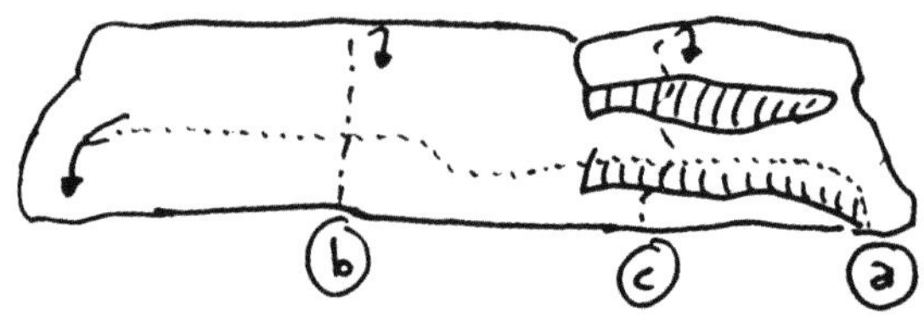

Block B – Boulder:
a) Kreuzweg **9- **** Zu Beginn dreckig, dann gute Leistenzüge (Patlik)
b) Beavis **9- **** Leisten und Aufleger (Patlik)
c) Butt-Head **8-/8 * sd** Etwas brüchig (Patlik)

Arnsteinturm

5. Nordwestkante **6+** Keine Haken, brüchig!
6. Der Flug des roten Drachen **7+ ****
   Steile Wandkletterei (Gruber, Holy)
7. Massa Buana **7-/7 ****
   Abwechslungsreich und nett (Gruber, Holy)
8. Zwei Herzen aus Stein **6+ ****
   Rauer Henkelüberhang (Gruber, Holy)
9. Träume sind Schäume **7- ****
   Rau, überhängend, schön (Gauster)
10. Das 1. Mal tut immer weh **6+/7- **** Nett

Boulder:

a) Route 55 **7+ ***

b) Mehrere definierte und bezeichnete Boulder im zugeschissenen Loch

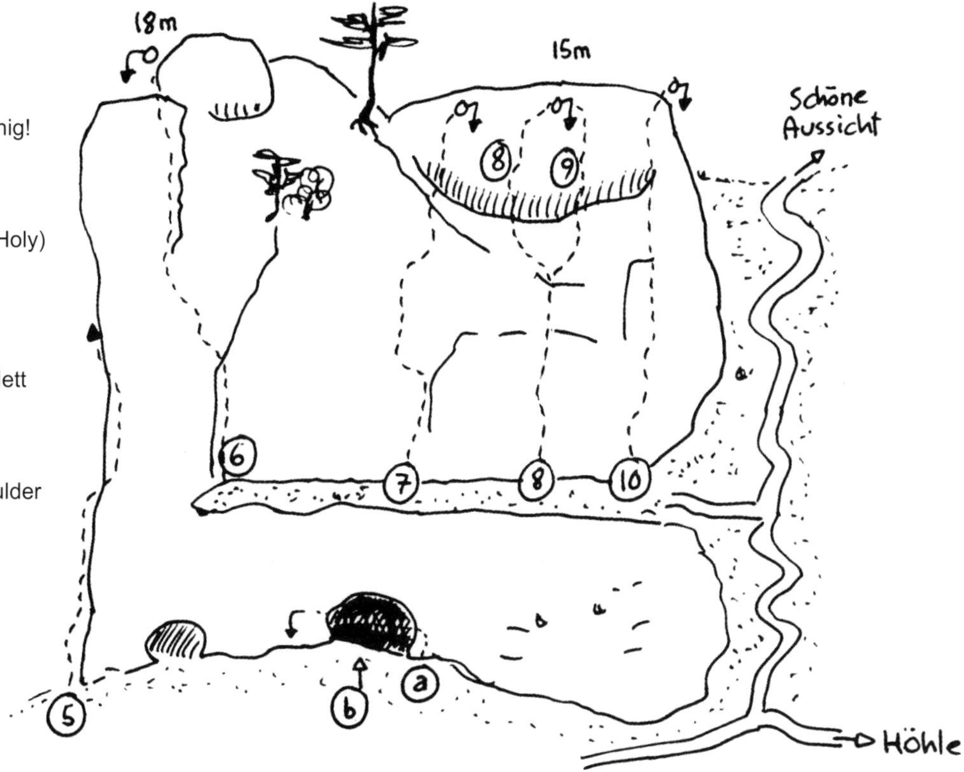

Arnsteinwand

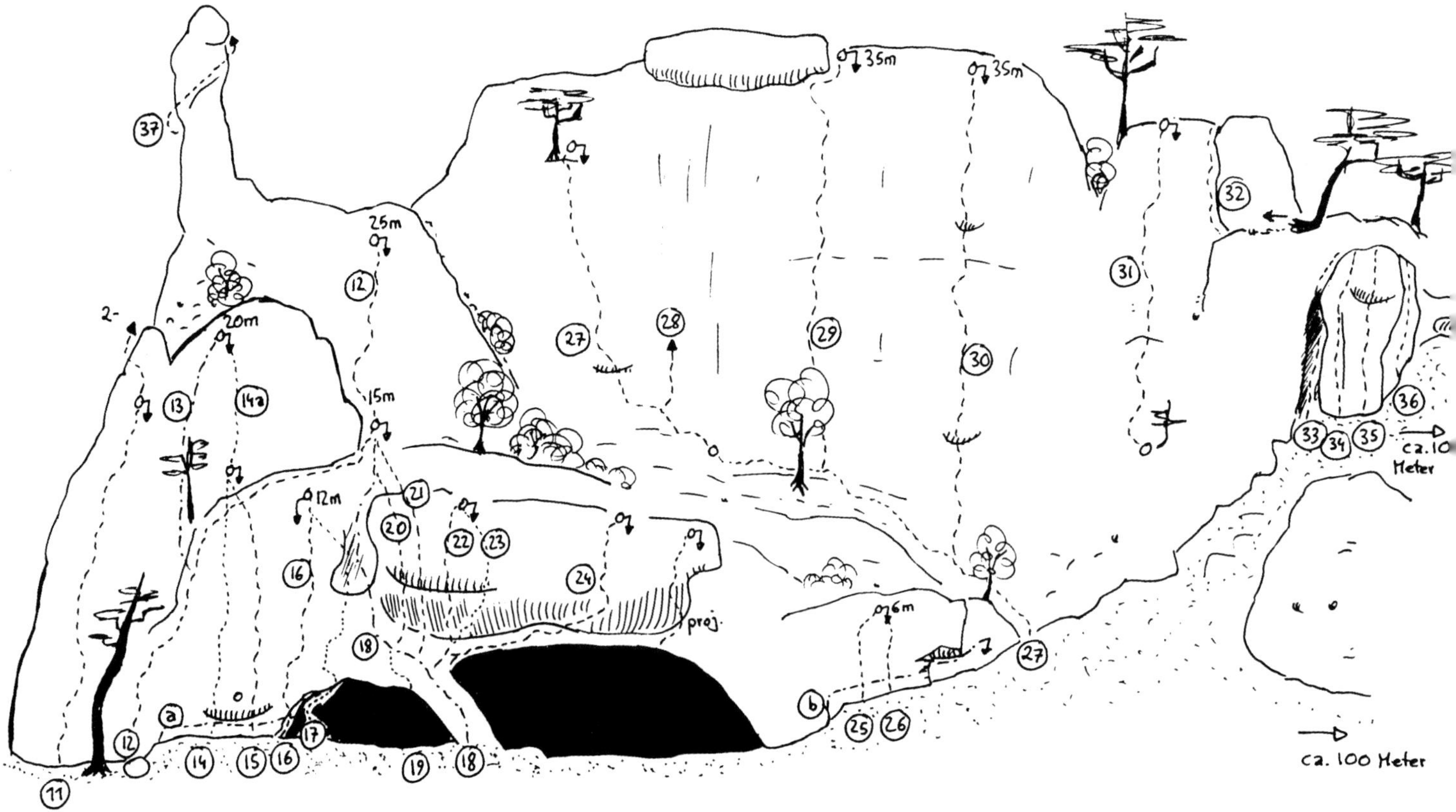

Arnsteinwand

11. Mayerfährte **2+ ✱✱**
Klassische, leichte Linie, gut gesichert! (Meletzky, Mayer)
12. Zigeunerquergang **3 ✱✱** Hübsche Route,
2. Seillänge **4** Etwas splittrig und schwerer
(Prusik, Jungkunst, Sommer)
13. Bruder Baum **5 ✱✱** Genussroute (Gruber, Holy)
14. Linke Löcher **5+ ✱✱** Henkelei (Tobler)
14a Verlängerung **7- ✱** Ganz schön diffizil, bestens gesichert
15. Oh Mutz! **6 ✱✱** Lohnend (Schall, Steidl)
16. Triceratop **6+ ✱✱✱** Gute Henkelroute, eigentlich definiert in der Platte gedacht, dann ca. **7+** (Gruber, Holy)
17. Rock Ballett **9/9+ ✱✱** Ziemliche Einzelstelle (Sikora)
18. Mutzsteig **5 ✱** Herrliche Henkelroute, nur oben leicht splittrig
19. Mojito Klimmzug-Einstieg **✱✱ 8**
Auch in Kombi mit 17. oder 18. möglich,
original über 20. weiter (Bacher)
20. Mojito **8** Ohne Kante links viel schwerer! (Bacher)
21. Under Pressure **10 ?**
22. Virtuelle Realität **11-** Miniaturgriffe - noch unbestätigt (Bacher)
23. Projekt
24. Schneller als die Schwerkraft **10- ✱✱**
Eindrucksvolles Dach (Bacher)
25. Minimundus **7+ ✱✱** Boulder mit Bolts (Gruber, Holy)
26. Kleinigkeiten **7+ ✱✱** Ebenso (Gruber, Holy)
27. Cafe´Bequem **4,** zweite SL **6 ✱✱**
Selten begangen, ältere Haken (Gruber, Holy)
28. Unmittelbare Westwand **7+** Brüchig, Toprope
29. Sonnenkönig **7+ ✱✱** Nicht so schlecht, aber doch auch brüchige Stellen (Gruber, Holy)
30. Im Vollrausch **6+ ✱✱** Steile, gutgriffige, etwas splittrige Kletterei (Gruber, Holy)
31. Sonne, Mond und Sterne **6 ✱** (Gruber, Holy)
32. Südwestriss **4 ✱** Rauer Riss, keine Haken (Peterka)

Tigerturm (Keine Haken, Toprope!)

33. Tigerkamin **2+ ✱**
34. Westriss **4 ✱**
35. Südwestkante **3+ ✱**
36. Südwestriss **3-**

Boulder:

a) Oho **6 ✱✱** Henkelquerung
b) Zgonc **7+ ✱✱** Diffizil! (Pattlik)

Arnsteinnadel

Praktisch kein bzw. sehr schlechtes Material in den Routen – Keile empfehlenswert.
Am Gipfel alter Abseilhaken – VORSICHT!

37. Normalweg **3+ ***** Sehr ausgesetzt, Keile brauchbar (Schwenk, Laubheimer)
38. Südwand **4+ **** Lohnend und steil, Keile!
39. Südwestwand **6 **** Keine Haken!
40. Südostkante **6+ **** Keine Haken! (Tobler)

40a. Nordwand **6- **** Keine Skizze, direkt durch die Nordseite, keine Haken! (Tobler)

Boulder:

a) Graf Arnstein **7+ *** Gegenüber der Nadel, am dunklen Wandl (Patlik)

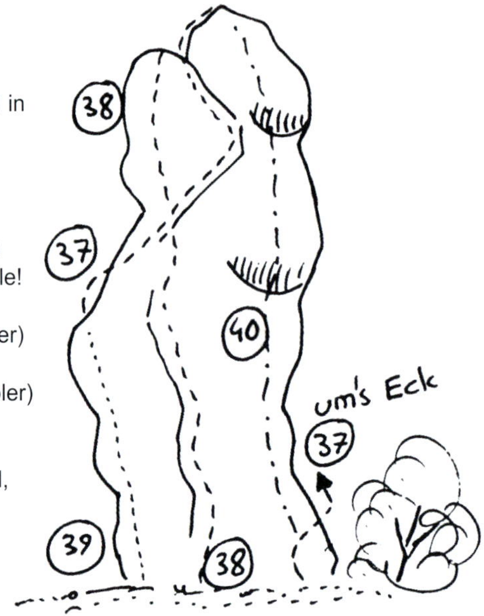

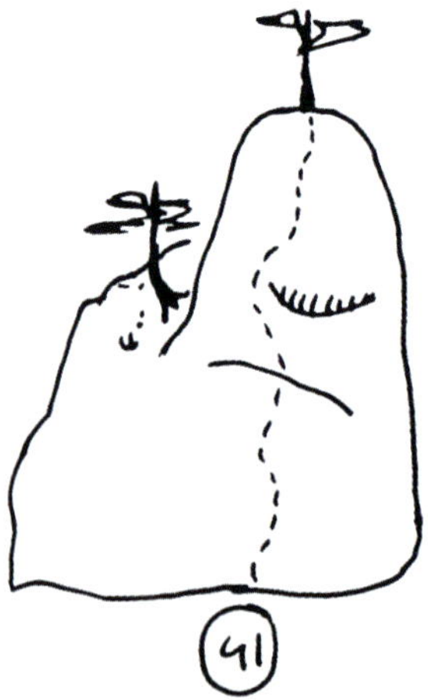

Feenturm

Am Wandfuß ca. 100m nach rechts.

41. Bück dich, Fee! **8-/8 ***
    Schwerer, glatter Beginn, oben kein Abseilhaken!

Kurze Liebe

Vom Tigerturm (Routen 33.-36.) auf Steigspur ca. 100 Meter waagrecht zwischen Gebüsch zum Minifels.

42. Kurze Liebe **6 ***
    Lieb, aber alte Haken (Gruber, Holy)

Arnsteinhöhle

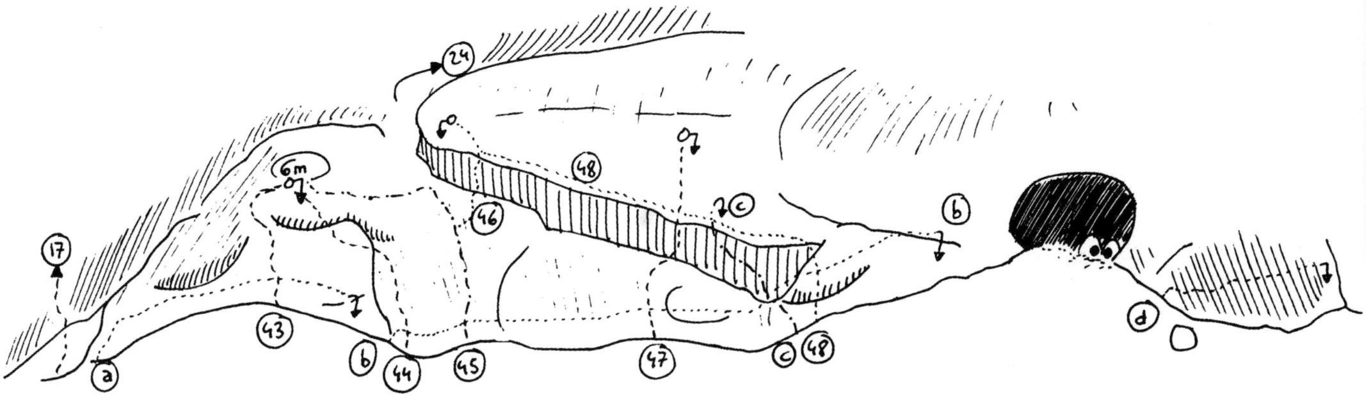

Zahlreiche Routenkombinationen sind möglich, auch bei Regen kletterbar, nach langem Regen feuchteln manche Griffe ganz schön. Der Fels ist fest, oft aber von den Lagerfeuern unangenehm geschwärzt.

43. Desire **9 *** Leider ziemlich dreckig (Bacher)
44. Das Auge der Kundalini **9 ***
    Recht glatte Griffe zu Beginn, oben linkshaltend (Bacher)
45. Horizontaler Kraftakt **8- *****
    Die erste Route in der Höhle – Klassiker! (Gruber, Holy)
46. Kraftdach **8 **** Einzelstelle
47. Auf die Hohe Kante legen **8 ****
    Einzelstelle, goldene Ringe (Gruber, Holy)
48. Diagonalkante **8 *****
    Hangelei an der Dachkante, Füße unterm Dach

Boulder:

a) Füße runter **6+** Dreckig
b) Everdry **7+ **** Ausdauer
c) Blue in the face **9- ****
   Definierte Griffe, sonst viel leichter
d) Hyäne **9 **** Gute Züge, rutschige Griffe

Mojito Klimmzug-Einstieg 8, Arnsteinwand

Arnsteinblöcke C, D, E

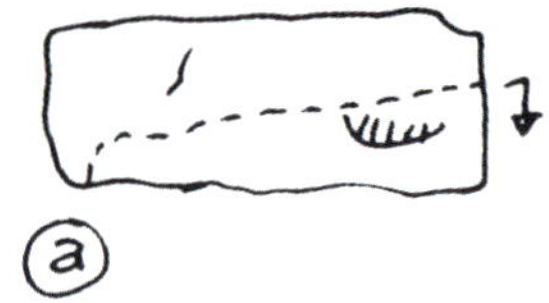

Block C
a) Fuck **7** (Patlik)

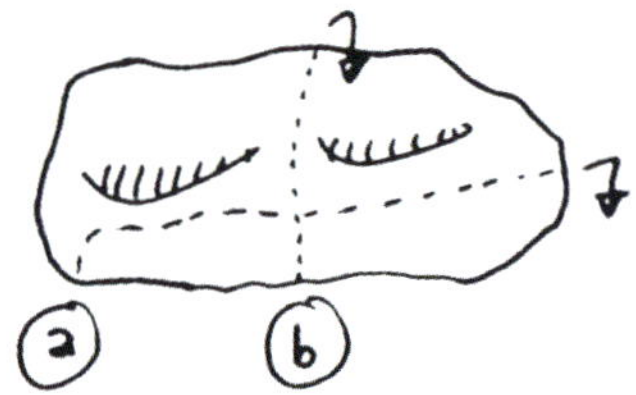

Block D
a) Pig Blood **8 *** (Schmid)
b) Fetisch **6+ *** (Schmid)

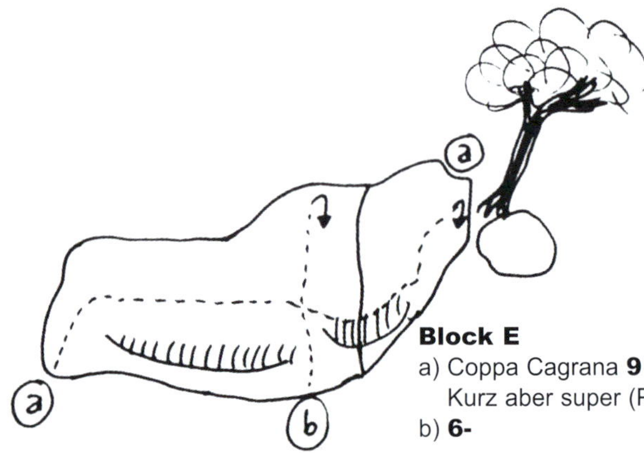

Block E
a) Coppa Cagrana **9 *****
Kurz aber super (Patlik)
b) **6-**

Arnsteinblöcke F, G, H, I

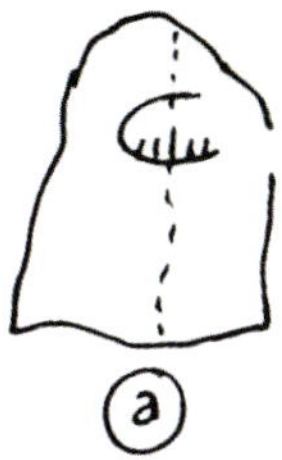

Block F
a) **6-** (Patlik)

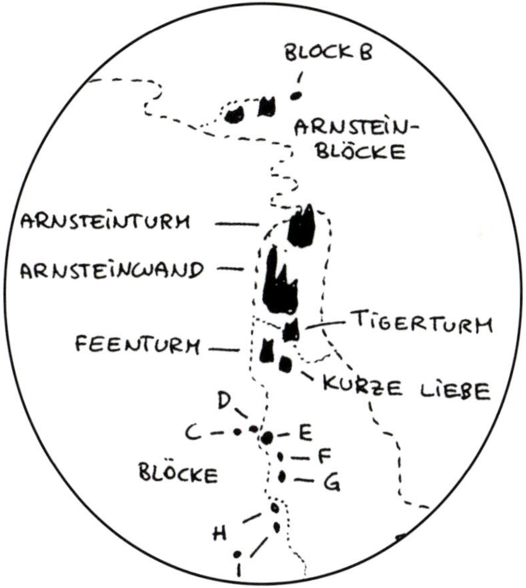

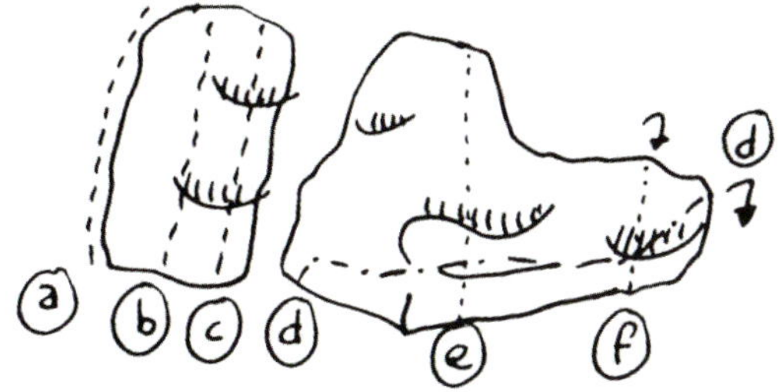

Block H
a) Kante **4 *** (Patlik)
b) **6 *** (Patlik)
c) **6+ *** (Patlik)
d) Nagwatz **7- **** (Gruber)
e) **6- *** (Patlik)
f) Widar **8 * sd** Guter Sitzstarter (Gruber)

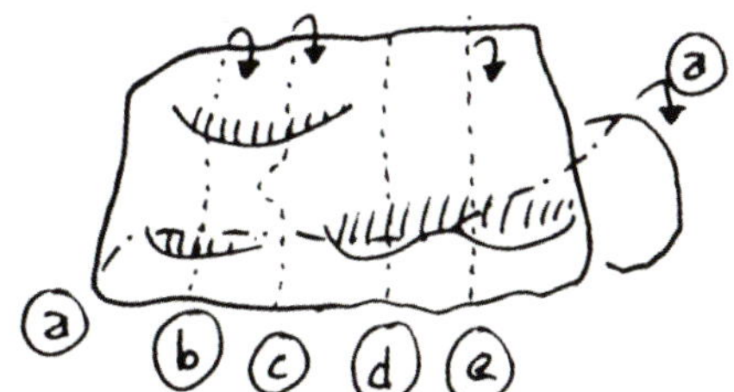

Block I
a) Gwusst wie! **7 **** Quergang (Pattlik)
b) **5 *** (Patlik)
c) **6 **** (Patlik)
d) Chefpartie **8+ **** Leicht definiert (Patlik)
e) **5- *** (Patlik)

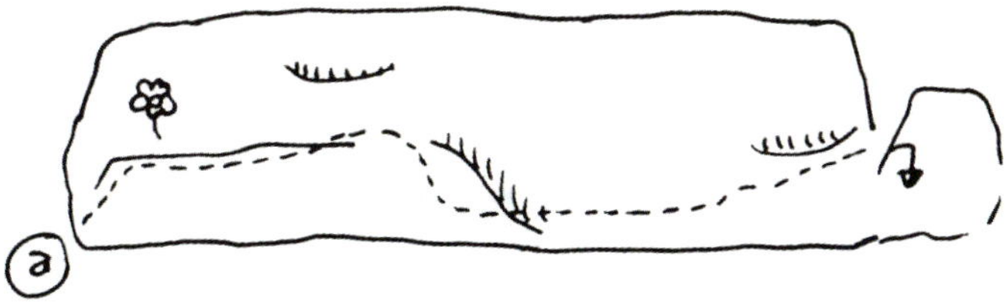

Block G
a) Monster Magnet **8 **** Diffizil, glatter Fels (Patlik)

Holzschlag Übersicht

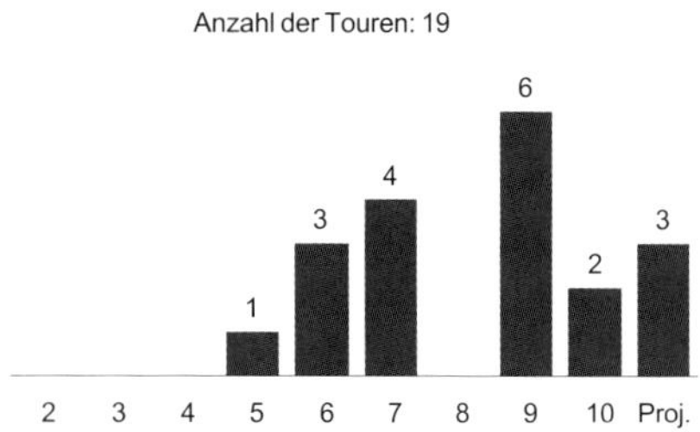

Lage: W **Höhe:** bis 15m

ppp

Besonderes: Die eingebohrten Routen sind gut gesichert. Es gibt jedoch auch ein paar Risse, die komplett selbst abgesichert werden müssen und einige sehr hohe Boulder – wer sich das nicht traut, muss Toprope sichern.
An die Sanierer: Bitte nicht einbohren!

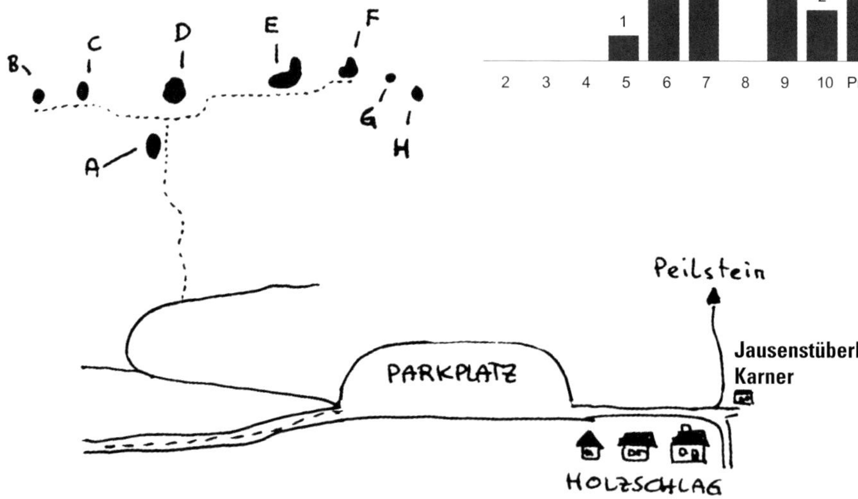

Obwohl gleich oberhalb vom Peilsteinparkplatz gelegen, kennt kaum jemand dieses Felsmassiv. Roman Patlik hat schon vor Jahren das Boulderpotential entdeckt, und der Visionär Christoph Helma hat mit „Laika" eine höchst anspruchsvolle Linie verwirklicht. Heute gibt es jede Menge Boulder in typischem Peilsteinfels, einige davon sind sehr hoch und sollten besser mit Seilsicherung geklettert werden. Ein paar echte, selbstabzusichernde Risse und eine Handvoll gut gesicherter Routen runden das Angebot ab.

Zufahrt: PKW: Von Alland über Mayerling und Raisenmarkt bis zur Abzweigung nach Holzschlag und bis zum großen Parkplatz knapp vor den Häusern von Holzschlag.
ÖV: Kompliziert und mühsam. Mit Bus ab Mödling oder Baden-Bahnhof nach Raisenmarkt. Verkehrt nur sehr selten! Dann am besten am markierten Wanderweg Richtung Peilstein bis zur Holzschlag-Straße, hier rechts zum großen Parkplatz (ca. 45min).

Zugang: Vom Parkplatzbeginn auf Forstweg ein Stück zurück, die Felsen sind dank des neuen Kahlschlags gut sichtbar.
Direkt am Hang zu den Felsen hinauf (5min).

Jausenstüberl Karner in Holzschlag - geöffnet SA und SO ab 11.00 Uhr
www.alleskarner.at

Dope Crack 7-, Holzschlag

Holzschlag Block A

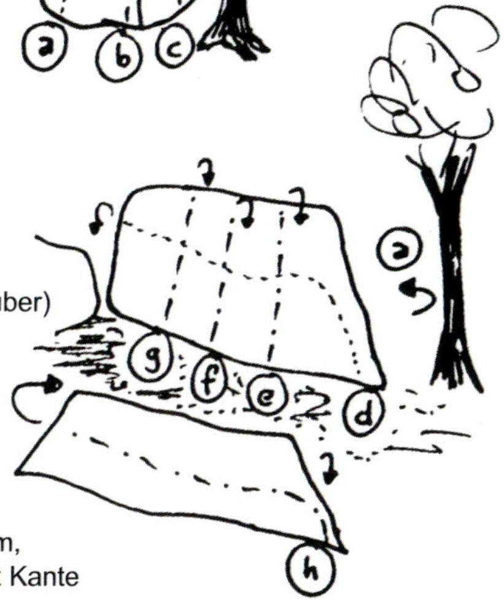

Block A (3,5m)

a) Bleau **7- ****
Auflegerquergang (Patlik)

b) Celtic **8- ** sd** Definiert, nur die Kante nehmen! (Gruber)

c) ? **6+ * sd**

d) Doggy Style **9- ****
Diffiziler Quergang (Patlik)

e) ? **7+ **** (Patlik)

f) ? **7 **** (Patlik)

g) ? **8- *** (Patlik)

h) ? **4+ *** Um den Block herum, zuerst nur Platte, zurück mit Kante (Patlik)

Holzschlag Block B, C

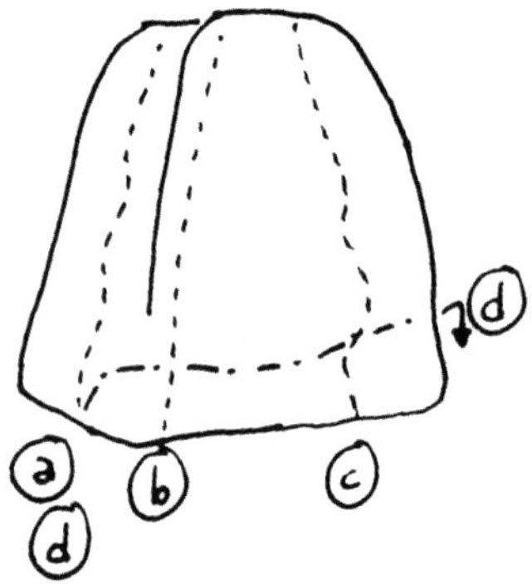

Block B (5m)
a) Killerkrähen **5+ ✱✱** Hoch! (Patlik)
b) Schmazo piazo **7 ✱✱** Hoch und rund! (Patlik)
c) Mördermücken **6 ✱** Schas (Patlik)
d) Slimy **8+ ✱** Schleimiger Quergang (Patlik)

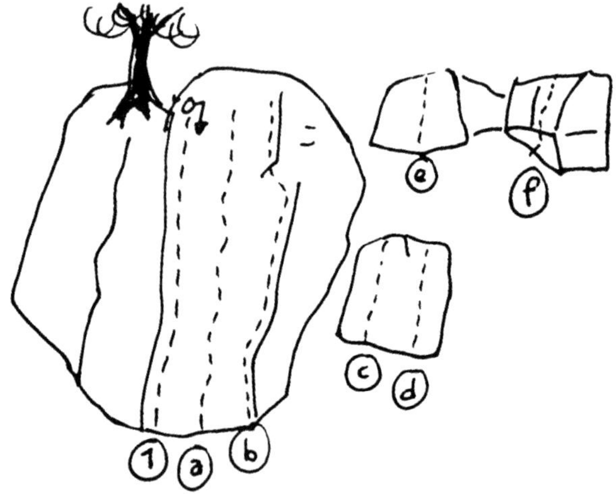

Block C (7m)
1. Mystic Way **9 ✱✱** Kante (Richter)

Boulder:
a) Nix Boulder **7 ✱✱** Hoch! (Patlik)
b) Rat´s Eyes **6 ✱✱** Riss, solo oder Keile!
c) Brösel **5+** (Patlik)
d) ? **6** (Patlik)
e) Hinkelstein **7 ✱** (Patlik)
f) Smoke Crack **5+ ✱** (Patlik)

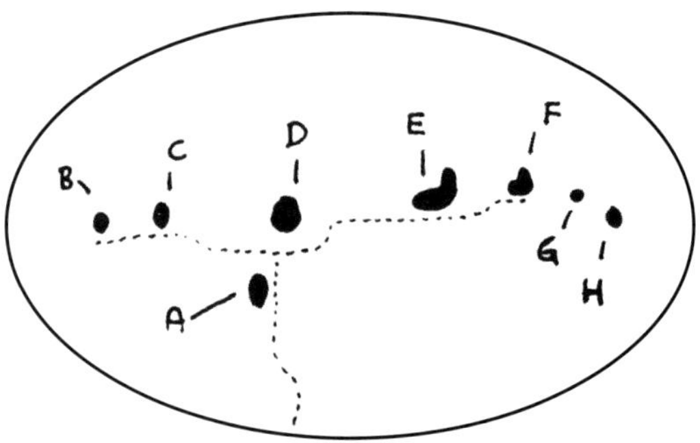

Holzschlag Block D, E

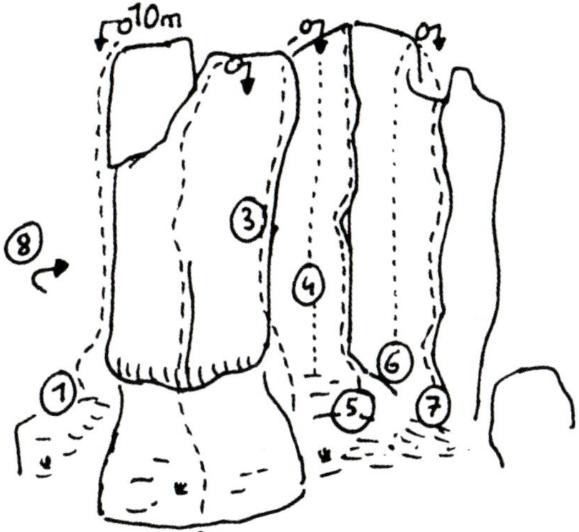

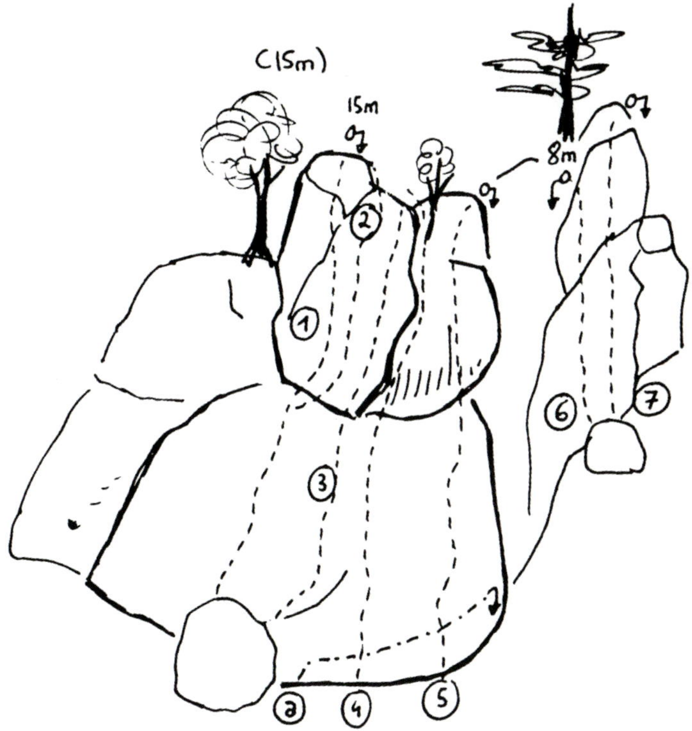

Block D (10m)

1. Rollerball **8- ✱** Schleimiger Beginn, direkt an der Kante schwerer
2. Stone free **9- ✱✱✱** Direkt durch die Stirnseite, eventuell Keil für den Ausstieg (Schmid, Patlik)
3. Laika **10 ✱** Diffizile Kante (Helma)
4. Crackless **9+/10- ✱✱** Definiert (Manhart)
5. Der Zeck **6+ ✱✱✱** Perfekter Keilriss, hakenlos! (Patlik, Schmid)
6. Crackless II **10- ✱ ?** Definiert (Manhart)
7. Dope Crack **7- ✱✱** Keile! (Patlik, Schmid)
8. Down Wall **6+** Toprope, verblasst hier ziemlich

Rechts kleiner Block oberhalb:
8a) Sie baden gerade ihre Hände darin **9** (Bacher)
8b) **7+** Splittrig

Block E (15m)

1. Projekt
2. Projekt
3. Projekt
4. Enerchi **9+ ✱✱** (Bacher)
5. Pan Tau **7/7+ ✱✱** (Schmid)
6. ? **6+ ✱** Größenstelle zu Beginn
7. ? **6 ✱** Ohne Riss schwerer

Boulder:
a) Moonlight **8 ✱** Naja (Patlik)

Holzschlag Block F, G, H

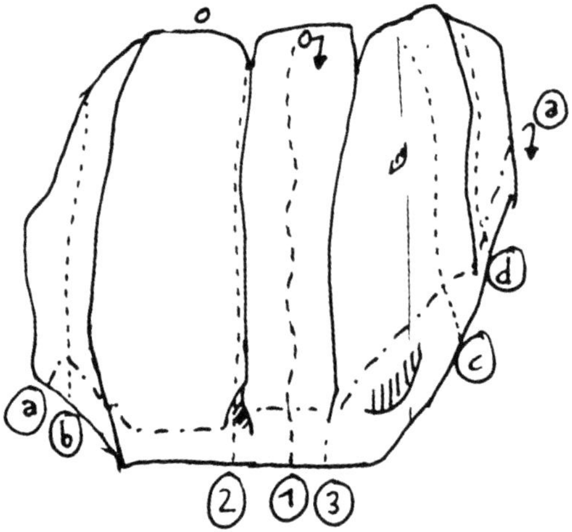

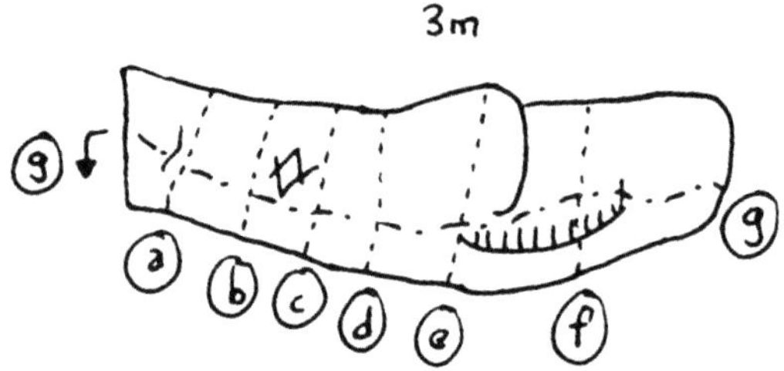

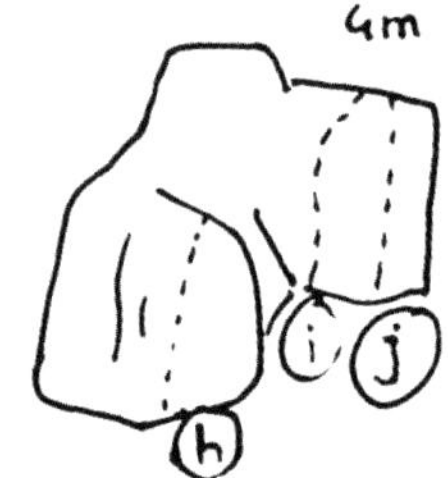

Block F
1) **9-** (Bacher)
2) Pepeto **7+ ✱✱** Riss, Keile oder Toprope (Patlik)
3) Jo mei **5+ ✱✱** Keile oder Toprope (Patlik)

Boulder:
a) Starke Susi **9 ✱✱** Diffiziler Quergang (Patlik, Schmid)
b) Romario **7 ✱✱** Besser Toprope (Patlik)
c) Brazil **7 ✱** Platte, besser Toprope (Patlik)
d) **6-** (Patlik)

Block G
Boulder:
a) **6-** (Patlik)
b) **5+ ✱** (Patlik)
c) Anderswelt **7+ ✱✱ sd** (Gruber)
d) **5 ✱✱** (Patlik)
e) **6+ ✱✱** (Patlik)
f) **6- ✱✱** (Patlik)
g) Ho Ho **7- ✱✱** Quergang (Patlik)
h) **6- ✱** (Patlik)

Block H
Boulder:
i) **8- ✱** (Patlik)
j) **6 ✱** (Patlik)

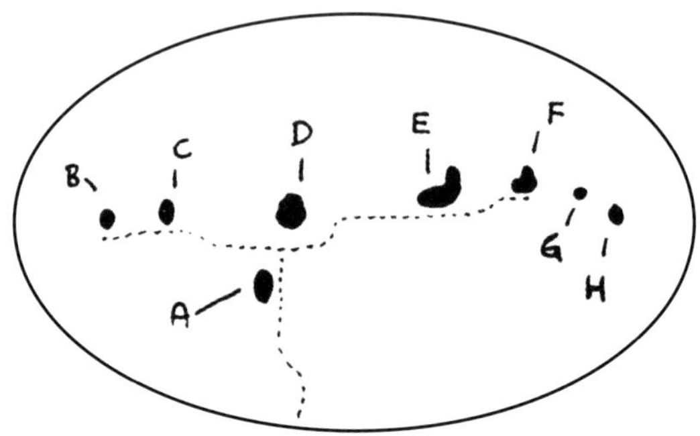

Der härteste Block in Holzschlag

Thalhofergrat

Lage: O, W, N **Höhe:** bis 35m

ppp

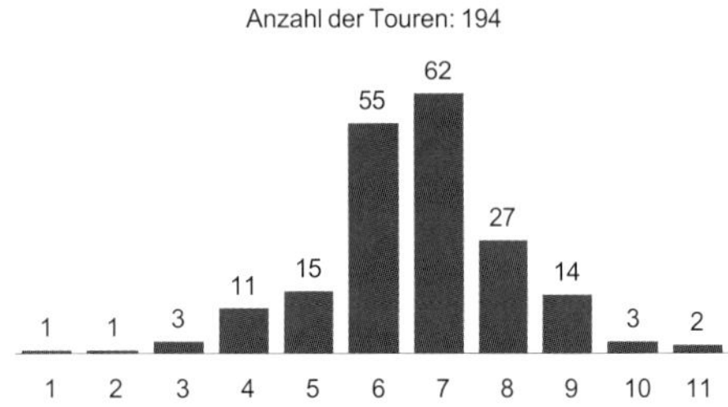

Besonderes: Bei starkem Westwind recht unangenehm.

Obwohl der Thalhofergrat unübersehbar direkt an der Straße liegt, wurde er von den Kletterern Jahrzehnte lang kaum beachtet. Zu nahe und viel interessanter waren die um einiges höheren Peilsteinwände, lediglich die Gratüberschreitung wurde ab und zu begangen. Wie so oft war es Christian Hacker mit seinen Freunden, der das gewaltige Routenpotential erkannte und mit der Erschließung begann. Der kurze Zustieg und die gute Absicherung zogen viele Besucher an, immer schwierigere Routen wurden erschlossen, und im Zuge einer Sanierungsaktion, ebenfalls durch Christian, wurden die restlichen freien Felsflecke eingebohrt. Christoph Helma und Arthur Kubista sorgten dann noch für die ganz harten Testpieces, und fertig war ein ausgesprochen benutzerfreundliches Klettergebiet, welches sich nun sehr großer Beliebtheit erfreut – allein wird man hier nur selten sein. Nicht zu vergessen ist noch die Felsformation auf der gegenüberliegenden Straßenseite – nordseitige, senkrechte bis stark überhängende Klettereien in nicht ganz so schönem Fels, im Hochsommer trotzdem durchaus zu empfehlen.

Zufahrt: ÖV: Mühsam. Mit Bus von Baden oder Wien-Mitte nach Nöstach bzw. Neuhaus. Von hier jeweils 2km zu Fuß zum Grat. Oder per Bahn nach Weißenbach/Triesting. Hier über Neuhaus 4km zum Fels.
PKW: Über A21 nach Alland und hier Richtung Nöstach/Hafnerberg. In Nöstach links Richtung Neuhaus abbiegen, durch die Ortschaft durch, nach ca. 2km links freie Sicht zum Peilstein (großer Parkplatz), rechts ein Bauernhof, gleich danach wieder links ein Parkplatz, rechts ein Felsblock.

Zustieg: Siehe Skizze (5-10min).

Thalhofergrat Übersicht

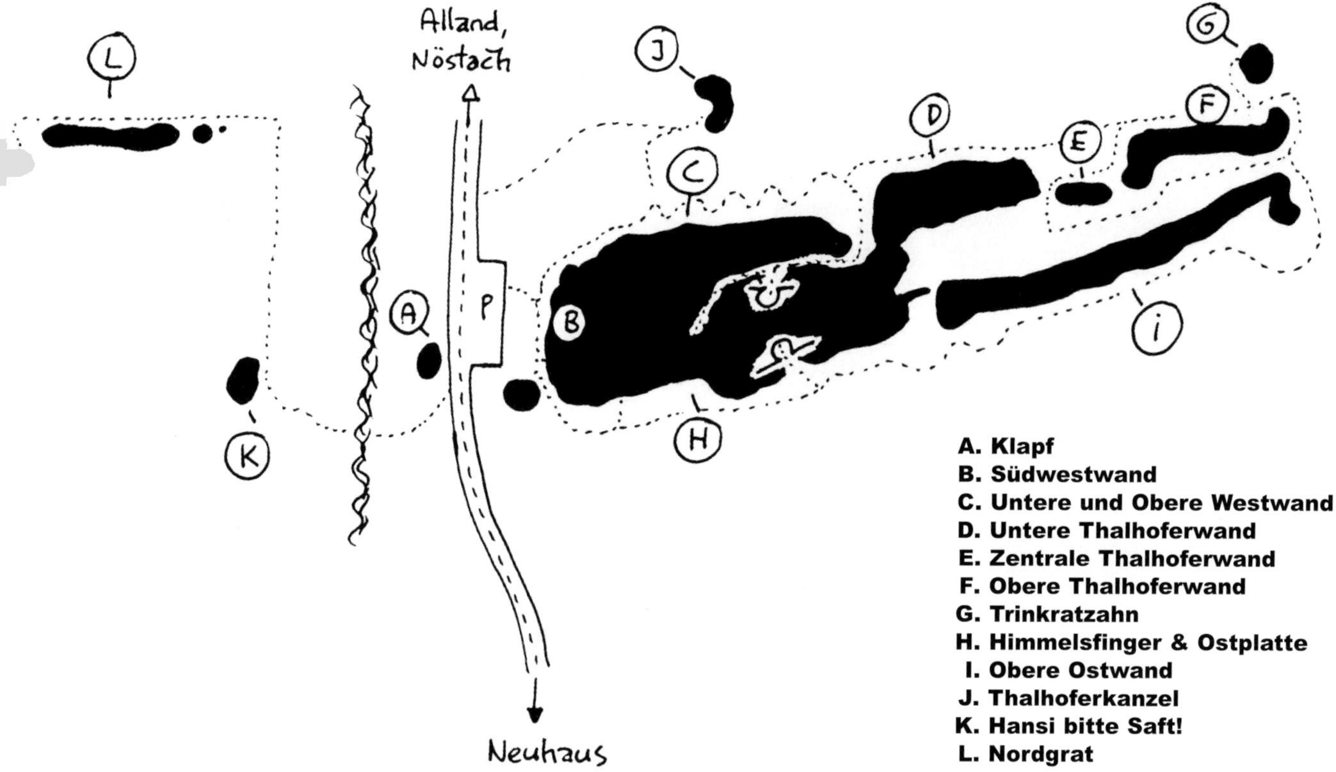

A. Klapf
B. Südwestwand
C. Untere und Obere Westwand
D. Untere Thalhoferwand
E. Zentrale Thalhoferwand
F. Obere Thalhoferwand
G. Trinkratzahn
H. Himmelsfinger & Ostplatte
I. Obere Ostwand
J. Thalhoferkanzel
K. Hansi bitte Saft!
L. Nordgrat

Sektor A – Klapf

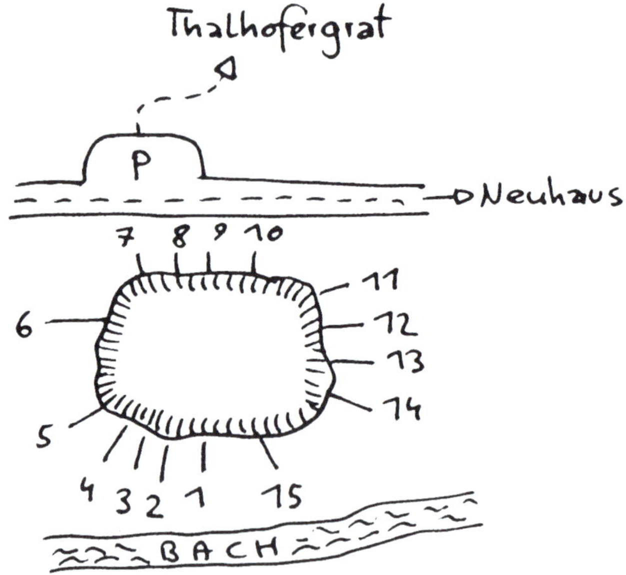

Boulderartige Kurzrouten bis ca. 5m Höhe

1. Normalweg **1**
2. Bachmücke **3+** (Hacker)
3. Kröte **4-** (Hacker)
4. Laubfrosch **3+** (Hacker)
5. Prost **6+ *** (Hacker)
6. Nose **6 *** (Hacker)
7. Crash **6 *** (Hacker)
8. Die wilde Hetz **6+ *** (Hacker)
9. Auslage **6 *** (Hacker)
10. Blechschaden **6 *** (Hacker)
11. Autostopper **6 *** (Hacker)
12. Faulenzer **6+ *** (Hacker)
13. Faule Erbsen **7- *** (Hacker)
14. Erbsensuppe **7-/7 *** (Hacker)
15. Bachstelze **4-** (Hacker)

Sektor B – Südwestwand

16. Welcome to Thaligrat **6 ***
    Kurz aber nett (Hacker, Sperlich)
17. Seitensprung **4+** Kurzer Riss (Schall)
18. Wühlmaus **6+** Unlohnend, alte Bolts (Hacker, Miller)
19. Christasteig **5- ****
    Nett, vor allem oben schöner Fels
20. Maturaprüfung **6 ****
    Hübsche Route auf den Himmelsfinger (Hacker)
21. Maturavorbereitung **6+ ****
    Steile, schöne Kletterei (Hacker, Sperlich)
22. Troubadour **7 ****
    Steil, unübersichtlich, lohnend (Reicher)
23. Aufi muass i **7 ****
    Steil und viele versteckte Griffe (Enserer)
24. Herbsttraum **7+ ****
    Unübersichtlich, diffizil (Schall, Steidl)
25. Fasten seat belts **7 **** Ebenfalls diffizil
26. Direkter Annysteig **6, 6, 5+ ****
    Drei lohnende, kurze Seillängen (Schall, Steidl)
27. Annnysteig **5, 4 ****
    Nette Route im Zick-Zack, die 3. Seillänge findet sich im Sektor Ostplatte (Kazele, Kurz)
28. Cholera **8- ****
    Lange Route mit schwerer Einzelstelle, die rechts umschummelt werden kann (Gauster)
29. Typhus **8- *****
    Tolle Ausdauerroute, lang, mit markanter Einzelstelle (Gasser)

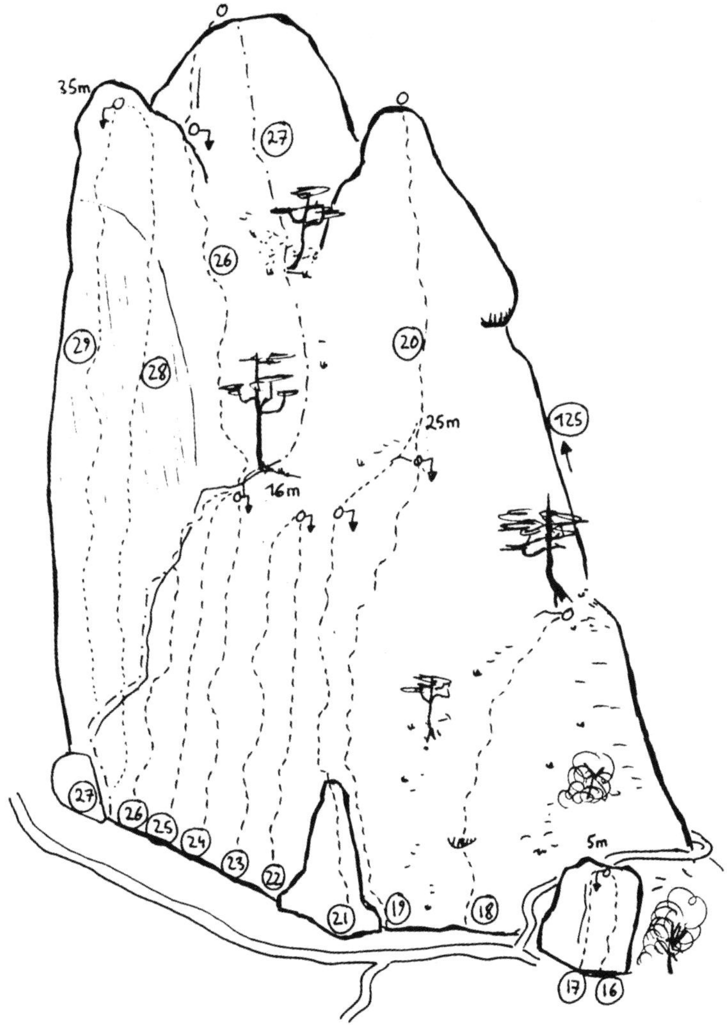

Sektor C – Westwand

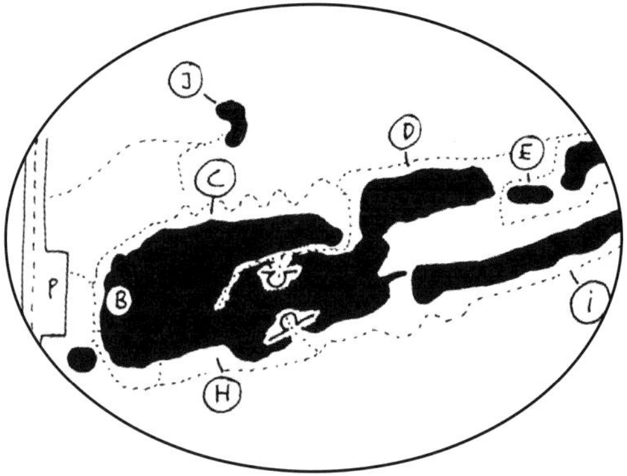

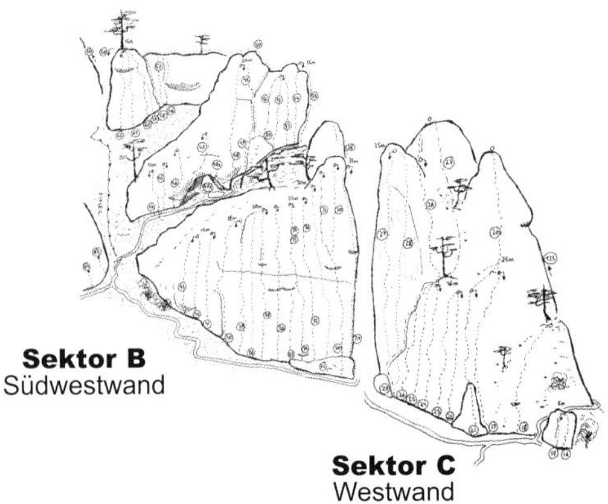

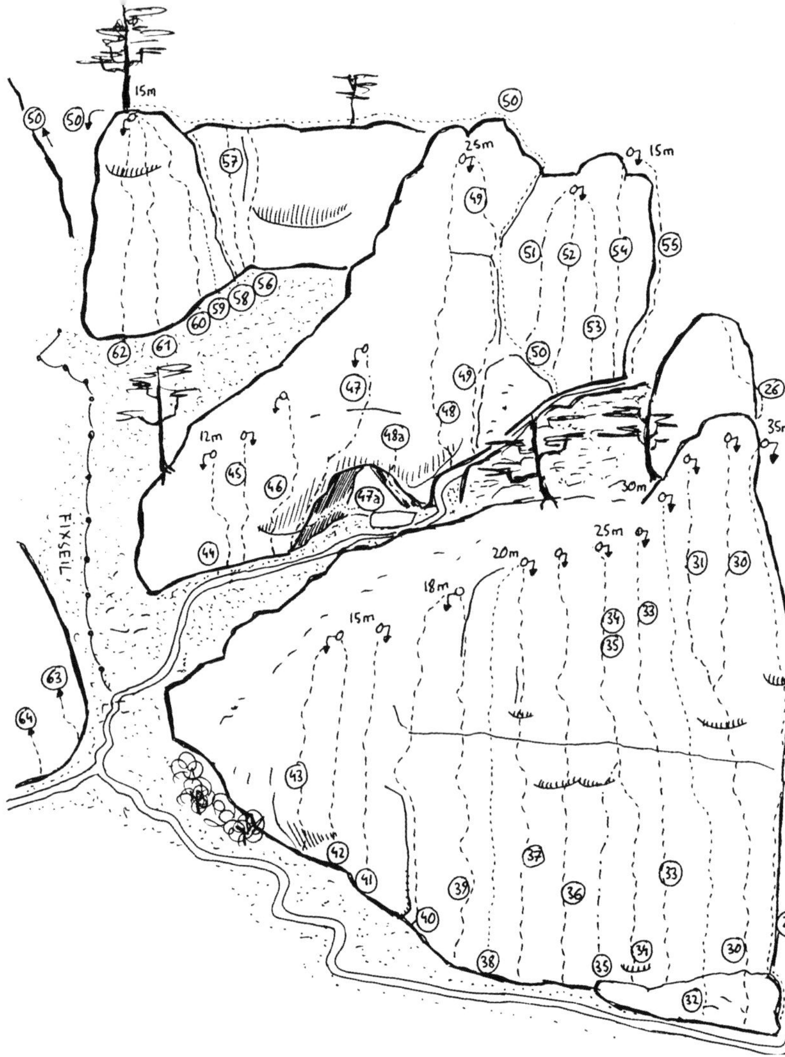

Sektor C – Untere und Obere Westwand

Unterer Teil:

30. Malaria **8-/8** *
    Sehr lange Ausdauerroute in braunem Fels, besitzt eine 2. Seillänge (53.) (Fachet)
31. Ungeduld des Herzens **8 ****
    Unübersichtliche Variante zu 30. (Gasser)
32. Saustall **8-/8 ****
    Lange Route mit Auflegern, Schlüsselstelle ganz direkt ca. **8+/9-** (Enserer)
33. Saxifraga **9+/10- *****
    Lange, ziemlich diffizile Kletterei, etwas kompliziert (Kubista)
34. Zen **9+/10- *****
    Kleingriffig, eine eher billige 8a (Kubista, Gasser)
35. Zen Light **8** *
    Sehr schöne, abwechslungsreiche Route, oben gemeinsam mit 34. (Gasser)
36. Um ein Haar **8+ ****
    Schwere Einzelstelle an Leisten (Fachet)
37. Completment fou **8 ****
    Ebenfalls Einzelstelle, oben leichter (Hacker, Sperlich)
38. Novel Design **8+/9- ****
    Nix für Leute mit Platzangst (Neumüller)
39. Tractatus logico **8/8+ ****
    Schwere, schon recht schmierige Einzelstelle (Gasser)
40. Soit soit **6+ *****
    Superpiazschuppe (Sperlich, Hristovski)
41. Tommy is bad **7+ **** Kleingriffig (Hacker)
42. Tommy can you hear me? **7- *** (Hacker)
43. Tommy be nice **7-/7 *** (Hacker)

Oberer Teil:

44. Schabernack **7+ *** Einstiegsboulder (Hacker, Sperlich)
45. Techniker **7/7+ *** Etwas eigenartig (Hacker)
46. Love me tender **9+/10- ***** Kurz, aber harte Züge (Helma)
47. Aiolos **10/10+ ***** Maximalkraftausdauer (Kubista)

47a. Die Stimme des Windes **9+/10- *****
    Boulderquergang in der Höhle, Verlängerung bis 46. **10-**

47a. + 47. Äolsharfen **11-** *
    Kombination aus dem Boulder 47a. und der Route 47. ergibt französisch 8c/8c+ (Kubista)

48. Soultime **8+ **** Schlüsselstelle unten, oben Genuss (Bacher)

48a. Projekt

49. 3-Freunde Spezial **5+ *** (Hacker)
50. 3-Freunde-Steig **5- ****
    Alter Klassiker, der den ganzen Grat überschreitet, früher öfter, heute kaum begangen, schade (Sikora, Kazele, Zettl)
51. Windhose **7 **** Kurz, aber lohnend (Hacker)
52. Wirbelwind **6+ **** Steile Wandkletterei (Hacker)
53. Malaria 2. Länge **6+ **** Fortsetzung zu 30. (Hacker)
54. Sturmwarnung **7+ *****
    Unten kleingriffig, dann leichter am Grat (Hacker)
55. Mein Gott, Anny! **7 *****
    Kurze, tolle, überhängende Gratkante (Schall)
56. Malzriss **5+ *** Kurzer rauer Riss (Schall)
57. Gott erhalts-Platte **5+ *** (Schall)
58. Hopfenriss **3+ *** Keine Haken (Schall, Ladenbauer)
59. Bierhenkeldiagonale **5 *** Variante zu 60., keine Haken
60. Kakadus **5+ **** Superfels, alte Haken (Simek)
61. Gecko **8+/9- ****
    Kurz, Schlüsselstelle oben – direkt klettern! (Jentzsch)
62. Schrecksekunde **6+ ****
    Raue, steile Kletterei (Simek, Miller, Hacker)

Sektor D – Untere Thalhoferwand

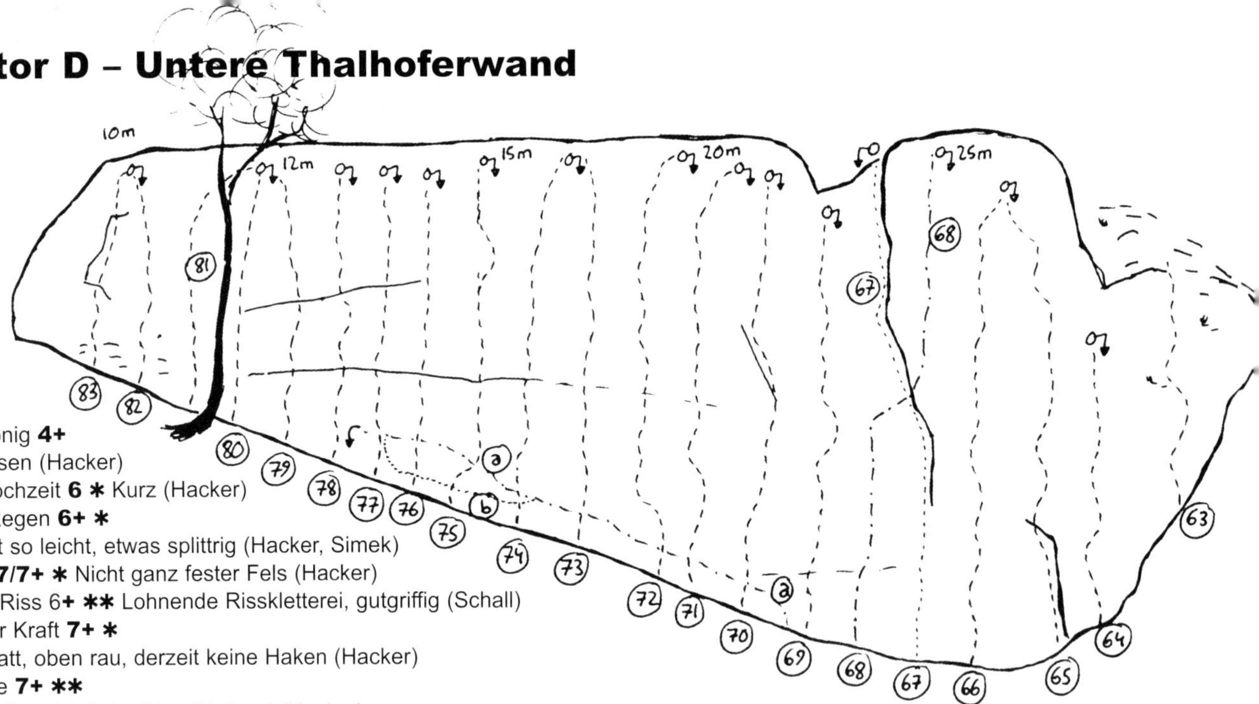

63. Mäusekönig **4+**
    Verwachsen (Hacker)
64. Mäusehochzeit **6 ✱** Kurz (Hacker)
65. Saurer Regen **6+ ✱**
    Gar nicht so leicht, etwas splittrig (Hacker, Simek)
66. Ökopoli **7/7+ ✱** Nicht ganz fester Fels (Hacker)
67. Gottardi-Riss 6**+ ✱✱** Lohnende Risskletterei, gutgriffig (Schall)
68. Mit neuer Kraft **7+ ✱**
    Unten glatt, oben rau, derzeit keine Haken (Hacker)
69. Falco live **7+ ✱✱**
    Steile unübersichtliche Wandkletterei (Hacker)
70. Amerika **8- ✱✱✱** Klassische, ältere, lohnende Route (Hacker)
71. Jeanny **7+ ✱✱** Steile unübersichtliche Wandkletterei (Hacker)
72. Amadeus **7+ ✱✱** Crux zu Beginn, dann leichter (Hacker)
73. Morgentau **7+ ✱✱** Steile Wandkletterei (Hacker)
74. Morgengrauen **7+ ✱✱** Steil mit ungutem Beginn (Hacker)
75. Hulmeister **6+/7- ✱✱**
    Auch hier – komischer Beginn (Gruber, Holy)
76. Don Albatros **6+/7- ✱✱** Abwechslungsreich (Hacker)
77. Don Roberto **6+ ✱✱** Henkelige Überhänge (Hacker)
78. Don Rosl **7 ✱✱** (Hacker)
79. Don Carlos **6+/7- ✱✱** (Hacker)
80. Kuh Rosl **6+/7- ✱✱** (Hacker)
81. Eine Kuh ... **6+ ✱✱** (Hacker)
82. Coming home **6+/7- ✱** Plattiger Beginn (Hacker)
83. Der Kommissar **5- ✱✱** Nett (Hacker)

Boulder:
a) Homerun **8 ✱✱** Lohnende Auflegerquerung,
   zum Schluss weiter oben (Würzl)
b) Homerun plus **9- ✱✱** Immer unten bleiben! (Helma)

Nix 6+, Obere Thalhoferwand

Amadeus 7+, Untere Thalhoferwand

Platzangst 7-, Thalhofergrat

Five Finger Exercise 7, Thalhofergrat

Sektor E – Zentrale Thalhoferwand

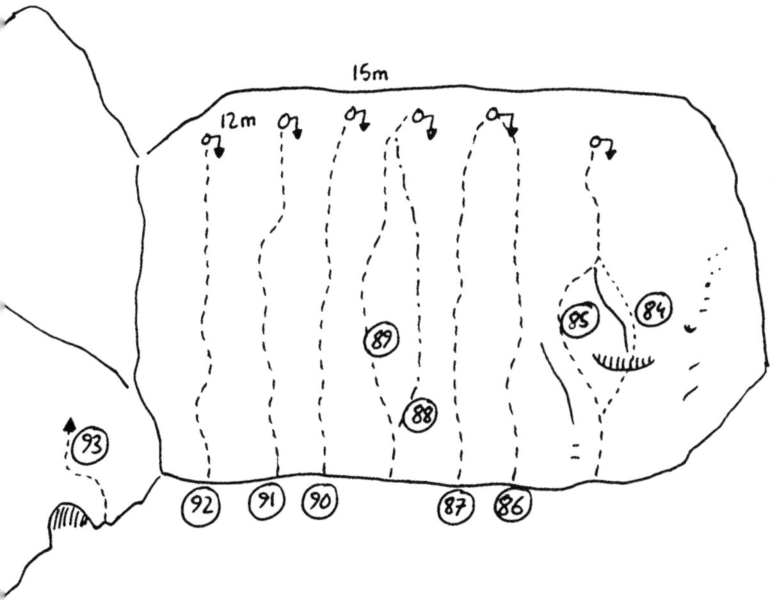

84. Kurze Gaude **7 ✱** Kurz, unangenehm (Hacker)
85. Sternschnuppe **7- ✱** Etwas einfacher als 84. (Hacker)
86. Männer! **7 ✱✱** Kleingriffig, lohnend (Hacker)
87. Vogelstimmen **7+ ✱✱✱**
    Schöne Route mit Einzelstelle (Hacker)
88. Engpass-Syndrom **7+/8- ✱✱**
    Gute Züge, aber sehr beengend (Gruber, Holy)
89. Glühwürmchen **7 ✱✱** Recht diffizile Kletterei (Hacker)
90. Fulmen ex mente **8- ✱✱✱** Kleingriffige Wandkletterei (Gruber, Holy)
91. Startbahn **7+/8- ✱✱** Schlüsselstelle oben (Hacker)
92. Zauberflöte **6 ✱✱** Lieblich (Gruber, Holy)

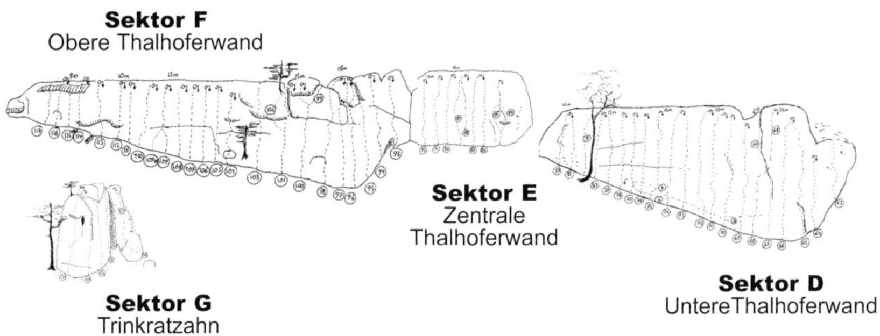

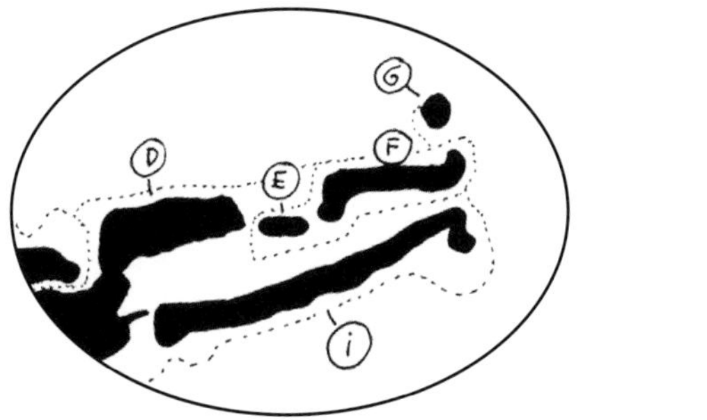

⊛ Sektor F – Obere Thalhoferwand

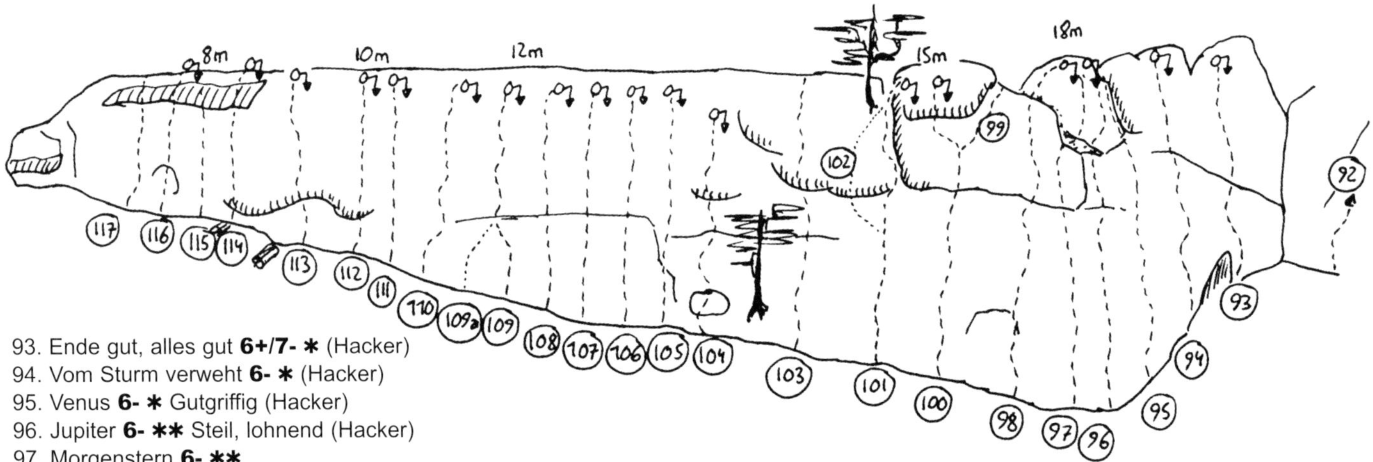

93. Ende gut, alles gut **6+/7- ✱** (Hacker)
94. Vom Sturm verweht **6- ✱** (Hacker)
95. Venus **6- ✱** Gutgriffig (Hacker)
96. Jupiter **6- ✱✱** Steil, lohnend (Hacker)
97. Morgenstern **6- ✱✱**
    Nett, abwechslungsreich (Gruber, Holy)
98. Abendstern **7+ ✱✱**
    Schon abgeschmierte Einzelstelle (Hacker)
99. Abel **7 ✱✱** Rechtshaltend an flachen
    Griffen empor (Schall, Steidl)
100. Five Finger exercise **7 ✱✱**
    Einzelstelle, leicht links zum Überhang (Gruber, Holy)
101. Kain **6 ✱✱** Lohnende Wand- und Risskletterei (Schall, Steidl)
102. Platzangst **7-** Im Zuge der Sanierung wegrationalisiert –
    keine Haken (Gruber, Holy)
103. Alpin aktuell **8** Auch hier, nun fehlt auch noch der letzte
    Bohrhaken (Reicher)
104. Wanderbare Heimat **6+ ✱✱** Genussroute (Gruber, Holy)
105. Krampfhaft **5+ ✱✱** (Hacker)
106. Klettern light **6- ✱✱** (Hacker)
107. Frühjahrsmüdigkeit **6 ✱✱** (Hacker)
108. Im Winter verblödet **6 ✱✱** (Hacker)
109. Das Mädchen aus 1001 Nacht **6 ✱✱** (Gruber, Holy)

109a. Für kleine Mädchen 5 ✱ Variante zu 109. (Gruber, Holy)

110. Pacem **6- ✱✱** Nett (Miller, Hacker)
111. Platzangst im Hendlstall **7 ✱✱** (Hacker)
112. Hackerling **7- ✱✱** Nette Kurzroute (Hacker)
113. Superfeucht **8+ ✱✱** Harte Züge, kurz (Biligk, Matasovsky)
114. Für dich Klausi **8- ✱✱** Bouldereinstieg, links leichter (Hacker)
115. Damokles **6+ ✱✱** Keine Haken, Toprope (Hacker)
116. Ohnmacht in mir **7- ✱** (Hacker)
117. Nix **6+ ✱** (Hacker)

Boulder:

a) Henkel trocken **9- ✱✱** Von 113. links rauf zum Wandende,
   diffiziler Quergang, Vorsicht beim Abspringen (Patlik)

Sektor G – Trinkratzahn

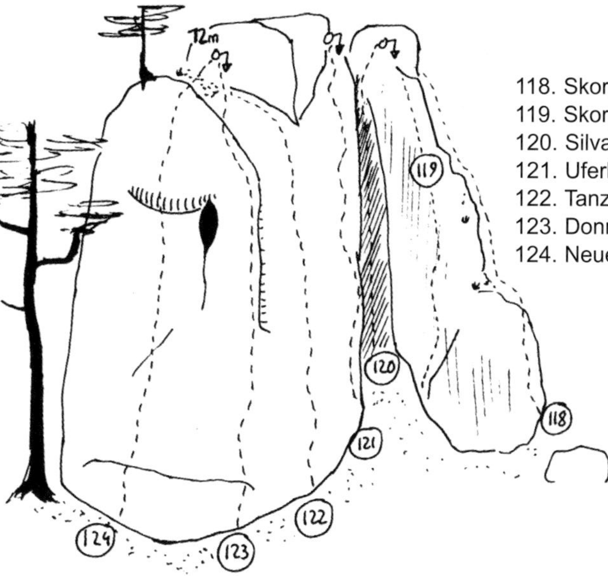

118. Skorpiongrat **2+** Keine Haken, brüchig (Ladenbauer)
119. Skorpionwand **5+ *** Toprope, Vorsicht auf die Rückwand!
120. Silvanakamin **4 ***** Genialer Düsterkamin (Loicht und Gefährten)
121. Uferlos **7+ **** Schön und steil (Hacker)
122. Tanz der 1000 Regentropfen **6 **** Nette Kletterei (Gruber, Holy)
123. Donnerwetter **6/6+ **** Kante mit Riss (Hacker)
124. Neue Trinkratplatte **6+ **** Platte mit Auflegern, Varianten möglich (Gauster)

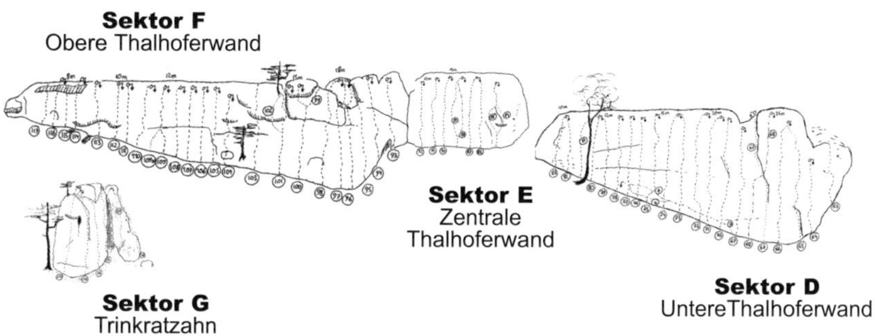

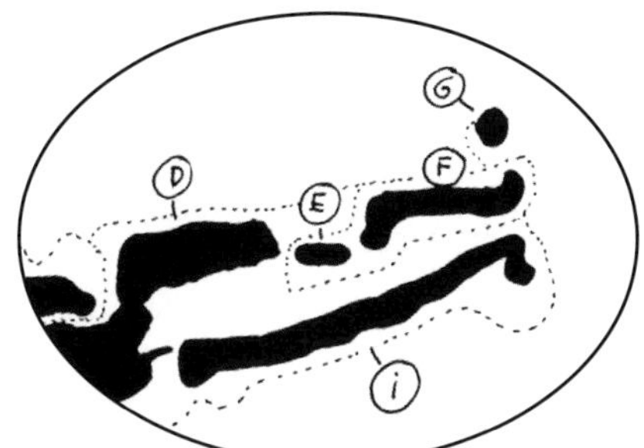

Sektor H – Himmelsfinger & Ostplatte

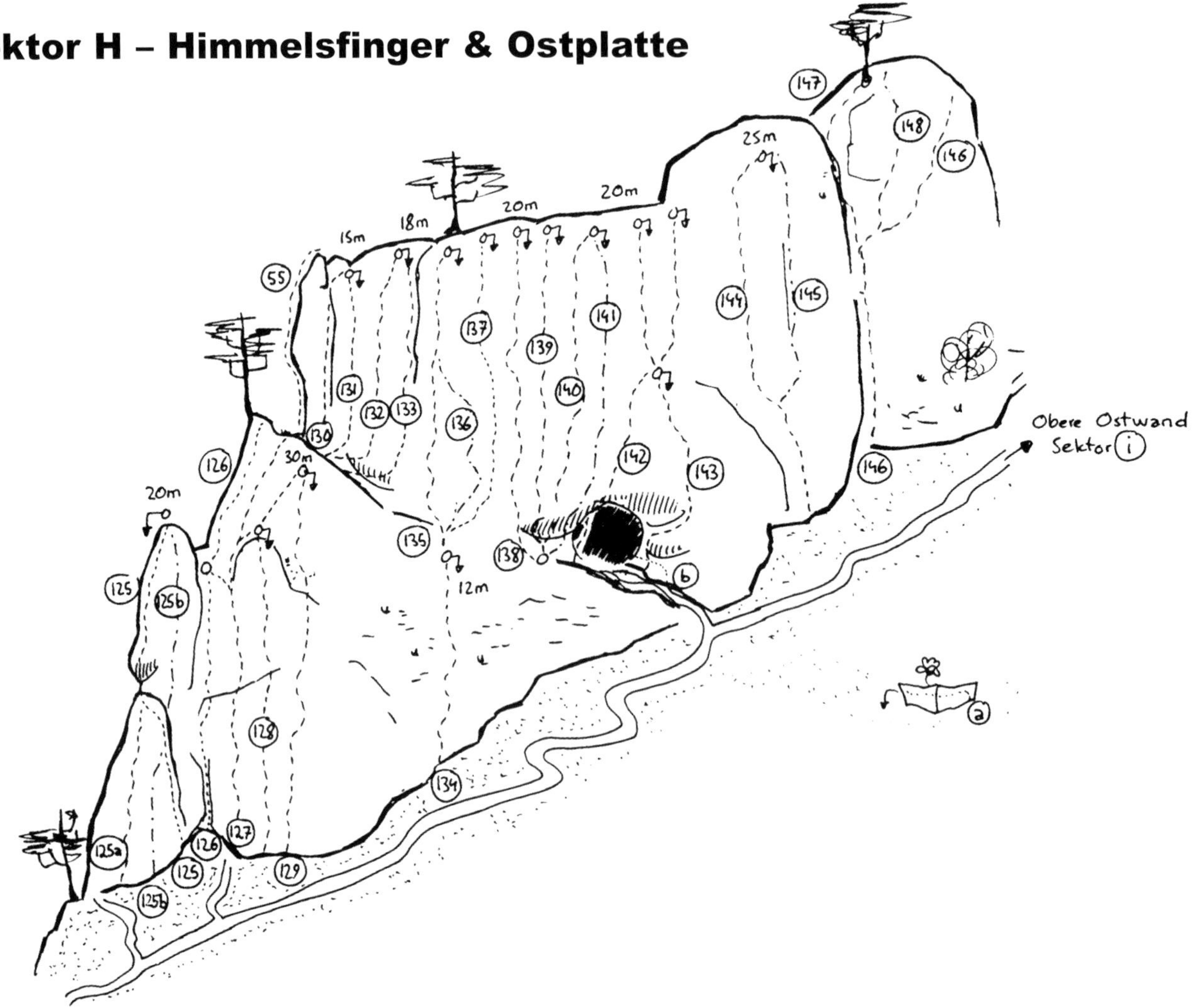

Sektor H – Himmelsfinger & Ostplatte

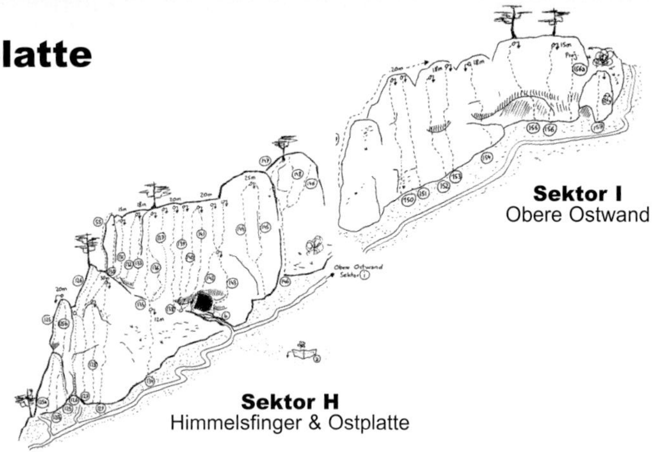

125. Himmelsfinger **5+ ***** Klassiker an der Kante Schlüsselstelle beim Überhang mit großem Loch, Direktvariante **6+** Besser mit Einstieg über 125a. (Skone, Hauger)
125a. Dir. Einstieg **5+ *****
Plattige Variante zu 125., lohnend (Hacker)
125b. Himmelsleiter **6 ****
Plattige Wandkletterei (Jentzsch, Hacker)
126. 3-Freunde-Steig **4+, 3+ ****
Der untere Teil des Klassikers, welcher den ganzen Grat überschreitet, Fortsetzung siehe 50. (Sikora, Kazele, Zettl)
127. Sesamjoint **6- **** Genusskletterei, oben leichter (Hacker)
128. Sesambackstube **5+ ****
Nette Route, unten Verschneidung, oben leichter (Hacker)
129. Sesam öffne dich **4+ *** (Simek)
130. Oberer Annysteig **5+ ****
Steile Risskletterei, Fortsetzung von 27. (Kazele, Kurz)
131. Annys Delikti **7- *****
Sehr schöne steile Platte (Sperlich, Hacker)
132. Grantige Laus **7 **** Mit definiertem Einstieg **8-**, oben leichter (Hacker)
133. Grizzly-Gog-Hakital **6+/7- ****
Klassiker, oben im markanten Riss (Hacker, Hauger)
134. Herbstnacht **4 *** Zustieg für 135.-137. (Hacker, Hauger)
135. Die wahre Komplizierte **7 *****
Plattige Lochkletterei, recht diffizil (Schall)
136. Single Man **7 ****
Komplizierte, diffizile Platte (Miller, Hacker)
136a. Projekt
137. Augenblicke des Glücks **7+ *****
Schöne Platte plus Überhang (Hacker)
138. Betthupferl **7 ***** Lohnende Plattenroute (Hacker, Miller)
139. Rumpelstielzchen **8- **** Anspruchsvolle Platte (Hacker)
140. Grisu **7 ***** Schöne Platte, unten kleiner Überhang (Simek, Sperlich, Hacker)
141. Voodoo **8+/9- **** Schwerer Einstieg, oben plattig
142. Wild Palms **9 ****
Schwieriger Beginn (direkt klettern), oben leichter (Bacher)
143. UTA-Steig **9- *** Ebenfalls schwieriger Einstieg, derzeit hakenlos! (Reicht)
144. Thaliriss **7- *** Anspruchsvoller glatter Riss (Simek, Schürz, Hacker)
145. Thaliplatte **7 *** Glatte Platte (Simek)
146. Schokokamin **4+**
Nicht immer fest, zwei alte Haken (Ladenbauer)
147. Schoko intensiv **6** Alte Haken, splittrig, alpin (Simek)
148. Es geht weiter, Schoko **6+** Keile, anspruchsvoll (Schall)

Boulder:
a) Fitze Fatze **8 ** sd** Auflegerquergang
b) Die Stimme des Windes **9+/10- **** Siehe 47a. (Kubista)

Genuss pur im Himmelsfinger 5+, Thalhofergrat

Für dich Klausi 8-, Obere Talhoferwand

Sektor I – Obere Ostwand

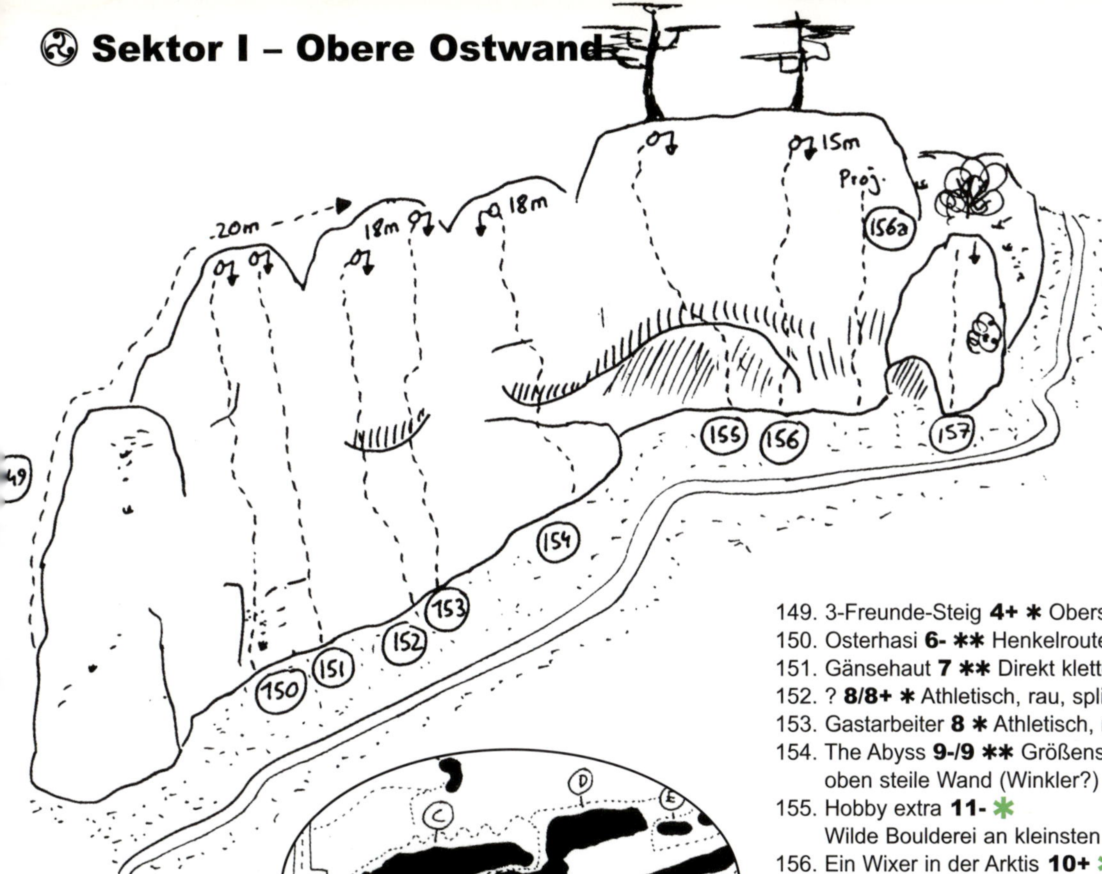

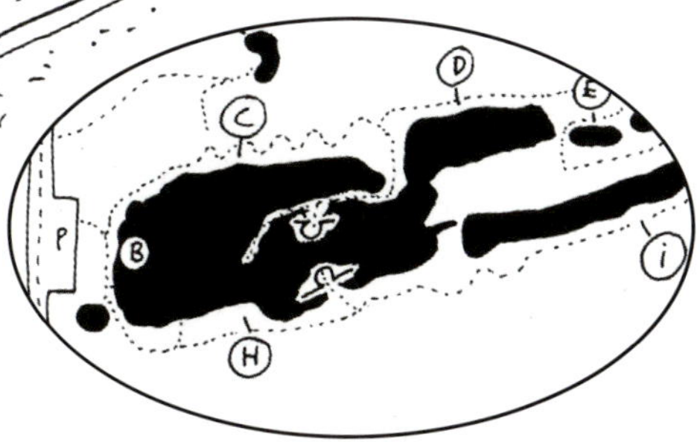

149. 3-Freunde-Steig **4+** ✱ Oberster Teil, siehe auch 50., 126.
150. Osterhasi **6-** ✱✱ Henkelroute, Beginn moosig (Hacker)
151. Gänsehaut **7** ✱✱ Direkt klettern! (Hacker)
152. ? **8/8+** ✱ Athletisch, rau, splittrig (Gauster)
153. Gastarbeiter **8** ✱ Athletisch, rau, Beginn splittrig (Gauster)
154. The Abyss **9-/9** ✱✱ Größenstelle, unten Überhang, oben steile Wand (Winkler?)
155. Hobby extra **11-** ✱ Wilde Boulderei an kleinsten Griffen (Helma)
156. Ein Wixer in der Arktis **10+** ✱ Beinharte Einzelstelle, auch sonst schwere Züge (Helma)
156a. Projekt
157. Grottenmolch **7-** Verwachsen (Winkler)

Sektor J – Thalhoferkanzel

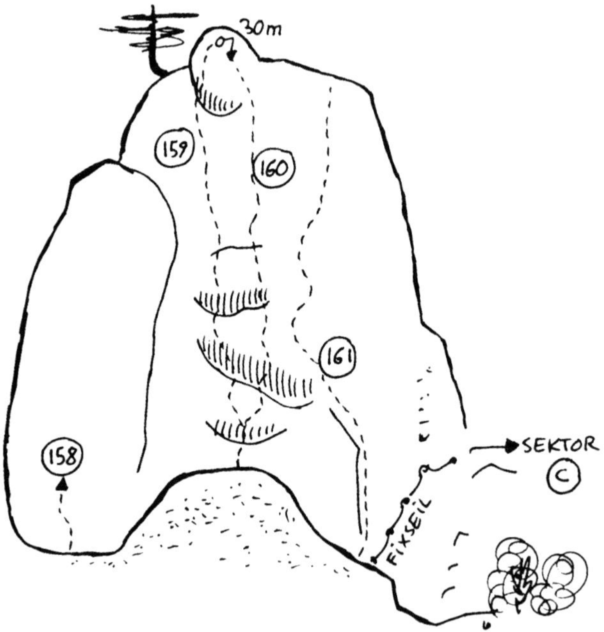

158. Blutiger Samstag **6+** Bruch, wenige uralte Bolts (Hacker)
159. Keep smiling **8+ ✱✱✱** Lohnende Route mit Einzelstelle (Gasser)
160. Trés dure – Drehtür **7+ ✱✱** Braune Ausdauerroute (Sperlich, Hacker)
161. Let it be **7** Zick-Zack-Route, alte Bolts, splittrig (Simek, Hacker)

Sektor K – Hansi bitte Saft

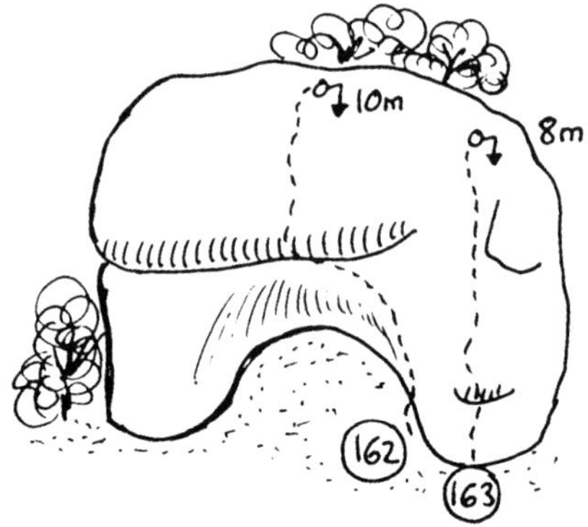

162. Hansi bitte Saft! **9- ✱✱**
Schwere Stelle oben, oft nass (Fachet)
163. Born to be bad **8- ✱** (Gruber, Holy)

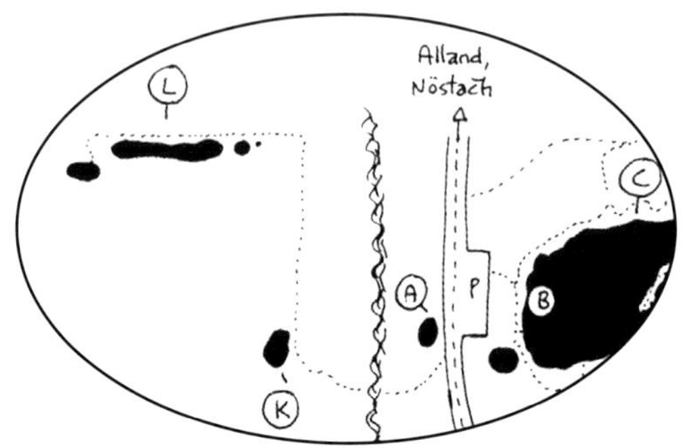

Thalhofergrat – Sektor L

Schattige, gratartige Formation, so ca. 12-15m hoch, der Fels ist eher glatt, oft auch splittrig. Nach Regen ist es hier lange nass, die Gelsen können sehr lästig werden.
Alle Routen von Axel Jentzsch und Christian Hacker, bis auf ein paar schwere Dinger von Martin Bacher.

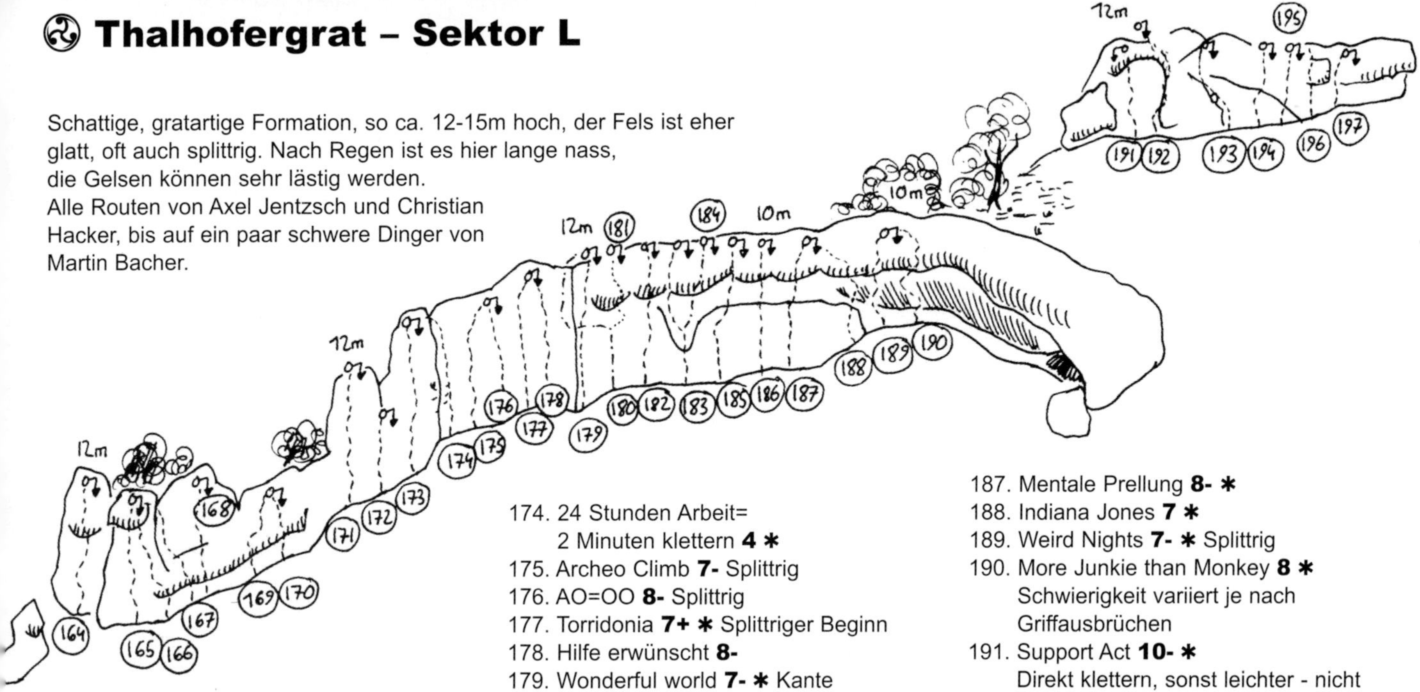

164. Zecken, die necken **7+ ✱**
165. Asseln, die rasseln **7+ ✱**
166. Wanzen, die tanzen **7+ ✱**
167. Hasen, die grasen **6 ✱**
168. Mäuse mit Läuse **6 ✱**
169. Affen, die gaffen **8 ✱**
170. Schlangen, die sangen **7- ✱**
171. Herbstwind **5+ ✱**
172. Kurze Schönheit **7- ✱**
173. Raketenpfeiler **6- ✱✱**
174. 24 Stunden Arbeit= 2 Minuten klettern **4 ✱**
175. Archeo Climb **7-** Splittrig
176. AO=OO **8-** Splittrig
177. Torridonia **7+ ✱** Splittriger Beginn
178. Hilfe erwünscht **8-**
179. Wonderful world **7- ✱** Kante
180. Götterdiagonale **6- ✱** Unterm Dach links um die Kante, dann gerade hoch
181. Powerstation **7 ✱** Dachkletterei
182. Space Cowboys **9+ ✱✱** Fränkisches Dach (Bacher)
183. Sports for Winners **7+ ✱**
184. Projekt
185. Sports for Winners **7/7+ ✱**
186. ? **9+ ✱✱** Plattenstelle, Ausstieg dreckig (Bacher)
187. Mentale Prellung **8- ✱**
188. Indiana Jones **7 ✱**
189. Weird Nights **7- ✱** Splittrig
190. More Junkie than Monkey **8 ✱** Schwierigkeit variiert je nach Griffausbrüchen
191. Support Act **10- ✱** Direkt klettern, sonst leichter - nicht ausspreizen! (Bacher)
192. Nimm ihn schlecht **9+ ✱✱** Ehemals “Crux einer Freundschaft”, jetzt direkt eingebohrt (Bacher)
193. Projekt
194. Sumito **9+/10-** Kurt und hart, mit Linksschleife ca. **8** (Bacher)
195. Wie wird Ihnen denn? **9** (Bacher)
196. Projekt
197. ? 9+ (Bacher)

Die Hirschwände mit den Sektoren Kulisse, Zentrum und Rechtsaußen

Piestingtal Übersicht

Biegt man in Wöllersdorf von der Südautobahn ab, gelangt man in das lange Piestingtal, welches sich bis zum Untersberg erstreckt. Wer kletternd unterwegs ist, wird jedoch nie bis dorthin gelangen, zu viele Klettergärten gibt es am Weg dorthin.
Die Charakteristik der Klettergebiete entlang der Piesting ist sehr unterschiedlich, von den ultrakurzen Genussklettereien oberhalb von Wöllersdorf über das pure Sportklettern in der Schatzinsel bis hin zu den nervlich und steigtechnisch anspruchsvollen Routen an den Hirschwänden kann man hier alles erleben. Am Hausstein gibt es sogar Mehrseillängenrouten mit durchaus alpinem Touch. Ein abwechslungsreiches Gebiet also, welches auch landschaftlich reizvoll ist – zumindest dort, wo sich unsere Felsen befinden.

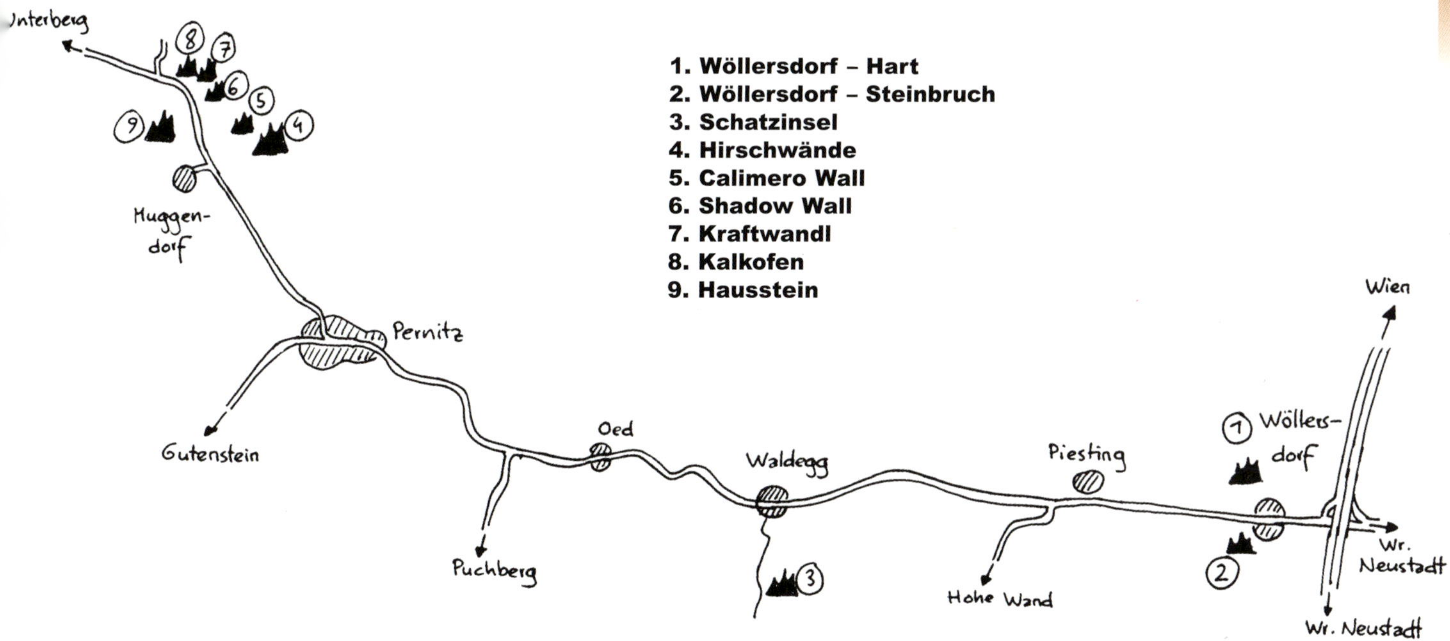

1. Wöllersdorf – Hart
2. Wöllersdorf – Steinbruch
3. Schatzinsel
4. Hirschwände
5. Calimero Wall
6. Shadow Wall
7. Kraftwandl
8. Kalkofen
9. Hausstein

Wöllersdorf Hart

Lage: S **Höhe:** 15m

ppp L

Besonderes:
Auch im Winter schnell schneefrei und trocken. Einige nette Bouldermöglichkeiten.

Ein liebliches, sehr sonniges Klettergebiet mit nicht besonders langen Routen, der Fels ist aber durchwegs schön und fest und die Absicherung gut. Nur die Routen im Sektor 3 ganz links sind nicht so besonders. Zusätzlich gibt es noch einige ganz gute Boulder – und das alles in Südlage, fast immer trocken, nur im Sommer oft zu heiß. Alle Routen wurden von Thomas Schifer und Freunden eingebohrt.

Zufahrt: Mit dem PKW von der Südautobahn in Wöllersdorf abfahren und bei der Ampel rechts in die Ortschaft abbiegen. Weiter siehe Skizze.
ÖV: Bahnstation in Wöllersdorf. Weiter siehe Skizze.

Zugang:
Siehe Skizze (ca. 10min).

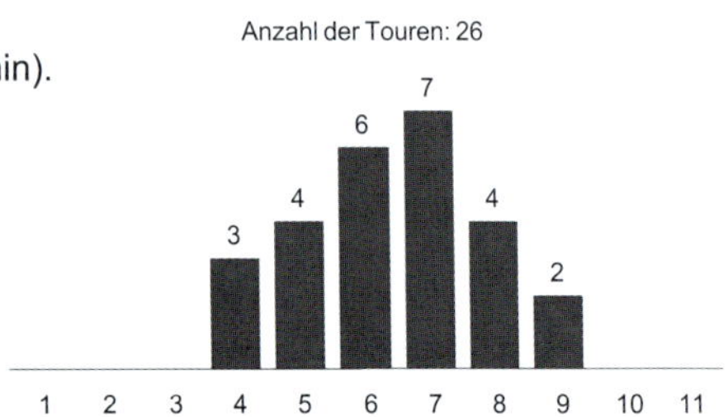

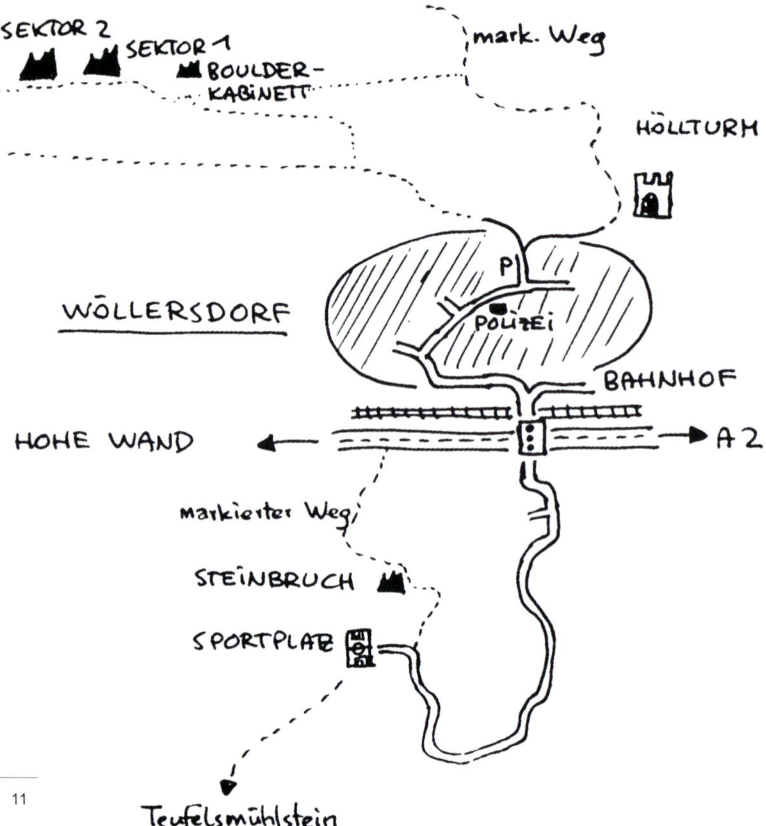

Boulderkabinett / Sektor 1

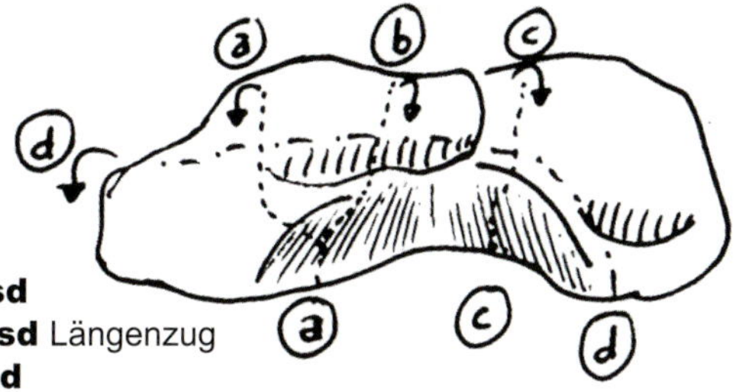

Boulderkabinett

a) Highly officious **7- ✱ sd**
b) Fringe benefits **8 ✱✱ sd** Längenzug
c) Afterburner **9-/9 ✱✱ sd**
Etwas definiert, weite Züge
d) Shrink to fit **8 ✱✱ sd** Ausdauer

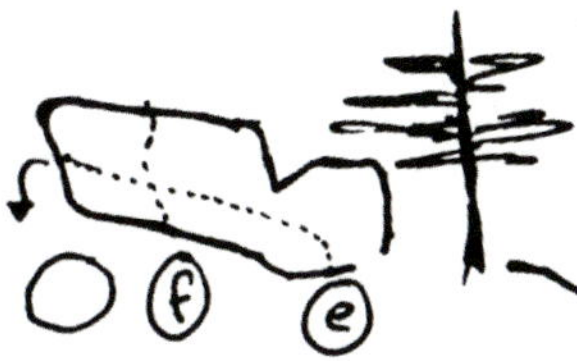

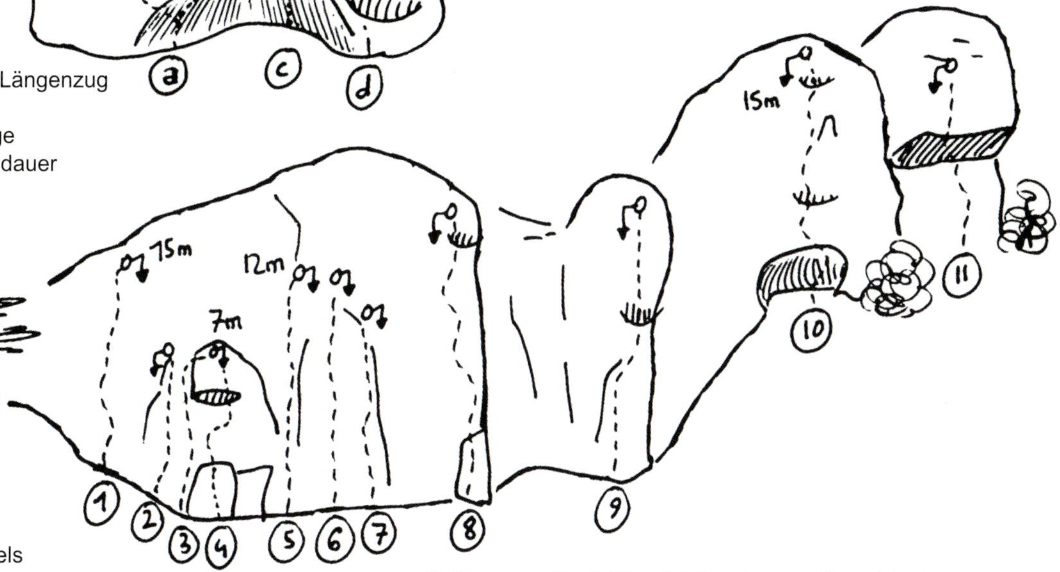

Wöllersdorf – Sektor 1

1. Wop-Ebene **6 ✱✱** Superfels
2. Kasperltheater **5 ✱** Sehr kurz
3. Confetti Schow **4 ✱**
4. Chiemsee **7+ ✱✱** Einzelstelle am Überhang
5. Make Your Way to the Matura **6- ✱✱** Schön!
6. Fuck the army **6 ✱✱**
7. Vollrausch **7- ✱✱** Unübersichtlich
8. Bläde G´schicht **6+ ✱✱** Rau!
9. The nose **7+ ✱** Einzelstelle, etwas weit gesichert
10. Höhlenbär **8-/8 ✱✱** Athletische Kletterei durchs Braune
11. XTC **8 ✱** Einzelstelle am Dach

Boulder:

e) Linkes Wandl **7/7+ ✱**
f) Struck a nerve **6 ✱** Etwas hoch

Wöllersdorf Hart – Sektor 2 / 3

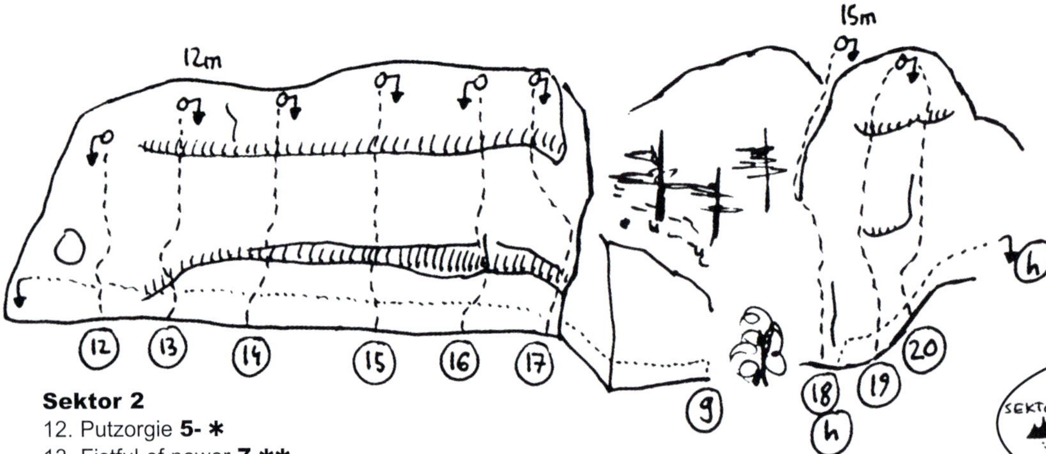

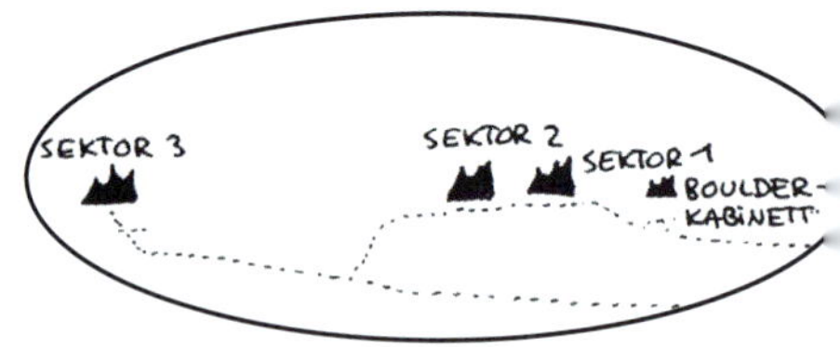

Sektor 2

12. Putzorgie **5- ∗**
13. Fistful of power **7 ∗∗**
14. Das Knie ist hie **8- ∗∗** Dachproblem
15. Il Gufo **8 ∗∗** Schwer am Dach, auch oben komisch
16. Le Champ de Chanvre…**7+/8- ∗∗**
17. Return of tangram **6+/7- ∗∗** Schlüsselstelle oben, direkt klettern!
18. It´s a pleasure **4+ ∗∗** Nett
19. Wepsenstich **5- ∗∗** Sehr guter Fels
20. A beda place is on the top **5 ∗∗** Schön, bestens gesichert

Boulder:

g) Hugh! **8+ ∗∗** Langer Boulderquergang, Crux zu Beginn
h) ? **7- ∗** Quergang

Sektor 3

21. Wizo **9- ∗** Etwas eigenartig
22. Maui **4 ∗∗** Witziger Fels
23. Hawai **6+ ∗∗**
24. Kaui **7- ∗∗**
25. Beverly Hills **9- ∗∗**
26. Hollywood **7+ ∗**

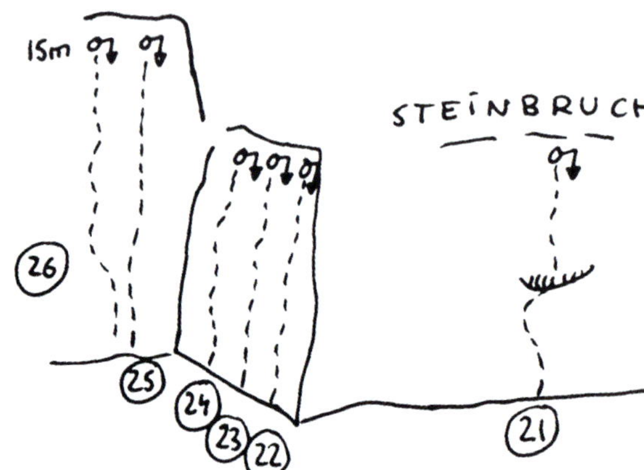

Bouldern ist “Hart aber schmerzlich” 9-, Wöllersdorf Steinbruch

Kampf mit dem "Erstgeborenen" 8-/8. Wöllersdorf Steinbruch

Wöllersdorfer Steinbruch

Lage: N **Höhe:** 10m

ppp

Besonderes: Der Fels ist nicht immer fest – Vorsicht!

Genau gegenüber den Felsen am Hart liegt ein alter Steinbruch, in dem Hans Müller einige Routen eingerichtet hat – ideal im Sommer, weil nordseitig, sehr gut abgesichert, nur leider ist der Fels nicht immer von bester Qualität. In nächster Nähe gibt es auch noch einige gute Bouldermöglichkeiten in durchwegs gutem Keltenkalk!

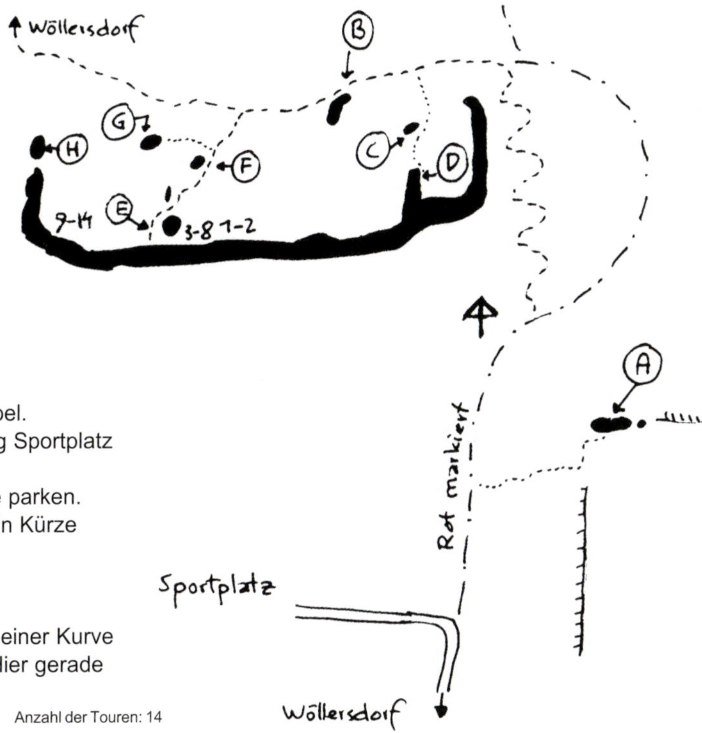

Zufahrt:
PKW: Von der Südautobahn in Wöllersdorf abfahren und bis zur Ampel. Nun links abbiegen und zwischen Häusern durch, der Ausschilderung Sportplatz folgen. Am Ortsende Fahrverbotstafel, hier parken.
Oder, für die 2. Zugangsmöglichkeit in Wöllersdorf in Kreuzungsnähe parken.
ÖV: Mit der Bahn von Wr. Neustadt nach Wöllersdorf. Vom Bahnhof in Kürze zur obig beschriebenen Kreuzung.

Zugang:

a) Nach dem Fahrverbotsschild der Straße in den Wald folgen, nach einer Kurve flach weiter, bis die Straße links zum sichtbaren Sportplatz führt. Hier gerade (markiert!) weiter und dem markierten Weg anfangs flach, dann bergab folgen. Wo der Weg wieder flach wird und nach links führt, an Felsblöcken (Boulder) vorbei und links auf Steig in den Steinbruch (15min).

b) Von der Kreuzung neben der Straße ein Stück Richtung Hohe Wand, bis links ein markierter Weg zum Sportplatz und Teufelsmühlstein abzweigt. Diesem bis zum Steinbruch folgen (15min).

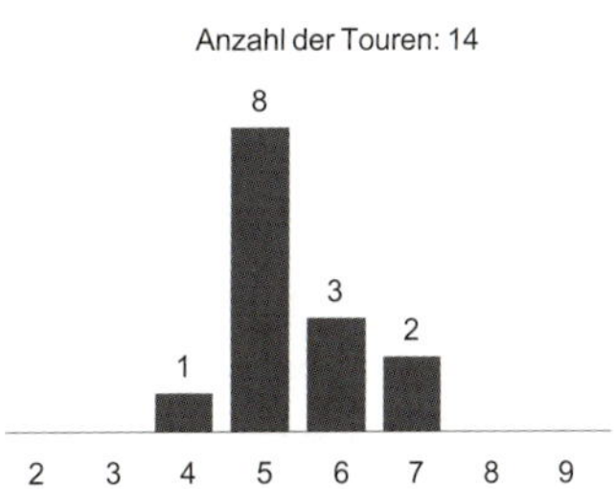

Wöllersdorf Steinbruch Block A, B

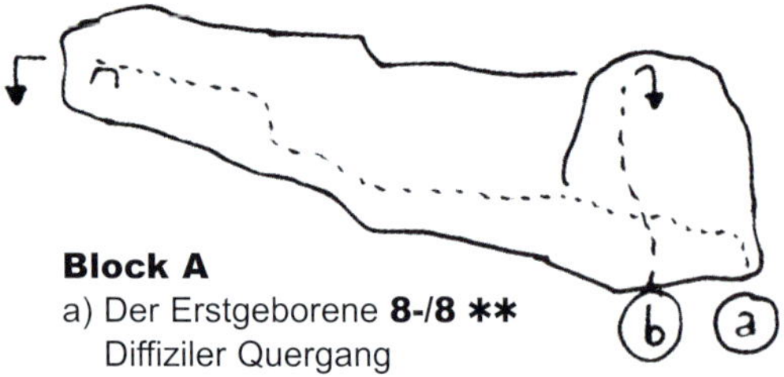

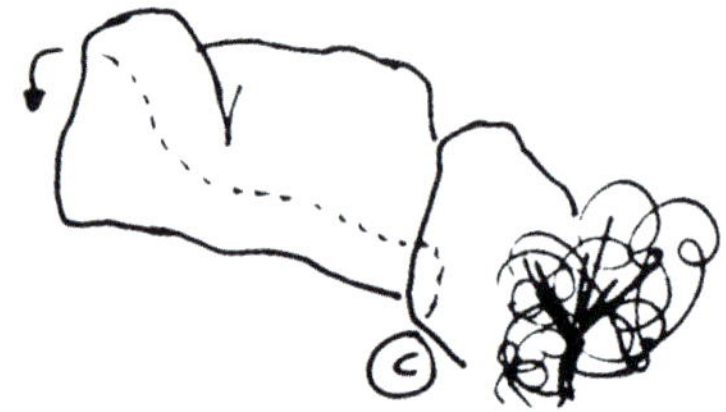

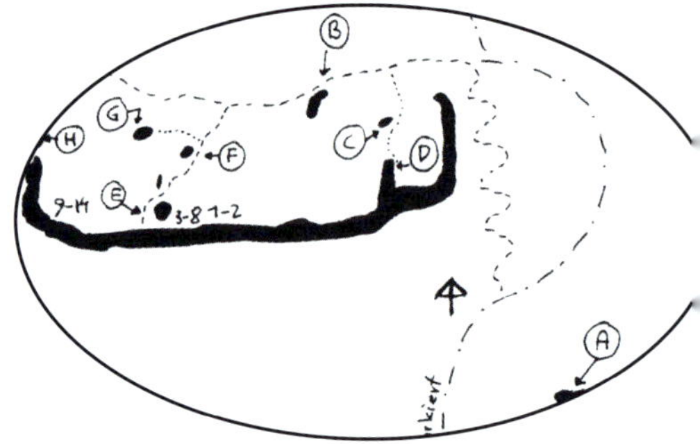

Block A

a) Der Erstgeborene **8-/8 ✱✱**
Diffiziler Quergang

b) Touch your fear **7- ✱** Vorsicht!

c) Don´t be afraid **8- ✱**

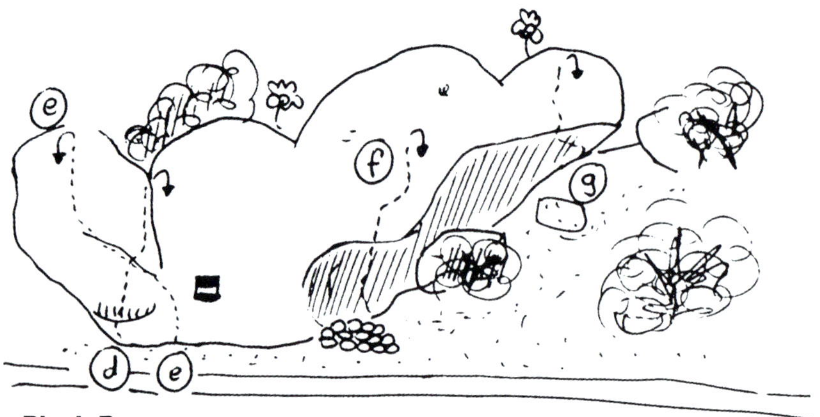

Block B

d) Ped Xing **✱✱ sd** Schwierigkeit je nach Definition!

e) ? **7- ✱ sd**

f) ? **9- ✱✱✱ sd** Superboulder, ohne den Henkel links, oben noch über die Kante ziehen!

g) ? **9 ✱✱ sd** Guter Dachboulder, bis oben klettern!

Wöllersdorf Steinbruch Block C, D, E, F, G, H

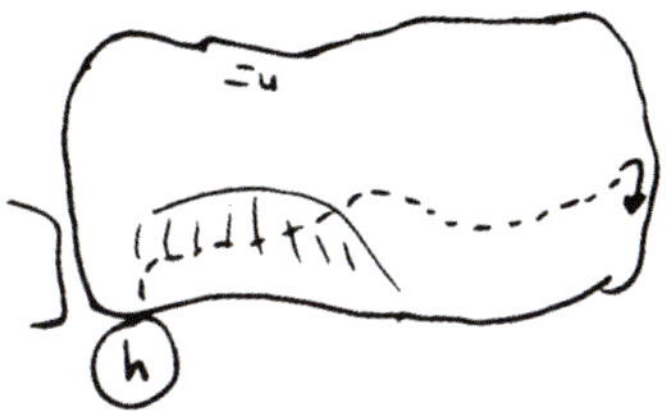

Block C
h) Im Sumpf **9 **** Diffizil, oft feucht

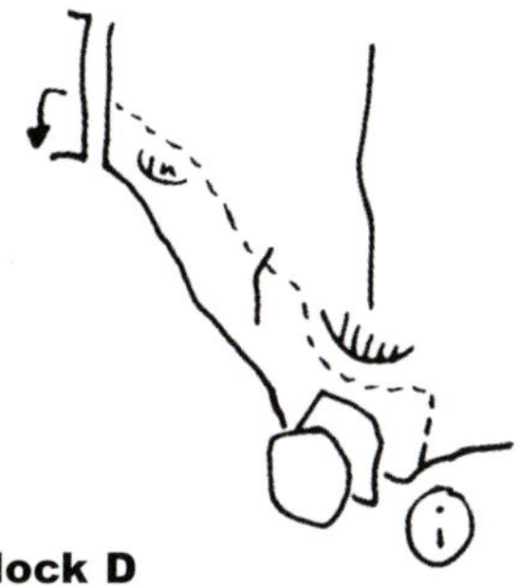

Block D
i) ? **8- * sd** Übles Absprunggelände

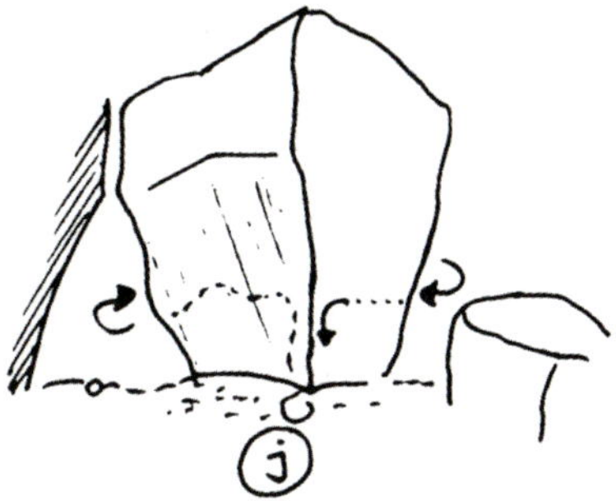

Block E
j) Kreislaufkollaps **8/8+ ****
Lustig – rund um den Block

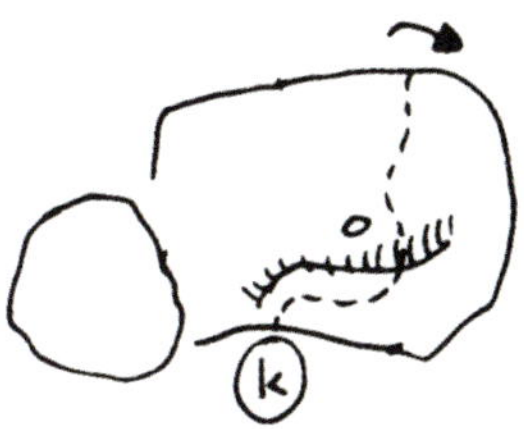

Block F
k) XS **7/7+ ** sd** Nett

Block G
l) Do what you want **7 ****
Guter Lochfels

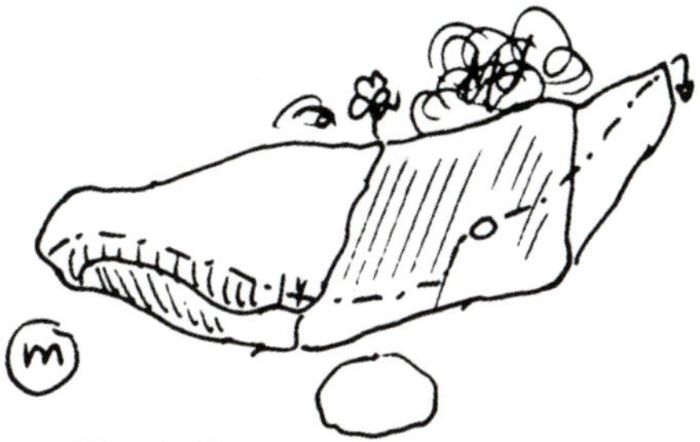

Block H
m) Hart aber schmerzlich **9- ** sd**
Ausdauerquergang, Beginn leider ziemlich schmutzig, Bürste mitnehmen!

Wöllersdorf Steinbruch

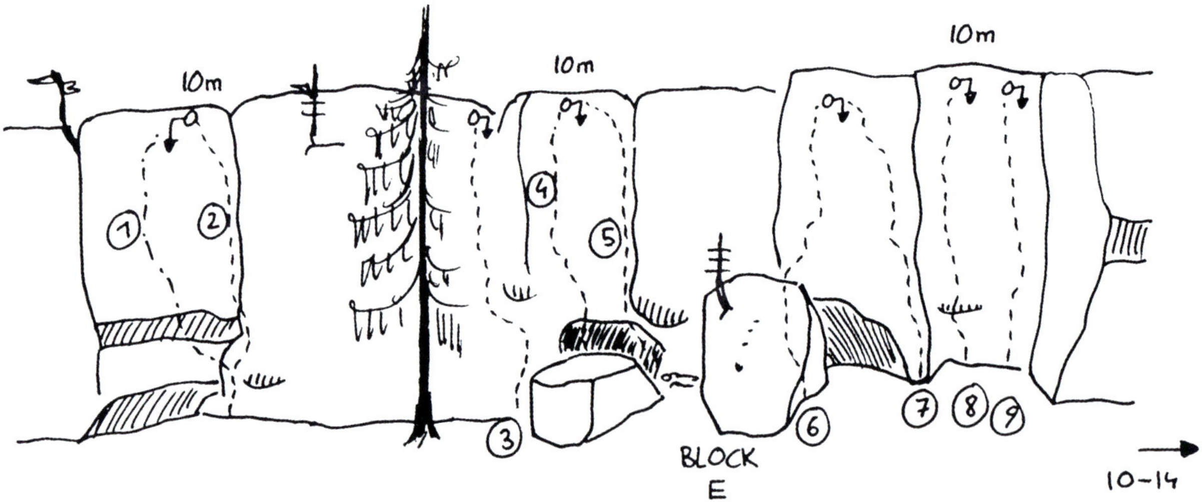

1. Andrea Varennts **7+/8- ****
   Nach dem kleinen Dach gar nicht leicht, rauer Fels
2. Spiegel **5 *** Netter Riss
3. Oh Tannenbaum **6 *** Brüchiger Beginn, oben gut
4. Dr. Tom **6 *** Schlüsselstelle am Einstieg
5. Piaz, Piaz **5+** Haken von 4. mitverwenden!
6. Gas, Gas **5 *** Nett
7. KTM **5+ ***
8. Schräger Zachi **5**
9. Zachi direkt **5**

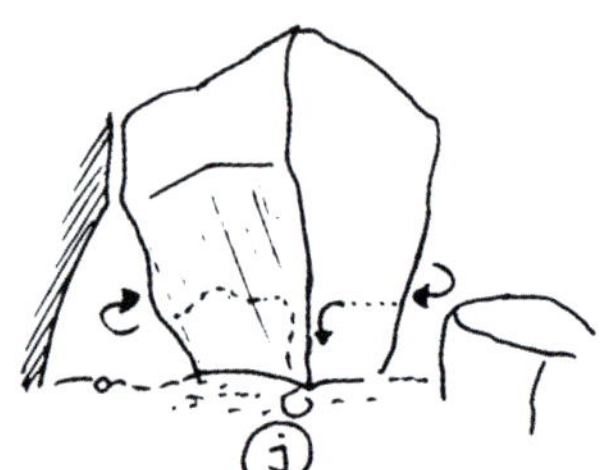

Block E (hinten)

j) Kreislaufkollaps **8/8+ **** Lustig – rund um den Block

Wöllersdorf Steinbruch

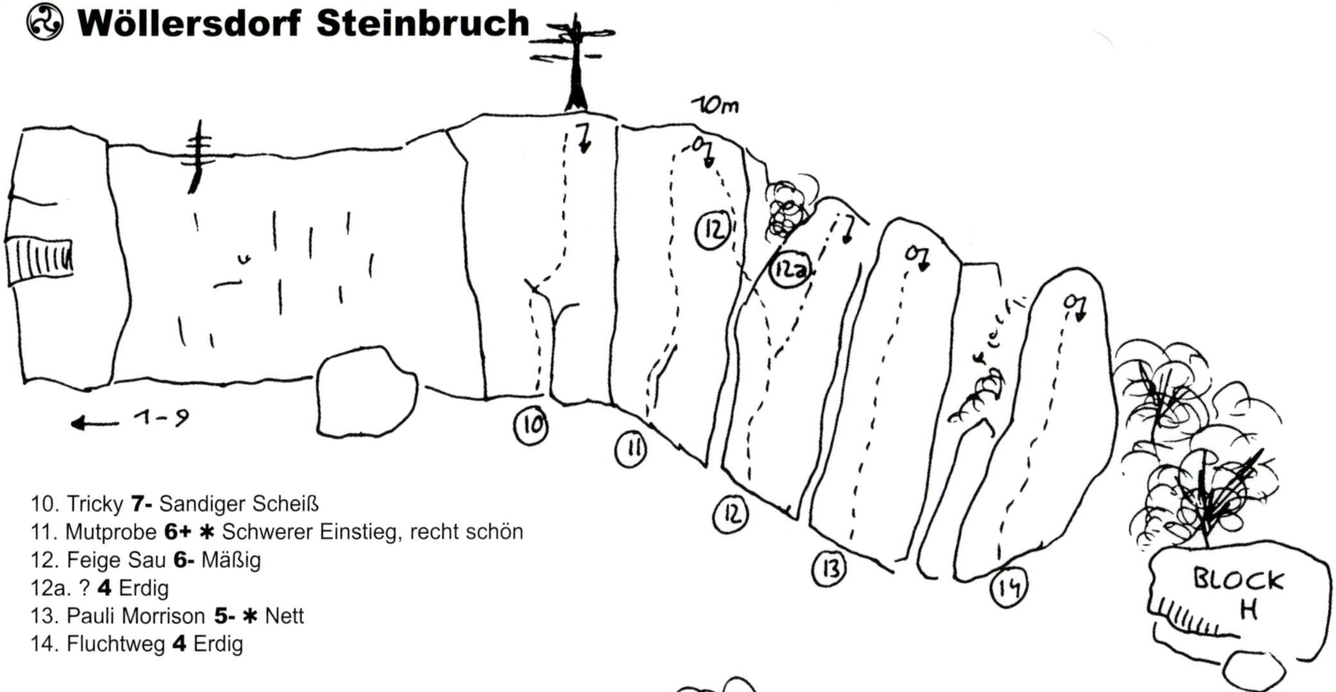

10. Tricky **7-** Sandiger Scheiß
11. Mutprobe **6+ *** Schwerer Einstieg, recht schön
12. Feige Sau **6-** Mäßig
12a. ? **4** Erdig
13. Pauli Morrison **5- *** Nett
14. Fluchtweg **4** Erdig

Block H

m) Hart aber schmerzlich **9- ** sd**
Ausdauerquergang, Beginn leider ziemlich schmutzig, Bürste mitnehmen!

Schatzinsel

Lage: NW **Höhe:** 18m

ppp

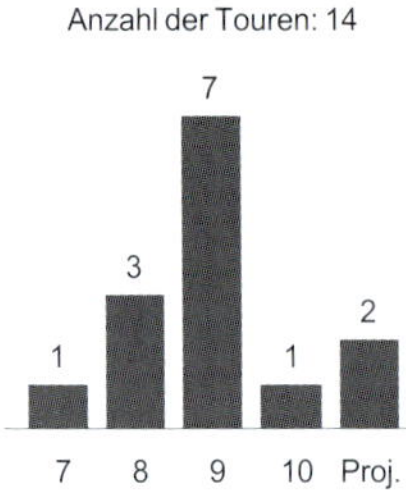

Besonderes:
Nach Regen oft länger feucht.

Die Schatzinsel trägt ihren Namen zurecht. Einen wahren Schatz hat Thomas Schifer im dichten Wald an der Hohen-Wand-Nordseite entdeckt: Eine konstant überhängende Wand mit vielen Auflegern und Löchern, sogar eine Sinterwurst gibts hier, das alles idyllisch gelegen mit superbequemem Einstiegsplatz. Kein Wunder, dass sich oft viele Kletterer hier drängen, zumal es im Sommer schön schattig (außer am Nachmittag) und die Absicherung perfekt ist.

Zufahrt:
ÖV: Mit der Bahn über Wöllersdorf nach Waldegg. Zu Fuß die Straße ins Dürnbachtal bis zum ehemaligen „Nazwirt" (30min).
PKW: A2 bis Wöllersdorf, ins Piestingtal an Piesting vorbei Richtung Pernitz. In Waldegg endet die Schnellstraße, hier links abbiegen ins Dürnbachtal. Nach der Großen Klause (markierter Wanderweg) noch ca. 500m weiter bis zum ehemaligen Gasthof „Nazwirt" (rechts großer Parkplatz, am Ende der Steigung). Parken.

Zugang: Ein paar Meter die Straße zurück, auf Traktorweg rechts in die Wiese. Wo sich die Traktorspuren verlieren, rechts über die Wiese (Steigspur) zum Waldrand hinauf und mit wenigen Schritten durch dunklen Tann zur Wand (5min).

Schatzinsel

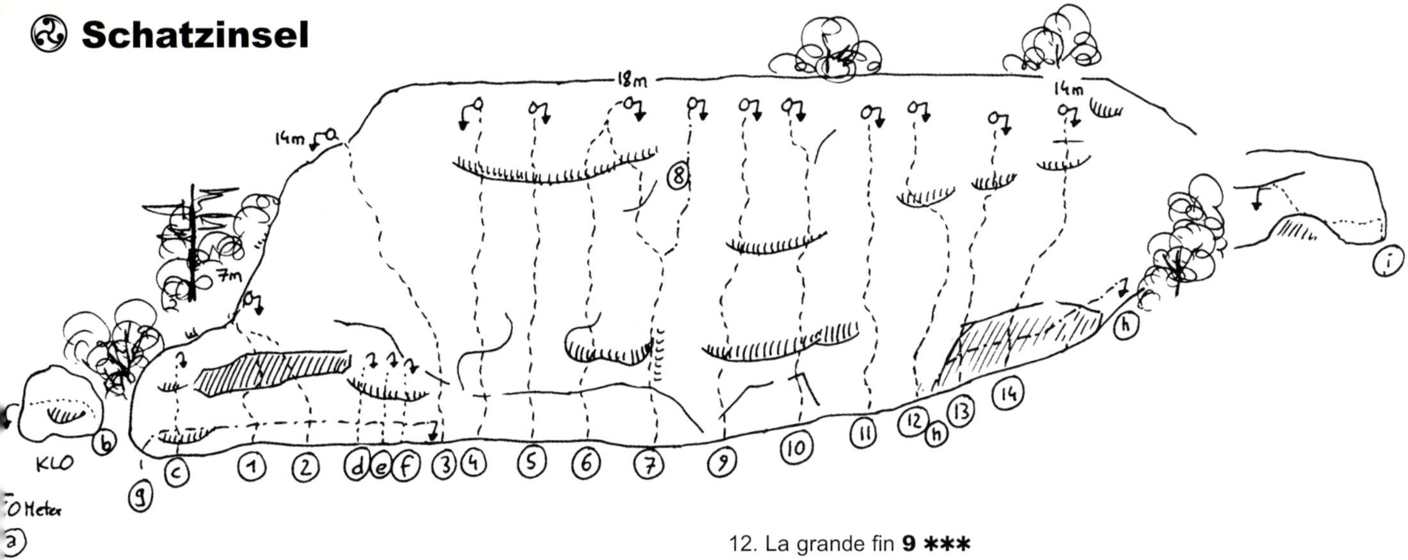

1. Batida de Coco **9+ ✱✱** Kurz, aber gute Züge (Schifer)
2. Projekt
3. Rollin´ on Chrome **9/9+ ✱✱** Aufleger, Untergriffe (Schifer)
4. Tat Twan Asi **9+/10- ✱✱✱** (Schifer)
5. Jumping around **9+/10- ✱✱✱**
   Üble kleine Leisten und Aufleger (Schifer)
6. The lost world **8+ ✱✱** Witziger Einstieg (Schifer)
7. Thai Mei **8- ✱** Echter Sinter, abwechlungsreich (Meder)
8. Thai Dei **9- ✱✱** Schwer zum Abseiler hin (Schifer)
9. Tanz der Schatten **10- ✱✱✱**
   Weiter Zug an der Schlüsselstelle (Schifer)
10. Totentanz **9+/10- ✱✱✱**
    Ausdauer, oben nicht rechts auskneifen! (Schifer)
11. Projekt
12. La grande fin **9 ✱✱✱**
    Unten Riesenlöcher, oben - steigen! (Meder)
13. Kapitain Iglo **8 ✱✱** Aufleger, unübersichtlich (Schifer)
14. Via Maria **7+ ✱✱** Unübersichtlich, miese Löcher (Meder)

Boulder: Alle von Thomas Schifer

a) Gleichgewichtsstörung **8 ✱** Name!
b) Fantasma de luxe **8/8+ ✱** Überm zugeschissenen Loch
c) Romantisch sterben **8+/9- ✱✱**
d) Callisto **8+/9- ✱✱**
e) Squeezing my ibanez **8+/9- ✱✱**
f) Like an Egyptian **7+ ✱✱**
g) You feel good **7+ ✱✱** Gut zum Aufwärmen!
h) Sacred spirit **10- ✱**
   Topquergang an kleinen Leisten und Auflegern
i) Müllhalde **8+/9- ✱✱** Definierte Varianten möglich

Hausstein

Lage: S **Höhe:** bis ca. 70m

pp ppp

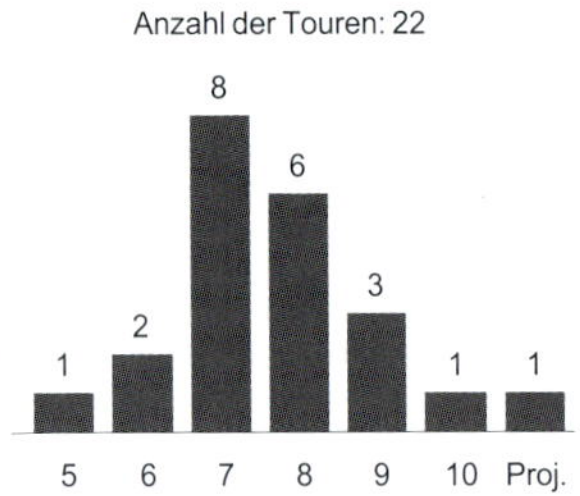

Besonderes: Durchaus alpiner Charakter – der Fels ist nicht immer fest, ein Helm ist zumindest für die langen Routen zu empfehlen.

„Der Hausstein wirkt wie ein ungehobelter Rohling" – diese Formulierung von Christian Hacker in seinem Kletterführer von 1995 trifft exakt zu. Ein mächtiger Klotz, mit wahrlich klassischen Rissreihen, Dächern, Wülsten und Bändern, ein ganz eigener Mikrokosmos, alles andere als kletterfreundlich. Die Platten sind glatt, die Dächer splittrig, die Risse eigenartig – trotzdem lohnt sich ein Besuch für alle, die keine typischen 0815-Sportkletterkonsumenten sind.

Zufahrt:
PKW: Südautobahn bis Wöllersdorf, dann durchs Piestingtal bis Pernitz. Hier rechts Richtung Unterberg/Muggendorf, bei der Steigung nicht links nach Muggendorf sondern gerade weiter bis zum Gasthof „Karnerwirt", gleich nach dem kleinen Stausee. Parkplatz, Kinderspielplatz.
ÖV: Mit der Bahn (Piestingtalbahn) nach Pernitz. Nun mit dem selten verkehrenden Bus zum „Karnerwirt".
Oder zu Fuß nach Muggendorf, weiter über die Myrafälle und an deren oberen Ende links (Tafel „Hausstein") auf Steig direkt unter die Wand - 1h ab Pernitz.

Zugang: Beim „Karnerwirt" über den Bach (Brücke), hier dem Schild „Hausstein" hangaufwärts steil durch den Wald folgen. Man gelangt auf eine Wiese, hier links zum sichtbaren Fels (10min).

1. Kamin **5 ✱✱** Perfekt gesicherter, klassischer Kamin (Bauer)

1a. Projekt "Philipp", keine Haken

2. Ghaddaffi grüßt Kreisky **8-/8 ✱✱** Schöne Wandkletterei (Gruber, Holy)
3. Radarfalle **8+ ✱✱** Unten **6+/7- ✱** Oben komisch (Schwammerlsepp)
4. Torturplatte **8- ✱** Üble Platte (Hacker)
5. Jagersimmerl **7-** Mies gesichert (Hacker)
6. Inox **8- ✱✱** Unten Platte, oben rau nach links, weite Abstände, alte Haken!
7. Alles ist möglich **8+ A0 ✱** Sauglatt vom 3. zum 4. BH, hier **A0**, sonst naja (Hacker, Hristovski)
8. Einstiegsvariante **7+** Splittrig (Hacker)
9. Husch, husch ins Körbchen **6+, 7, 5 ✱✱** Mit Bühlern gesichert, klassische Linie mit Quergängen, lohnend (Gruber, Holy)
10. Schneebergblick **7 ✱✱** Imposanter Rechtsquergang, mit Bühlern gesichert (Sperlich, Simek)
11. Helmatour **9+/10- ✱✱** Einstiegsboulder plus Rissspur (Helma)
12. Sepp Funghi **7+, 7, 9-, 7+, 7+ ✱** Fünf kurze Seillängen, gute Linie, gut gesichert – stellenweise leider sausplittrig - schade, unten tw. gemeinsam mit 13. (Schwammerlsepp)
13. Angriff Rrrt **7 ✱** Im Vorstieg erstbegangen, ältere Haken, mündet nun in 12. (Tenschert, Fischer, Trawnicek)
14. Fledermausdach **8+, 7-, 7- ✱✱✱** Imposante, abwechslungsreiche Route mit alpinem Touch, gut gesichert, oben saniert (Bauer oder Simek?)
15. Helmatour **9+ ✱✱✱** Harte Verschneidung, derzeit oben kein Stand, zu 14. ausweichen! (Helma)
16. Projekt
17. Dach überm Kopf **6, 6+, 7+ ✱✱** Abwechslungsreiche, steile Kletterei, mit Bühlern gesichert, oben eine ungute Stelle (Gruber, Holy, Gauster)

17a. Bolschewik **7** Kühne Route, fast kein Material vorhanden, nach der Verschneidung von 17. nach links, oben in der Platte Route 17. nach rechts kreuzen, nicht mehr begangen! (Sperlich, Hristovski)

Hausstein

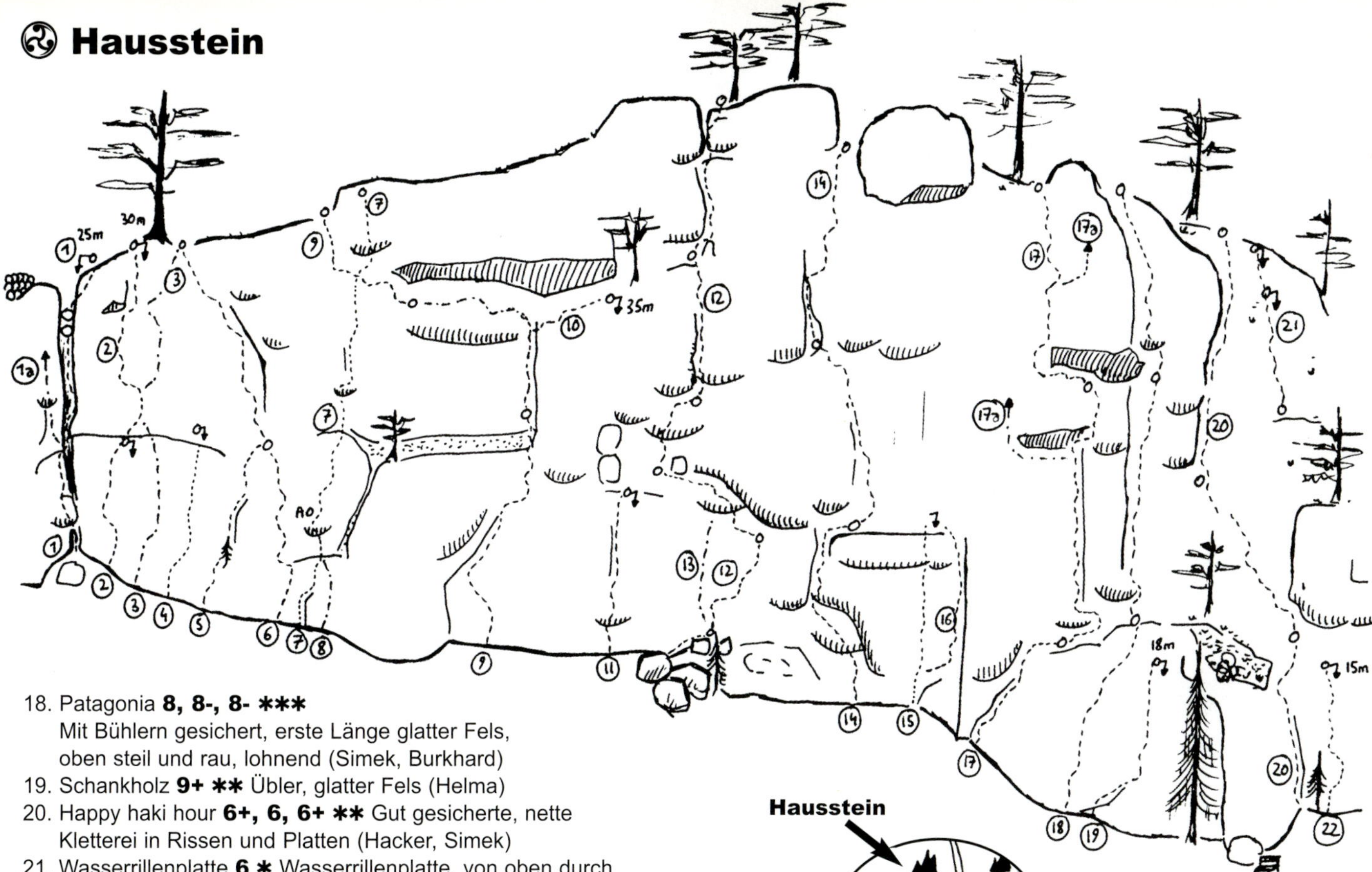

18. Patagonia **8, 8-, 8- ✱✱✱**
    Mit Bühlern gesichert, erste Länge glatter Fels, oben steil und rau, lohnend (Simek, Burkhard)
19. Schankholz **9+ ✱✱** Übler, glatter Fels (Helma)
20. Happy haki hour **6+, 6, 6+ ✱✱** Gut gesicherte, nette Kletterei in Rissen und Platten (Hacker, Simek)
21. Wasserrillenplatte **6 ✱** Wasserrillenplatte, von oben durch Abseilen zu erreichen, naja (Hacker)
22. Baumblade **7- ✱** Wackelige Wandkletterei, weiter gesichert und alte Bolts (Simek)

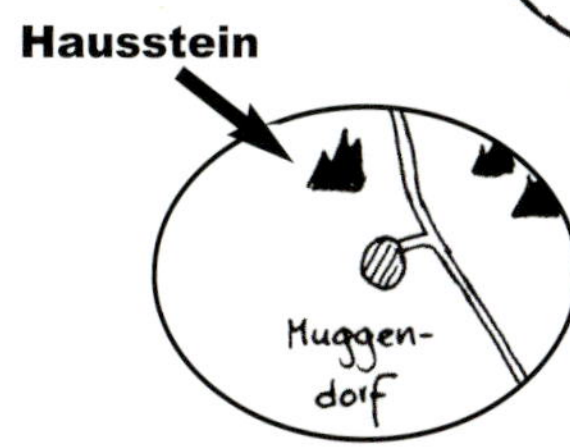

Hirschwände klassisch: "Klassischer Riss", 6, Sektor Linksaußen

Hirschwände

Lage: S **Höhe:** bis ca. 70m

p pp

Besonderes: Anspruchsvolle Absicherung, teilweise auch noch altes Hakenmaterial. In Kombination mit der oft diffizilen Plattenkletterei ergibt dies moralisch wertvolle, spannende Routen.

Mächtig thronen die Hirschwände ober den romantischen Myrafällen, südseitig gelegen, mit gar nicht langem Zustieg. Trotzdem wurde nie ein Modeklettergebiet daraus, und das ist durchaus gut so.
Platten mit runden Löchern, steile Wände mit Auflegern – ein optimales Betätigungsfeld für Christian Enserer, der sich den Hirschwänden hingebungsvoll widmete und höchst anspruchsvolle, weit gesicherte Routen erschuf. Mittlerweile sind eine Menge Routen mit Klebehaken saniert, die Abstände dazwischen wurden aber nicht kleiner – somit sind die Hirschwände nach wie vor ein interessanter Abenteuerspielplatz, abseits der 0815-Normsportkletterrouten. Und hoffentlich bleiben sie es auch.

Zufahrt:
ÖV: Siehe Hausstein. Mühsam.
PKW: Wie zum Hausstein. Wo die Straße nach Muggendorf abbiegt, gerade weiter. Rechts der Straße eine Wiese, wo die Wiese endet (Trinkbrunnen) befindet sich links der Straße in der Kurve ein Parkplatz.

Zugang:
Links der Wiese auf Wegspur gerade aufwärts zum Sektor Rechtsaußen. Zu den weiteren Sektoren siehe Skizze (5-15min).

Hirschwände Übersicht

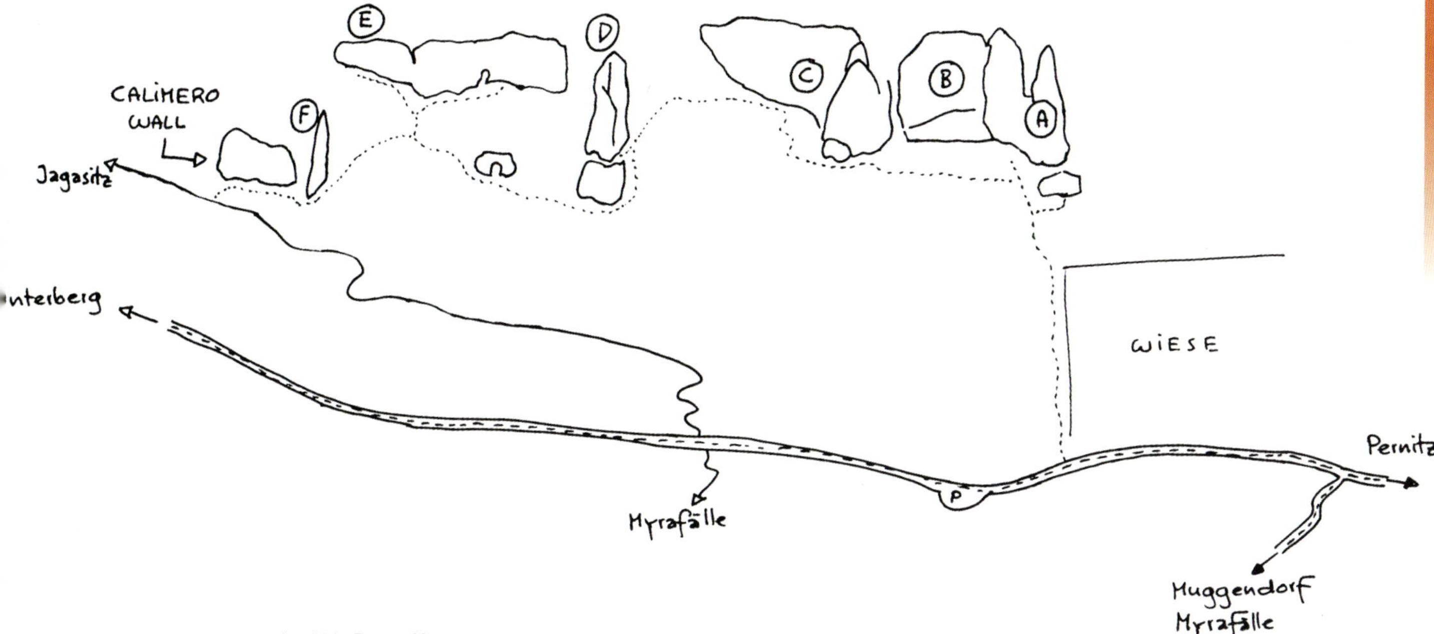

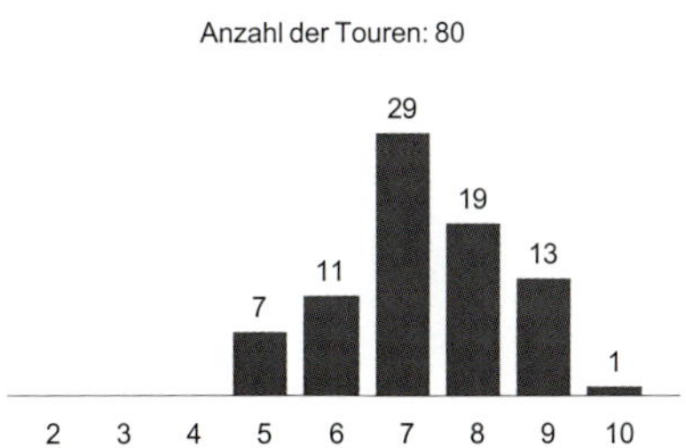

Sektor A – Rechtsaußen
Sektor B – Zentrum
Sektor C – Kulisse
Sektor D – Linksaußen
Sektor E – Linke Gamshöhlenwand
Sektor F – Messer

Calimero Wall siehe Seite 182

Hirschwände Sektor A – Rechtsaußen

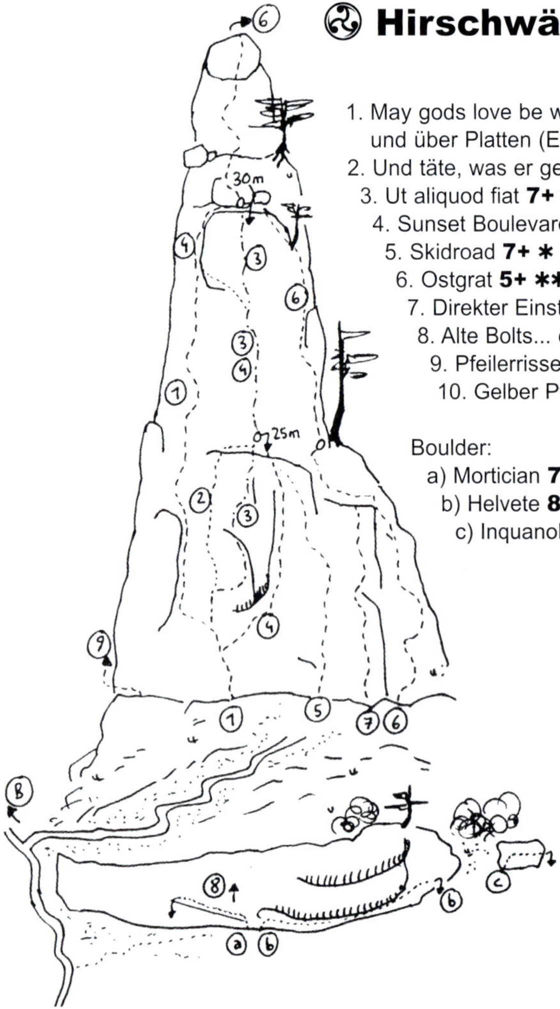

1. May gods love be with you **7+ ✱✱** Abwechslungsreiche, sehr lange Route in Rissen und über Platten (Enserer, Skone)
2. Und täte, was er gerne möchte **8+ ✱✱** Glatt (Enserer)
3. Ut aliquod fiat **7+ ✱✱✱** Gefinkelte Linie, oben anfangs gemeinsam mit 4. (Enserer)
4. Sunset Boulevard **7- ✱✱✱** Schöne, elegante Kletterei
5. Skidroad **7+ ✱** (Enserer)
6. Ostgrat **5+ ✱✱** Lohnend, nicht gerade übersichert, eventuell Keile mitnehmen
7. Direkter Einstieg **6 ✱** Moralisch
8. Alte Bolts... ca. **8**
9. Pfeilerrisse **6 ✱** Splittrig, Keile nötig
10. Gelber Pfeiler **6+ ✱** Unbedingt Keile mitnehmen, alpin!

Boulder:

a) Mortician **7+ ✱✱ sd** (Gruber)
b) Helvete **8+ ✱✱ sd** (Gruber)
c) Inquanok **7+ ✱** (Gruber)

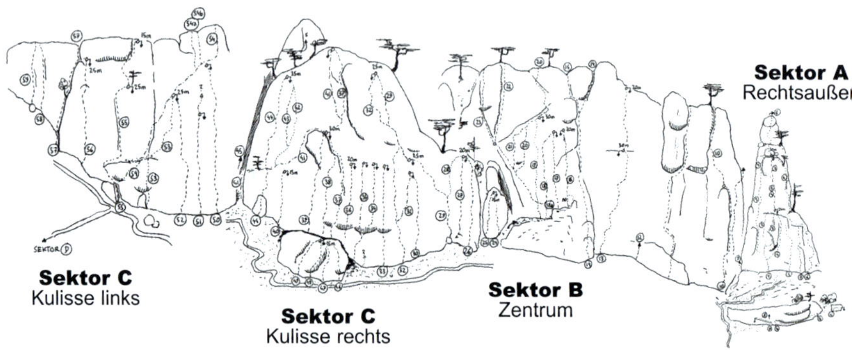

Hirschwände Sektor B – Zentrum

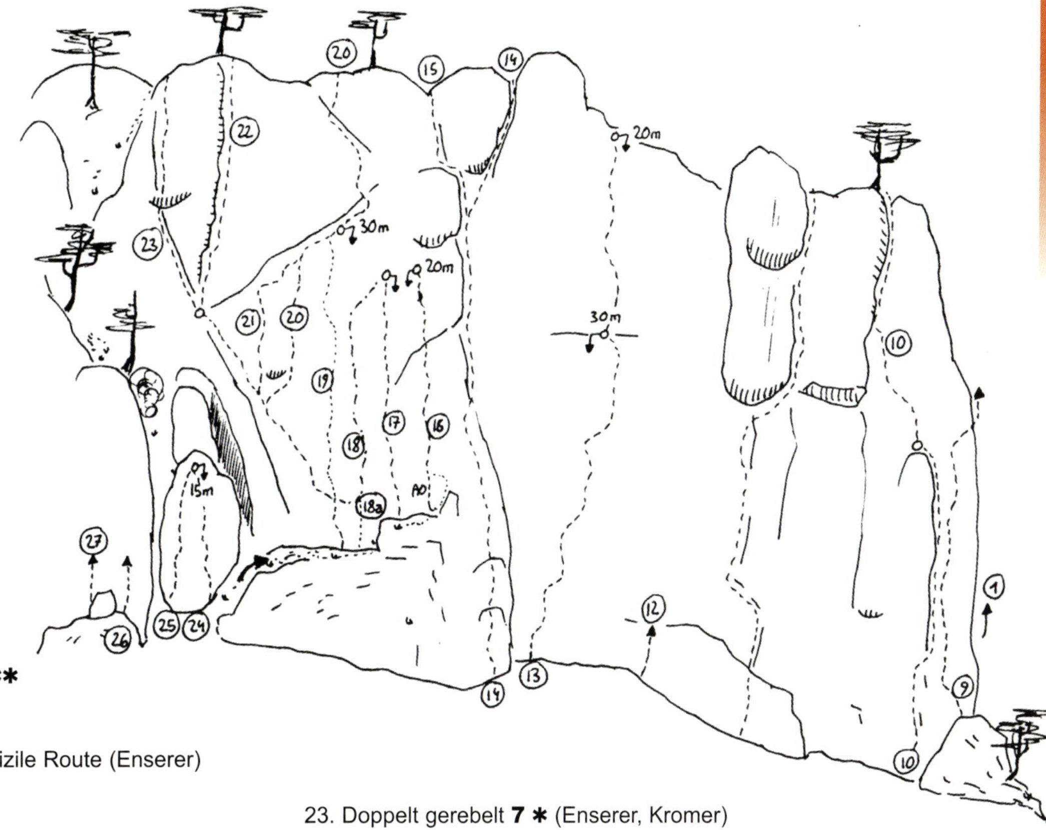

11. Zentralrisse **7+ ✱**
    Wilde Route, Keile nötig
    (Kromer, Skone)
12. ? **6, A2** Wild... (Bauer)
13. Die alten Wilden **7+ ✱✱**
    Gut gesichert, hübsche
    Kletterei trotz ein paar
    splittriger Stellen
    (Skone, Fessler)
14. Schluchtanstieg am Pfeiler **6**
    Besser nicht einsteigen, Keile
    (Skone, Kromer)
15. Waidmannsloch **7+**
    Ausstiegsvariante zu 14.
    (Skone, Enserer)
16. Calgonit Caddy **7+ A0 ✱**
    Am Einstieg A0 oder
    rechts herum (Enserer)
17. Desiderio desideravi **8+ ✱**
    Üble Plattenschleimerei
    (Enserer)
18. Les Petits Passent mal **7+/8- ✱✱**
    Plattenkletterei (Enserer)

18a. Direkter Einstieg **8**

19. Saxa Loquuntur **9-/9** Lange diffizile Route (Enserer)
20. Gucki Wucki **8- ✱✱** (Enserer)
21. Peinigl **8- ✱** (Enserer)
22. Gusch Krampen **6 ✱✱** Lohnender, steiler Riss,
    Keile mitnehmen (Enserer, Kromer)
23. Doppelt gerebelt **7 ✱** (Enserer, Kromer)
24. No way back **8+ ✱** Anspruchsvoll (Reicht)
25. Mach dich leicht **9 ✱** Etwas definiert (Reicht)

Hirschwände Sektor C – Kulisse rechts

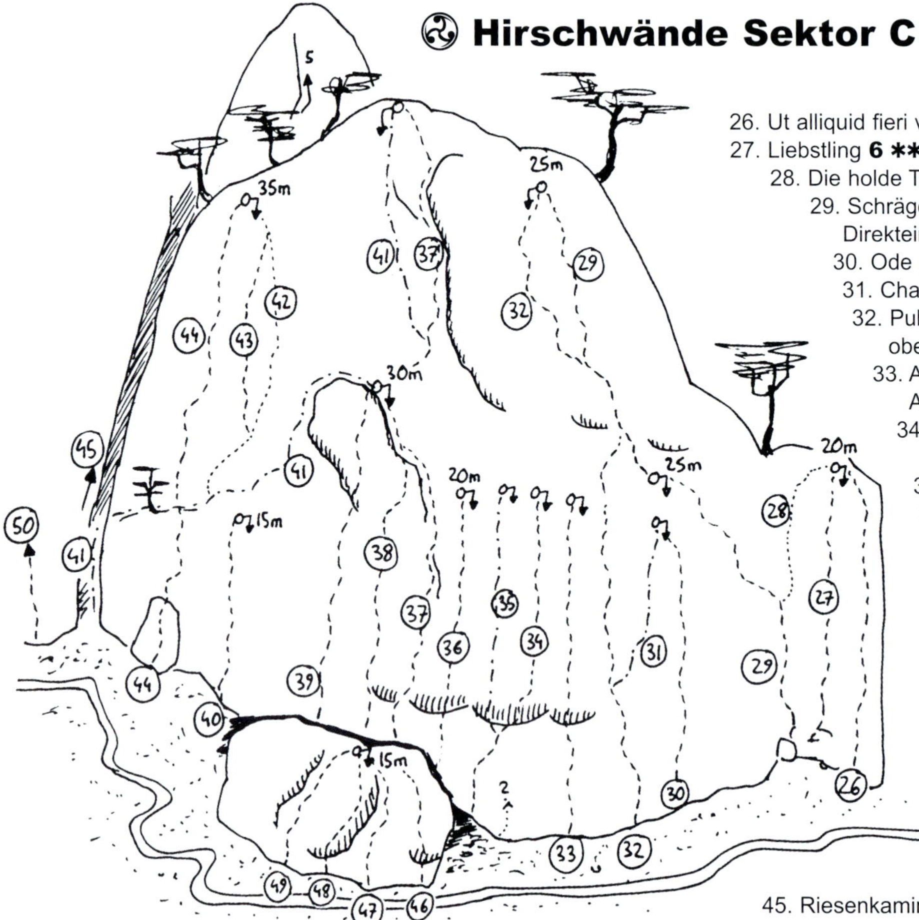

26. Ut alliquid fieri videatur **6 ∗∗** (Enserer, Reicher)
27. Liebstling **6 ∗∗∗** Peilsteinartige Platte, schön (Enserer, Reicher)
28. Die holde Täuschung **6+ ∗∗** (Enserer, Reicher)
29. Schräges Gelände **8- ∗∗∗** Diffiziler Klassiker (Enserer) Direkteinstieg: **8**
30. Ode profanum vulgos et arceo **9+ ∗∗** (Enserer)
31. Chaosgasse 92 **9 ∗∗** (Enserer)
32. Pulvis et umbra **9 ∗∗** Fast 50m lange Route, oben Griffausbruch – wie schwer? (Enserer)
33. Anarchoprak **9+/10- ∗∗∗** Anspruchsvolle Wandkletterei (Reicht)
34. Cierne dni **9+ ∗** Genial entlang der alten Technoroute (Würzl)
35. Procaine **10/10+ ∗∗∗** Helma)
36. Schnurzilein **8+ ∗∗** (Enserer)
37. Same player tries it again **7+ ∗∗∗** Risse und Platten, oben im ganz markanten Riss (Enserer)
38. Faites vous jeux **8+ ∗∗** (Enserer)
39. Strenger Aufriss **8- ∗** (Enserer)
40. Zaubernuss **8+ ∗** (Enserer)
41. Plattenspiele **7-** Komplizierte Linie... (Skone, Enserer)
42. Joyride **7+ ∗** Kurz aber schwerer Beginn (Enserer)
43. Joyfight **8 ∗** Links der BH von 42. (Enserer)
44. Originaltrick **8 ∗** (Enserer, Reicher)
45. Riesenkamin **5+ ∗** Dem markanten Kamin folgen, alpin!
46. Amasake **9+ ∗∗** Kurz aber anspruchsvoll (Dinse)

Hirschwände Sektor C – Kulisse links

47. Happy birthday Dr. Kromer **7+ ✱**
    Etwas splittrig (Kromer, Enserer)
48. Denken kannst da schenkn **8+ ✱✱**
    Gute Züge! (Enserer)
49. B-Boulder **8 ✱✱**
50. Singt mir ein Lied **9-/9 ✱** (Enserer)
51. Zwergenfalle **9+/10- ✱✱✱**
    Anspruchsvolle Wandkletterei (Enserer)
52. Immer nur lächeln **9 ✱✱**
    Für Plattentüftler! (Enserer)
53. Scherzpfeiferl **8-/8 ✱✱**
    Toller Beginn, diffizil an der Kante (Enserer)
54. Barbitour **7+ ✱** Zu Beginn fehlen die Bolts, kaum geklettert (Skone, Kromer)

54a. Variante **6- ✱**

54b. Variante **6 ✱**

55. Sonnendiagonale **7- ✱✱** Lohnend, Riss und Platte, eine der wenigen eng abgesicherten Routen hier (Skone, Hauger, Wohlschlag)

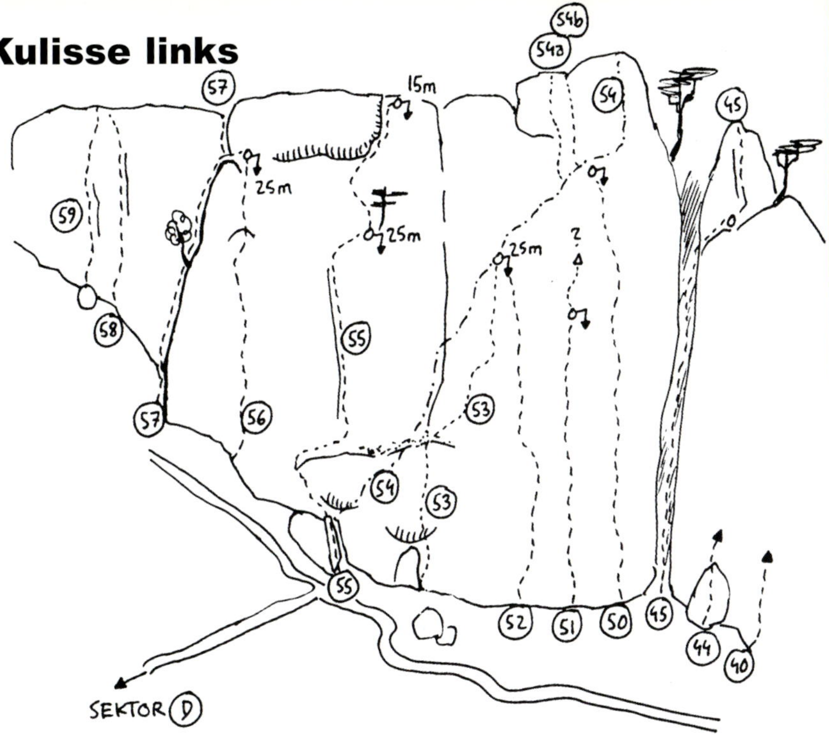

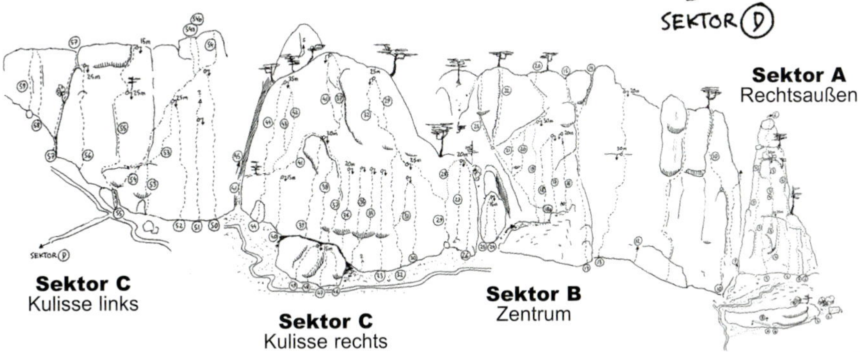

56. Sadistenbehelf **8+ ✱** (Enserer)
57. Semirough **5+ ✱** Geniale Schuppe – Keile brauchbar, entweder zum Abseiler von 56. queren oder noch weiter (Skone, Kromer)
58. Gomphidius **7** (Enserer, Reicher)
59. Moria **7-** (Enserer, Reicher)

Hirschwände Sektor D – Linksaußen

60. Henkelversprechung **8+ ✱✱**
    Wilde Auflegerkletterei (Enserer, Reicher)
61. Vivant sequentes **8 ✱✱**
    Erste Länge leicht, dann schöner Überhang (Enserer)
62. Sand in Sicht **5 ✱** Sehr kurz (Enserer)
63. Les petits riens **5+ ✱✱**
    Sehr kurze, hübsche Platte (Enserer)
64. Sternschnupperer **6+, 9- ✱✱✱** Erste Seillänge
    Verschneidung und Rampe nach links – Genuss,
    zweite Länge viel schwerer an Auflegern (Enserer)
65. Bröselmaier **5+ ✱✱** Kurze Platte (Enserer)
66. Klassischer Riss **6 ✱✱✱**
    Alpines Rissmonster, alte Haken, evtl. Keile,
    erste Seillänge unlohnend durch Dornenbusch,
    oben dann super – besser über 64. einsteigen
67. Scharfe Sache **7- ✱** (Enserer, Reicher)
68. Curettage a´vif **7+ ✱✱** Lohnend (Enserer)
69. I was net **7+ ✱✱** (Enserer, Reicher)
70. Nicht mein Problem **8 ✱** (Enserer, Reicher)

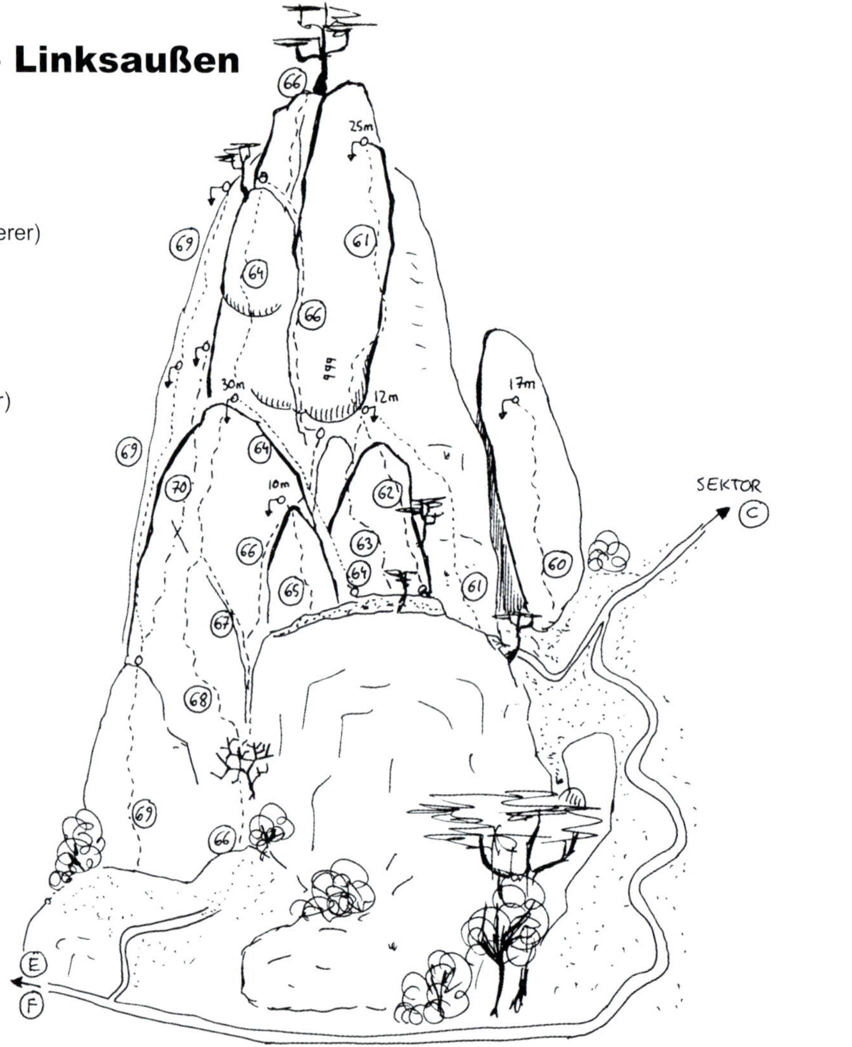

Hirschwände Sektor E - Linke Gamshöhlenwand

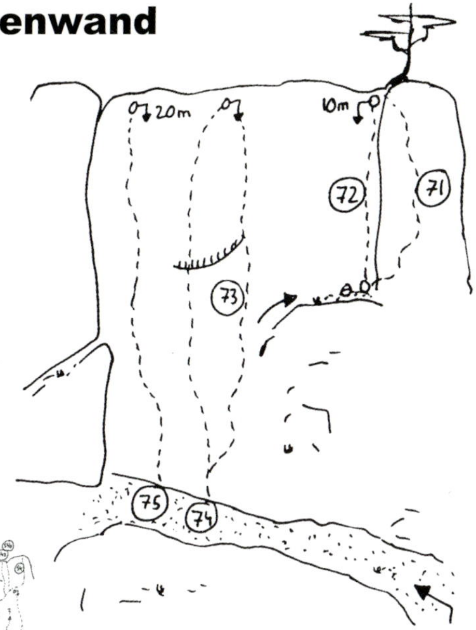

Kleine Gamshöhle
Zahlreiche, sehr gute Bouldermöglichkeiten in bestem Sinterfels, stark überhängend. Mit Pfeilen markierte Probleme.

Gamshöhlenwand
Den Bereich der Großen Gamshöhle meiden, keine Routen einbohren – Vogelschutz!

Sektor E - Linke Gamshöhlenwand

71. Bat bitch **7** (Jentzsch, Hacker)
72. Exit **5** (Jentzsch, Hacker)
73. Rap the rock **6+** (Jentzsch, Hacker)
74. Masterpiece **7** (Jentzsch, Hacker)
75. Dopingtest **7-** (Jentzsch, Hacker)

Zustieg zu 71. bis 75.:
Vom Sektor F steil rechts zur Gamshöhlenwand. Hier links auf ein Band und hinüber zum Wandfuß. Siehe Übersichtsskizze.

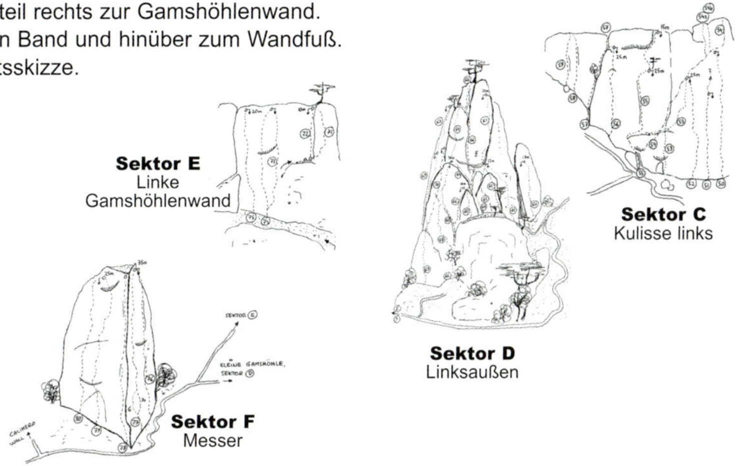

Hirschwände Sektor F – Messer

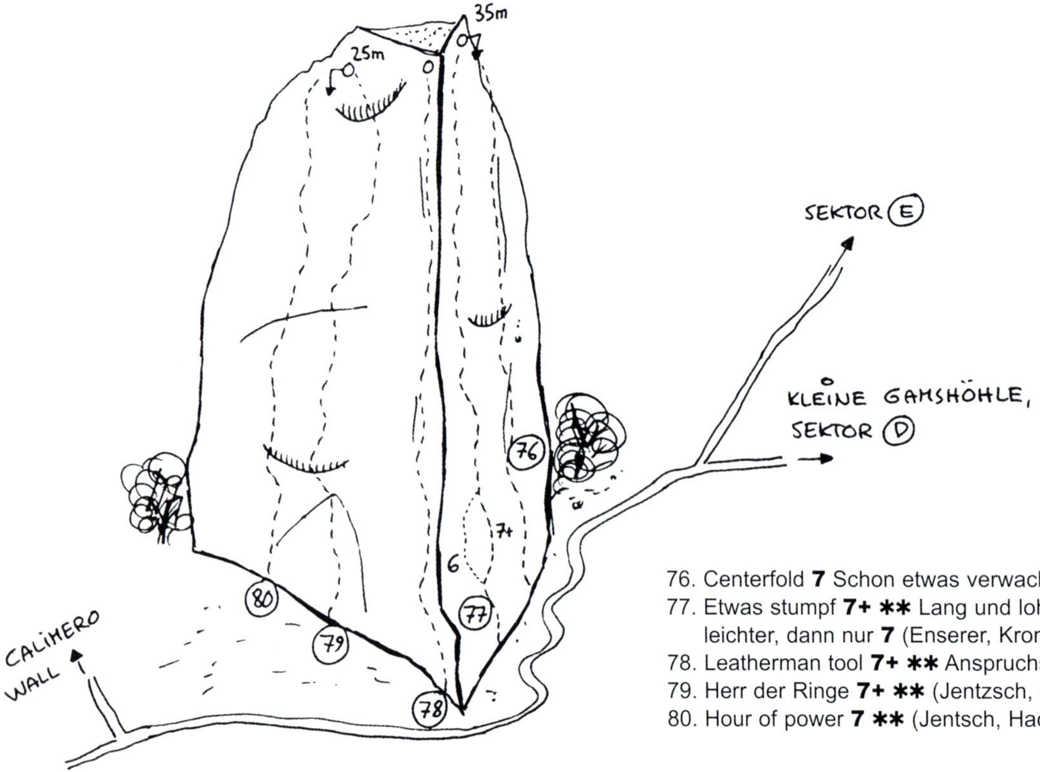

76. Centerfold **7** Schon etwas verwachsen (Enserer, Skone)
77. Etwas stumpf **7+ **** Lang und lohnend, Einstieg links leichter, dann nur **7** (Enserer, Kromer)
78. Leatherman tool **7+ **** Anspruchsvolle Kante (Simek)
79. Herr der Ringe **7+ **** (Jentzsch, Hacker)
80. Hour of power **7 **** (Jentsch, Hacker)

Kalkofen, Kraftwandl, Shadow Wall, Calimero Wall Übersicht

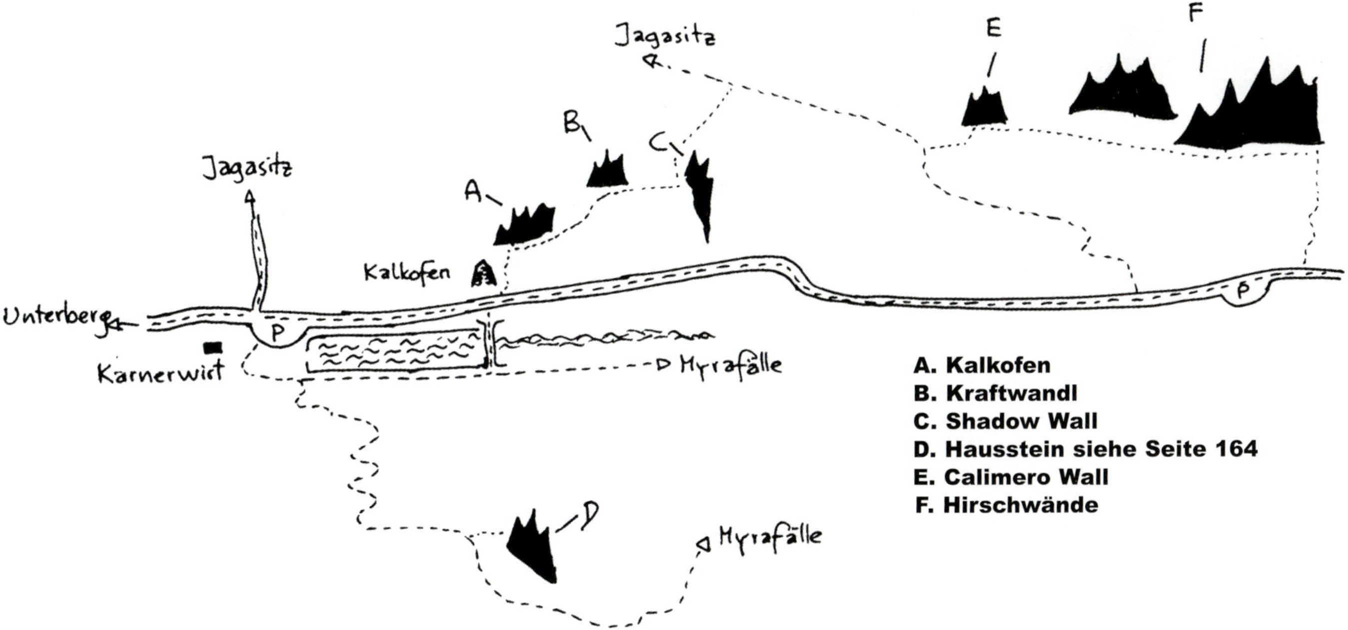

A. Kalkofen
B. Kraftwandl
C. Shadow Wall
D. Hausstein siehe Seite 164
E. Calimero Wall
F. Hirschwände

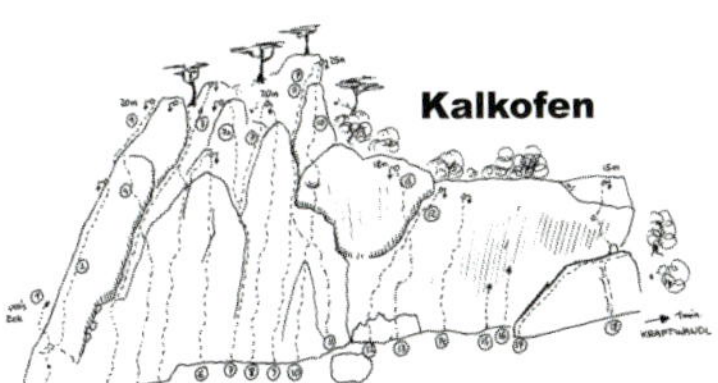

Kalkofen

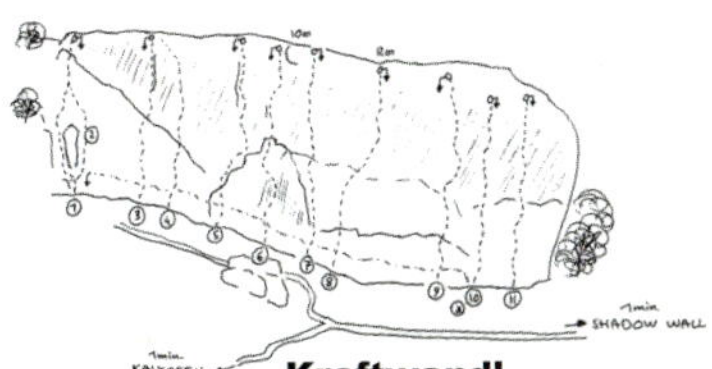

Kraftwandl

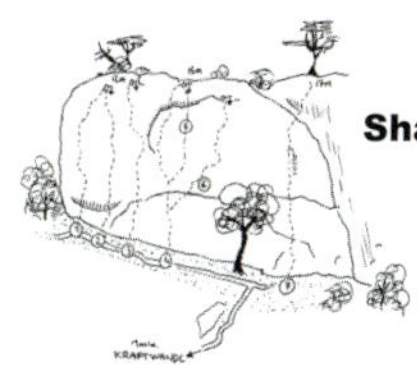

Shadow Wall

Genussklettern am Kalkofen, Maxi 5

Kalkofen

Lage: S **Höhe:** bis ca. 25m

ppp

Besonderes: Familienfreundlich, nicht zuletzt Dank des Spielplatzes in nächster Nähe, allerdings keine wirklich leichten Routen.

Die Plattenwand oberhalb eines ehemaligen Kalkofens, gleich neben der Straße, einem kleinen Stausee und einem Kinderspielplatz und in Nähe der romantischen Myrafälle gelegen, bietet schöne Klettereien, bei denen auch das Gleichgewicht eine gewisse Rolle spielt. Neuerdings komplett saniert, werden sich auch diejenigen wohlfühlen, die von der Absicherung der benachbarten Hirschwände abgeschreckt hierher flüchten...
Alle Routen stammen von Christian Hacker, den Jentzsch-Zwillingen und Martin Simek.

Zufahrt:
ÖV: Siehe Hausstein, mühsam.
PKW: Siehe Hausstein.

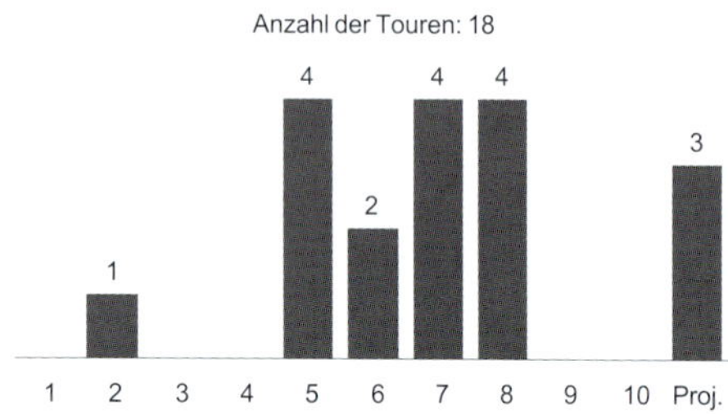

Zugang:
Vom Parkplatz kurz die Straße zurück. Bei der Staumauer links der Straße ein ehemaliger Kalkofen, gleich dahinter die Wand. Direkt beim Kalkofen nur begrenzte Parkmöglichkeit (3min vom „Karnerwirt"-Parkplatz).

Kalkofen

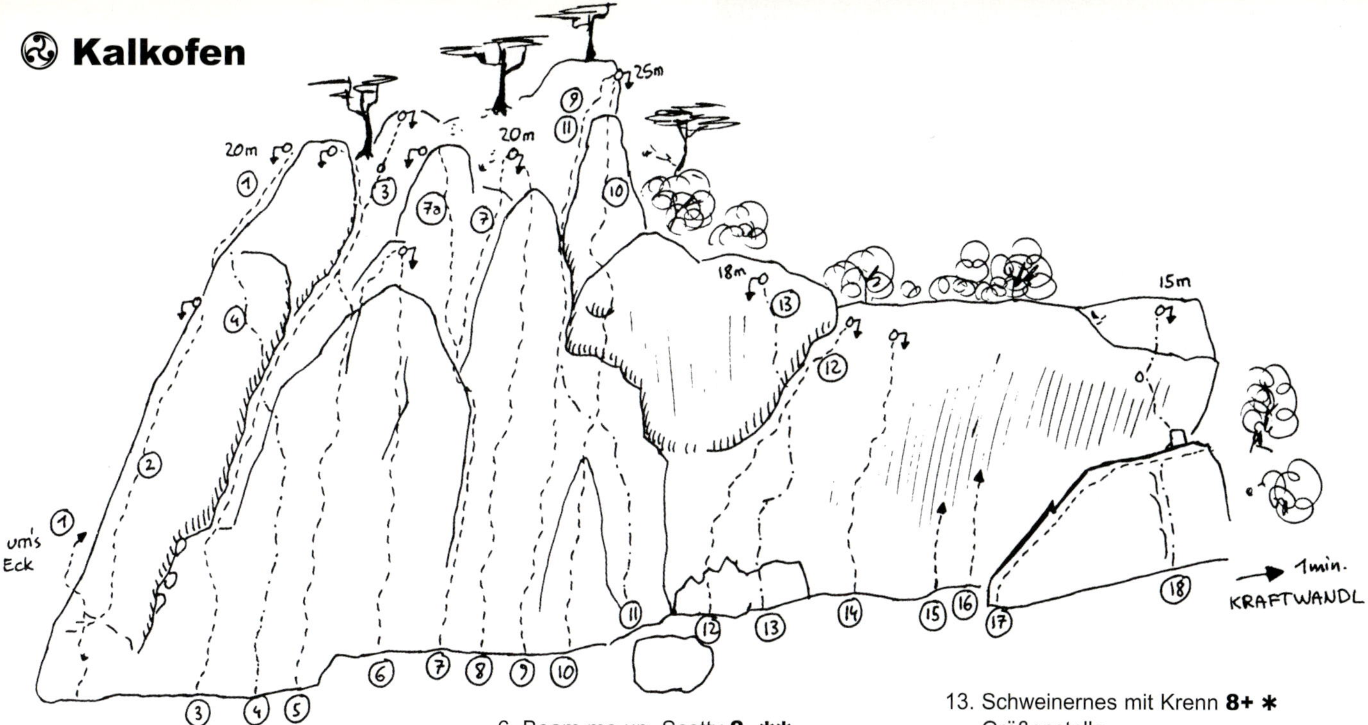

1. Krabblplatte **5- ✱**
   Nette, leichte Route ganz links
2. Schinifix **7/7+ ✱✱** Die Kante als Hangelkante verwenden
3. Todesverschneidung **5 ✱✱**
   Trotz des Namens schön
4. Chalking heads **7 ✱✱** Kreuzt oben 3.
5. Bluff **7 ✱✱**

6. Beam me up, Scotty **8- ✱✱**
7. Ofenverschneidung **6- ✱✱✱**
   Elegante Kletterei

7a. Variante **5 ✱✱** Toller Fels

8. Ofenkante unten **7- ✱✱** Oben variiert die Schwierigkeit je nach Griffwahl
9. Riss mit Biss **6 ✱✱** Lohnend!
10. Kalkbrand **8+/9- ✱✱**
    Unten diffizil, oben brachial
11. Maxi **5 ✱✱**
12. Morizi **8 ✱** Eigenartig
13. Schweinernes mit Krenn **8+ ✱**
    Größenstelle
14. Projekt
15. Projekt
16. Projekt
17. Schattengrat **2 ✱** Lustig
18. Genocid Commando **8+/9- ✱✱**
    Witzige Route, oben Überhang mit Auflegern

Meerschweine 7+, Kraftwandl

Kraftwandl

Lage: S **Höhe:** bis ca. 12m

ppp

Besonderes: Trotz der Südlage sehr schattig.
Nach Regen lange feucht.

Gleich neben dem Kalkofen liegt eine Wand mit komplett unterschiedlichem Charakter: Kurze, aber stark überhängende Kletterei dominiert hier, meist an guten Griffen. Wäre diese Wand 3-mal so hoch, wäre sie eine Topwand – so ists halt doch nur ein kleiner Klapf im Wald. Wer aber Überhänge mag und für richtige Ausdauerhämmer zu wenig Kraft hat, wird sich hier wohlfühlen. Alle Routen stammen von den Jentzsch-Zwillingen.

Zufahrt:
ÖV/PKW: Siehe Kalkofen.

Zugang:
Vom Kalkofen nach rechts aufwärts unter die Wand (1min).

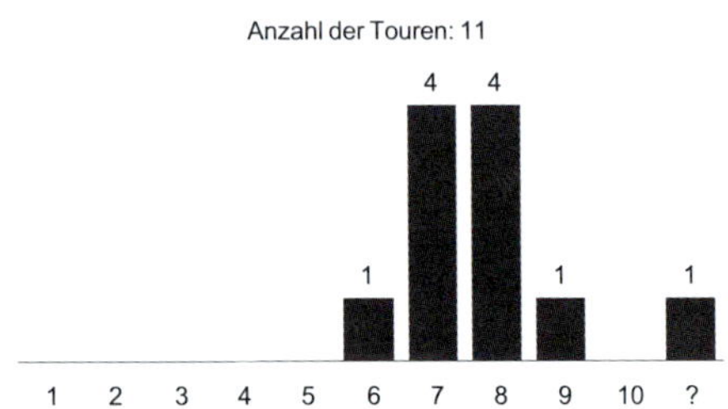

Kraftwandl

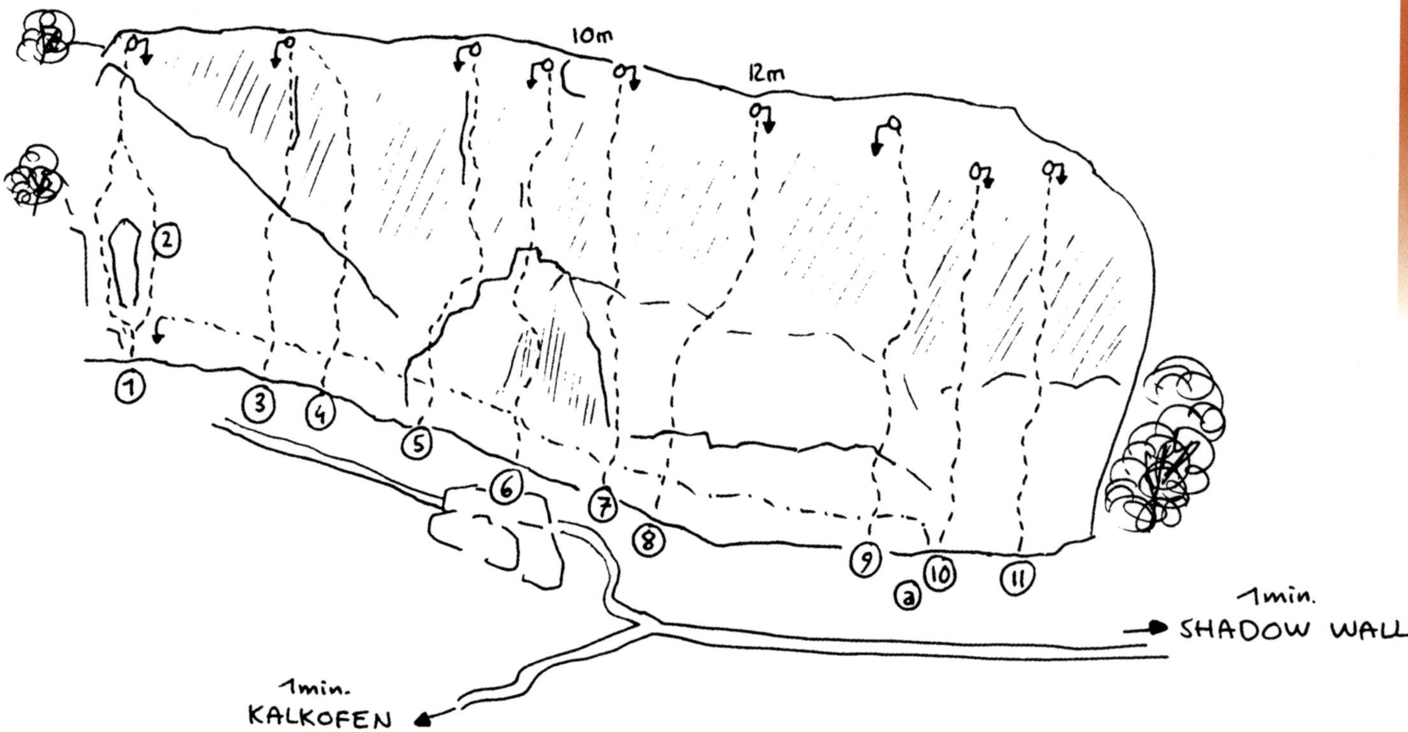

1. Nicht warum sagen **7-** Dreckig
2. Nicht verzagen **6+** Auch dreckig
3. Muggendance **7-/7 ✱** Risskletterei
4. Power control **8- ✱**
5. A Riss, der kana is ?
6. Meerschweine **7+ ✱✱** Kurz, gute Züge
7. Proteinminister **7+/8- ✱✱**
8. Ach wie gut, dass niemand weiß **9- ✱✱✱** Die beste Route hier, Schlüsselstelle ganz oben, leider oft nass
9. No pain, no game **8/8+ ✱✱** Schmerzhaft
10. Helmi **8 ✱**
11. Armzrock **8- ✱**

Boulder:

a) Geile Sau **8-/8 ✱** Quergang

Todesverschneidung 5, Kalkofen

Husch husch ins Körbchen 1. SL 6+, Hausstein

Shadow Wall

Lage: W **Höhe:** 17m

ppp

Besonderes: Nach Regen lange feucht.

Platten beim Kalkofen, Überhänge am Kraftwandl – nur eine Gehminute weiter gibts auch senkrechte Wandkletterei. Der Fels ist gut, teilweise glatt mit Auflegern, dann aber auch wieder überraschend rau. Die Routen wurden neuerdings saniert und sind bestens abgesichert, nur die ganz rechte Tour ist mit Vorsicht zu genießen.

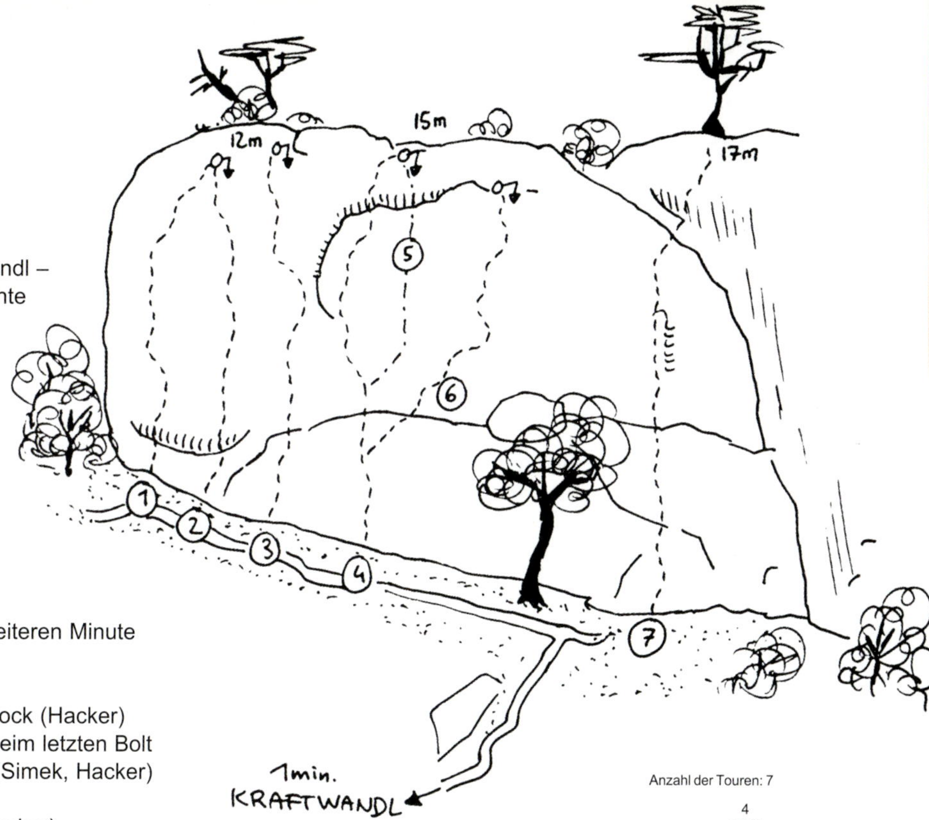

Zufahrt:
ÖV/PKW: Siehe Kalkofen.

Zugang:
Vom Kalkofen am Kraftwandl vorbei in einer weiteren Minute waagrecht nach rechts zur Shadow Wall.

1. Waldquelle **6+/7- *** Beim 2. Bolt lockerer Block (Hacker)
2. Nachtschattengewächs **7/7+ ***** Schön, beim letzten Bolt ohne die guten Griffe links schwieriger **(8-)** (Simek, Hacker)
3. Schattenspender **7- ****
   Versteckter Griff, unten Superfels (Simek, Hacker)
4. Schattenspiele **7+ **** (Reicher)
5. Shadow on the wall **9 **** Direkt klettern! (Bacher)
6. Schattendasein **7+ **** Hin und her... (Jentzsch, Hacker)
7. Balance of power ? Weit gesichert, die Sinterstange ist super, aber dann, rechts gäbe es Griffe...

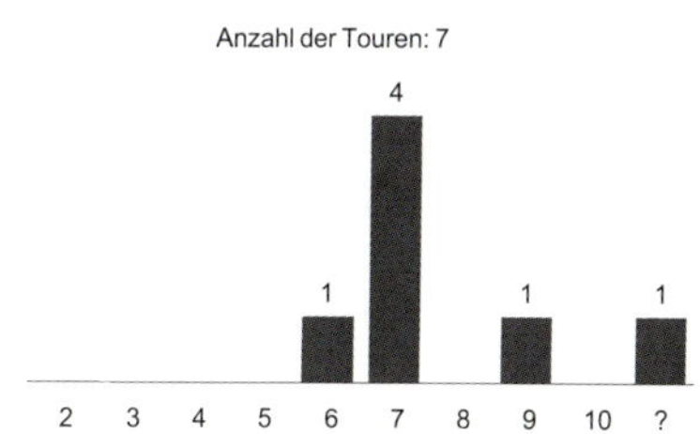

Calimero Wall

Anzahl der Touren: 12

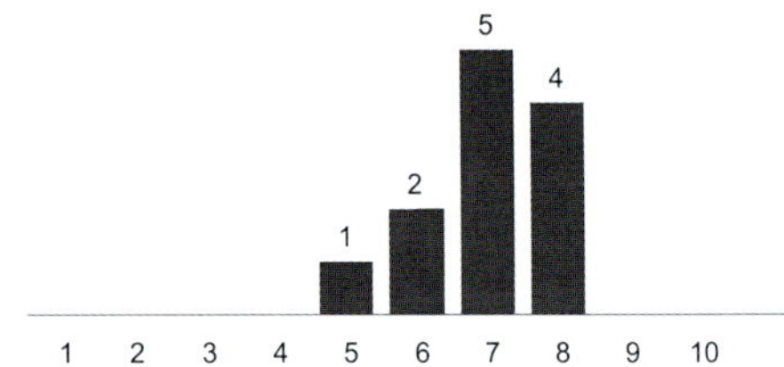

Lage: W **Höhe:** bis 28m

ppp

Besonderes:
Im linken Teil übles Einstiegsgelände.
Neulich erst saniert!

Eigentlich gehört dieser Fels ja noch zu den Hirschwänden, die eindeutig humane Absicherung schafft aber eine Abgrenzung zu diesen. Die Kletterei ist recht diffizil, der Fels eher glatt, die Besuche halten sich in Grenzen – so mancher Griff beherbergt wieder das eine oder andere Pflänzlein.

Zufahrt:
ÖV/PKW: Wie Hirschwände-Zugang. Vom Parkplatz in der Kurve ein Stück die Straße weiter, dann rechts (markiert) am Wanderweg Richtung Jagasitz. Der Weg führt zwischen Blöcken hindurch, bald danach berührt er den Wandfuß bei der Route „Hochzeitsnacht“ (10min).

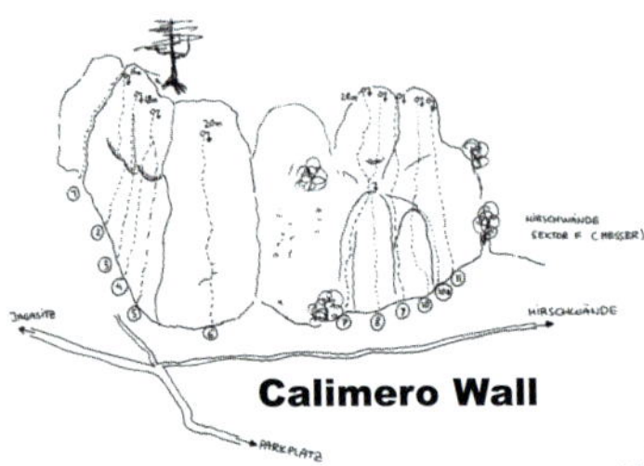

Calimero Wall

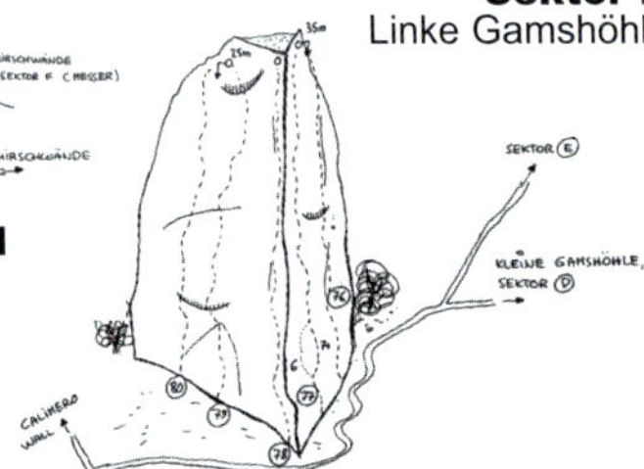

Sektor F
Messer

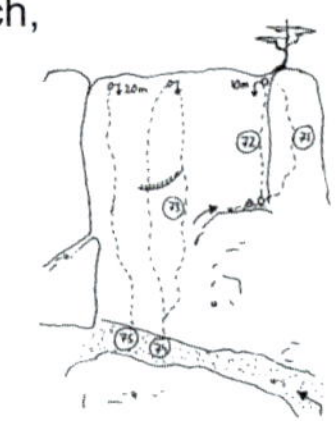

Sektor E
Linke Gamshöhlenwand

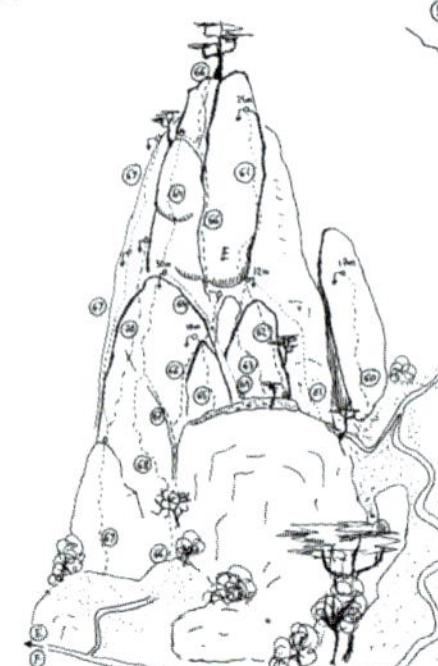

Sektor D
Linksaußen

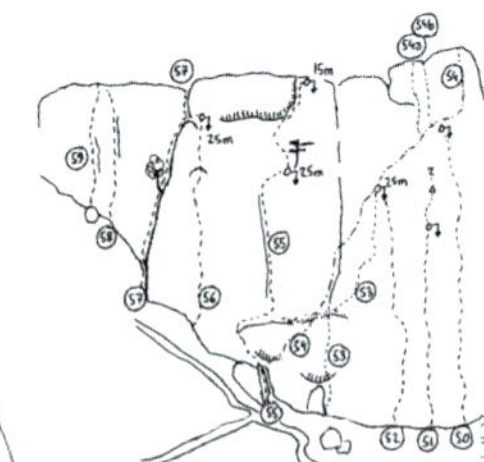

Sektor C
Kulisse links

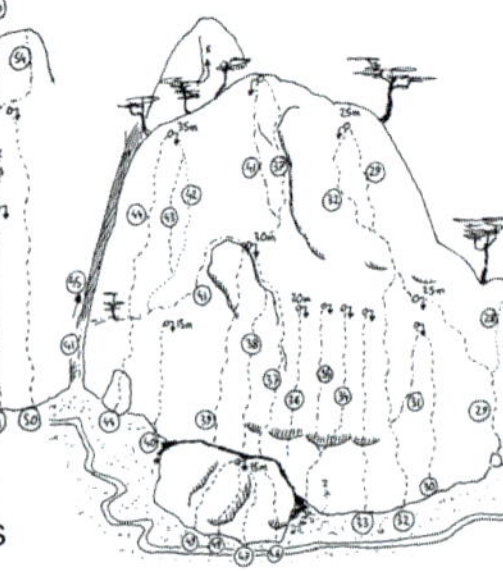

Sektor C
Kulisse rechts

Calimero Wall

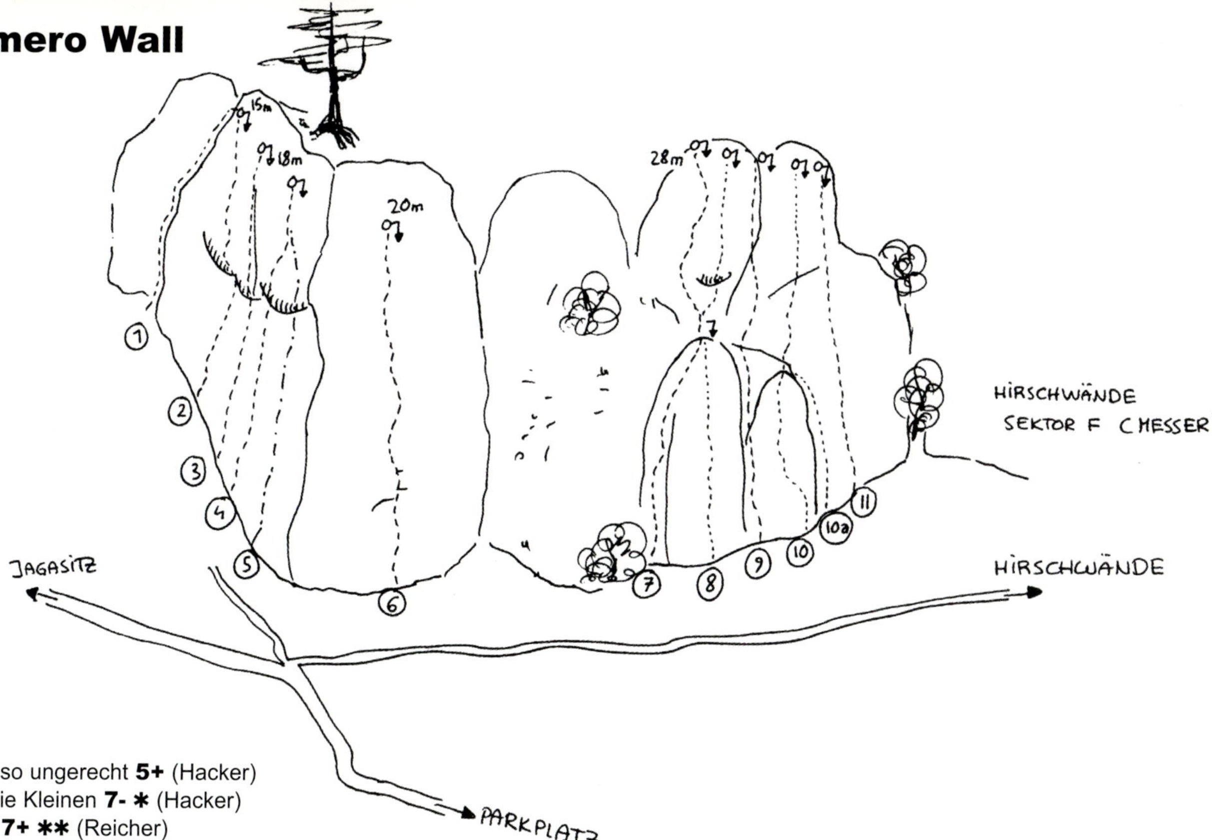

1. Die Welt ist so ungerecht **5+** (Hacker)
2. Immer auf die Kleinen **7- ✱** (Hacker)
3. Geistesblitz **7+ ✱✱** (Reicher)
4. Calimero **8+ ✱✱** (Reicher)
5. Hirschen und pirschen **8+ ✱✱** (Reicht)
6. Hochzeitsnacht **8- ✱✱** Direkt: **8+** (Kubista)
7. Trommelfell **6 ✱** (Hacker)
8. Bushsnake **7+ ✱✱** (Simek, Hacker)
9. Transkei **7+ ✱** (Simek, Hacker)
10. Draken direkt **8- ✱** Definiert
10a. Draken rechts **7** (Simek, Hacker)
11. Soweto **6+ ✱** (Simek, Hacker)

Fischauer Berge Übersicht

Die Fischauer Berge bestehen aus einer Hügelkette, welche der viel mächtigeren Hohen Wand vorgelagert ist. Die sanften Steigungen und die weiten Föhrenwälder laden zu netten Wanderungen mit schönen Blicken zu Schneeberg und zur Hohen Wand ein. Im Bereich des Finkenhauses fand man Keltengräber, und trotz der lieblichen Landschaft blitzen auch immer wieder Felsen aus dem dichten Wald. Der markanteste und auch größte von ihnen ist der Kollerturm, der schon 1905 bestiegen wurde und dessen Wände schon lange beklettert werden. Quasi ums Eck, ober der Prossetschlucht, findet man noch einige kleinere, aber felsqualitätsmäßig besonders schöne Felsmassive, die wesentlich seltener besucht werden. Wer auch immer hier unterwegs ist, sollte bedenken dass hier nicht nur seit Generationen geklettert, sondern dass auch schon seit Generationen gestritten wird ob man hier überhaupt kraxeln darf.

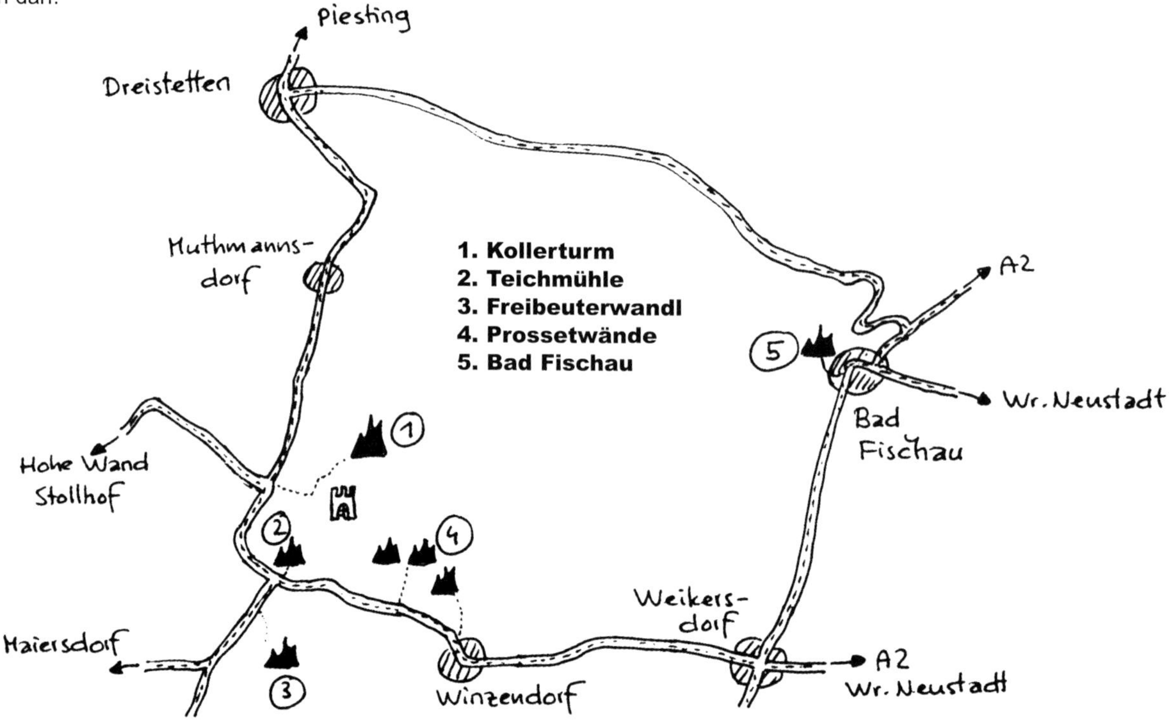

Kollerturm

Lage: W **Höhe:** bis 60m

p pp ppp

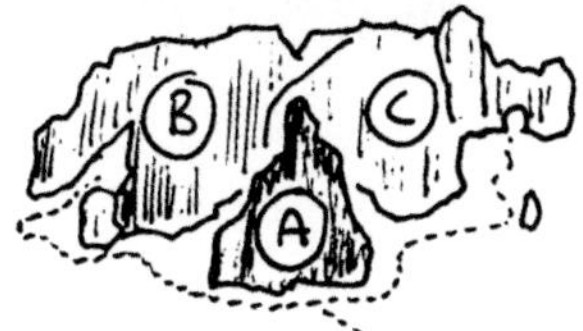

A. Kollerturm
B. Linke Kollerwand
C. Rechte Kollerwand

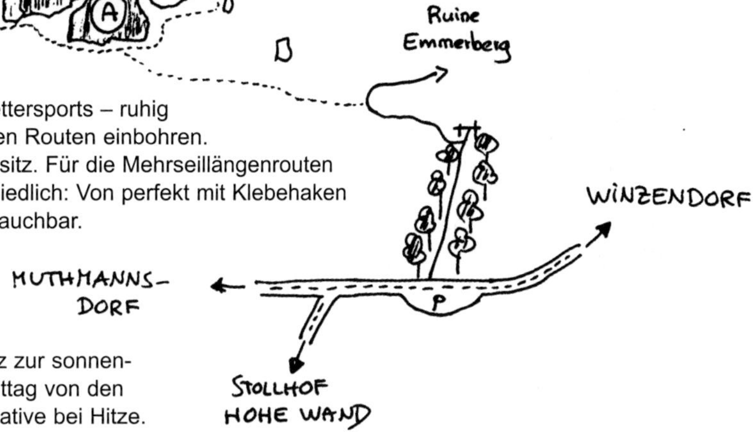

Besonderes: Der Grundeigentümer ist kein Freund des Klettersports – ruhig und vernünftig verhalten, keinen Mist hinterlassen, keine neuen Routen einbohren. Unbedingt an der Straße parken, die Allee ist bereits Privatbesitz. Für die Mehrseillängenrouten evtl. Helm empfehlenswert. Die Absicherung ist sehr unterschiedlich: Von perfekt mit Klebehaken bis zu nostalgisch mit Rostgurken. Für einige Routen Keile brauchbar.

Der Kollerturm und die dahinter aufragende Kollerwand sind altklassische Klettерreviere, aufgrund der geringeren Ausdehnung im Schatten der Hohen Wand stehend, aber trotzdem einen Besuch wert. Apropos Schatten, im Gegensatz zur sonnenexponierten Hohen Wand wird der Kollerturm erst am Nachmittag von den Sonnenstrahlen erreicht und ist somit eine interessante Alternative bei Hitze. Das Routenspektrum ist vielfältig, von der kurzen Sportkletterei über leichte, alpin angehauchte Mehrseillängenrouten bis hin zu langen Genussseillängen in den mittleren Graden ist alles vorhanden. Die Absicherung ist sehr unterschiedlich, von super bis schlecht, zuweilen fehlen auch Bohrhaken. Das Problem mit dem Grundeigentümer wurde bereits oben erwähnt, bitte vernünftig verhalten und keinen unnötigen Streit provozieren.

Zufahrt:
ÖV: Mit der Bahn von Wr. Neustadt Richtung Puchberg bis Winzendorf. Ab hier zu Fuß durch die Prossetschlucht, an der Teichmühle (Pizzeria) vorbei, der Straße weiter folgen bis zur markanten Allee.
PKW: Von der A2 in Wöllersdorf abfahren, Richtung Pernitz. Nach Piesting von der Schnellstraße links Richtung Hohe Wand abzweigen, durch Dreistetten und Muthmannsdorf hindurch. Ein Stück nach Muthmannsdorf zweigt rechts die Straße nach Stollhof und zur Hohen Wand ab. Gerade weiter und gleich rechts parken, gegenüber der markanten Allee.

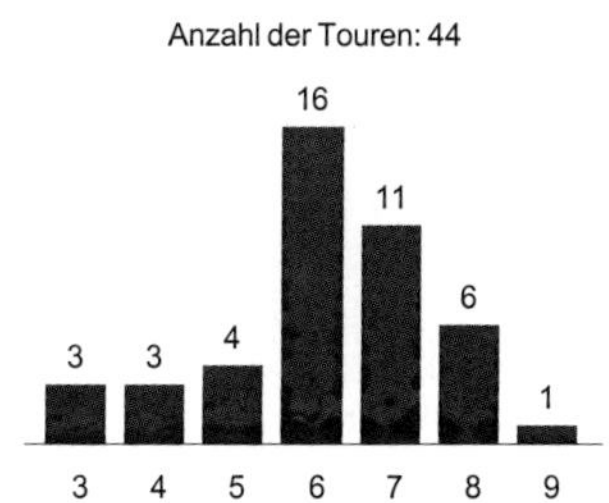

Zugang:
Die Allee aufwärts, an ihrem Ende beim Schranken und den vielen Verbotsschildern links am breiten Wanderweg weiter. In der ersten Kehre einem Steig direkt zu den Felsen folgen (10min).

Linke Kollerwand

1. ? **6** Alte Haken
2. Sportsman **8+ ✱✱**
   Diffizile, kleingriffige Route (Kosa)
3. Milchbubi **6- ✱✱**
   Nette Verschneidung (Pixner, Rahm)
4. Schnapserl **7 ✱✱** (Kosa)
5. Kleiner Dynamo **7+ ✱✱**
   Sanierte Kurzroute (Würzl, Hruby)
6. It´s bockbeer time **7 ✱✱**
   Kurz, nett, Grüße an Wolfi!
   (Fischer, Neuwirth)
7. Seibertsteig **3 ✱** Unten Kamin,
   oben unlohnend (Kralik)
8. Fritz Schneeweiß-Steig **6 ✱**
   Rauer Riss mit alten Haken
   (Dangl, Gruber)
9. Magnum **8+ ✱✱** Kurz, hart, einige
   Haken fehlen (Kosa)
10. Magnum Direkt **9- ✱✱** Oben fehlen
    Haken (Gansterer, Prenner)
11. ? **8- ✱** Kurze Einzelstelle (Müller)
12. Weiß wie Schnee **6- ✱✱**
    Lange, hübsche Route (Hacker)
13. Große Schlucht **3** Unlohnend, keine Haken
14. Hansis Linke **7+ ✱** Einige Haken fehlen (Müller)
15. Hansis Rechte **7 ✱** (Müller)
16. Revolution baby **7+ ✱**
    Weit abgesichert, anspruchsvoll, alte Haken
    (Würzl, Sinngraber)
17. Hallelujah **6+ ✱**
    Variante zu 16., ebenfalls anspruchsvoll (Würzl)
18. Zentralpfeiler **6+ ✱✱** Entlang der Goldringe den Pfeiler
    hoch (Behm, Karnthaler)
19. Oskarsteig **3, 3- ✱✱** Klassiker mit alten Haken,
    Keile und Schlingen brauchbar, 2 Seillängen

Kollerturm

Normalweg **4- ✱✱** Keine Skizze! Beginnt in der Scharte zwischen Wand und Turm, saniert. Aus der Scharte über eine kurze Wandstufe zu Riss und zu Baum auf Absatz. Dann links hinüber in einen steilen Riss, der direkt zum Gipfel führt. (Koller)

Abstieg vom Kollerturm:
Auf der Rückseite 20m in die Scharte abseilen.

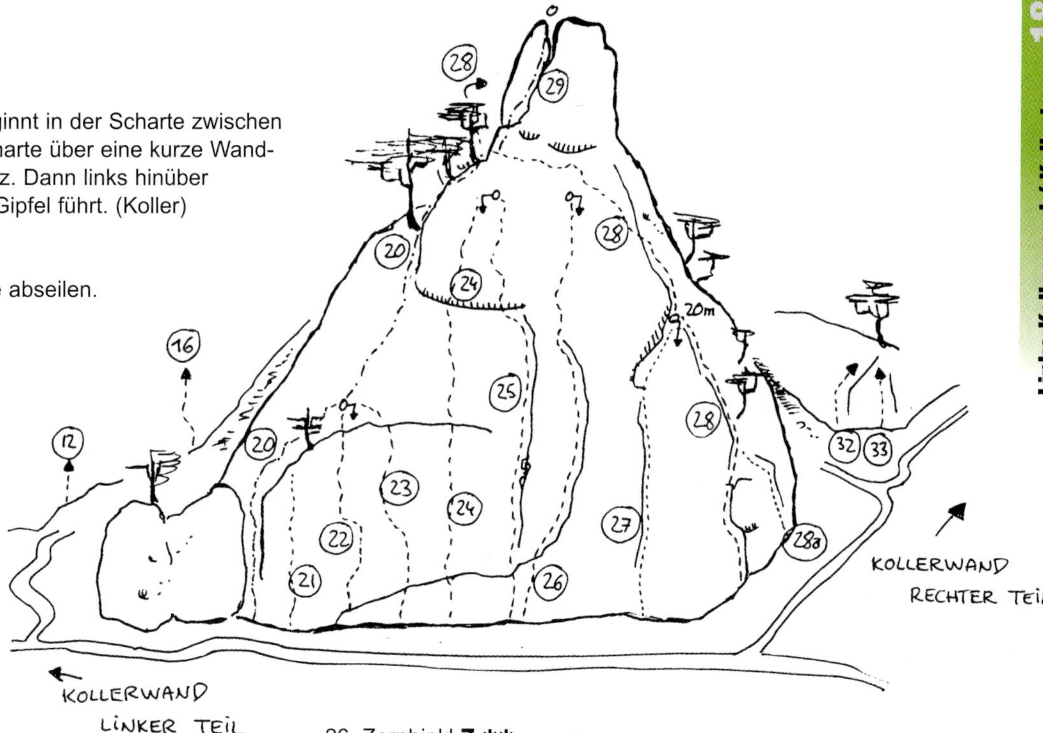

20. Nordostriss **6-** Keine Haken
21. Grammelriss **5+ ✱** Keine Haken!
22. Gössndibbl **8- ✱✱** Sehr kleingriffig, diffizil (Erbstein, Dinse)
23. Pussycat kill kill **8- ✱✱✱** Superfels!
    Kann oben über 24. weitergeklettert werden (Würzl, Hruby)
24. Doppelmalz **8 ✱✱✱**
    Sehr schön, vor allem unten Superfels (Erbstein, Dinse)
25. Karls 60er **7- ✱**
    Klassische Linie, aber ältere Haken mit weiteren Abständen
26. Zornbinkl **7 ✱✱**
    Schöne Kletterei, Schlüsselstelle oben (Erbstein, Dinse)
27. Speed **6 ✱✱** Sanierte, steile Risskletterei
28. Paulinensteig **4, 4 ✱✱✱** Schöner Klassiker in Rissen, dann waagrechte, luftige Querung unter der Kollerturm-Gipfelwand und ums Eck zum Normalweg, saniert (Grabner)

28a. H und T 6 **✱** Einstiegsvariante zu 28., keine Haken!

29. Direkter Turmausstieg **5 ✱✱** Steiler, etwas splittriger Riss am Ende der Querung von 28., saniert!

Rechte Kollerwand

30. Schnucktour **6-, 5+, 5- ✱✱**
    Nette Route mit drei kurzen Seillängen, schon etwas grasig, eventuell Keile (Behm, Karnthaler)
31. Vogelflug der Romantik **4+, 5- ✱✱**
    Zweigt nach der ersten Länge von 30. links ab, hübsche Route (Behm)
32. Sloggy **6-** Keilroute
33. Schloggy **5 ✱** Keilroute
34. Slogg **4+** Keilroute
35. Pank sei dank **6- ✱✱**
    Lohnende Platten- und Risskletterei (Behm)
36. Christhunt productions **7+ ✱✱✱**
    Sehr schöne, raue Kletterei (Libicky)
37. Perverted taste **4+ ✱✱** Nett, gutgriffig (Libicky)
38. Diagonalriss **6 ✱✱** Sanierter, steiler Riss
39. Stefankamin **6 ✱✱**
    Steile, lange Riss- und Kaminreihe, saniert
40. Försterzorn **7 ✱**
    Anspruchsvolle Risskletterei im oberen Teil! (Behm, Förster)

40a. Mandinka **8+ ✱**
    Schlecht gesicherter Riss mit Einzelstelle (Sinngraber)

41. Altpfeiler **6 ✱**
    Sehr schöne, steile, gutgriffige Kletterei, saniert, Vorsicht – 40m!
42. Ein Traum von Südland **6+ ✱**
    Sanierte, sehr schöne Kletterei direkt am Pfeiler, 40m! (Hacker, Burkhard)
43. No colours records **6- ✱✱** (Libicky)
44. Einsamer Christ im Kerker **7+ ✱✱** (Libicky)

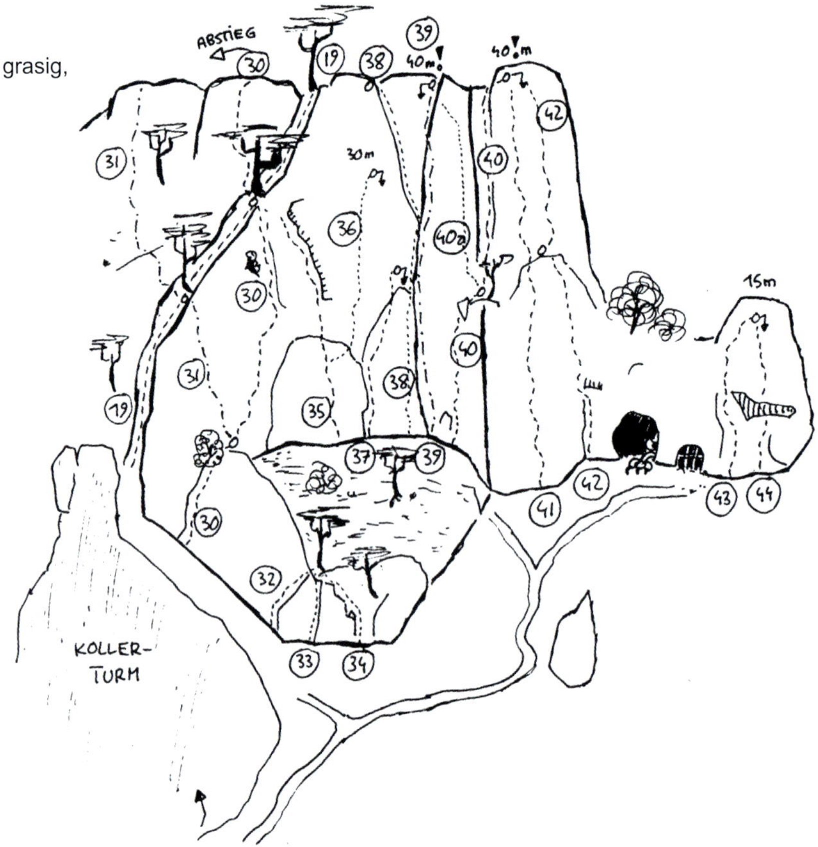

Keltenkalk 6+, Kleine Prossetwand

Teichmühle

Lage: SW **Höhe:** bis 18m

ppp

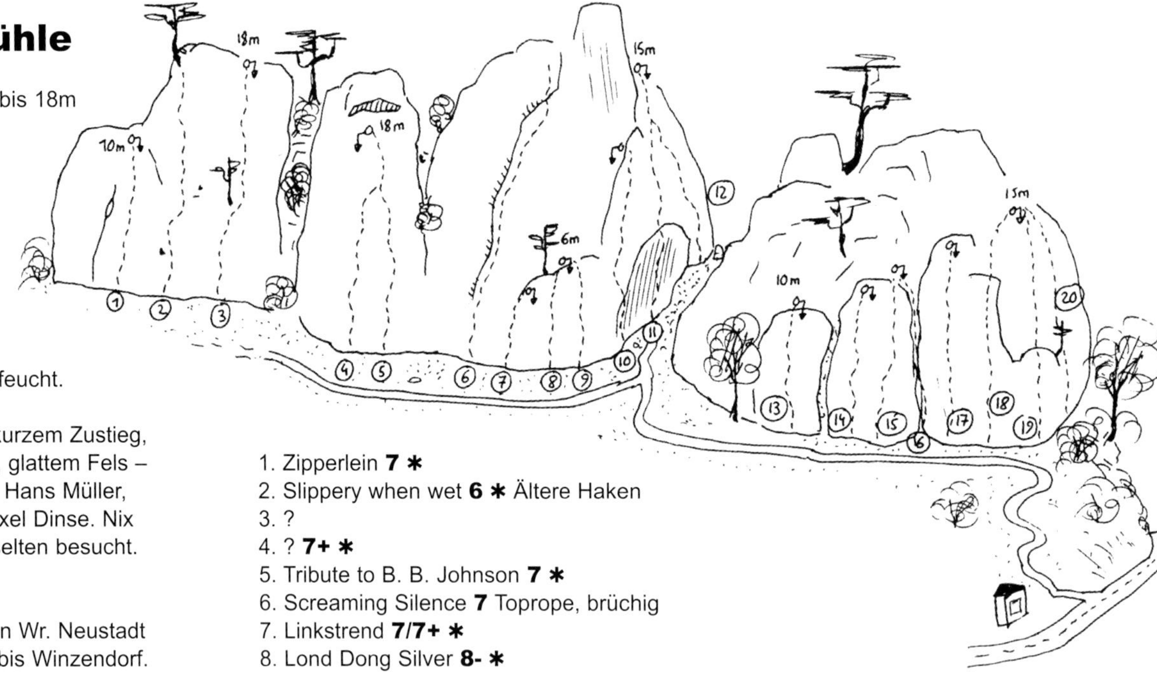

Besonderes:
Nach Regen länger feucht.

Kleines Massiv mit kurzem Zustieg, eher kurzen Routen, glattem Fels – fast alle Routen von Hans Müller, ein paar auch von Axel Dinse. Nix Aufregendes, eher selten besucht.

Zufahrt:
ÖV: Mit dem Zug von Wr. Neustadt Richtung Puchberg bis Winzendorf. Zu Fuß durch die Prossetschlucht bis zur Pizzeria.
PKW: Wie Prossetwand, weiter durch die Prossetschlucht Richtung Hohe Wand. Am Ende der „Schlucht" links Pizzeria und Parkplatz.

Zugang: Vom Parkplatz über die Straße zum Pumpwerk und auf Steiglein zur Wand (1min).

1. Zipperlein **7 ∗**
2. Slippery when wet **6 ∗** Ältere Haken
3. ?
4. ? **7+ ∗**
5. Tribute to B. B. Johnson **7 ∗**
6. Screaming Silence **7** Toprope, brüchig
7. Linkstrend **7/7+ ∗**
8. Lond Dong Silver **8- ∗**
9. Voi Mea **7/7+ ∗**
10. Ich und Er **8- ∗**
11. ? **8- ∗**
12. Alles Gute kommt von oben **5+ ∗**
13. Heavy Metal **7**
14. ? **7** Splittrig
15. Holzhacker **7/7+ ∗**
16. Styx **5 ∗** Keine Haken
17. Strohhalm **6+ ∗**
18. Glutmax **7- ∗** Direkt: **8**
19. Pectoralis **6+**
20. Greenpeace **5- ∗**

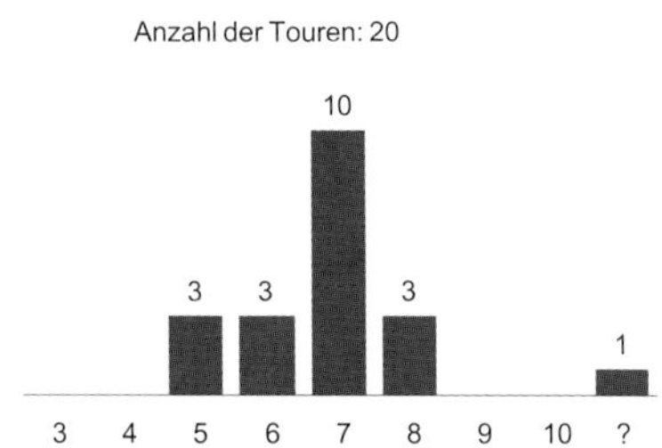

Freibeuterwandl

Lage: W **Höhe:** bis 40m

p pp

Besonderes: Zustieg nicht leicht zu finden. Ein etwas abenteuerlicher Kletter“garten“, Fels in den langen Routen nicht immer fest, grasig, weitere Abstände.

Ein sehr selten besuchter Fels, gar nicht so leicht zu finden, mit wenigen Routen.
Die Kurztouren rechts weisen kompaktes Gestein auf, die längeren Routen haben leicht alpinen Touch...
Für Einsamkeitsfanatiker und Leute, die abseits der Konsumrouten klettern wollen, durchaus einen Besuch wert, alle anderen sollten sich ein anderes Ziel suchen.
Alle Routen von den Pölzl-Brüdern.

Zufahrt:
ÖV/PKW: Wie Teichmühle, zur Pizzeria.

Zugang: Ein Stück auf der Straße Richtung Maiersdorf. Nach 100m eine Forststraße links hinein, in der ersten Kehre rechts auf einen markierten Weg. Diesen verfolgen, bei Weggabelung links (Karrenweg) und mehr oder weniger weglos, steil und mühsam, zum Fels empor (15min).
Siehe Skizze Prossetwand nächste Seite.

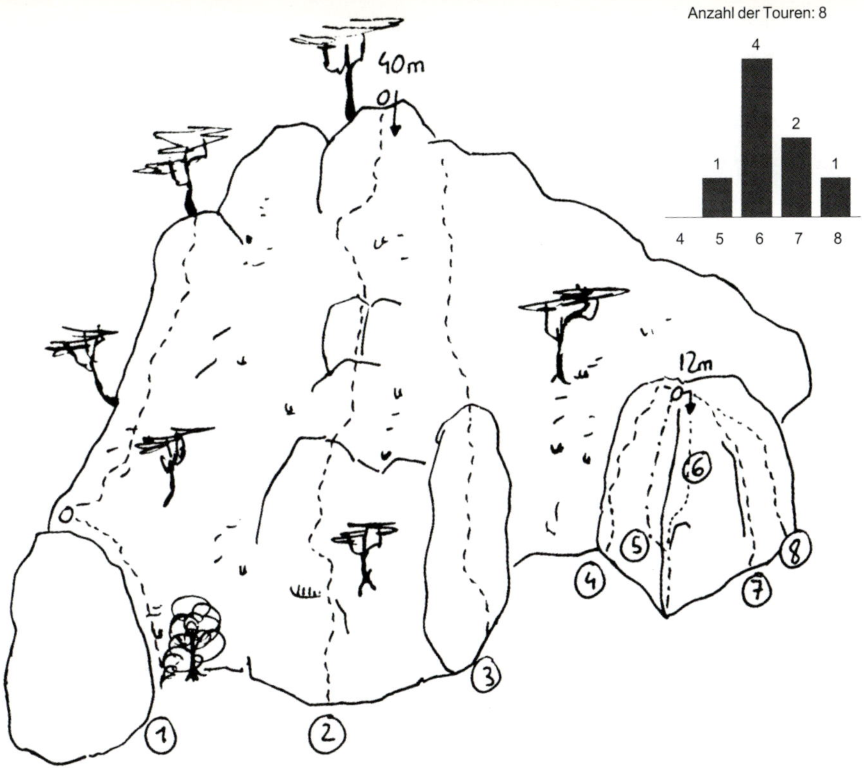

1. Henry Morgan **6** Verwachsen, einige Bolts
2. Für eine Hand voll Dublonen **6+ ✱**
   Lang, Bolts in weiten Abständen, nicht immer fest
3. Brüder der Küste **6 ✱** Nach oben hin leichter und verwachsen
4. ? **6+ ✱** Nett
5. Sanfte Brise **8- ✱✱** Einzelstelle, fester Graukalk
6. Flying Touchmen **7/7+ ✱✱**
7. Schrecklicher Sven **5+ ✱**
8. Captain Sensible **7**

Prossetwände

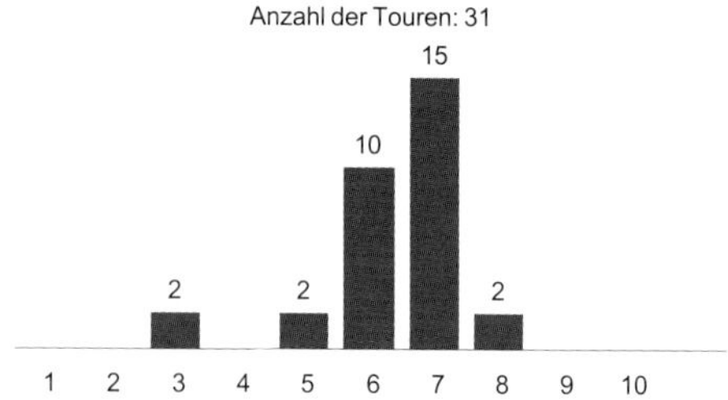

Lage: S **Höhe:** 10-30m

ppp

Besonderes: Die Felsen befinden sich auf Privatgrund, bitte um vernünftiges Verhalten. Keine neuen Routen einbohren!!! Kletterverbot von November bis März.

Hoch ober der Prossetschlucht liegen einige Wände im dichten, dornigen Unterholz versteckt, die einige Edelsteine an Routen beherbergen. Die Felsqualität ist stellenweise wirklich exzellent, Tropflöcher erinnern an Urlaube in Südfrankreich. Die eigentliche Prossetwand, schon seit langem eingebohrt, wird öfters besucht, die Wände links und rechts davon sind noch ziemlich unbekannt. Dies mag am zwar kurzen, aber trotzdem steilen und mühsamen Zustieg liegen.
Achtung: Diese Felsen liegen – ebenso wie der Kollerturm – auf Privatgrund. Der für dieses Gebiet zuständige Förster ist Kletterern gegenüber nicht sehr freundlich gesinnt. Deshalb: Ruhig und vernünftig sein, kein Lärm, kein Mist, kein falsches Parken, keine weiteren Routen einbohren, Kletterverbot November bis März.

Zufahrt:
ÖV: Von Wr. Neustadt mit dem Regionalzug Richtung Puchberg bis Winzendorf.
PKW: Von der A2, Abfahrt Wr. Neustadt-West nach Winzendorf. Im Ort, beim Bahnübergang, rechts Richtung Hohe Wand. Gleich danach der Gasthof „Highlander" bzw. die Westernstadt, großer Parkplatz.

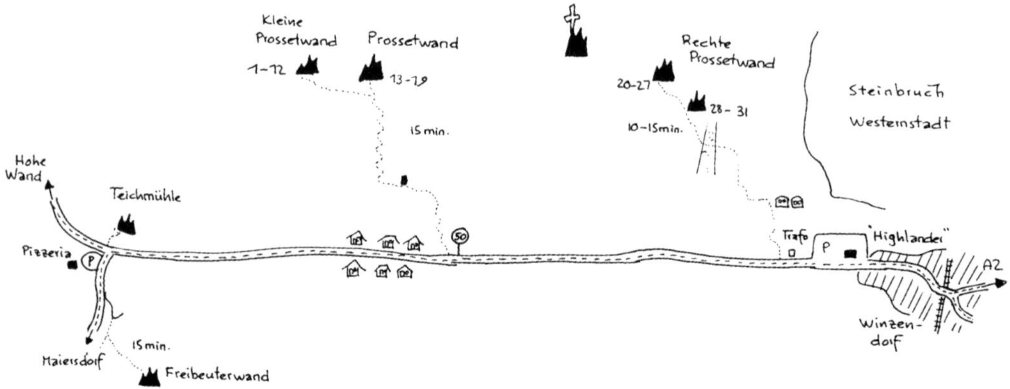

Zugang:
Vom „Highlander" die Straße weiter verfolgen in die Prossetschlucht.
Weiterer Zugang zu den einzelnen Sektoren siehe Skizze (ca. 15min, steil).
NICHT bei den Häusern in der Prossetschlucht parken!

Kleine Prossetwand

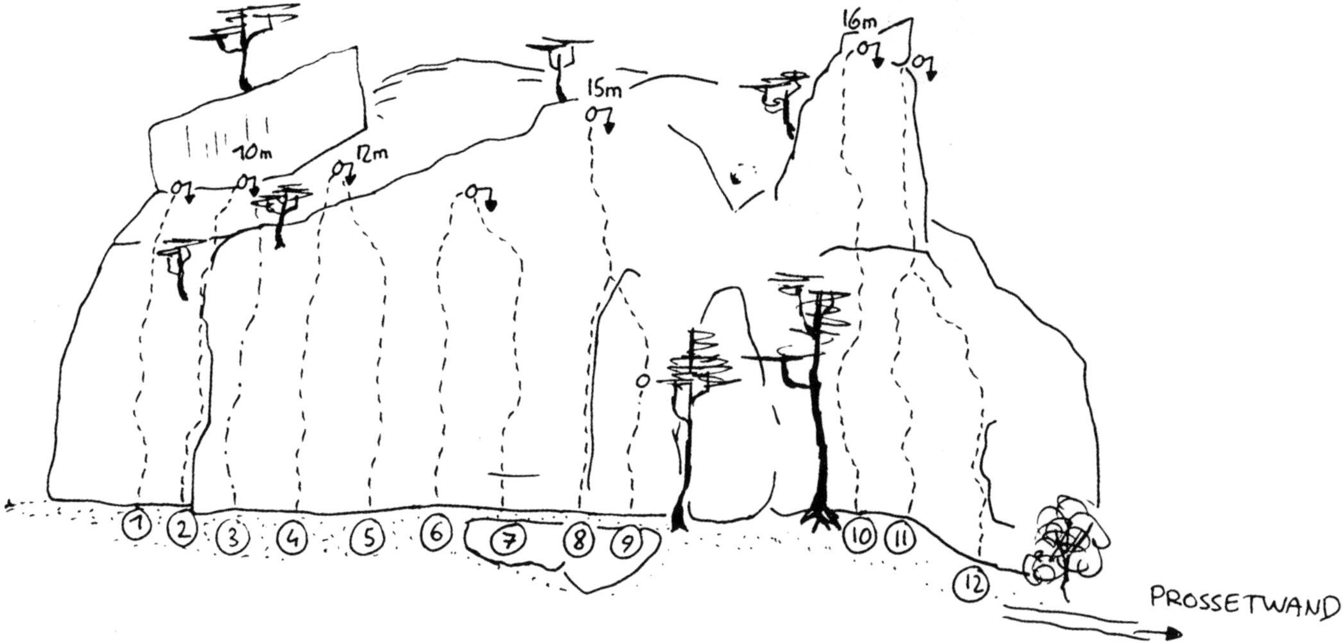

1. Im Wald **3- ***
2. Mädchenhimmel **3 **** Riss
3. Starke Weiber **5- **** Kante neben dem Riss
4. Z.N.S. **7 **** Diffizile Wandkletterei
5. Keltenkalk **6+ ***** Kurz aber perfekt
6. Steineiche **7- ***** Super!
7. Upzocker **8- **** Einzelstelle – weiter Blocker
8. Irgendwas **6+/7- ****
9. Grindloch **7/7+ ***
10. Soulsearch **7- **** Diffizil, nett
11. Hauch von Südland **7- ***** Tropflöcher vom Feinsten
12. Trollstorm **7/7+ **** Untergriffeinstieg

Noch unbenannte 7- in der Rechten Prossetwand

Prossetwand

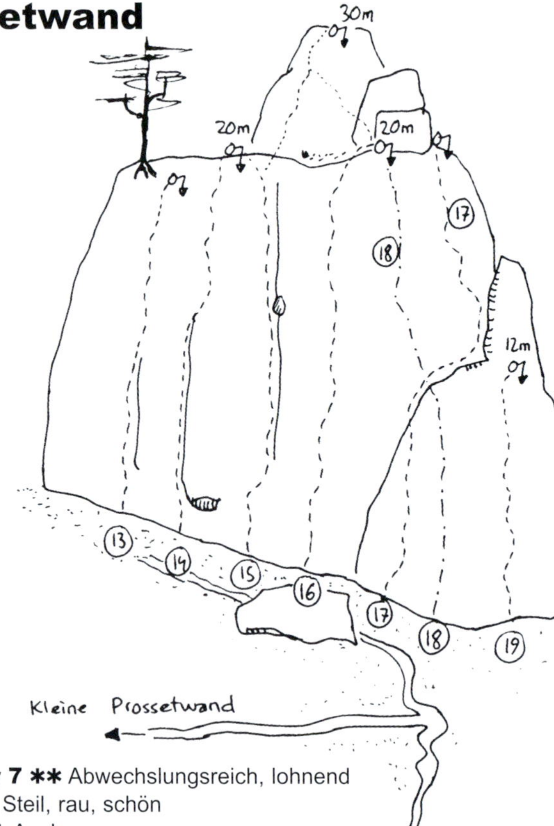

13. Blue Monday **7 ✱✱** Abwechslungsreich, lohnend
14. Akim **7+ ✱✱** Steil, rau, schön
15. Riss **7+ ✱✱✱** Auch super
16. First Love Affair **7 ✱✱✱** Diffizile Wandkletterei, kompakter Fels
17. Edika **7- ✱✱✱** Genussvolle Tropflöcher
18. Nova Express **7+ ✱** Perfekte Wandkletterei
19. ? **8- ✱✱** Kurz, Einzelstelle

Rechte Prossetwand

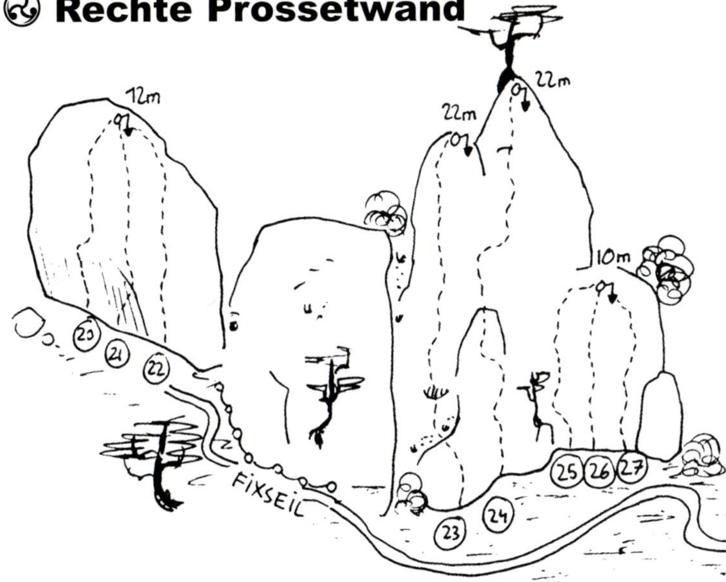

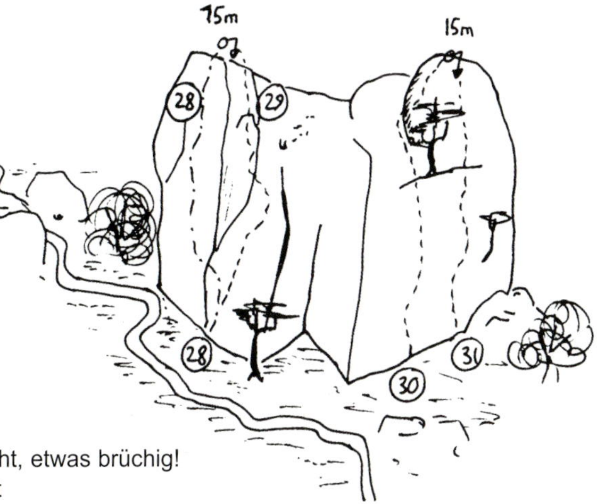

20. **7-/7 ✱✱** Schlüsselstelle zu Beginn
21. **7- ✱✱✱** Versteckte Griffe, rau, steil
22. **6 ✱✱** Lohnend
23. **6 ✱✱** Einstieg mäßig, dann nett
24. **6 ✱✱** Nett, recht lang
25. **6- ✱** Hohler Block am Einstieg
26. **5+ ✱✱** Schön!
27. **6+ ✱✱** Guter Fels!

28. **7+** Vorsicht, etwas brüchig!
29. **6 ✱✱** Nett
30. **6- ✱✱** Hübsche Wandkletterei
31. **6+ ✱** Einige Haken fehlen derzeit

Bad Fischau

Lage: SW **Höhe:** bis 18m

ppp

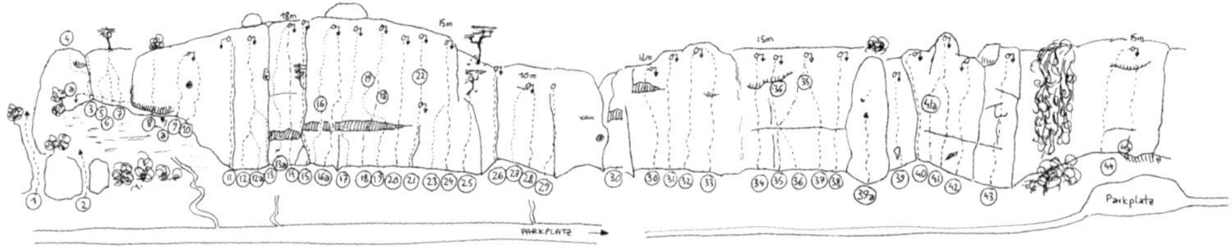

Bad Fischau
Linker Teil

Bad Fischau
Rechter Teil

Besonderes: Kein Keltenkalk, sondern Konglomeratgestein! Nach Regen vor allem im Einstiegsbereich länger feucht.

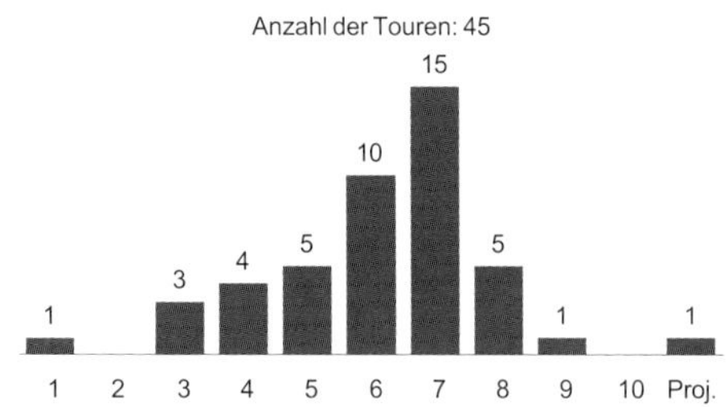

Hinter der Ortschaft Bad Fischau liegt dieser nette Klettergarten, der Dank seines gewöhnungsbedürftigen Konglomeratgesteins für geologische Abwechslung in diesem Führer sorgt. Der Fortbewegung dienen Löcher, Kiesel und Leisten, ein gewisses Gleichgewichtsgefühl ist vonnöten. Die Absicherung ist sehr gut (eine Sanierung ist trotzdem geplant), der Zustieg kurz, die Besucherzahl recht hoch – deshalb sind einige Anstiege schon recht abgeschmiert. Fast alle Routen Hans Müller.

Zufahrt:
ÖV: Mit der Südbahn bis Bad Fischau.
Durch den Ort (siehe Skizze) zum Fels (ca. 15min).
PKW: In Wöllersdorf von der A2 abfahren und nach Bad Fischau. Im Ort bei der Kreuzung rechts, am Thermalbad vorbei und bei der Kirche rechts in die Blumentalgasse. Dieser folgen (erste Abzweigung bleibt unberücksichtig), bei der zweiten Abzweigung rechts bis zu großem Parkplatz.

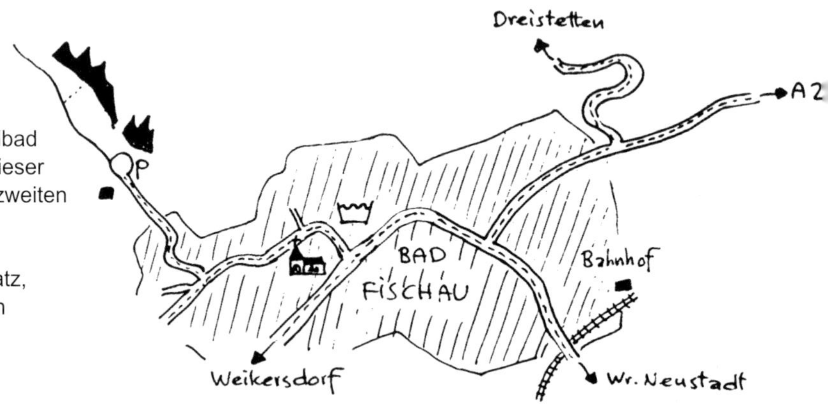

Zugang: Die ersten Touren (46., 47.) neben dem Parkplatz, in einer Minute die Forststraße taleinwärts zu den anderen Routen.

Elchtest 8/8+, Bad Fischau

Bad Fischau Linker Teil

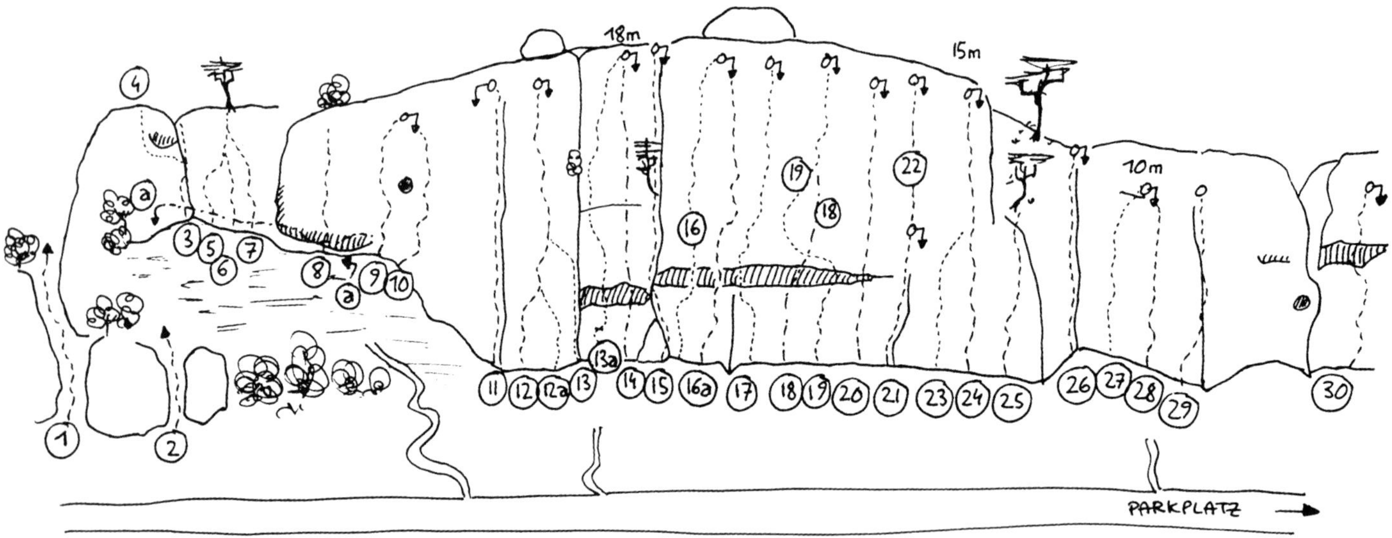

1. Willikamin **3+** Keine Haken, verwachsen
2. Blockrinne **1+** Verwachsen
3. Ürx **3** Kurzer hakenloser Riss
4. Variante **3** Keine Haken
5. Krx **4** Toprope
6. Alpentarzan **4** Toprope
7. Lupotour **7-** Toprope
8. Wampe, verschiedene Bouldermöglichkeiten, Toprope
9. Hansi Hopp **7- *** Kurz, nett
10. Weg durch den Fisch **6 ***
11. Muhririss **6- **** Schön
12. Simaplatte **7 **** Diffizil

12a. Direkter Einstieg **7- ***
13. Wilde Welt **7 **** Oben besser über 12. klettern
13a. Kantka **8-/8 **** Gefinkelter Einstieg
14. Zappa **7+ **** Dach plus Platte
15. Schöne Tage **5- ***** Rissverschneidung
16. Kobis Weinkrampf **8- **** Schwarze Platte
16a. Silberpfeil **8 **** Platte
17. Cheap Thrills **7 ***** Super!
18. Interjektion **9- ***** Dach plus Aufrichter
19. Achternbusch **8- **** Witziges Dach
20. Pizza **8 ****

Bad Fischau Rechter Teil

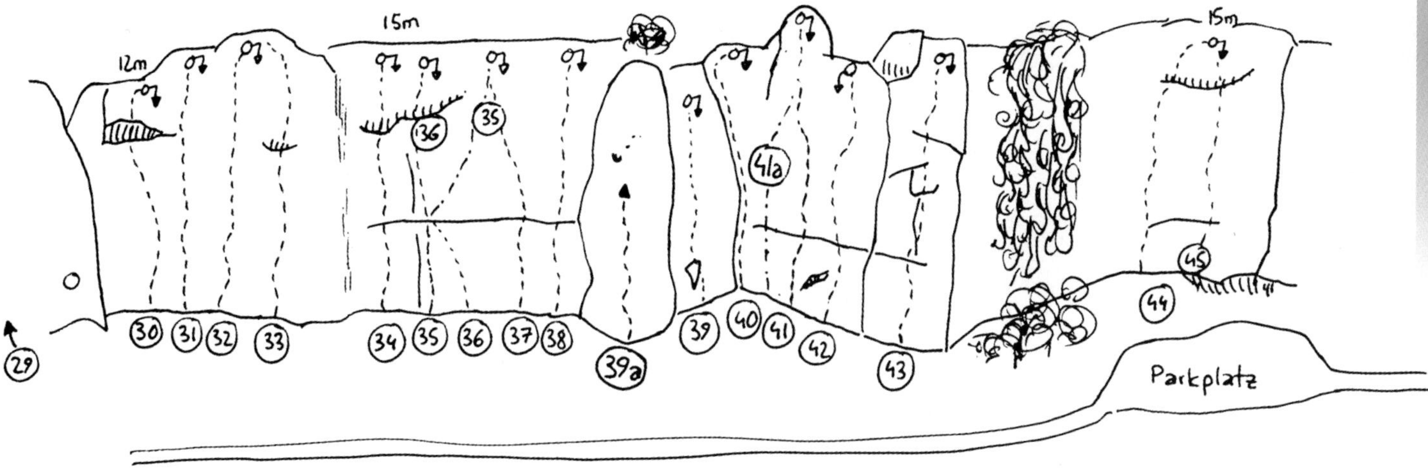

21. Schließmuskel **7- ✱✱** Kurz
22. Mirinda Orange **8 ✱✱**
    Verlängerung von 21.
23. ? **8+ ✱** Kurz, glatt
24. F. L. W. **6 ✱✱**
    Schaut schwerer aus
25. Lausbua **5** Toprope
26. Kroatisch-Österr. Freundschaft **4 ✱✱**
27. Django **7- ✱**
28. Chien Fatigue **7+ ✱**
    Ohne Kante rechts!
29. Genusstour **4+ ✱**
30. Stay Hungry **7+ ✱✱** Gutes Dach
31. Elefantenschwanzcocktail **7- ✱** Glatt
32. Salzburger Nockerl **5- ✱**
33. Vampirella **6+ ✱✱**
34. Comeback **7- ✱✱**
35. Piazking **5+ ✱✱**
36. Dreiecksdach **6+ ✱✱** Schön, kreuzt 35.
37. Werwolf **6+ ✱✱✱** Superlochkletterei
38. MC Donalds Massaker **7 ✱✱**
39. Afrika **7+ ✱** Einzelstelle

39a. Verwachsener Pfeiler

40. Hödlmoser **5+ ✱**
41. Meteora **6 ✱✱**

41a. Endzeit **6+ ✱✱** Sparsam gesichert

42. Axelschweiss **8- ✱**
    Nicht nach rechts spreizen!
43. Gullyriss **6+ ✱**
44. Mobutu **6 ✱✱**
45. Lumumba **6+/7- ✱✱**

Boulder:

a) Elchtest **8/8+** Beginn bei 9., dann links runter zur Griffleiste im Dach

Viele weitere Boulder möglich!

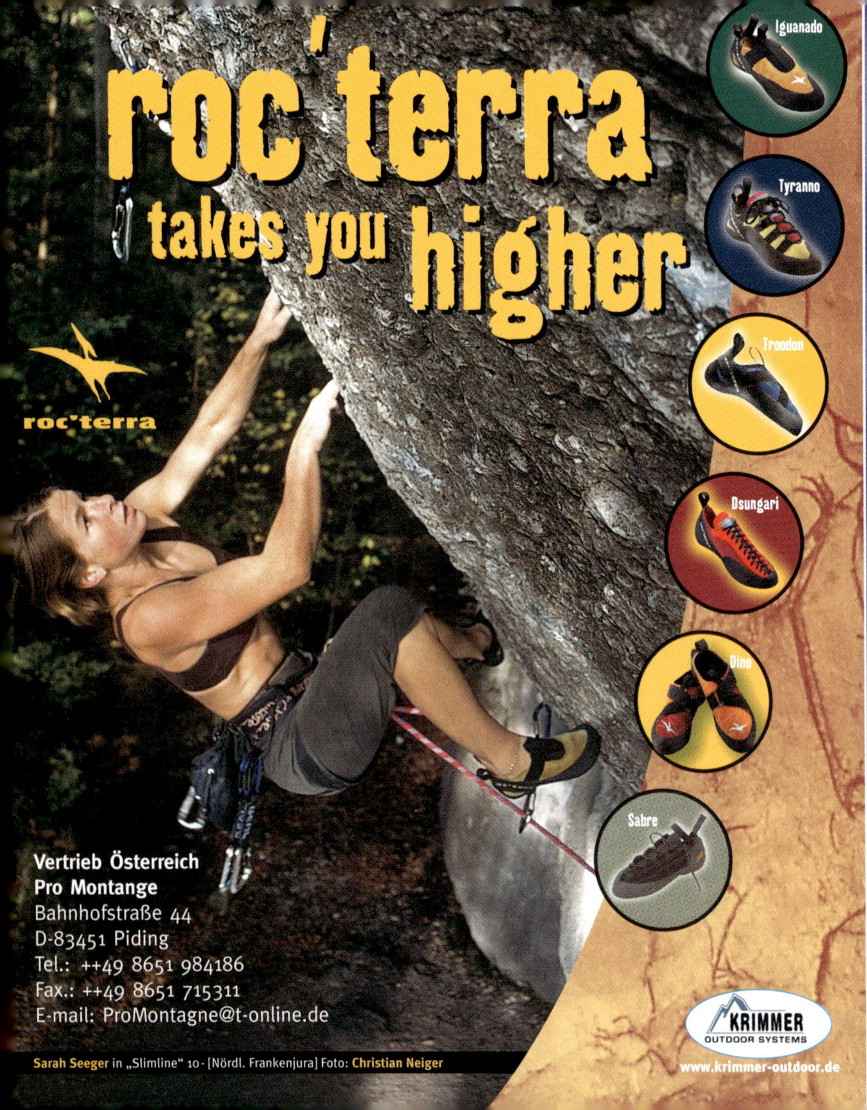
roc'terra
takes you higher
Iguanado
Tyranno
Troodon
Dsungari
Dino
Sabre
roc'terra
Vertrieb Österreich
Pro Montange
Bahnhofstraße 44
D-83451 Piding
Tel.: ++49 8651 984186
Fax.: ++49 8651 715311
E-mail: ProMontagne@t-online.de
KRIMMER
OUTDOOR SYSTEMS
www.krimmer-outdoor.de
Sarah Seeger in „Slimline" 10- [Nördl. Frankenjura] Foto: Christian Neiger

BERG SPORT SCHWANDA
50 Jahre
Unser Seilset:
Das Fachgeschäft für Profis und Geniesser
1010 Wien, Bäckerstr. 7
Tel: 01 512 53 20
Fax: 01 513 47 86
www.schwanda.at
office@schwanda.at
SINGING ROCK ZENITH
EINZELPREIS
€ 49,90
BANDSCHLINGE 120CM
ZUM SEILSET
Gratis!
3 X KONG CLASSIC SET
EINZELPREIS
€ 29,70
Singing Rock Zenith: € 49,90
Lanex Smart 50m: € 84,90
3 x Kong Classic Set: € 29,70
Bandschlinge 120cm: € 7,00
IM SET STATT 171,50
€ 139,90
LANEX SMART 50M
EINZELPREIS STATT € 99,90
€ 84,90
Stand: August 2003
Aktuelle Preise finden Sie u
www.schwanda.at
oder 01 512 53 20.

Neunkirchen Übersicht

Westlich von Neunkirchen finden wir zwei hübsche Gebiete, beide liegen direkt oberhalb von kleinen Ortschaften. Die Flatzer Wand erinnert an eine verkleinerte Version der Hohen Wand, zwischen den einzelnen Sektoren ziehen Wanderwege bzw. leichte Klettersteige zum Gipfelplateau, zum Glück führt keine Straße hinauf. Vor allem im Frühjahr treffen sich viele Kletterer an diesen Felsen, um den ersten warmen Fels des Jahres zu genießen. Wesentlich weniger bekannt sind die kleinen, aber feinen Felsen oberhalb der lieben kleinen Ortschaft Hintenburg. Eine steile Platte, ein boulderartiger Überhang sowie eine leicht überhängende gelbbraune Wand warten dort auf den Kletterer. Die Routen sind meist eher kurz, die Felsqualität ist aber sehr gut – auf jeden Fall eine Bereicherung in dieser Region.

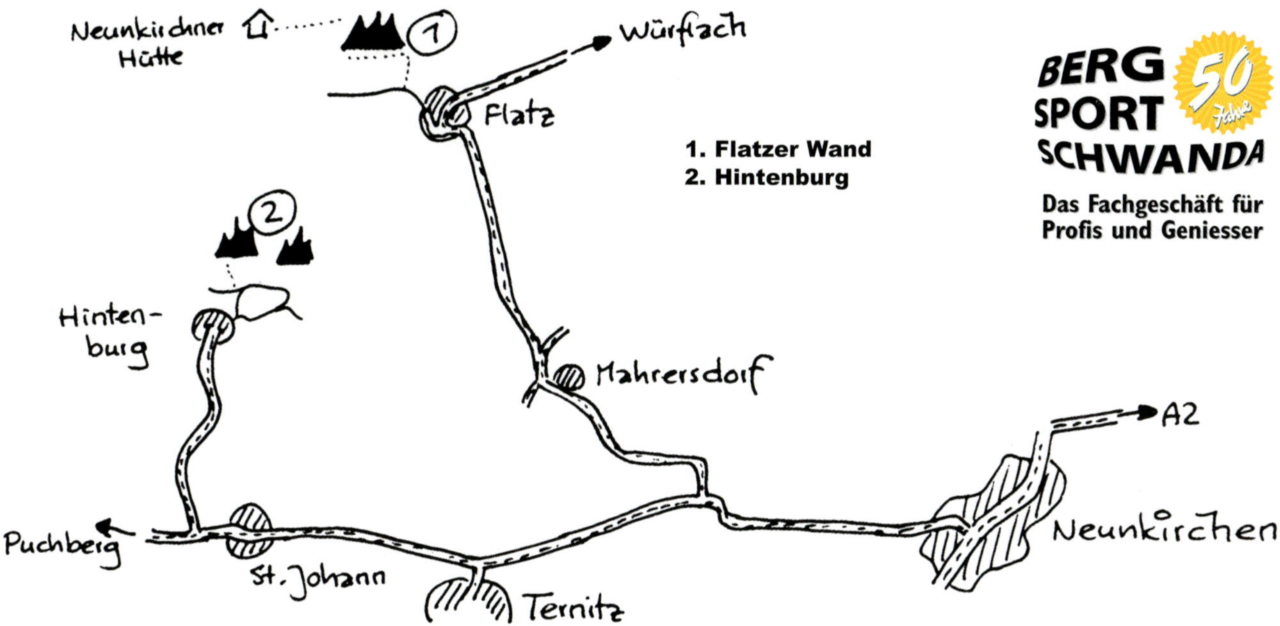

1. Flatzer Wand
2. Hintenburg

Flatzer Wand

Lage: S **Höhe:** bis 35m

p pp ppp

Besonderes: Oft auch in der kalten Jahreszeit angenehme Temperaturen. Die meisten Routen sind gut gesichert, es existieren aber auch noch viele ältere Haken – eine Sanierung ist geplant.

Die Flatzer Wand wirkt wie eine Hohe Wand in Miniaturausgabe, zumindest was die Anzahl und die Länge der Routen betrifft. Felsqualitätsmäßig steht sie dieser nicht nach, in allen Sektoren findet man schönen und festen Graukalk, der das Potential für an die 100 lohnenden Klettereien darstellt. Vor allem im 6. und 7. Grad findet man ein reiches Betätigungsfeld, es gibt aber auch ein paar nette ganz leichte Routen, die durchaus kindertauglich sind (Doppelsteig 2-, Wiener Steig 3). Sogar versicherte Klettersteige führen aufs Waldplateau oberhalb der Wand, im rechtesten Bereich gibts eine nette kleine Höhle zu besichtigen. Ein wirklich nettes Klettergebiet, sonnig und freundlich – helft alle mit, dass dies auch so bleibt. Fast alle Routen stammen von Michael Preslmayr, Raimud Rumpler, Alfred Seidl, Walter Strobl und Andreas Vollenhofer – beim Rest der Touren wird der Erstbegeher namentlich angeführt.

Zufahrt:
ÖV: Südbahn bis Neunkirchen. Ab hier mühsam, am besten per Fahrrad Richtung Ternitz, nach dem Bahnübergang rechts nach Flatz. Busse verkehren nur sehr unregelmäßig.
PKW: Südautobahn A2 und durch die Neunkirchner Allee nach Neunkirchen. Linkshaltend durch Neunkirchen, dann rechts abzweigen Richtung Ternitz/Puchberg am Schneeberg. Knapp vor Ternitz überquert die Bundesstraße die Bahn, gleich danach rechts abzweigen und über Mahrersdorf nach Flatz. In der kleinen Ortschaft in einer markanten Rechtskurve links durch eine enge Gasse zu den Parkplätzen.

Zugang: Siehe Skizze (ca. 15-20min).

Sonderfall 7+, Die Fälle - Flatzer Wand

Anzahl der Touren: 97

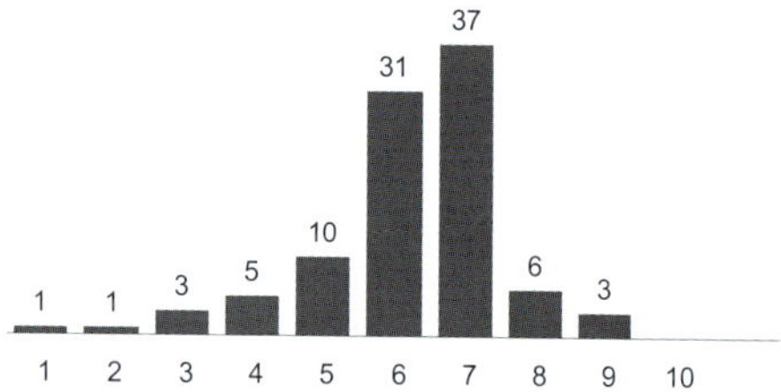

Flatzer Wand Übersicht

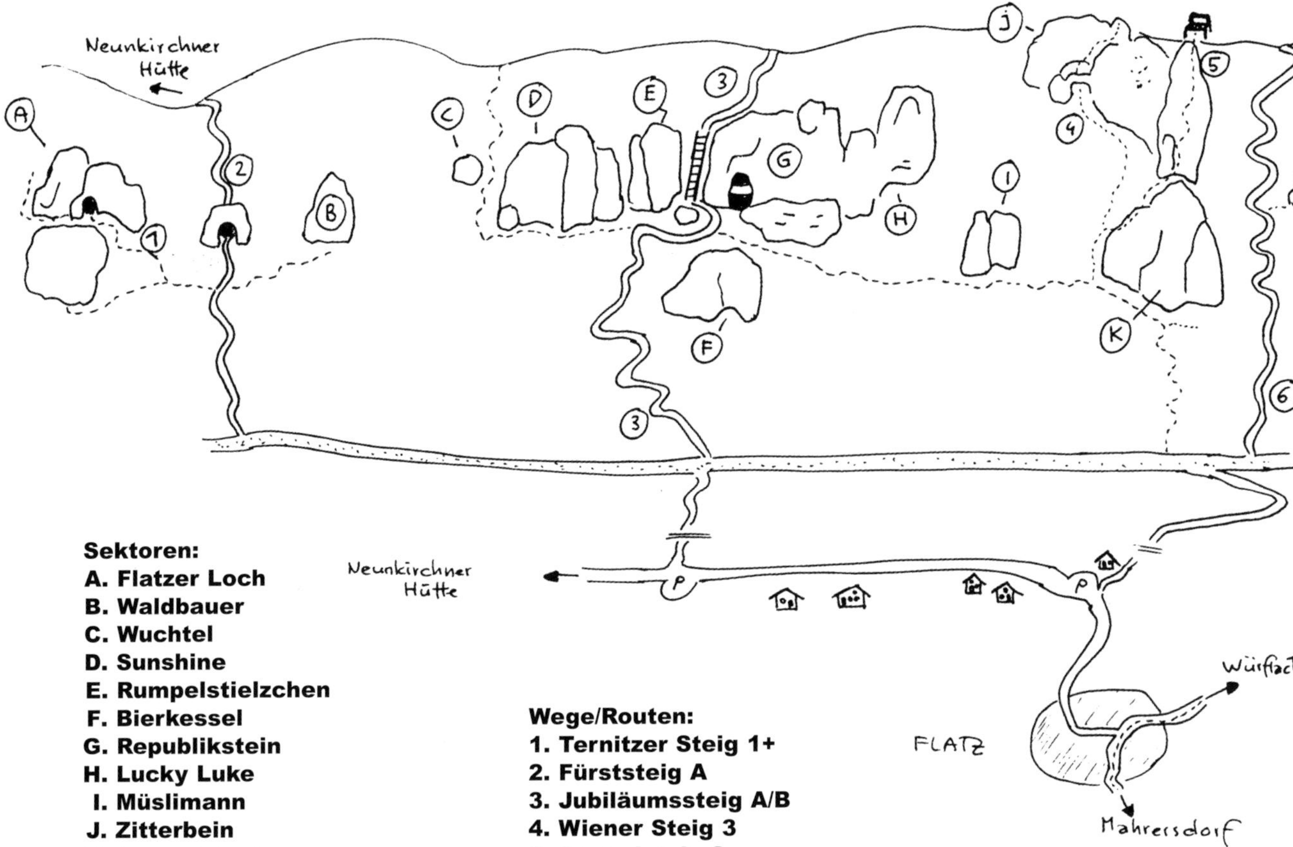

Sektoren:
A. Flatzer Loch
B. Waldbauer
C. Wuchtel
D. Sunshine
E. Rumpelstielzchen
F. Bierkessel
G. Republikstein
H. Lucky Luke
I. Müslimann
J. Zitterbein
K. Armer Sünder
L. Die Fälle

Wege/Routen:
1. Ternitzer Steig 1+
2. Fürststeig A
3. Jubiläumssteig A/B
4. Wiener Steig 3
5. Doppelsteig 2-
6. Riessteig 1-

Sektor A – Flatzer Loch

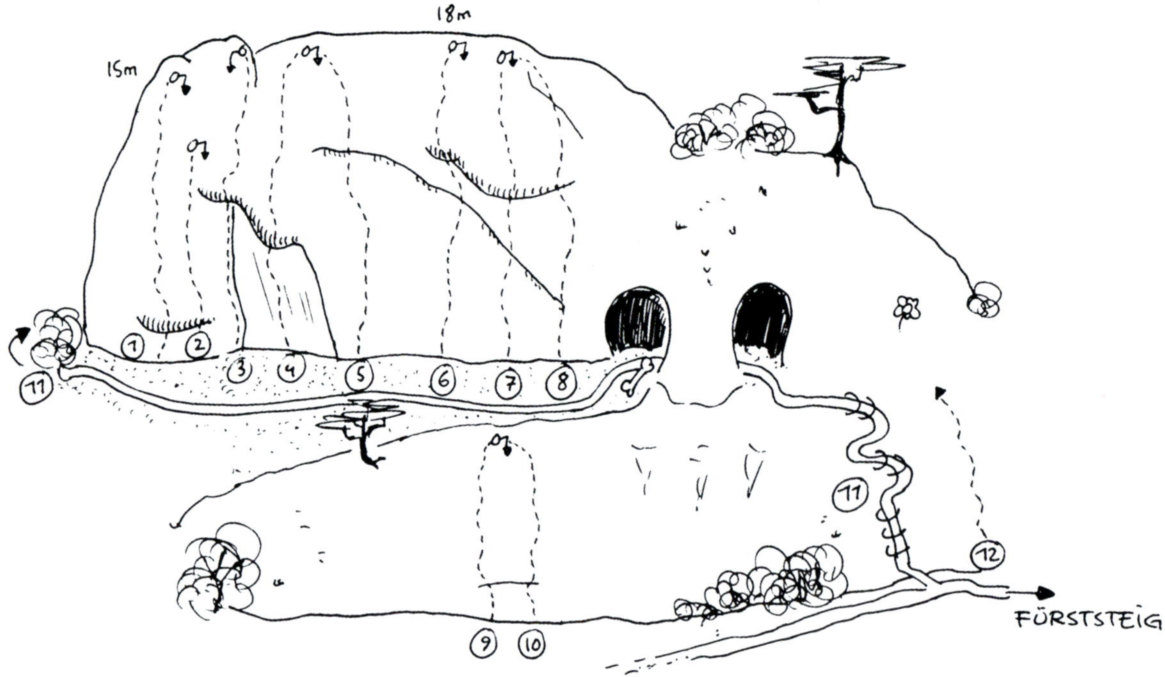

1. Der Galgen **7 ✱✱** (Jentzsch, Hacker)
2. Rezeptpflicht **8- ✱✱** Kurz aber schön (Jentzsch, Hacker)
3. Kraftverschneidung **7+ ✱✱** Schwerer Beginn (Hacker)
4. Summer´s almost gone **9 ✱✱✱** Überhängende Einstiegswand plus Einzelstelle in der Mitte (Gsenger)
5. Bröselmeier **8 ✱** Unübersichtlich, weite Abstände (Gsenger)
6. Königsetappe **7+/8- ✱✱✱** Sehr schön (Jentzsch, Hacker)
7. Schneetreiben **7+ ✱✱✱** (Jentzsch, Hacker)
8. Tortellini 6 **✱** (Jentzsch, Hacker)
9. Licht und Schatten **7+/8- ✱✱** Leisten, unübersichtlich (Jentzsch, Hacker)
10. Ganz Locker **7+ ✱✱** (Jentzsch, Hacker)
11. Ternitzer Steig **1+** Zustieg zu 1.-8.
12. Diagonale **3** Verwachsen

Sektor B – Waldbauer

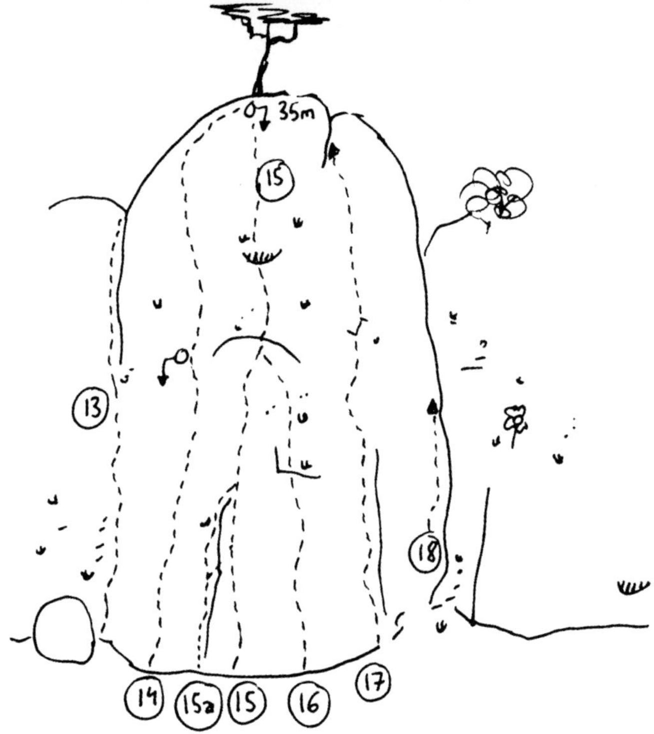

Selten begangene, ziemlich verwachsene Routen, ältere Haken, Linienführung etwas eigen. Im derzeitigen Zusand eher unlohnend!

13. Mostbauer **5+** Wo?
14. Süßmost **6+ ✱**
15. Phoenix Edelfels **7**
16. Waldbauers Sonntagsausflug **7+/8- ✱**
16a. Variante **6-**
17. Jenseits von Flatz **7-**
18. Verschneidung **5-**

Sektor C – Wuchtel

Keine Skizze, beim Sektor D „Sunshine“ links ums Eck und auf Steigspuren schräg links mühsam zum kleinen Wandl.

19. Exhumiert **7 ✱** Links (Gsenger)
20. Wuchtel **8 ✱** Rechts (Gesenger)

Sektor D – Sunshine / E – Rumpelstielzchen

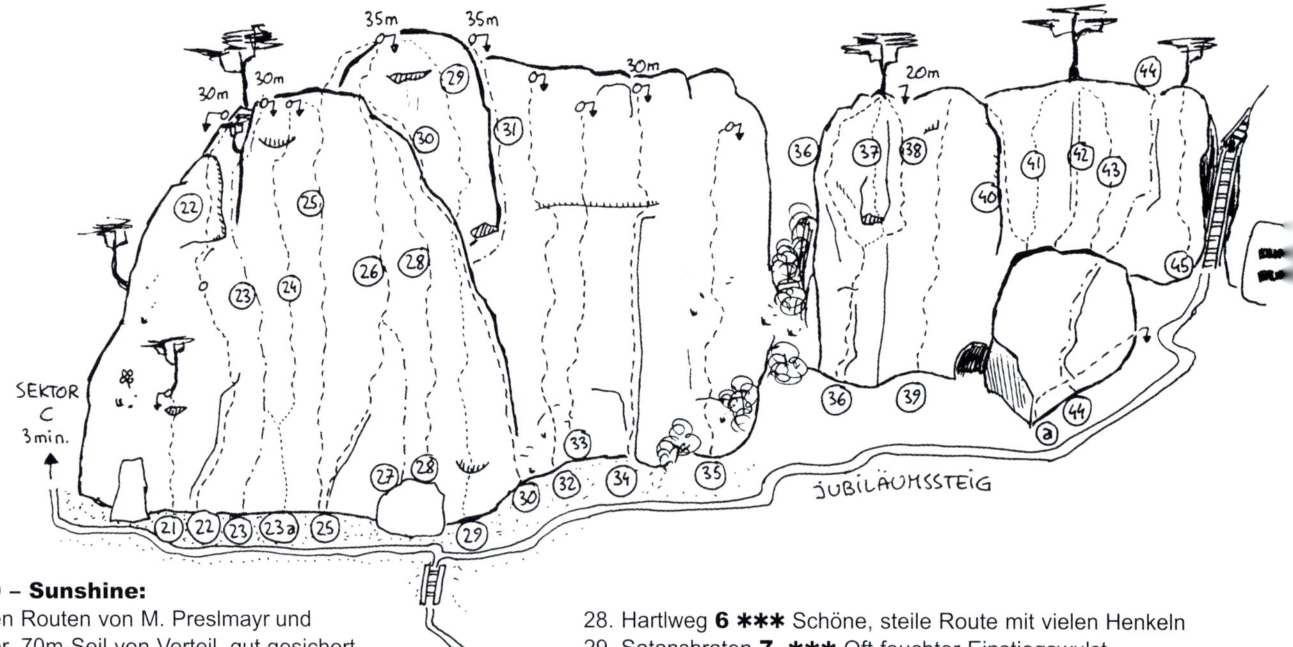

Sektor D – Sunshine:
Die meisten Routen von M. Preslmayr und R. Rumpler. 70m-Seil von Vorteil, gut gesichert.

21. Vorreiter **6** ✱ Sehr kurz, verblasst hier ziemlich
22. Karlis Traum **4** ✱ Herrliche Henkelei
23. Sunshine **6** ✱ Sehr schöne, steile Henkelroute
23a. Sunshine direkt **7-** ✱✱ Rutschiger Direkteinstieg
24. Dachl **6+** ✱✱✱ Sehr schön!
25. Grau und Rauh **7-** ✱ Auch super!
26. Bierhenkel **6** ✱ Klassiker, Riesengriffe!
27. Maxsteig **6** ✱✱ Steile Variante zu 26.
28. Hartlweg **6** ✱✱✱ Schöne, steile Route mit vielen Henkeln
29. Satansbraten **7-** ✱✱✱ Oft feuchter Einstiegswulst, quert oben die Verschneidung – lohnend!
30. Dülfer Riss **6** ✱✱✱ Geniale Verschneidung, Klassiker, sehr lang!
31. Rumplerausstieg **6-** ✱✱ Schöner Riss, lange Route
32. Schinderhannes **7** ✱✱✱ Plattig, lustige Schlüsselstelle
33. Love to hate you **7+/8-** ✱✱✱ Plattig, lohnend
34. Bierriss **6-** ✱✱✱ Verschneidung, auch als „Classic Rock“ bekannt
35. Manchild **7+** Verwachsen

Sektor F – Bierkessel

Sektor E – Rumpelstielzchen:
Teilweise ältere Haken, Schlinge für Baum mitnehmen.
Routen ebenfalls von Michi Preslmayr und Raimund Rumpler.

36. Rumpelstielzchen **6 ✱✱✱** Schöner Fels an der Rampe
37. Der 7. Himmel **7 ✱✱✱** Superplatte
38. Westkante **6 ✱✱**
39. Geile Platte **7-/7 ✱✱** Etwas unübersichtlich
40. Sepplkamin **4 ✱** Keile!
41. Alf **7 ✱** Kurze Wandkletterei
42. HF-Riss **7+/8- ✱** Nicht optimal gesichert
43. Finale **6+ ✱** Derzeit keine Haken
44. Schwarzataler Steig **4 ✱✱** Nette, leichtere Linie
45. Letztes Rennen **7- ✱✱** Derzeit keine Haken

Boulder: a) Dickes Ende?

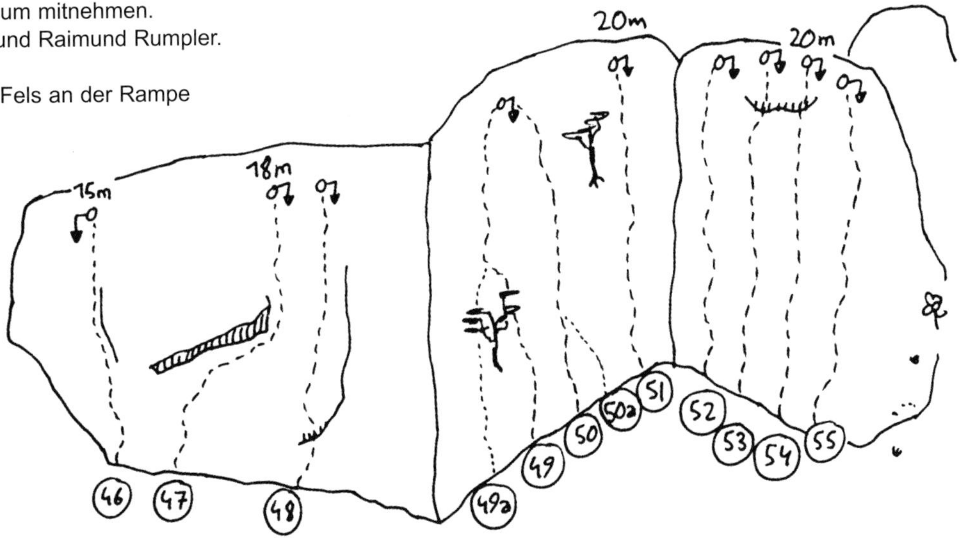

Sektor F – Bierkessel

46. Oben wird's schena **6- ✱**
47. Nervtöter **8+ ✱✱✱** Diffizil, interessant (Strobl)
48. Via Christine **7+ ✱✱✱** Rau, lohnend
49. Reininghaus **5- ✱** Etwas grasig
49a. Variante **5**
50. Budweiser **6+ ✱** Ebenfalls etwas grasig
50a. Direkter Einstieg **7- ✱** Nicht so leicht!
51. Ottakringer Pils **6 ✱** Ziemlich erdig
52. Gösser Spezial **7 ✱✱** Schön und steil
53. Puntigamer **6+ ✱✱✱** Lohnende Henkelroute
54. Zipfer Urtyp **6 ✱✱✱** Steil, schön
55. ? **6- ✱**

Sektor G – Republikstein / H – Lucky Luke

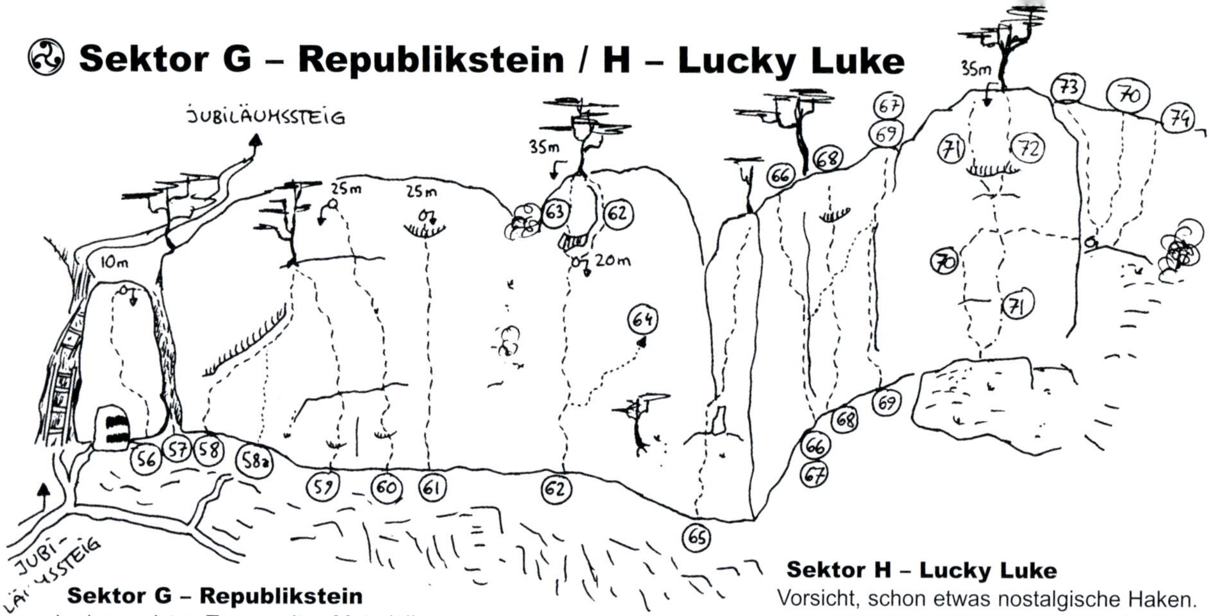

Sektor G – Republikstein

In den meisten Touren altes Material! Teilweise 70m-Seil empfehlenswert.

56. No res Publica **7-/7 ✱✱** Kurz, guter Fels
57. Schulterriss **5 ✱✱** Super!
58. Strada del Sole **6+ ✱✱** Gleich vom Kamin rechts zur Untergriffschuppe

58a. Direkt **7 ✱✱** Gerade plattig zur Schuppe hinauf

59. Zerbrochener Spiegel **7/7+ ✱✱✱** Schön, guter Fels
60. Pagat ultimo **7/7+ ✱✱✱** Plattig, lohnend
61. Kleine Götter sind sterblich **7+ ✱** Raue Platte plus Überhang
62. Szenenwechsel **6+ ✱✱** Vom Zwischenstand rechts in den Riss
63. Bohrefroh **9- ✱✱** Schwerer Direktausstieg zu 62.
64. Sechsdirndlsteig **3 ✱** Ab in die Botanik, immer rechts halten

Sektor H – Lucky Luke

Vorsicht, schon etwas nostalgische Haken. Eventuell Schlingen für Bäume, 70m-Seil ganz angenehm.

65. Fire & ice **7+ ✱** Etwas inhomogen, lang
66. Schaffnerlos **7- ✱✱** Direkt klettern!
67. Geisterbahn **5 ✱✱** Komplizierte Linie, beginnt mit 66., quert unterm Überhang rechts zu 69.
68. Ruf der Eule **7+ ✱✱✱** Lohnend
69. Invalidenriss **6- ✱** Schon etwas verwuchert, Keile!
70. Dicker Willy **7- ✱✱** Quert rechts in den Kessel, hier Stand, dann gerade zum Ausstieg
71. Lucky Luke **6+ ✱✱✱** Klassische Route durch die Platte
72. Seitensprung **6+ ✱✱✱** Ausstiegsvariante zu 71. Schön!
73. Kamin **4+ ✱** Keile
74. Genuss-Specht **5✱** Verwachsen

Sektor I – Müsliman

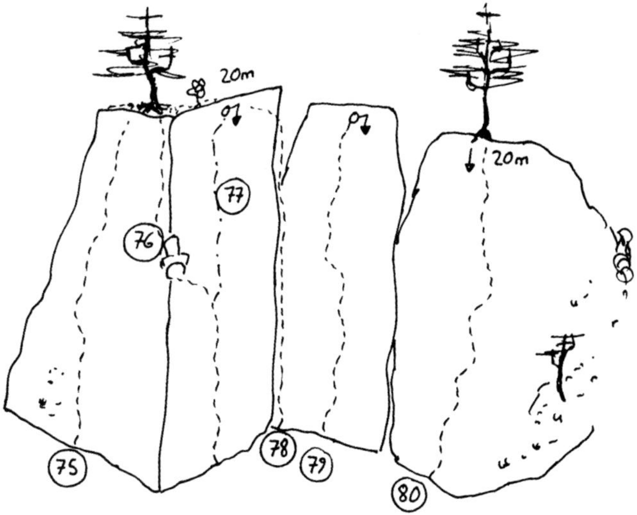

J – Wiener Steig

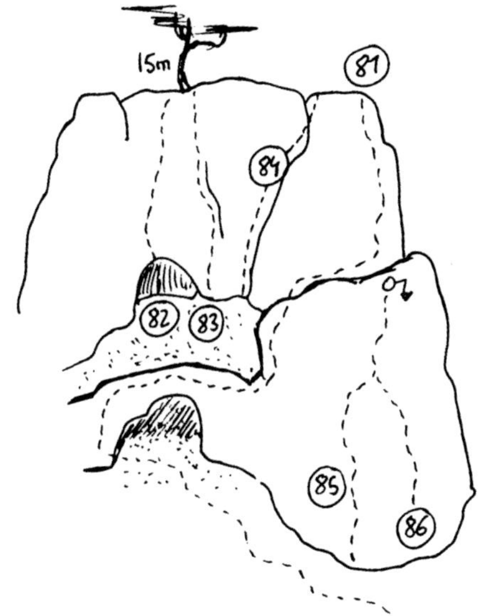

Sektor I – Müsliman
Auch hier: Ältere Haken

75. Rucki, zucki **5+ ***
76. Morgenmuffel **6+ *** Nach links an die Kante
77. Müsliman **7- **** Gerade weiter
78. Invalidentrail **6- ****
79. Mensch ärgere dich nicht **8- ****
    Schön, aber definiert, ohne den Riss!
80. Andreassteig **4+ ****
    Alte Normalhaken, nett, Schlinge für Baum oben!

Sektor J – Wiener Steig
Zustieg über den schrofigen **(1)** unteren Teil des „Wiener Steiges“, blau markiert, vom Doppelsteig her. Siehe Übersichtsskizze.

81. Wiener Steig **3 **** Der obere Teil ist nett, keine Haken!
82. Hängebusen **7+ **** Kurz, aber guter Fels
83. Zitterbein **6- **** Riss!
84. Wiener Riss **5+ **** Keile!
85. Casanova light **7 **** Komischer Ausstieg (Gsenger)
86. Casanova Hansi **8 **** Schmerzhafte Einzelstelle (Gsenger)

Sektor K – Armer Sünder

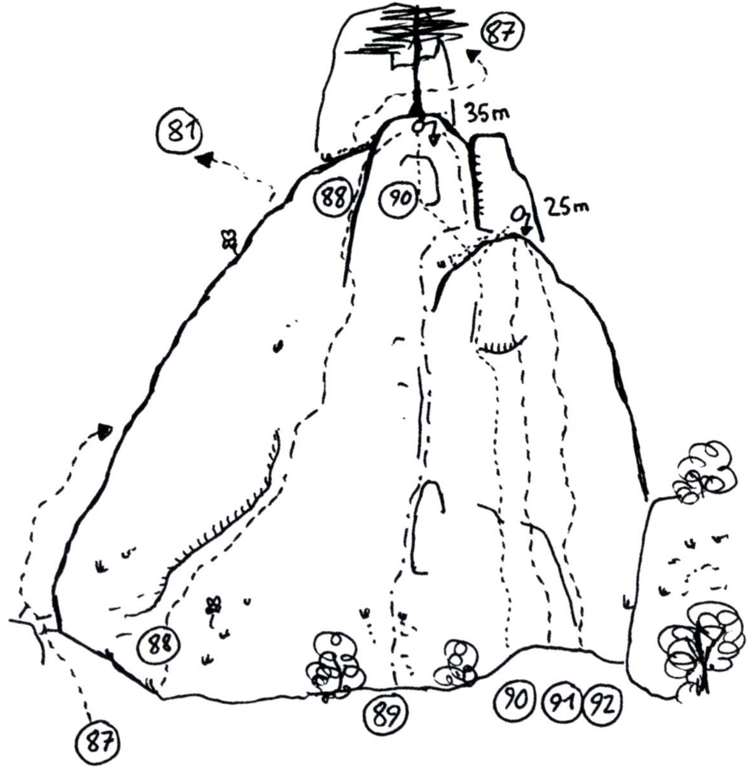

Wer bis ganz oben klettert benötigt ein 70m-Seil zum Ablassen!

87. Doppelsteig **2- ✱✱** Lohnende, markierte Kraxelei, quert ober den Ausstiegen von 89.-92., ums Eck in einen Kamin und erreicht über den Grat die Hochfläche, 70m, keine Haken, fester Fels!
88. Südkante **5- ✱** Klassische Linie mit wenigen, dafür alten Haken, grasig, Keile brauchbar
89. Wilder Doppelsteig **4+ ✱✱** Steile Risskletterei, alte Haken, Keile brauchbar
90. Armer Sünder **6+ ✱✱✱** Sehr schöne, abwechslungsreiche Route, lang!
91. Plattenfee **6 ✱✱** Steile Platte (Hacker)
92. Dem Himmel nah **5+ ✱✱** Henkelroute (Hacker)

Sektor L – Die Fälle

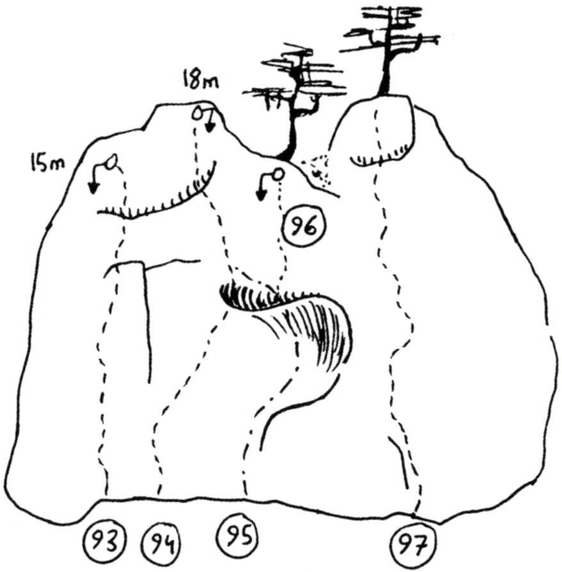

Zugang am steilen „Riessteig“, dann rechts zur Wand hinüber.

93. Fallbeil **6+ ***
94. Klarer Fall **7+ ***** Sehr schön, Superfels!
95. Sonderfall **7+ ***** Quert im Überhang nach links zu 94.
96. This is the end **9+/10- *****
    Schwere Boulderstelle, direkt klettern
97. Ziagn und betn **7+ **** Diffizil, etwas splittrig

Strade del Sole 6+, Republikstein - Flatzer Wand

Wilbur 8-/8, Hintenburg

Hintenburg

Lage: S **Höhe:** bis 18m

ppp

Besonderes:
Jagdproblem! Das Gebiet 1h vor Dämmerung verlassen! Vor dem Ort parken!

Oberhalb der kleinen Ortschaft Hintenburg befinden sich drei kleine Wände, ziemlich versteckt im Wald, mit gänzlich unterschiedlichem Charakter:
Eine steile, raue Plattenwand, ein kurzer heftiger Überhang sowie ein braungraues, leicht überhängendes Wandl. Das alles in lieblichem Ambiente, schön sonnig und gut gesichert.

Zufahrt:
PKW: Mit dem PKW von Neunkirchen Richtung Puchberg, an Ternitz vorbei, durch St. Johann durch, bald danach rechts abzweigen nach Hintenburg. Am besten vor dem Ort am Straßenrand parken - ist nur 200m weiter zu gehen und erspart Schwierigkeiten.
ÖV: Mit Bus bis St. Johann, von hier zu Fuß nach Hintenburg.

Zugang:
Siehe Skizze (ca. 15min).

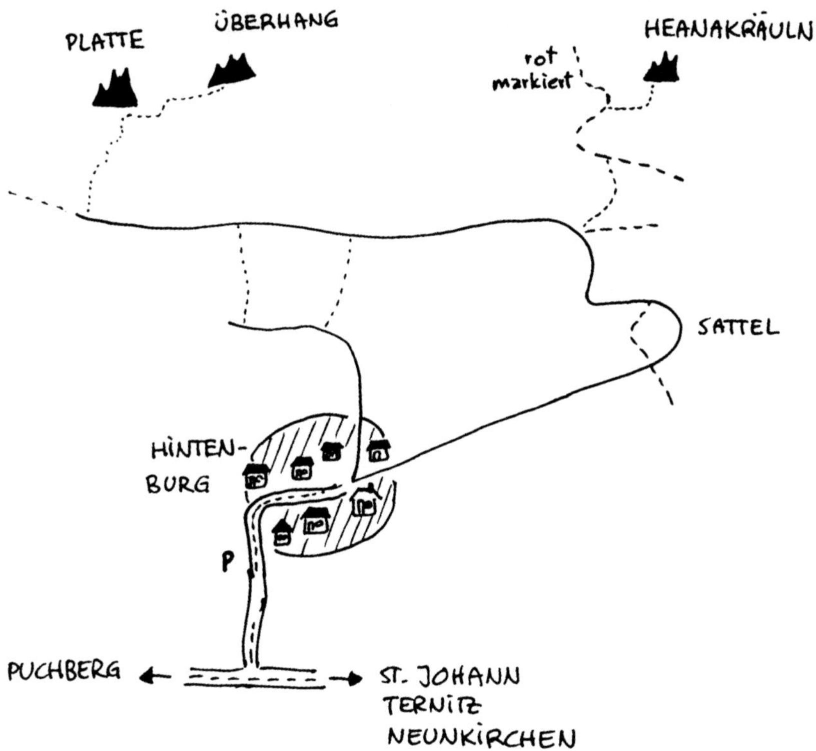

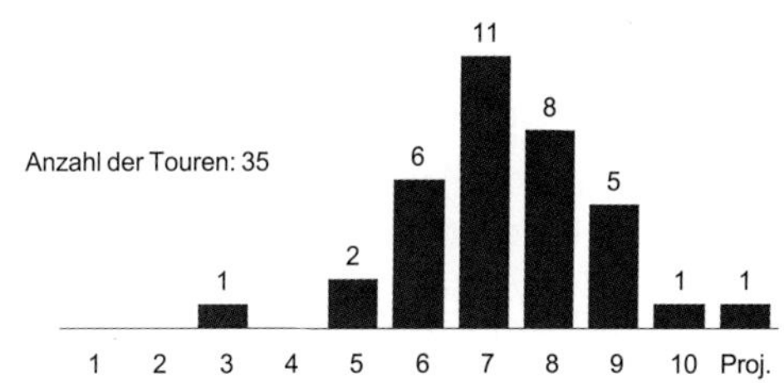

Hintenburg Platte/Überhang

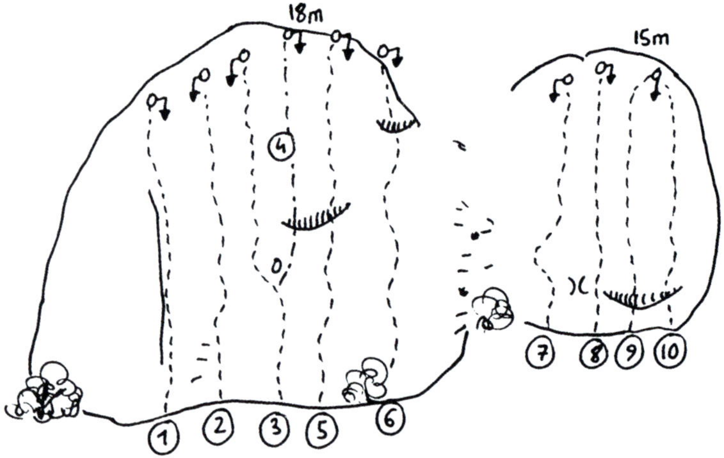

Platte – alle Routen Preslmayr, bis auf 6. Gsenger.

1. Klassiker **6 ✱✱**
2. Casanova Hansis Flucht ins Flachland **7 ✱✱**
   Sehr schöne Plattenwand
3. Rebell **7 ✱✱✱** Superfels
4. Supermodell **8- ✱✱✱** Kleingriffig
5. Partisan **7+ ✱✱** Gewusst wie!
6. Knackig **8+ ✱** Beim letzten BH direkt, rechts leichter
7. Toyota **6+ ✱**
8. Summer blues **6+ ✱**
9. Dein Kaffee, mein Bier **6+ ✱✱** Steil und rau
10. Komm schnell **7- ✱✱** Anstrengend

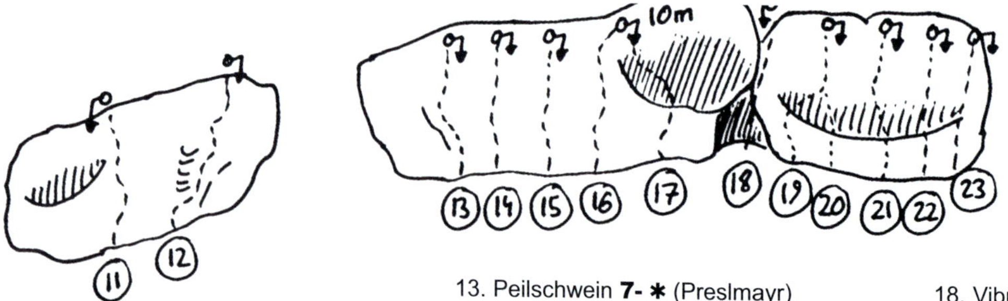

Überhang

11. Mantle zur Wuchtl **7+ ✱**
    Sehr kurz (Gsenger)
12. Sintersäule **6- ✱**
    Schöner Fels (Preslmayr)
13. Peilschwein **7- ✱** (Preslmayr)
14. Sticky **8/8+ ✱✱** (Gsenger)
15. Tomasio **7+ ✱✱** (Gsenger)
16. Idealline **8- ✱✱** (Preslmayr)
17. Federloser Sturzpilot **9-/9 ✱✱✱**
    Sehr guter Überhang! (Gsenger)
18. Vibrator **8- ✱** Riss, wild! (Preslmayr)
19. Hindenburg **10-/10 ✱✱✱** (Gsenger)
20. Ausn letztn Loch **9+/10-** (Gsenger)
21. Yeti **9+/10- ✱✱** (Gsenger)
22. Projekt (Bacher)
23. Heilige Kuh **9-** (Bacher)

Heanakräuln

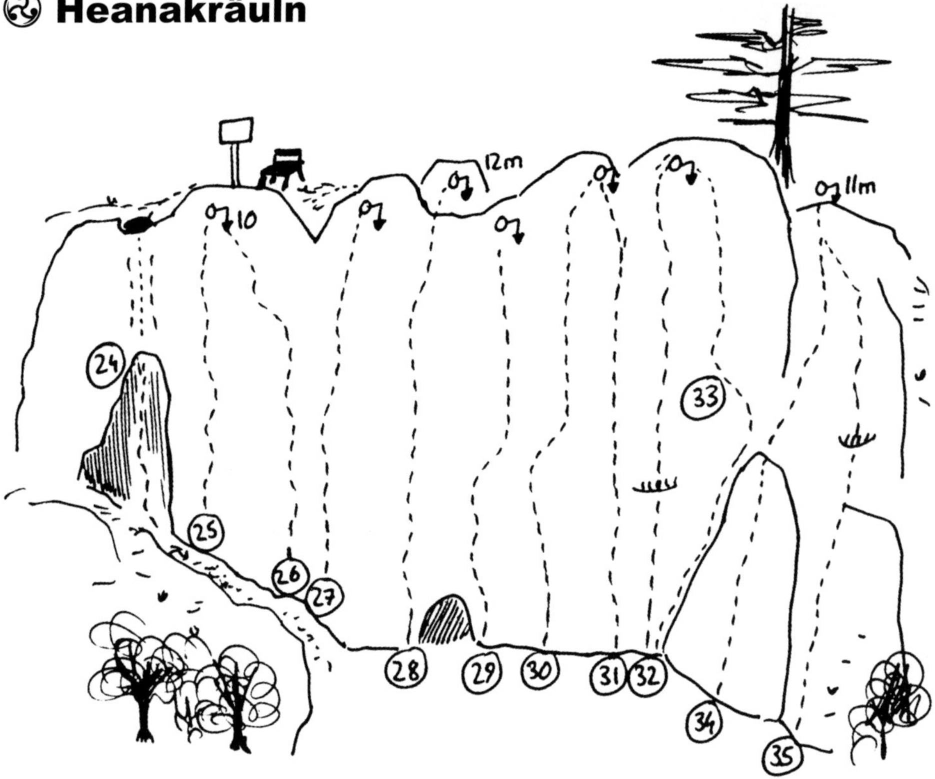

24. Heanakräuln **3- ✱**
    Keine Haken, Schlothöhle
25. Oaschkräuln **6 ✱** (Behm)
26. Zakarion **7- ✱✱** (Behm)
27. Berge ohne Namen **7+ ✱✱** (Behm)
28. Die Suche nach dem Silberschlüssel **9-/9 ✱✱** Einzelstelle
29. Silberschlüssel **8 ✱✱** (Behm)
30. Macheiner **7+ ✱✱**
    Kurze Ausdauerroute im Braunen (Behm)
31. Einherjer **8- ✱✱** (Behm)
32. Wilbur **8-/8 ✱✱✱**
    Perfekter Fels! (Behm)
33. Blut aus Nord **7- ✱✱** (Behm)
34. Dir. Hansisteig **5+ ✱✱** (Piribauer)
35. Reisefrosch **5- ✱** (Piribauer)

Puchberg/Schneeberg Übersicht

Zu Füßen des höchsten Niederösterreichers, des 2076m hohen Schneeberges, gibt es auch ein paar Klettergärten, welche sicher nicht zu den Topgebieten dieses Führers zählen, aber trotzdem einen Besuch lohnen – vielleicht nach einer Frühjahrsabfahrt vom Schneeberg? Rund um Losenheim gibt's einen Fels für die wirklich Guten, einen Fels für die Anfänger und einen für die Kletterer dazwischen. Oberhalb des Grünbacher Sattels, schon in Richtung Hohe Wand, locken dann noch nette, geneigte Platten mit Schneebergblick. Ausprobieren!

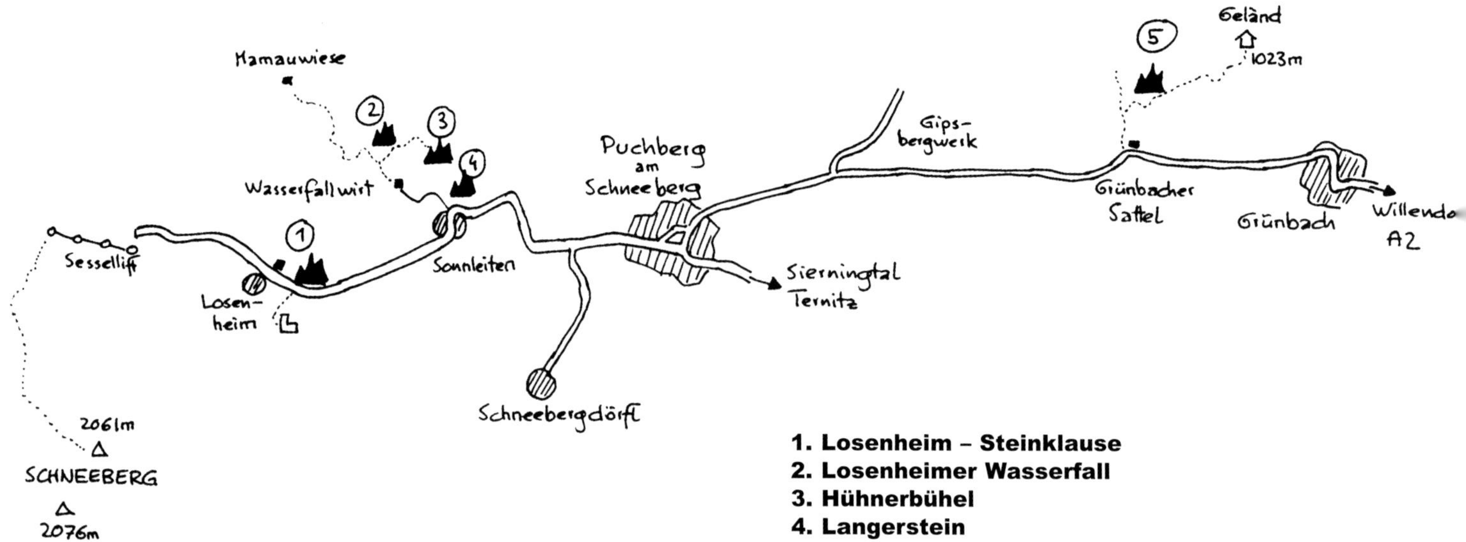

1. **Losenheim – Steinklause**
2. **Losenheimer Wasserfall**
3. **Hühnerbühel**
4. **Langerstein**
5. **Grünbacher Hausstein**

Losenheim – Steinklause

Lage: SW, NW **Höhe:** bis 25m

ppp

Besonderes: Die seltenen Besuche bewirken so manches Pflänzlein auf den Griffen.

Direkt an der Straße gelegen, bestens abgesichert, abwechslungsreiche Felsstruktur – und trotzdem wird hier nur selten geklettert. Die Routen sind sicher nicht supergenial, so schlecht aber auch wieder nicht – Platten und überhängende Wandkletterei wechseln in bunter Reihenfolge, der Fels ist mal glatt, mal überraschend rau, recht kompakt, die Kletterei durchaus technisch anspruchsvoll, so manche Stelle ergibt sich erst nach genauerem Hinsehen. Alle Routen stammen von Peter Puchegger, Ewald und Herta Gauster.

Zufahrt: ÖV: Mit der Bahn bis Puchberg/Schneeberg. Von hier mit dem Bus nach Losenheim bis zum Gasthof „Forellenhof". Die Straße 150m Richtung Puchberg zurück. PKW: Von der A2 über Weikersdorf, Willendorf, Grünbach und Puchberg Richtung Losenheim. Kurz davor, bei einer Felsenge, parken. Der Fels steht direkt neben der Straße.

Zugang: Vom Straßenrand zehn Schritte zum Sektor Straße, der Sektor Wald liegt links ums Eck (Steigspur 2min).

HINWEIS: Gegenüber, auf der anderen Straßenseite, im Gebüsch versteckt, befindet sich noch ein überhängender 10m-Turm mit drei Routen. Aber Achtung, hier wird scharf geschossen, der Fels liegt im Bereich des „Bogenpfades Losenheim". Besuch nicht erwünscht!

Nette 5er Route beim Losenheimer Wasserfall

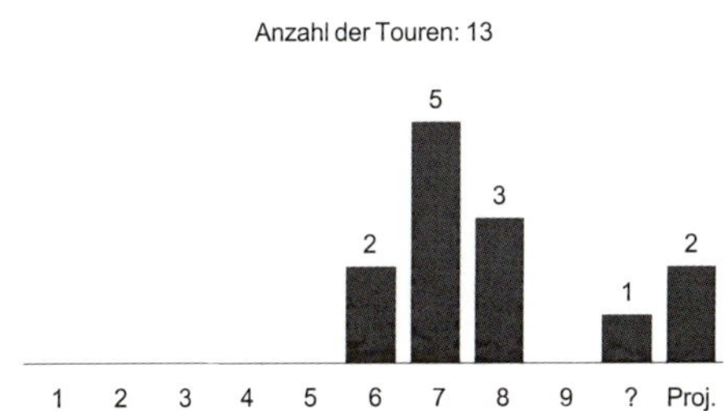

⊛ Losenheim – Steinklause – Sektor Straße

1. ? **6+/7- ✱✱**
   Abwechslungsreich – Überhang, Platte, Verschneidung!
2. Projekt
3. Projekt
4. ? **6+/7-** Fels nicht ganz fest
5. ? **7- ✱** Schon etwas verwachsen
6. ? **7/7+ ✱** Einzelstelle, gewusst wie
7. ? **7- ✱✱** Superfels, lohnend!

Losenheim – Steinklause – Sektor Wald

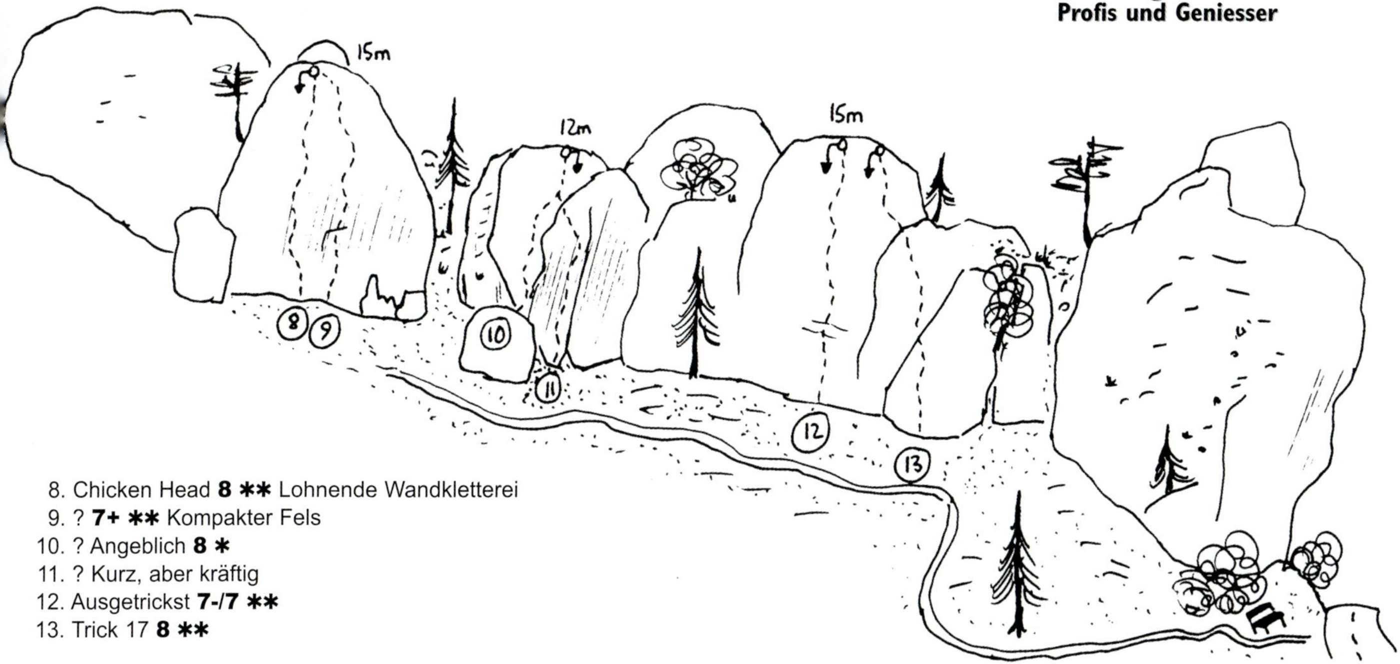

8. Chicken Head **8 ✱✱** Lohnende Wandkletterei
9. ? **7+ ✱✱** Kompakter Fels
10. ? Angeblich **8 ✱**
11. ? Kurz, aber kräftig
12. Ausgetrickst **7-/7 ✱✱**
13. Trick 17 **8 ✱✱**

Losenheimer Wasserfall

Lage: S **Höhe:** bis 20m

Besonderes: Bei 1. bis 5. älteres Hakenmaterial aber geklebte Abseilringe. Wer die Schwierigkeit nicht beherrscht, sollte zusätzlich Sanduhrschlingen und eventuell Keile mitnehmen. Der starke Bewuchs stört kaum.

Gleich neben dem Losenheimer Wasserfall liegt diese zumindest in der warmen Jahreszeit recht grüne Wand, am Wanderweg zur Mamauwiese gelegen, in einer wirklich netten Landschaft, zahlreiche Bänke laden zur Rast ein. Das viele Gras in den Griffen stört kaum, weil diese riesengroß sind, unangenehmer sind die doch recht weiten Abstände zwischen den oft alten Haken – schade, denn sonst handelt es sich um ein nettes Anfänger- und Kinderklettergebiet.

Zufahrt:
ÖV: Bis Puchberg mit der Bahn, mit dem Bus Richtung Losenheim bis zur Haltestelle in Sonnleiten.
PKW: Von Puchberg Richtung Losenheim, in der kleinen Ortschaft Sonnleiten rechts Richtung „Wasserfallwirt" abbiegen. Gleich danach ein Parkplatz. Bitte nicht das kurze Stück zum „Wasserfallwirt" weiterfahren, der dortige Parkplatz ist für Gasthausbesucher reserviert.

Zugang: Dem Asphaltsträßchen zum „Wasserfallwirt" folgen, neben dem Bächlein weiter und direkt zum Wasserfall und der Wand (10min).

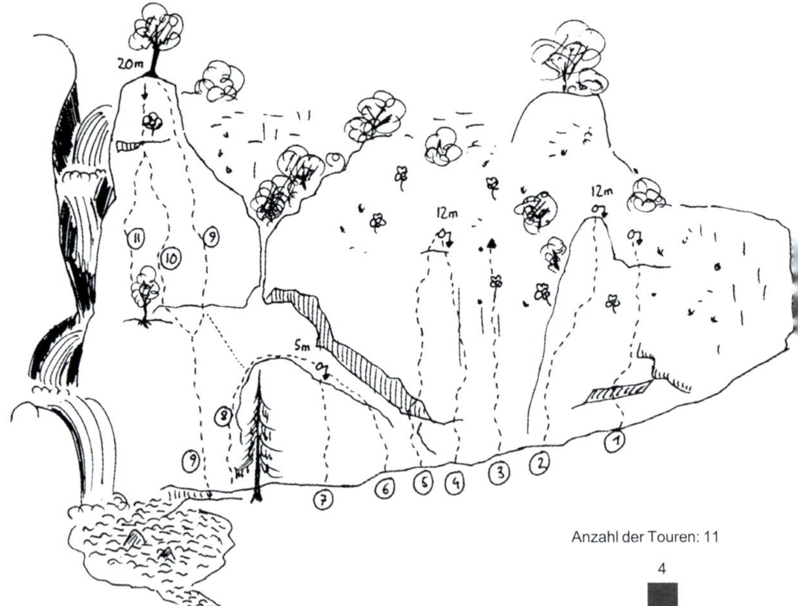

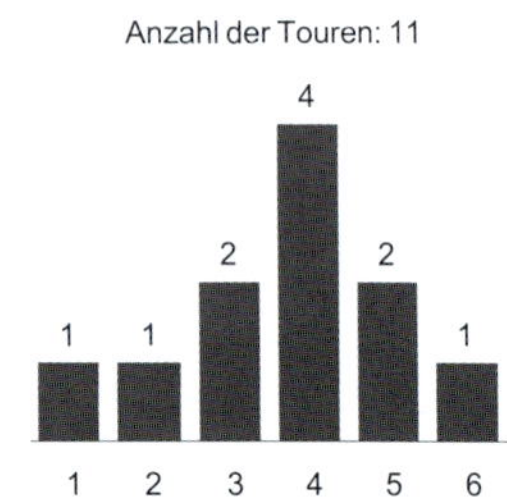

1. **4-** Minidach, dann leicht
2. **4- *** Henkelroute
3. **3+** Nur ein Haken, dann Botanik pur
4. **4** Nur ein Haken, Henkel
5. **5 *** Kleines Dach, oben leicht
6. **1+**
7. **2-**
8. **3**
9. **5 **** Schön und superrau im oberen Teil
10. **6+ **** Sehr guter Fels, sehr rau
11. **4+/5- *** Nett

6. und 7., ideal für Kinder, oben Abseilring
9. bis 11., oben kein Abseilring – Schlinge für Baum mitnehmen!

Hühnerbühel

Lage: N **Höhe:** bis 20m

ppp

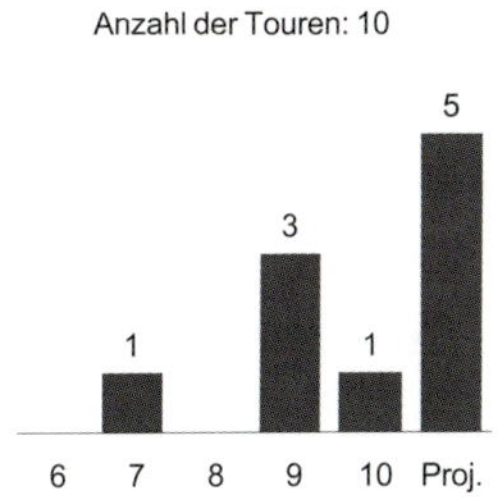

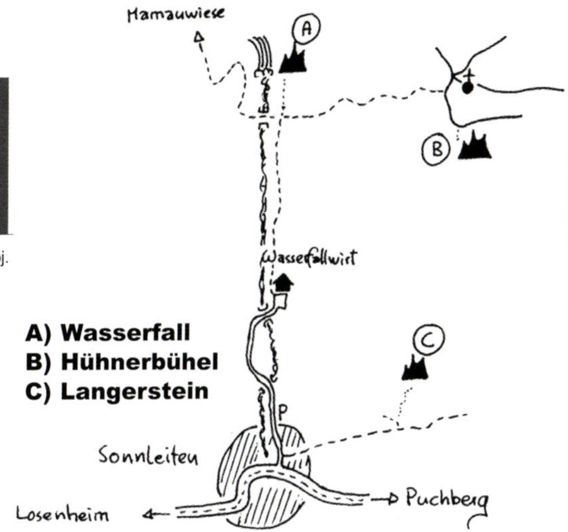

A) Wasserfall
B) Hühnerbühel
C) Langerstein

Ein Felsmassiv mit glatten, abweisenden Wänden, gespickt mit vielen Leisten und Auflegern – das ergibt technisch anspruchsvolle Klettereien, idyllisch im Wald gelegen und noch dazu schön schattig.

Zufahrt:
ÖV/PKW: Siehe Losenheimer Wasserfall.

Zugang: Genauso wie beim Wasserfall zum „Wasserfallwirt" und bis knapp vor den Wasserfall. Wo der Weg zur „Mamauwiese" links über den Bach führt, rechts (Tafel „Rundwanderweg") im Wald auf Steig hinauf in eine Art Sattel. Hier stößt man auf einen Forstweg, in Kürze rechts zur Felswand (15min).

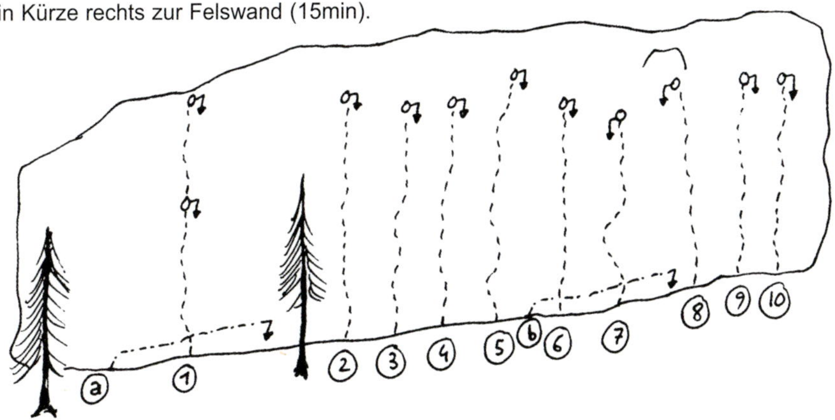

1. Soft Shoulder **10 **** 1. Teil **8+**
2. Gierige Sau **9+ ****
3. Projekt
4. Wash My Soul **9 ****
5. Projekt
6. Bombing Bastard **9+/10- ****
7. ? **7 ****
8. Projekt
9. Projekt
10. Projekt

Boulder:
a) **9+/10- **** Quergang
b) **8- **** Quergang

Langerstein

Lage: S **Höhe:** bis 20m

pp

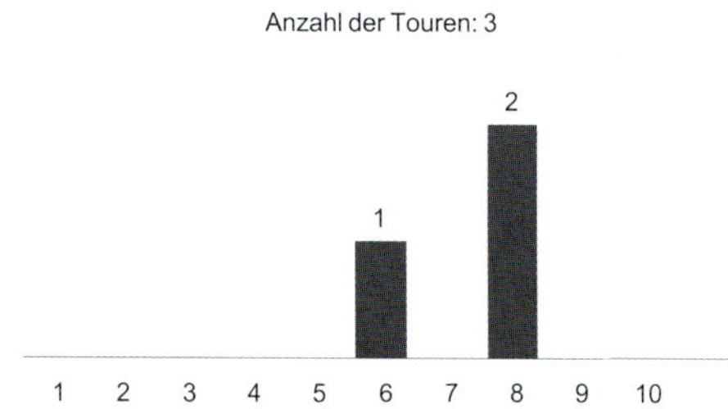

Besonderes: Neben den beschriebenen Routen rosten in einigen Rissen auch noch ein paar Normalhaken vor sich hin – Relikte von Peter Puchegger, mit größter Vorsicht zu genießen.

Dieser Fels, welcher auch als "Hausmannstein" bekannt ist, wird nur der Vollständigkeit halber erwähnt, da die zwei Routen links ganz gut sind. Sonst fristet der Fels ein wahres Schattendasein, obwohl er eigentlich südseitig orientiert ist. Alle Routen von Peter Puchegger.

Zufahrt:
ÖV/PKW: Wie Losenheim – Wasserfall.

Zugang:
Siehe Übersichtsskizze. Gleich nach der Abzweigung zum Wasserfall in Sonnleiten rechts auf Hohlweg zum Waldrand empor und weglos durch dichten Tann zum Fels (15min).

1. ? **6+/7- **** Komplizierte Linie, schön, viele Normal- und Bohrhaken
2. Nose **8/8+ **** Diffizile Wandkletterei in gutem Graukalk
3. Rapunzel **8 *** Beginn zugewachsen

Dazwischen noch einige klassische, verwachsene Risse mit alten Haken.

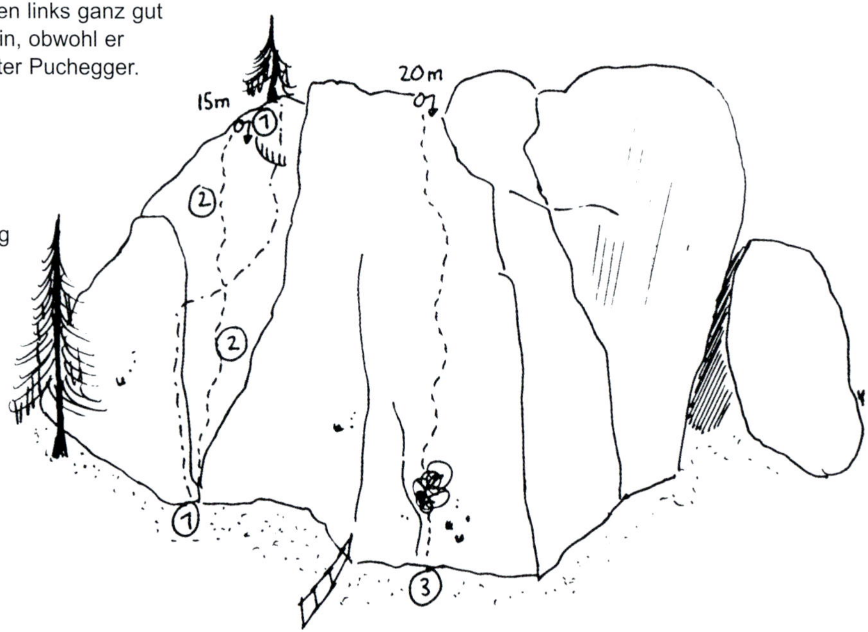

Grünbacher Hausstein

Lage: S **Höhe:** 50m

ppp

Besonderes: Schöner Schneebergblick. Abstieg vom Turm durch Abseilen (2x25m) oder zu Fuß (**1**, Augen auf!).

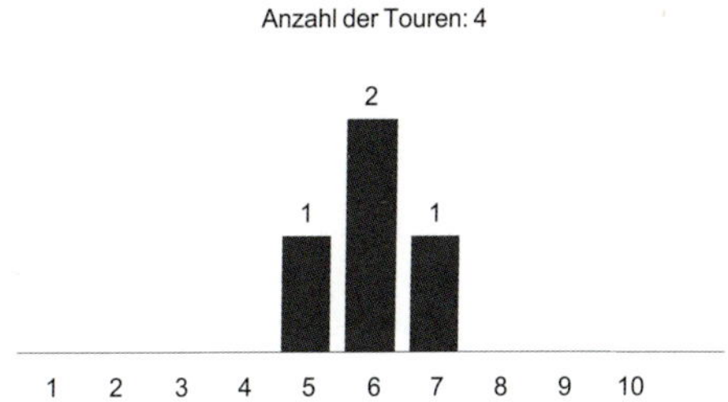

Ein lieblicher Felsturm in den westlichen Ausläufern des Geländes, mit hellen, geneigten Platten Richtung Puchberg abfallend. Freundliche Genussrouten in bestem Fels gibt es hier zu klettern, rechnet man den Vorbau dazu kommt man sogar auf drei (kurze) Seillängen.
Die Bäume mildern die Ausgesetztheit, sodass hier durchaus gut für die ersten Mehrseillängenrouten geübt werden kann. Abstieg entweder durch Abseilen oder zu Fuß in leichter Kraxelei (**1**): Am Gipfelplateau östlich über einen Spalt, vor den Abbrüchen links auf eine kleine Wiese. Auf Band nach rechts, ums Eck in eine Klamm und durch diese zum Wandfuß. In einer Rechtsschleife zurück zu den Einstiegen.

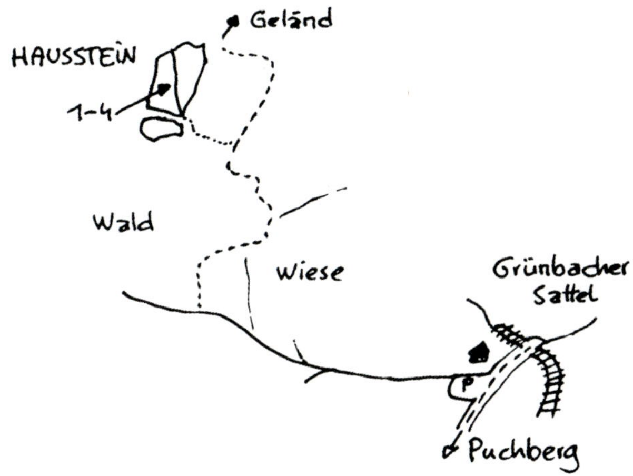

Zufahrt:
ÖV: Bahn bis Grünbach oder Puchberg und zu Fuß oder per Bus auf den Grünbacher Sattel.
PKW: Von der A2 über Weikersdorf und Willendorf nach Grünbach. Weiter Richtung Puchberg. Die Straße führt bergauf in einen Sattel, wo die Bahn überquert wird, rechts befindet sich ein Gasthaus, der Schneeberg ist sichtbar – dies ist der Grünbacher Sattel. Rechts großer Parkplatz.

Zugang:
Am markierten Forstweg auf den bereits sichtbaren Hausstein zu. Wo man den Wald betritt, zweigt rechts ein ebenfalls markierter Weg Richtung „Geländ" ab. Diesem folgen bis unter den Hausstein, links weg, durch ein Lianentor und über einen alten Zaun zu den Einstiegen (15-20min).

Grünbacher Hausstein

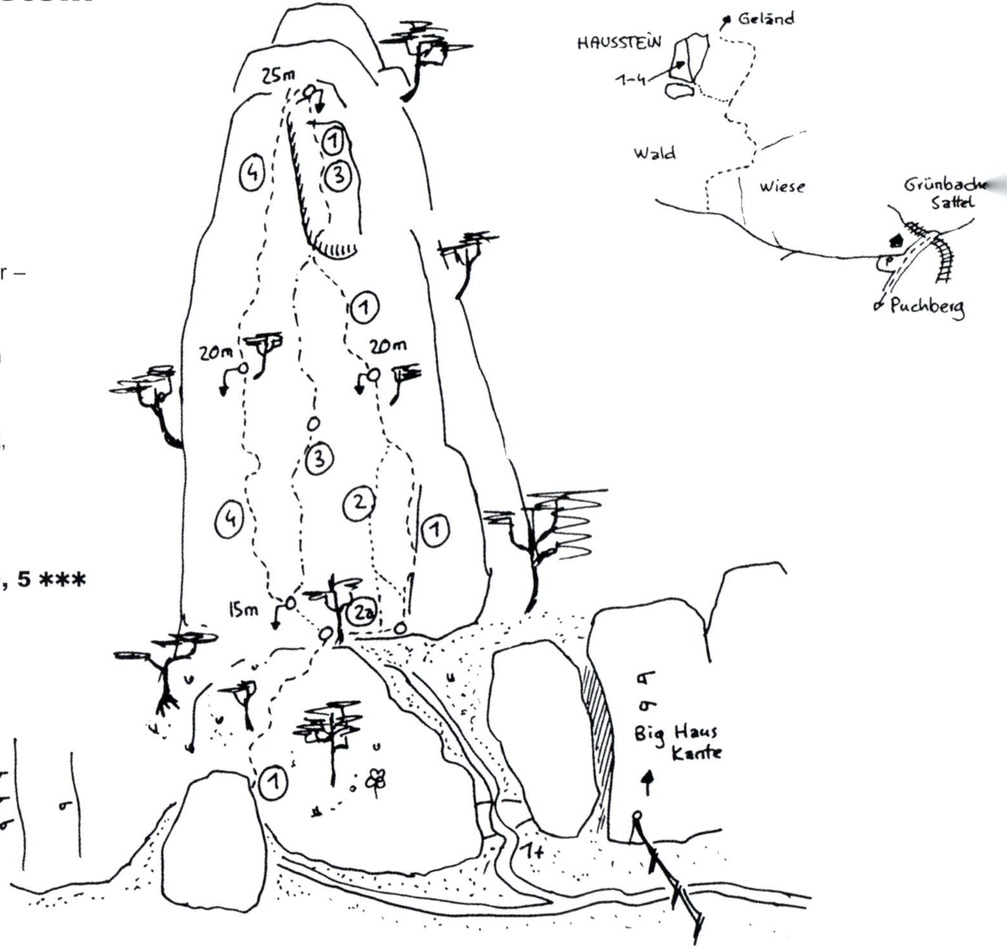

1. Genussklassiker **4-, 4, 5 *****
   Erste Seillänge gesucht,
   zweite Seillänge hübscher Riss,
   dritte Länge schöne Platte plus Pfeiler – lohnend! (Behm, Piribauer)
2. Neu-Haus-Kante **7- **** Lohnende Plattenkletterei, von rechts einsteigen (Behm, Piribauer)

2a. Direkter Einstieg **7-/7 ****
   Vorsicht – der erste Bohrhaken fehlt, Toprope-Klettern! (Behm)

3. Zuckerberg Extrem **6+, 5+** *
   Sehr schöne Plattenkletterei (Behm, Piribauer)
4. Fußreise nach dem Schneeberge **6+, 5 *****
   Ebenfalls sehr schöne Platte, kompakter Fels (Behm, Piribauer)

Niederösterreich Südost Übersicht

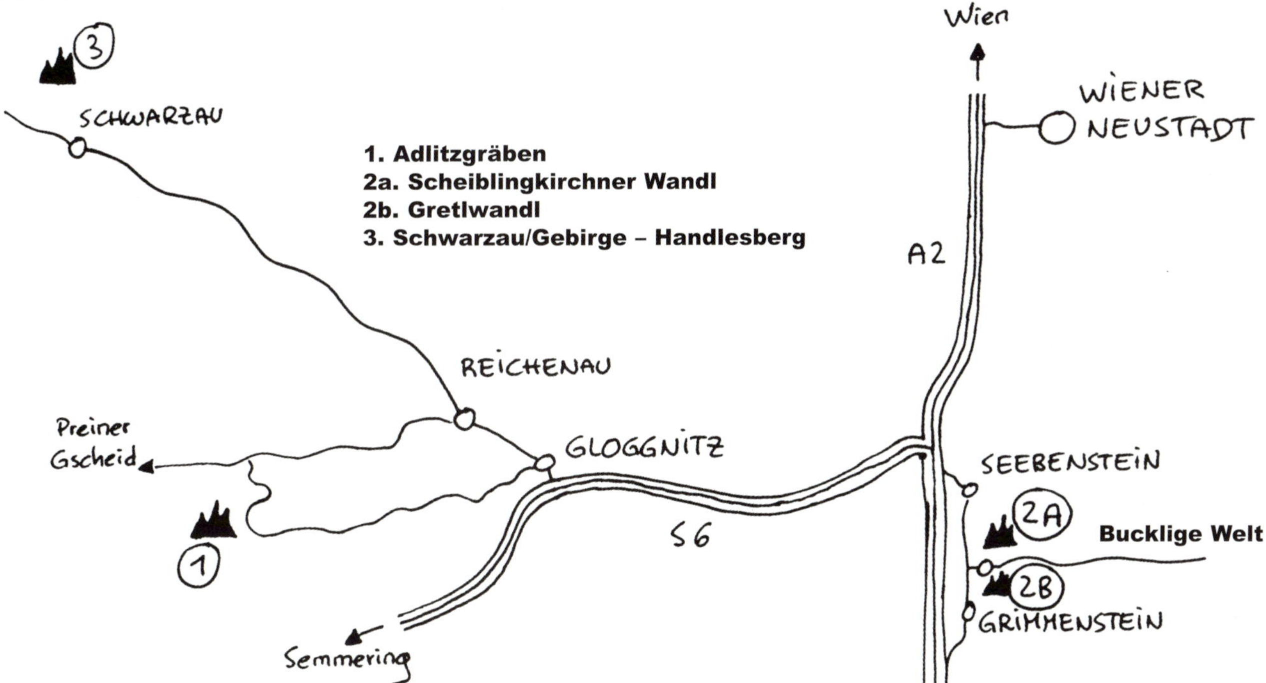

In diesem Kapitel werden die Adlitzgräben, die Bucklige Welt sowie der Handlesberg bei Schwarzau am Gebirge behandelt.

Die Felsen der Buckligen Welt mit ihren tollen Grifflöchern wurden erst kürzlich von Thomas Behm, den es aus den Untiefen des Höllenthales hierher verschlug, erschlossen. Die gewaltigen Überhänge der Falkensteinwand sind hinlänglich bekannt, aber auch hier wurden neue Routen erschlossen. Zuletzt sei hier noch der Handlesberg erwähnt, der sich in jüngster Zeit zu einem der besten Kletterziele dieses Führers in den oberen Schwierigkeitsgraden gemausert hat.

Adlitzgräben

Lage: S **Höhe:** bis 80m

ppp

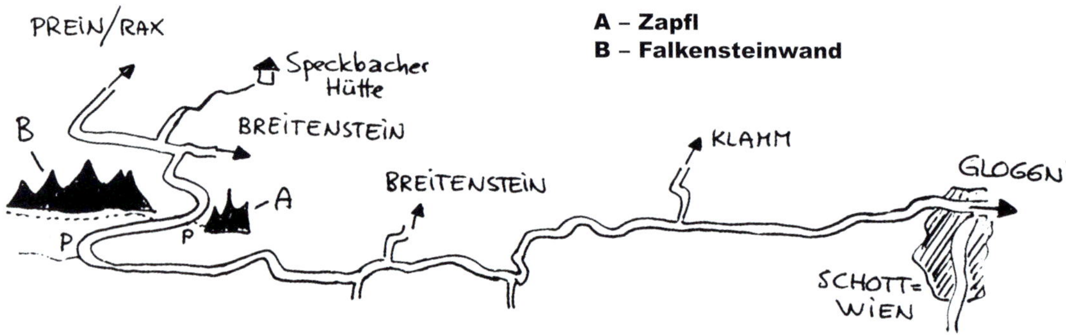

A – **Zapfl**
B – **Falkensteinwand**

Besonderes: Für manche Routen empfiehlt sich ein 70m-Seil. Über den Adlitzgräben hängt das Damoklesschwert eines Kletterverbots – nicht bei den Felsen übernachten, kein Lagerfeuer, kein Lärm, im Bereich der Straße besondere Vorsicht auf vorbeifahrende Autos, rücksichtsvoll Parken. Weiters: In einigen Sektoren ist Klettern auch bei Regen möglich. Einige Routen sind schon ziemlich abgeschmiert.

In den Hinteren Adlitzgräben versteckt, wurde die Falkensteinwand lange Zeit nur von Wanderern, die gerne die Falkensteinhöhle besuchen, wahrgenommen. Ronny Bilik und Lukas Matasovsky bohrten die ersten Routen etwa ab 1986 ein. Das große Potential wurde aber erst so richtig von Erich Holy erkannt, der auch den großen Arbeitsaufwand nicht scheute und systematisch die Wand zu erschließen begann. Wer heute vor dem Sektor „Spielplatz" steht, kann sich gar nicht vorstellen, dass der Wandfuß einst komplett zugewuchert war. Es sollte auch nicht lange dauern, bis die ersten wirklich schweren Routen von Karl Reicht, Christoph Helma und Arthur Kubista eingerichtet und gepunktet wurden. Mittlerweile zählen die „Gräben" zu den allerbeliebtesten Kletterzielen im weiten Umkreis, die gute Absicherung und die heute ja so beliebten überhängenden Henkelrouten ziehen Unmengen an Sportkletterern an. Oft sind es schon zu viele, die sich hier tummeln, der Lärmpegel ist erschreckend hoch, den Müll läßt man liegen, man sichert cool und lässig an der Leitplanke im Sektor Monster und ärgert sich über die Autos, die vorbei wollen. Kein Wunder, dass ein Kletterverbot diskutiert wurde und wird. Prinzipiell sollte vom 1.9. – 15.5. nicht geklettert werden, es hält sich jedoch niemand daran...

Zufahrt: ÖV: Mit der Südbahn nach Breitenstein, kurz vorm Semmering. Zu Fuß in 30min. zur Wand, der Straße folgend.
PKW: Von der S6 in Gloggnitz abfahren, auf der Bundesstraße nach Schottwien. Hier in die Adlitzgräben abzweigen, siehe Skizze.
Bitte rücksichtsvoll Parken!

Zugang: Die Wand beginnt direkt bei der Straße. Siehe Skizze.

Adlitzgräben Übersicht

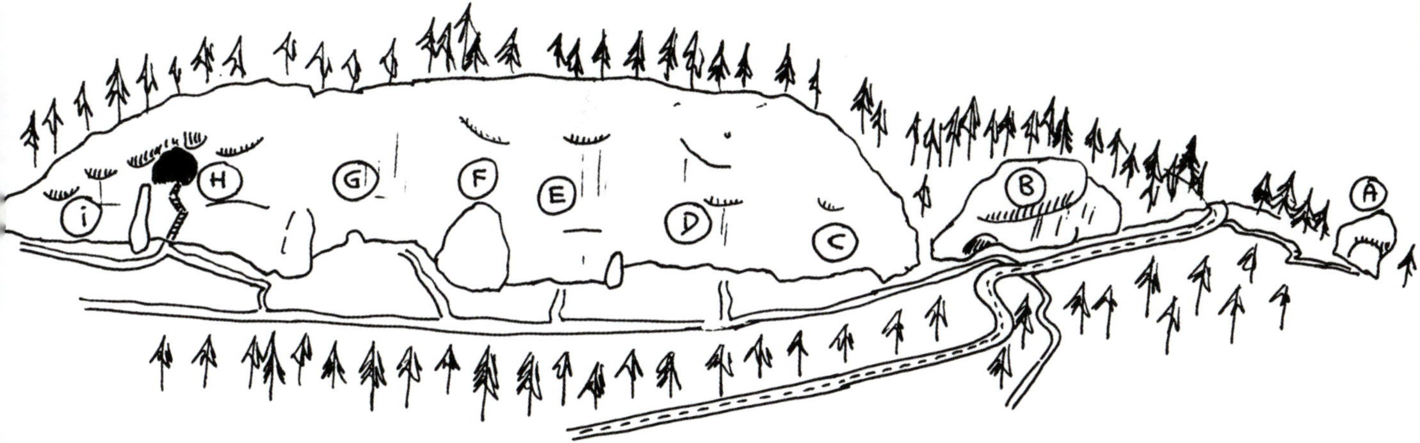

A. Zapfl
B. Sektor Monster (Straßenwand)
C. Sektor Fingerschinder
D. Sektor Tschack bumm
E. Sektor Eritis
F. Sektor Baucherl
G. Sektor Larifari
H. Sektor Spielplatz (Höhle)
I. Sektor Vanitas

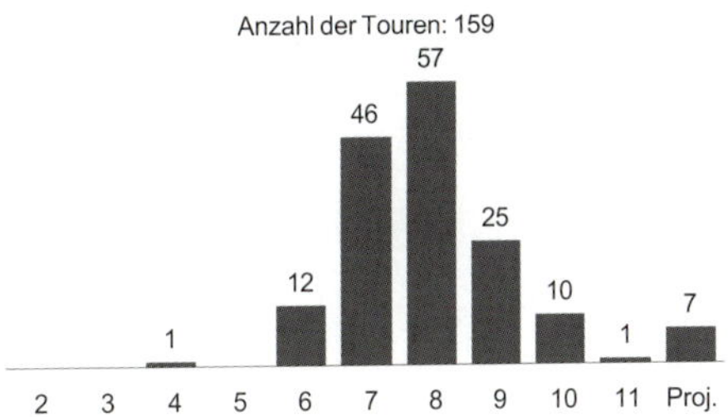

ngende Gärten der Semiramis 9+, Zapfl

Pas de panique 8-, Zapfl

Sektor A – Zapfl

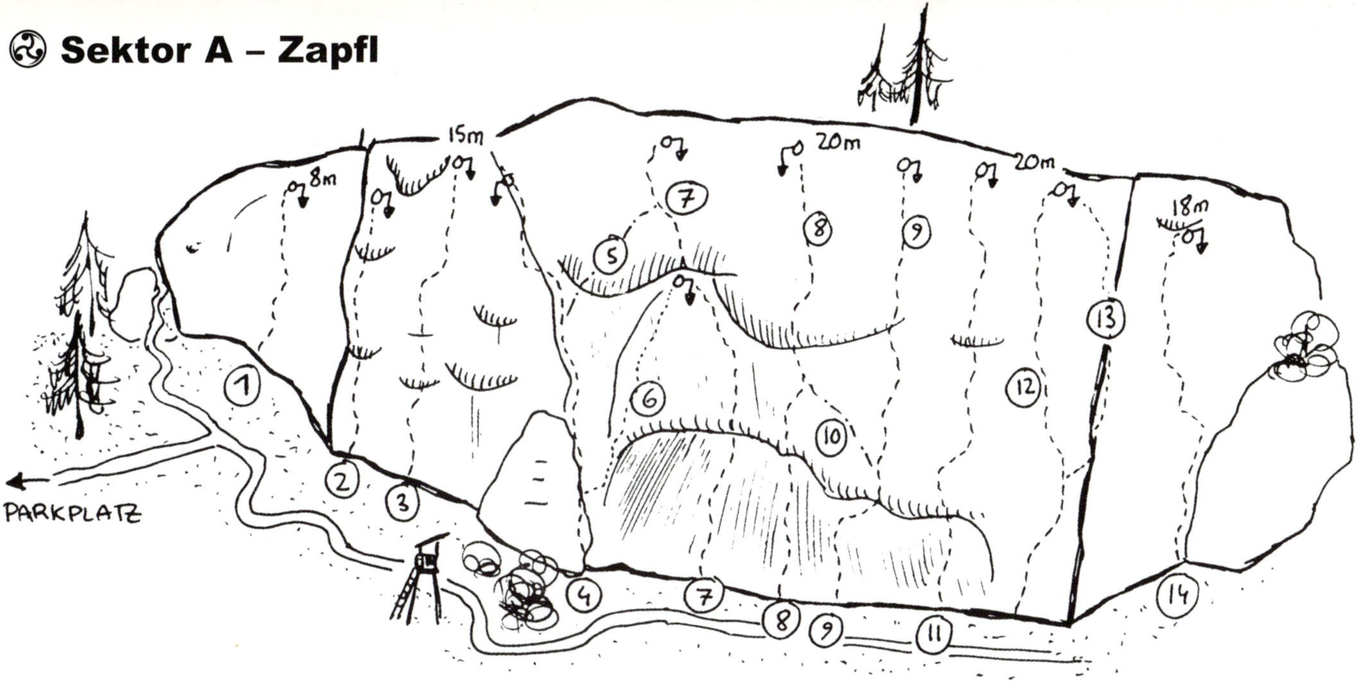

1. Fahrkarte ins Jenseits **7+ *** Kurz, plattig (Gauster)
2. Pas de panique **8- ****
   Fotogene Kante, geschlagener Griff (Bilik, Matasovsky)
3. Meine Kuh trägt himmelblaue Socken **8+/9- *****
   Schön und abwechslungsreich (Bilik, Matasovsky)
4. 2-Freunde-Riss **8+ ***
   Eigenartige Risskletterei (Bilik, Matasovsky)
5. Drei Tage runder Mond **9+ ***** Anspruchsvoll! (Finsterer)
6. Macho Chese ... **8 *** Endet unterm Überhang (Bilik)
7. Bist Eulen **10-/10 ***** Anspruchsvolle Route an Rissspur und über den Überhang (Helma)
8. Die hängenden Gärten der Semiramis **9+ ***
   Geniale Ausdauerroute mit guten Zügen (Kubista)
9. Die Rückkehr der Samuramat **10- *****
   Harter Beginn (Kubista)
10. Schweine im Weltall **10 *** Kombi aus 9.+8. (Jansenberger)
11. Arbitrage **9+/10- *****
    Kleingriffige Stellen, schöne Linie (Kubista)
12. Odins Rache **9 ***** Der Fluch lebt ... (Membier)
13. ? **8+ **** Ausdauerroute (Membier)
14. Aufg`legt is **8+ ****
    Technisch anspruchsvoll an Auflegern und Leisten (Holy)

Sektor B – Monster

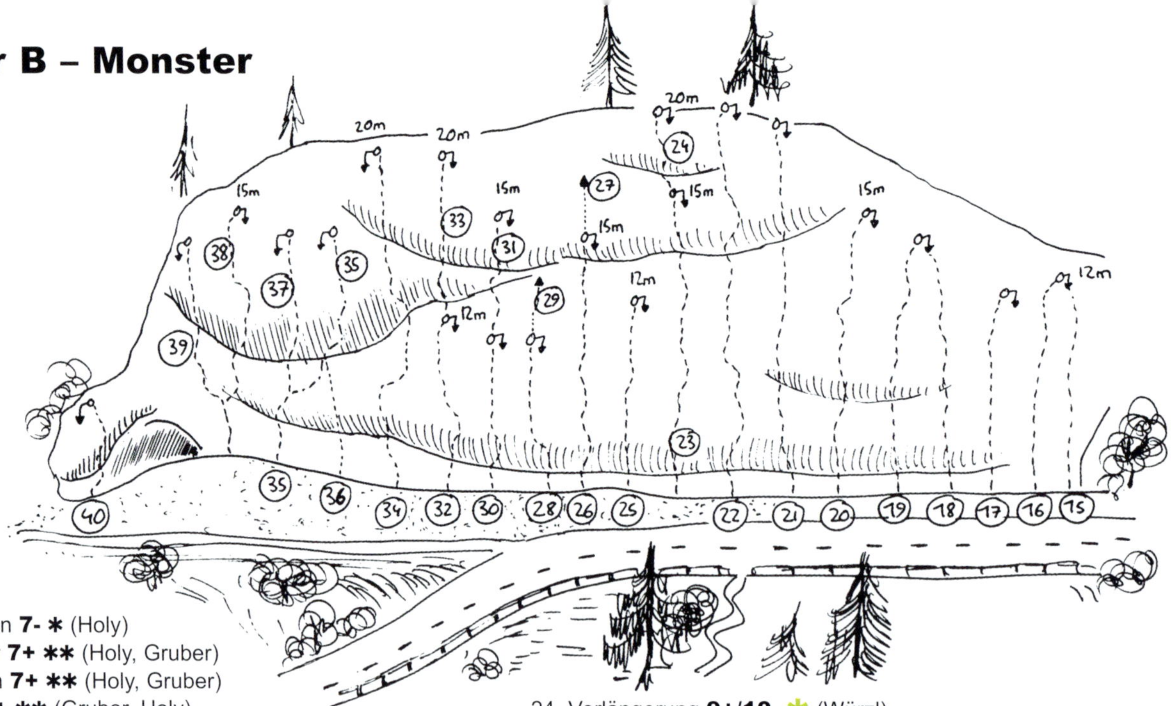

15. Rechtsaussen **7- ✱** (Holy)
16. Mittelstürmer **7+ ✱✱** (Holy, Gruber)
17. Wüstensturm **7+ ✱✱** (Holy, Gruber)
18. SZ-Fury 1 **7+ ✱✱** (Gruber, Holy)
19. Alltag in Franken **7+ ✱✱**
    Etwas weiter gesichert (Gruber)
20. Frisch geschottert **7+ ✱✱✱**
    Tolle Ausdauerkletterei (Matjasovsky)
21. Fieberwahn **8+ ✱** Vergessene Route, die von
    M. Rotter revitalisiert wurde (Höglinger)
22. Shuffle town **9+/10- ✱**
    Äußerst geniale Ausdauerroute (Höglinger)
23. Existenzialminimum **8 ✱✱✱**
    Ausdauer mit schwerem Beginn (Holy, Gruber)
24. Verlängerung **9+/10- ✱** (Würzl)
25. Streetfighter **9 ✱✱✱** Kurz aber heftig (Holy)
26. Hau den Lukas **8+ ✱**
    Ausdauerklassiker mit kaputtem erstem Haken (Klein)
27. Projekt
28. Suhgurim **9+ ✱✱** Harte Boulderstelle (Helma)
29. Projekt
30. Ora et praeserva **8+/9- ✱✱** Einzelstelle (Matjasovsky)
31. Verlängerung **9- ✱✱✱** Perfekt an Sintergriffen (Höglinger)
32. Panem et circenses **8+ ✱✱**
    Einzelstelle, etwas weit gesichert (Bilik, Matjasovsky)

Back to work 10-, Monster

Ora et praeserva Verlängerung 9-, Monster

Der lange Weg zur Müdigkeit 7, Larifari

Existenzialminimum 8, Monster

Sektor C – Fingerschinder

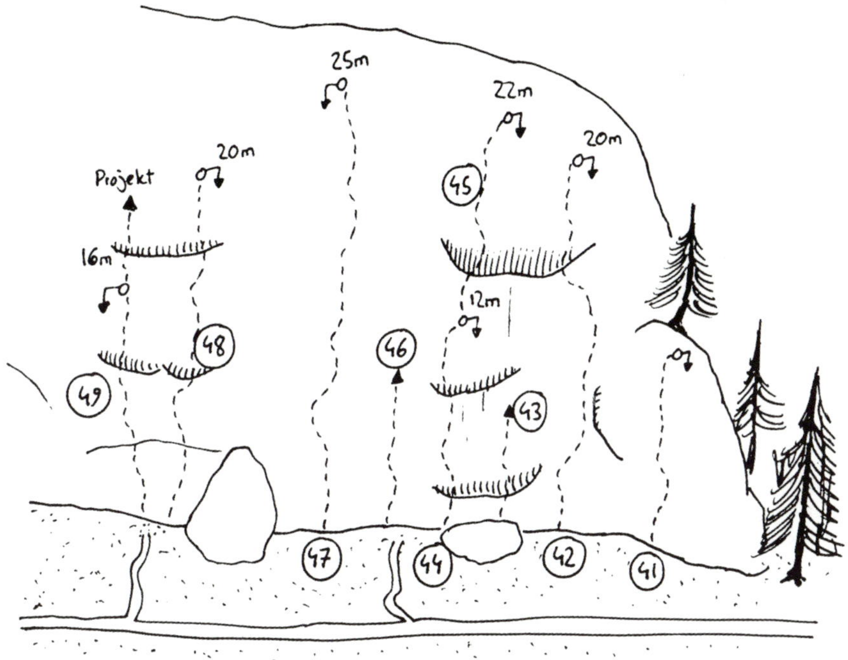

Sektor B – Monster - Fortsetzung

33. Orkrist **9- *****
    Superverlängerung von 32. (Höglinger)
34. Cheap sunglasses **9+ ***
    Sehr schöne Ausdauerroute mit Einzelstelle zusätzlich (Höglinger)
35. King Kong & Co Ges.m.b.H. **8 ***
    Der Überhang-Klassiker im weiten Umkreis – super! (Bilik, Matjasovsky)
36. Wolken im Kaffee **8 ****
    Variante zu 35. (Gruber)
37. Out of work **9+/10- *****
    Boulderstelle im Überhang (Reicht)
38. Back to work **10- *****
    Trickreicher Überhang (Reicht)
39. Projekt
40. Liebling der Schwerkraft **8- ***
    Schmerzhaft (Bilik)

Sektor C – Fingerschinder

41. ? **7-** Schas, erster Haken fehlt (Matasovsky)
42. Hardrockzombie **8- *****
    Klassiker! Lochkletterei (Matasovsky, Bilik)
43. Projekt
44. Hollarääädulìöö **7+ *****
    Kurz aber super (Bilik, Matasovsky)
45. Verlängerung **9- ***
    Sehr gute, zwingende Züge am Wulst (Höglinger)
46. Projekt
47. Catenaccio im Gattenaccio **10 *****
    Gute Ausdauertour mit schweren Stellen, scharfe Löcher! (Kubista)
48. Kreuzzug ins Glück **9- *****
    Einzelstelle plus Ausdauer (Gruber)
49. Hail holy hail **8 *****
    Erichs Abschiedstour von den Gräben – für immer! (Holy)

Sektor D – Tschack Bumm

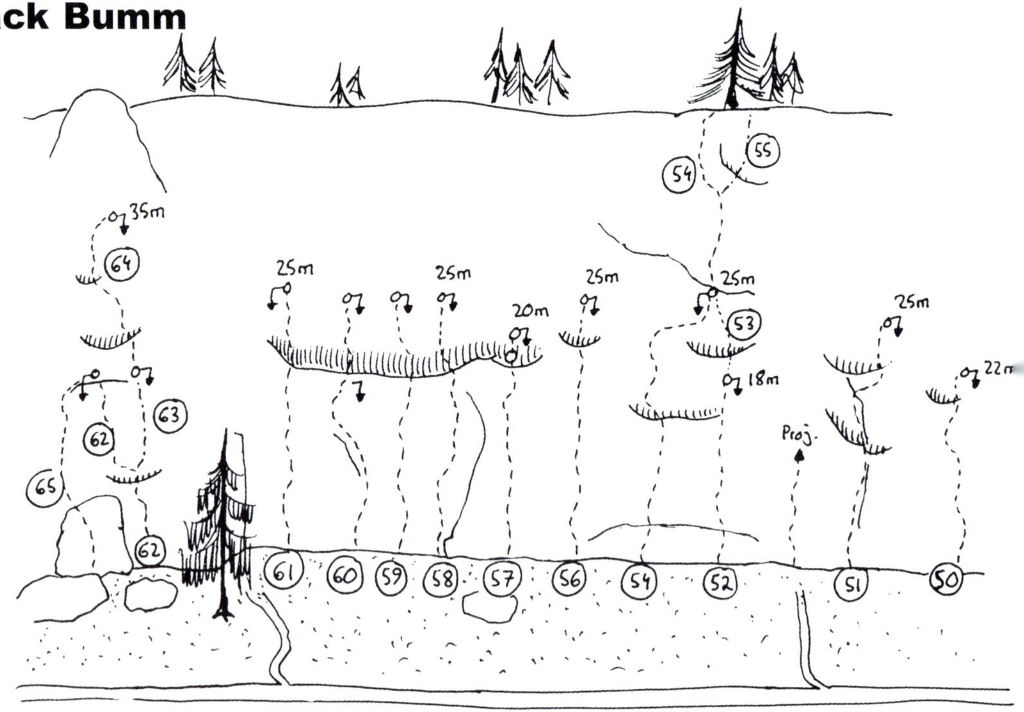

50. Zentrum der Lust **7+ ✱✱**
    Schlüsselstelle ganz oben (Holy)
51. Kain und Abel **9 ✱✱**
    Diffizile Kletterei,
    Verschneidung (Gasser)
52. Auch ein Philosoph ernährt sich heterotroph **8+/9- ✱✱✱**
    Gute Züge, aber schon sehr abgeschmiert (Gruber, Holy)
53. Verlängerung **9- ✱✱**
    Moralisch! (Kind)
54. Tschack Bumm **8-/8, 7+ ✱✱✱**
    Tolle Ausdauerroute mit weiteren Hakenabständen, 2. Länge schön aber selten begangen (Membier)
55. Wupp **8- ✱✱**
    Variante zur 2. Länge von 54. (Membier)
56. Im Schatten der Fledermaus **8+ ✱✱**
    Ausdauer, schon sehr glatt (Holy)
57. Bis zum bitteren Ende **8+ ✱✱**
    Schon sehr abgeschmiert (Holy, Rotter)
58. Self destroying prophecy **9+/10- ✱✱✱** 1. Hälfte leichter **8**, oben Einzelstelle plus Runout zum Stand (Helma)
59. Ohne Erfolg keine Missgunst **10- ✱✱** (Kubista)
60. Styx cross over **9- ✱✱✱** Sehr schön, 1. Hälfte ca. **8-**, dann schwer über die Wuchtel (Tenschert)
61. The day the devil comes to getcha **8 ✱✱✱**
    Ausdauer, Schlüsselstelle unten (Holy, Höglinger)
62. Eisbein fürs Steissbein **7+ ✱✱**
    Schön, aber nicht optimal eingebohrt (Klein)
63. Eisbein mit Sauerkraut **8 ✱✱** Lohnend, kleine Griffe (Klein)
64. Der steile Pfad zur Tugend **8 ✱✱✱** Tolle Verlängerung zu 62. oder 63. Vorsicht, 70m-Seil zum Ablassen nötig
65. Langsame Heimkehr **8+ ✱✱** Kleingriffige Platte (Holy)

Sektor E – Eritis

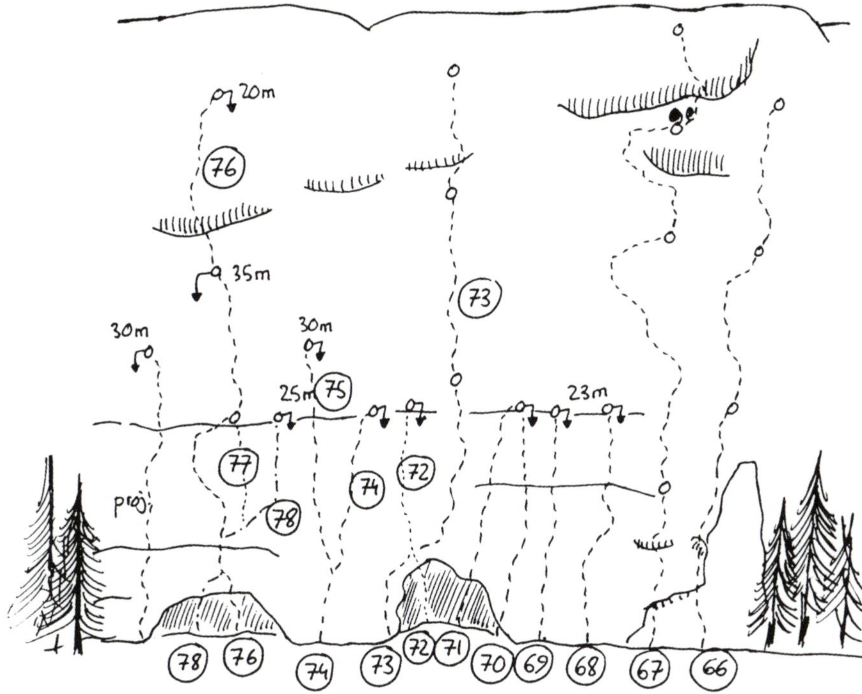

66. L´ange gardien **8-, 7-, ca. 9 ✱✱**
    Kaum begangen, letzte Länge recht gut (Holy, Gruber)
67. Eritis sicut deus **8, 8, 7+, 8 ✱**
    Sehr abwechslungsreiche lange Route mit abgeschmiertem Beginn,
    4. Länge Superüberhang! (Matasovsky)
68. Einstürzende Neubauten **7+ ✱✱** (Gruber, Gauster)
69. Nix chauvi **7+/8- ✱✱** (Holy, Matasovsky)
70. Spanish inquisition **7+/8- ✱✱** (Gansterer)
71. ? **8- ✱✱** Lochkletterei (Höglinger, Membier)
72. Tanzi tanzi **8 ✱✱✱** Platte, zwingend zu klettern (Membier)
73. Gottes vergessene Kinder **8, 7, 8- ✱✱**
    Abwechslungsreiche Route – Platte, Wand, Überhang,
    2. Länge etwas brüchig (Holy)
74. ? **8- ✱✱✱** Tolle Lochkletterei (Höglinger)
75. Schwesterlein komm tanz mit mir **7+ ✱✱**
    Lange Route, etwas weiter gesichert (Höglinger)
76. Tanz in den Himmel **7, 7, 8 ✱**
    Eine der besten Routen hier, in Länge 2 und 3 fehlt jeweils ein Haken, trotzdem gut zu klettern (Holy)
77. Zeit ohne Flügel **7+ ✱✱✱** (Holy)
78. Ich tanze nicht **7+ ✱✱✱** Quert oben nach rechts (Höglinger)

Sektor F – Baucherl

79. Rechter Neubauch **6+ **** (Matasovsky)
80. Linker Neubauch **6 **** (Matasovsky)
81. Blaubauch **6+ *****
    Klassiker mit blauen Haken (Holy, Matasovsky)
82. Harter Bauch **7- **** (Matasovsky)
83. Bauchschuss **6+ ***** (Holy, Matasovsky)
84. Zwischenbauch **6+ ***** Sehr schön! (Matasovsky)
85. Schlaubauch **7-** * Klassiker (Holy, Matasovsky)
86. Bierbauch **6+** *
    Ebenfalls ein Klassiker, super! (Holy, Matasovsky)
87. Voller Bauch **7 **** Variante (Holy)
88. Jagdheim **7+ **** Variante (Behm)
89. Hängebauch **7 **** Brüchiger Beginn (Holy)
90. Saubauch ÖAV **7 **** (Matasovsky)
91. Labilbauch **7- **** (Matasovsky)
92. Bauchweh **6+ **** (Matasovsky)
93. Hydrator **9** *
    Anspruchsvoll und lang (Höglinger)
94. Gibaniza **9** *
    Kleingriffige Schlüsselstelle, super!
    (Höglinger)
95. Aviophobie **9+** *
    Ebenfalls eine lange,
    anspruchsvolle Kletterei
    (Höglinger)
96. Azak-thoth **8+ *****
    Lohnend, die zahmste Route im
    oberen Stock (Holy)

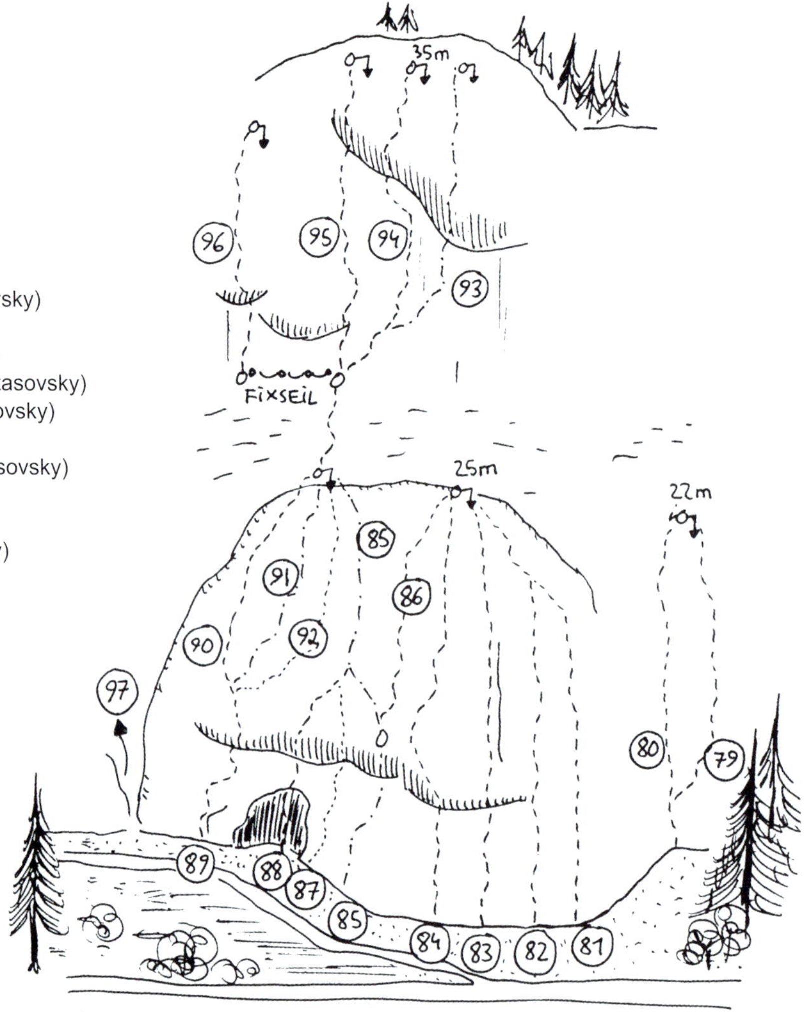

Sektor G – Larifari

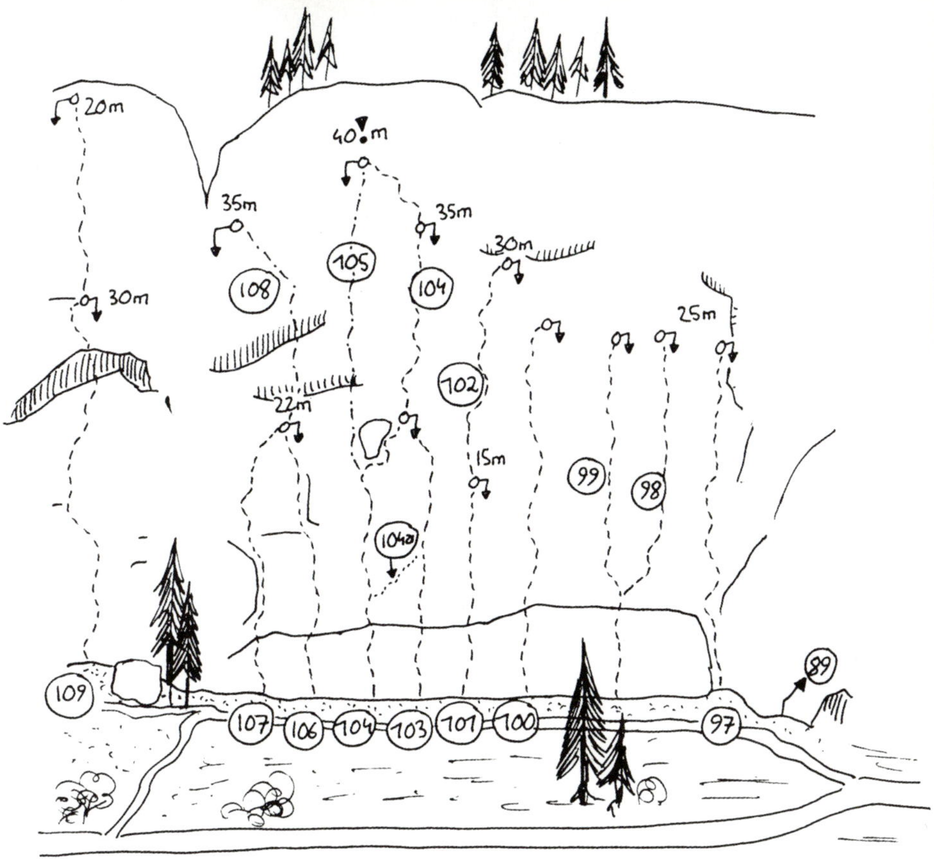

97. Traum ewiger Finsternis **6+ ✱✱✱**
 Lochkletterei! (Behm)
98. 100 Jahre Einsamkeit **7- ✱✱✱**
 Schöne Lochroute (Holy)
99. Der lange Weg zur Müdigkeit **7 ✱✱✱**
 Toll! (Holy)
100. Duowabohu **8-/8 ✱✱** (Holy)
101. Uljenspiegel **7 ✱✱✱**
 Kurze Henkelei (Matasovsky)
102. Fenrir **8 ✱✱✱**
 Schlüsselstelle ganz oben (Matasovsky, Holy)
103. Kenosis **8** ✱ Sehr gute Lochkletterei, Klassiker (Matasovsky, Holy)
104. Larifari **7-, 7, 8,** ✱ Trotz Speck der Klassiker schlechthin, Länge 1 plus 2 werden meist gemeinsam geklettert **(rp 7+)** – 70m-Seil zum Ablassen nötig, die 3. Länge wird äußerst selten geklettert (Matasovsky, Bilik)
104a. Variante Matasovsky **8- ✱** Verblasst hier ziemlich (Matasovsky)
105. Zig zig zillis **9+ ✱✱✱**
 Geniale Route mit Boulderstelle mittendrin, sehr lang – 40m! (Höglinger)
106. Kasuki **7 ✱✱✱** (Holy)
107. Grummel Griesgram **7 ✱✱** (Holy)
108. Krups **10- ✱✱✱** Harte Verlängerung zu 107. (Helma)
109. Blizzard **8, 7+ ✱✱** Nicht immer feste Felsfahrt, eindrucksvoll (Holy, Höglinger)

Meine Kuh trägt himmelblaue Socken 8+/9-, Zapfl

Sektor H – Spielplatz

Vorsicht: Viele Routen sind 35m hoch!

110. Die 2 Seiten **7+, 8 ✱✱** Selten begangen (Holy)
111. Throne of Ahaz **8- ✱✱** Diffizil an Löchern (Behm)
112. Body encounter **8- ✱✱✱** Plattenkletterei (Jahoda)
113. Per aspera ad astra **7-, 7 ✱✱✱**
     Lohnend, läßt sich auch in einer Länge gut klettern (Holy, Danzer)
114. Immer wenn er Pillen nahm **8+ ✱✱✱**
     Sehr lang ... (Höglinger)
115. Necrosanct **8+/9-** ✱
     Ebenfalls sehr lang, unterer Teil leichter (Holy)
116. Gmahde Wiesn **7 ✱✱** (Holy)

116a. ? li. von 116., brandneu, goldene Laschen

117. Lux line **7 ✱✱✱** Oben viel leichter (Holy, Danzer)
118. Himmel auf Erden **7+, 7- ✱✱✱**
     Lohnende Bäuche, in einer Länge gut kletterbar (Holy)
119. Fortes fortuna adiuvat **7 ✱✱**
     Schon sehr abgeschmiert (Holy, Danzer)
120. ? **8 ✱✱✱** Lang und technisch anspruchsvoll (Höglinger)
121. Schuppe ade **7 ✱✱** (Holy)
122. The buzz **8-** Markante Einzelstelle (Membier)
123. The buzz-Variante **8- ✱✱✱**
     Nach der Einzelstelle links ins Kuckucksnest (Membier)
124. Pief Tartar **7- ✱✱** (Holy, Danzer)
125. Denk ans Ende **7 ✱✱** (Holy, Danzer)
126. Grenzblockade **7+ ✱✱** (Holy)
127. Grauzone **7+ ✱✱** (Holy)
128. La linea **9- ✱✱✱** Projekt, sehr lang,
     ganz oben nicht links (Höglinger)
129. Reise durchs Kuckucksnest **7, 7 ✱✱✱**
     Superroute (Holy, Danzer)

Sektor H – Spielplatz

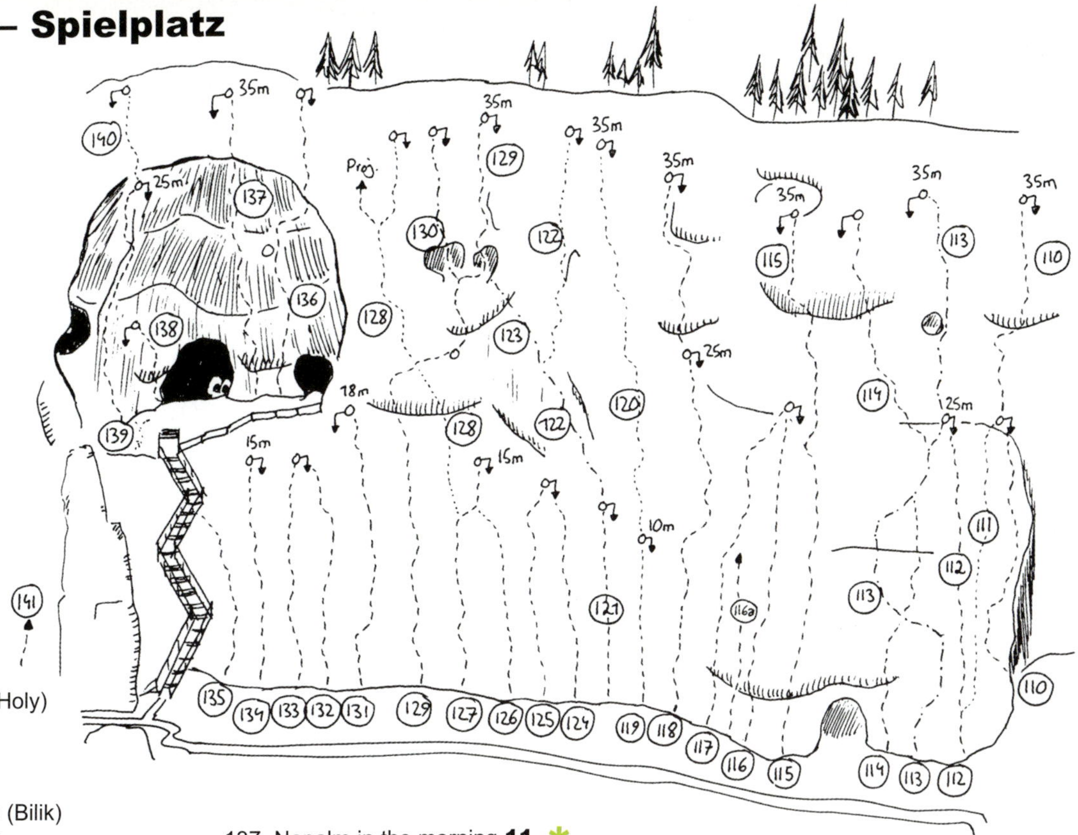

130. Spielplatz der Helden **8 **** (Holy)
131. Mimelitt **6 **** Nett (Holy)
132. Dat **6+ **** (Bilik)
133. Rostiger BH **6- **** (Bilik)
134. Affentanz **6+** (Bilik)
135. Zulu **4** (Bilik)
136. Erfolg ist trainierbar **10/10+** * Nach Griffausbruch noch keine Wiederholung (Helma)
137. Napalm in the morning **11-** * Top! (Fiedler)
138. Auszuckte G´fraster **8- **** Kurzroute, gut mit 139. zu verbinden (Gruber, Holy)
139. Working like a dog **8+ ***** Eindrucksvolle Verschneidung mit Einzelstelle (Gruber, Holy)
140. ?

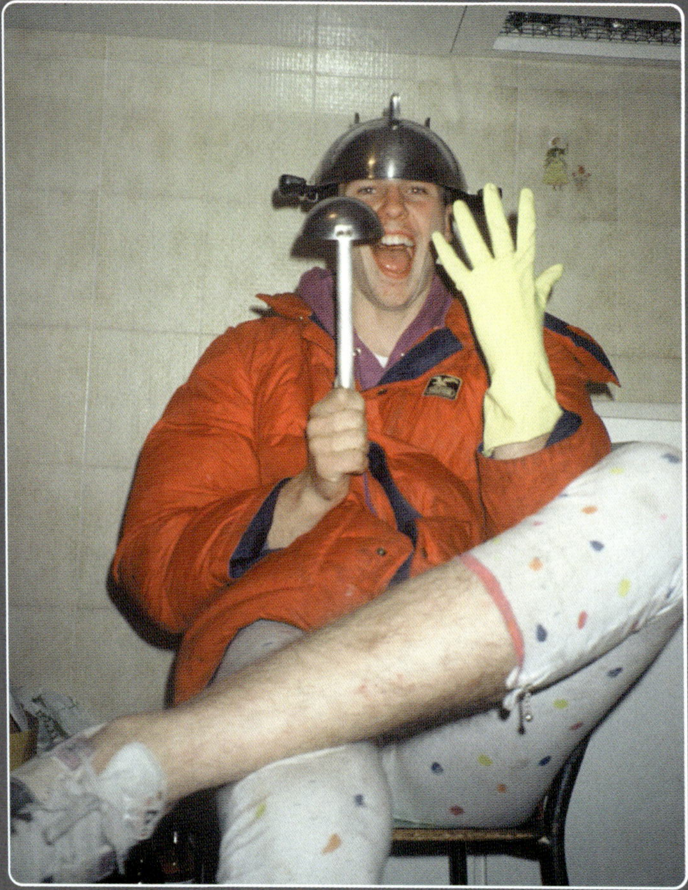

An dieser Stelle sei an Erich Holy (✝2000 Hochfernernordwand) gedacht.

An alle, die ihn nicht kannten:
Wir verdanken ihm viele Touren hier in den Adlitzgräben, jede Menge sanierter Routen auf der Hohen Wand, am Peilstein und an vielen anderen Plätzen.

Alle die ihn kannten wissen was für ein guter Kumpel er war. Ein Kletterer mit Leib und Seele, Freund, Bruder im Geiste, Spaßvogel, Weltenbummler – einfach ein verdammt feiner Kerl! Sei gegrüßt!

Sektor I – Vanitas

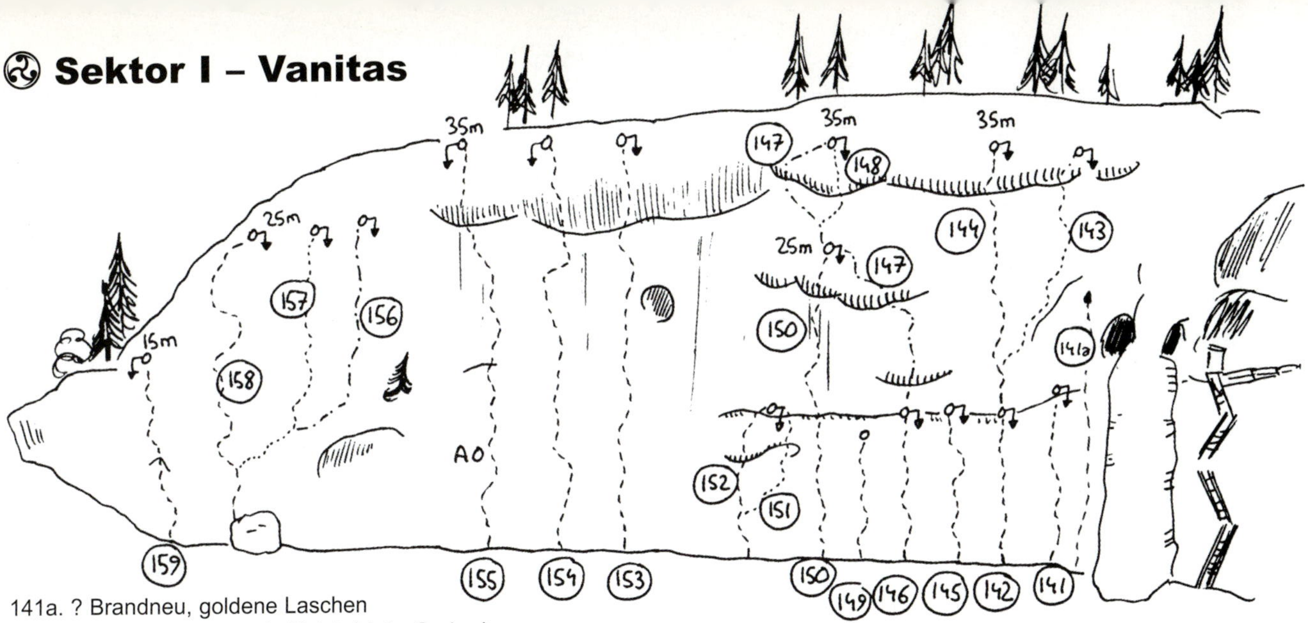

141a. ? Brandneu, goldene Laschen
141. Auch Spass muss sein **7 **** (Holy, Gruber)
142. Vielharmoniker **7+ **** Kleingriffig (Bilik)
143. Ulli Mayer Gedächtnisweg **8- *****
Lang mit Schlüsselstelle ganz oben (Holy, Höglinger)
144. Paschdi Paschdi **9-** *
Superroute, Crux ganz oben (Höglinger)
145. Vanitas **7+/8- **** (Matasovsky, Bilik)
146. Anarchie **8+/9- **** Gebohrte Griffe (Matasovsky, Bilik)
147. Guggugg**7, 7+ *****
Schöne Henkelroute vom Band weg (Matasovsky)
148. Durchgestrichenes Frauenzeichen **7+/8- ****
Variante zu 147. (Matasovsky)
149. Lucy tussi **?** Keine Haken, gebohrte Griffe
150. Aja **8 ***** Schöne, lange Route (Höglinger)
151. Schleich dich **7 **** Etwas splittrig (Gruber, Holy)
152. Vielseitigkeitsprüfung **8- **** (Gruber, Holy)
153. ? **10- ***** (Kubista)
154. Angel heart **10-/10** * Anspruchsvolle, kleingriffige
Route mit diffizilen Stellen (Helma)
155. Luftschnapper unten **A0**, oben **8 *****
Beginn technisch, dann gute Sinterhenkelei
(Holy, Höglinger)
156. Geilo **8+ ***** (Membier)
157. Wielada **8/8+ ***** (Höglinger)
158. Weniger wäre mehr **8- ****
Abwechslungsreich (Gruber, Holy)
159. Under pressure **8+/9- **** Kleingriffige Einzelstelle (Gruber)

Wadi Rum -8, Scheiblingkirchner Wandl

Bucklige Welt / Scheiblingkirchen

Ein kleines, aber feines neuentdecktes Kletterrevier oberhalb der netten Ortschaft Scheiblingkirchen in der Buckligen Welt. Die Touren sind nicht besonders lang, der Fels ist aber einmalig löchrig und rau und die Absicherung sehr gut. Und nach einem anstrengenden Klettertag locken die Wirtshäuser in der Umgebung mit guten Schmankerln...

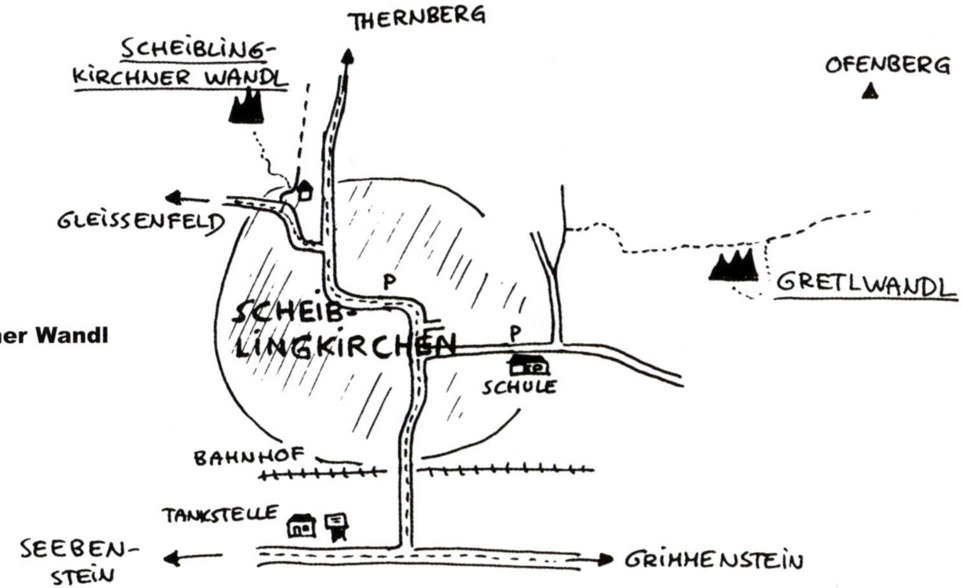

1. **Scheiblingkirchner Wandl**
2. **Gretlwandl**

Tod durch Pentagramm 7, Scheiblingkirchner Wandl

Scheiblingkirchner Wandl

Lage: SW **Höhe:** 18m

ppp

Besonderes: Auf den ersten Metern teilweise sehr weiches Gestein, dann aber bester Lochkalk!

Erst im Frühjahr 2001 erschlossene Wand, nicht hoch aber mit genialen überhängenden Lochklettereien im 8. und im 9. Grad im zentralen Teil, links und rechts davon runden mehrere Touren von 5 bis 7 das Angebot ab. Die Absicherung ist perfekt, der Einstiegsbereich superbequem – fast perfekt, wäre da nicht der auf den ersten Metern sehr weiche, gelbliche Fels, der Boulder am Wandfuß fast unmöglich werden lässt.

Zufahrt:

PKW: Von der Südautobahn A2 Abfahrt bei Seebenstein oder Grimmenstein und nach Scheiblingkirchen. Am besten vor dem Ort parken, im Ortszentrum ebenfalls Parkmöglichkeit.
ÖV: Mit der Bahn bis zur Station Scheiblingkirchen.
In 3min. ins Ortszentrum.

Zugang:

Vom Ortszentrum der Straße Richtung Thernberg folgen, nach der Kurve aber gleich links in die Straße Richtung Gleißenfeld. In der ersten Kurve zweigt rechts ein Hohlweg ab, der bei einem Haus vorbeiführt. Vor dem Haus den Hang direkt steil hinauf zur Felswand (5 min).

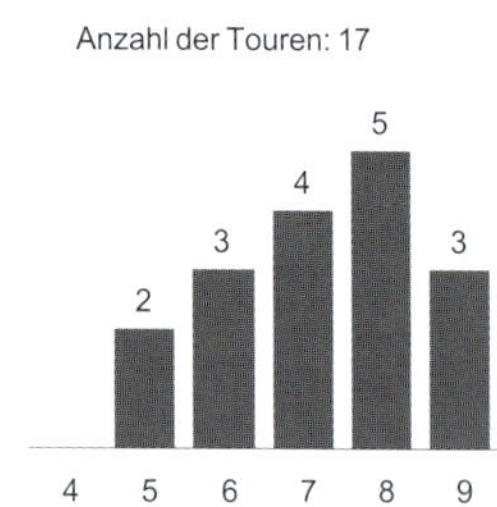

Scheiblingkirchner Wandl

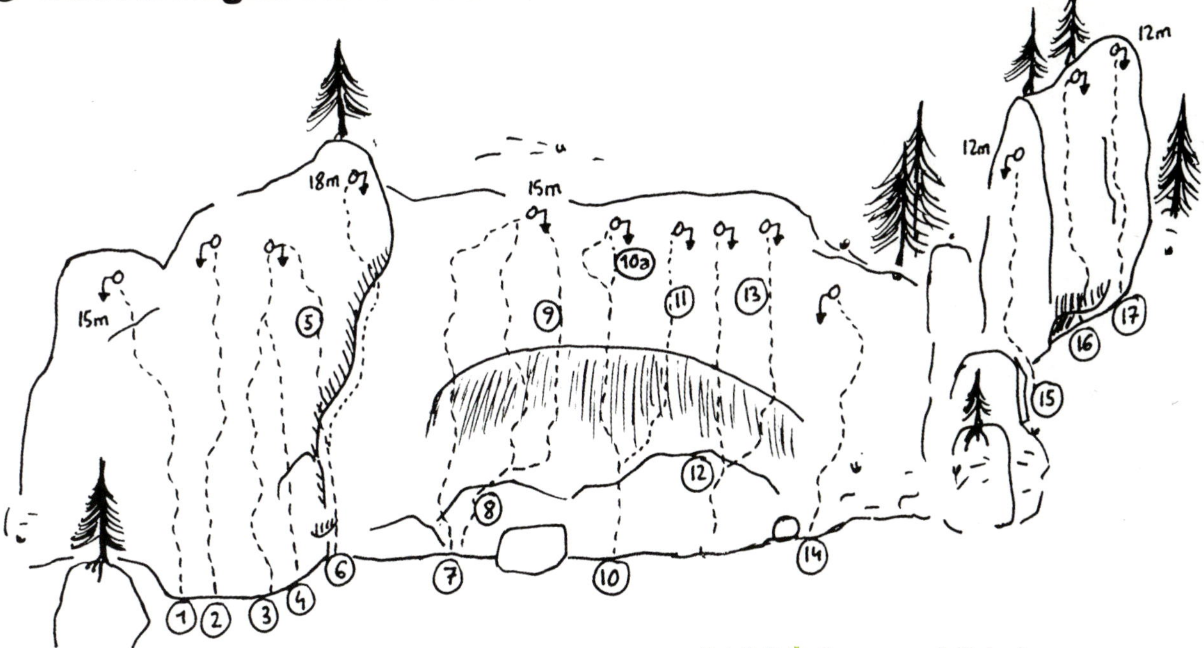

1. Herbstleyd **5- ✱✱** Nett (Behm)
2. Mayhem **6 ✱✱** (Behm)
3. Im Trend der Zeit **6+ ✱✱✱** Schöne Wandkletterei (Behm)
4. Tod Durch Pentagramm **7 ✱✱**
   Den asozialen Seildieben gewidmet (Behm)
5. Quintessence **8+ ✱✱** Einzelstelle (Gamsjäger)
6. Merlins Crack **7+ ✱✱✱** Tolle Verschneidung (Behm)
7. Panzerdivision Marduk **8+ ✱✱✱** Super! (Behm)
8. Wadi Rum **8-** ✳ Geniale Lockkletterei (Behm)
9. Isili **8** ✳ Genauso gut! (Behm)
10. Midian **9-** ✳ Superlochzüge, oben Linksschleife (Behm)

10a. Variante direkt **9/9+** (Gamsjäger) Auflegerparty

11. Mortician **9-** ✳ Ausdauer (Gruber)
12. Alles Porno **9+ ✱✱✱** Weite Blocker (Gsenger)
13. Judas Iscariot **8+/9- ✱✱** Einzelstelle, schmerzhaft (Behm)
14. Moonfog **7+ ✱** Mäßig (Behm)
15. Wabenkante **5- ✱✱✱** Nette Kante (Behm)
16. Paraplui **7 ✱✱✱** Einstiegsboulder, dann Wand (Behm)
17. ? **6 ✱✱** Ganz nett (Libicky)

Leichte Beute 5+, Gretlwandl

Gretlwandl

Lage: SW **Höhe:** bis 20m

ppp

Besonderes: Störender Autobahnlärm!

Eine Wand wie in Finale, steil und mit unzähligen Löchern garniert, bestens gesichert, hübsch im Wald gelegen – nur leider mit übler Geräuschkulisse von der Autobahn her. Die wirklich tollen Routen, alle von 6 bis 7, lassen dies aber schnell vergessen.

Zufahrt:
Wie Scheiblingkirchner Wandl, allerdings vorm Hauptplatz rechts abbiegen und am besten bei der Schule parken.

Zugang:
Von der Schule der Markierung Richtung Ofenberg folgend einen steilen Hohlweg aufwärts. Wo der Weg flach wird, rechts auf den Kamm hinüber, der felsig zum Pittental abbricht. Knapp vorm höchsten Punkt rechts runter zum Wandfuß (ca. 20min).
Siehe auch Skizze Scheiblingkirchen.

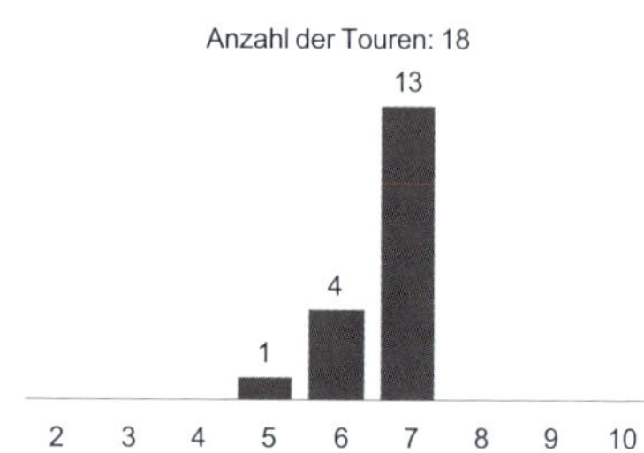

Gretlwandl

1. Rats **7 ✱** (Behm)
2. Rabid **6+ ✱✱** (Behm)
3. M-16 **6+ ✱✱** (Behm)
4. Weirdcong **7 ✱✱** (Behm)
5. Napalm in the morning **7- ✱✱** (Behm)
5a. Die schwere Beute **6- ✱✱** (Gauster)
5b. Die leichte Beute **5+ ✱✱** (Gauster)
5c. Wilderer **7- ✱✱** Kante (Gauster)
6. Altlast **7-** Miese Haken, Schas
7. Död **7+ ✱** (Behm)
8. Svart **7 ✱** (Behm)
9. Orlok **7+ ✱✱** (Behm)
10. Opyros **7+ ✱✱✱** Super! (Behm)
11. Triaskalk **7 ✱** Lang und schön (Behm)
12. Jungle Rot **7- ✱✱✱** (Behm)
13. ? **7- ✱✱✱** (Libicky)
14. Rasluka **6+ ✱✱** (Behm)
15. Herbsthorst **7- ✱** Splittrig (Behm)

Schwarzau/Gebirge Handlesberg

Lage: S **Höhe:** bis 35m

ppp

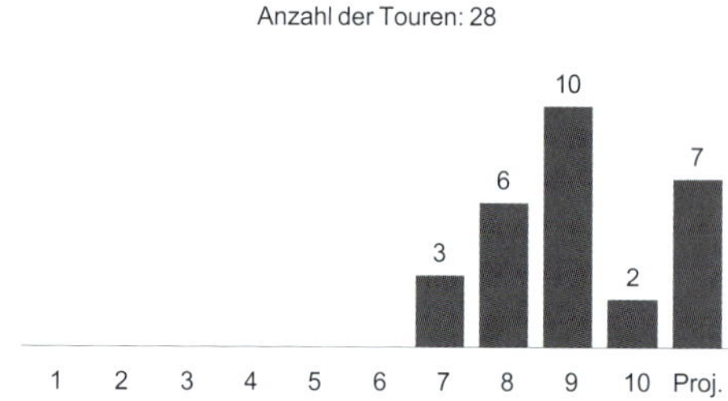

Besonderes: 70m-Seil für einige Routen von Vorteil. Von Mai bis Oktober Kletterverbot. Unbedingt einhalten!

Erst vor kurzer Zeit erschlossen, mauserte sich die bunte, teilweise sogar versinterte Wand zu einem beliebten Ziel für Leute, die vom 8. Grad aufwärts unterwegs sind. Leicht bis stark überhängende, durchaus technisch anspruchvolle Wandkletterei steht hier am Programm, und das Ganze in milder Südlage – ein Tipp für kalte Tage! In der warmen Jahreszeit nicht zu empfehlen, dann wird es zu heiß – das macht aber nix, weil von Mai bis Oktober das Klettern hier sowieso verboten ist. Wer sich nicht daran hält den trifft der schwarze Blitz.

Zufahrt:
PKW/ÖV (Bus): Bis Schwarzau/Gebirge, das Auto parkt man am besten beim nördlichen Ortsausgang, beim Naturpark.

Zugang: Ein Stück auf der Straße nach Norden, bis rechts ein markierter Wanderweg zum Falkenstein führt (Tafel). Diesem folgt man, anfangs über eine Wiese, dann im Wald bis direkt zum Wandfuß (10-15min). Bitte den Wanderweg benutzen und nicht über die Wiese latschen – die Anrainer schätzen das nicht!

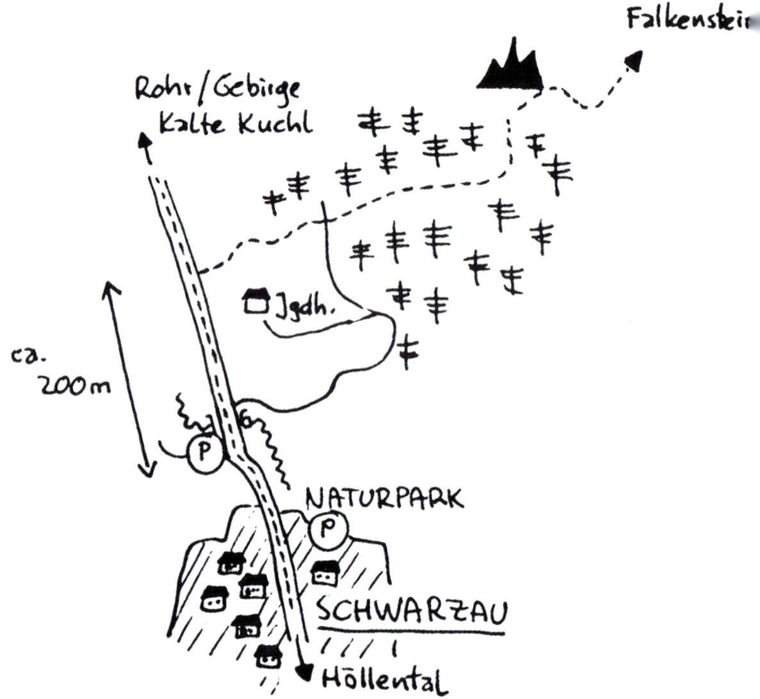

Shellmardine 9-, Handlesberg

Benzinbruder 8/8+, Handlesberg

Schwarzau/Gebirge Handlesberg

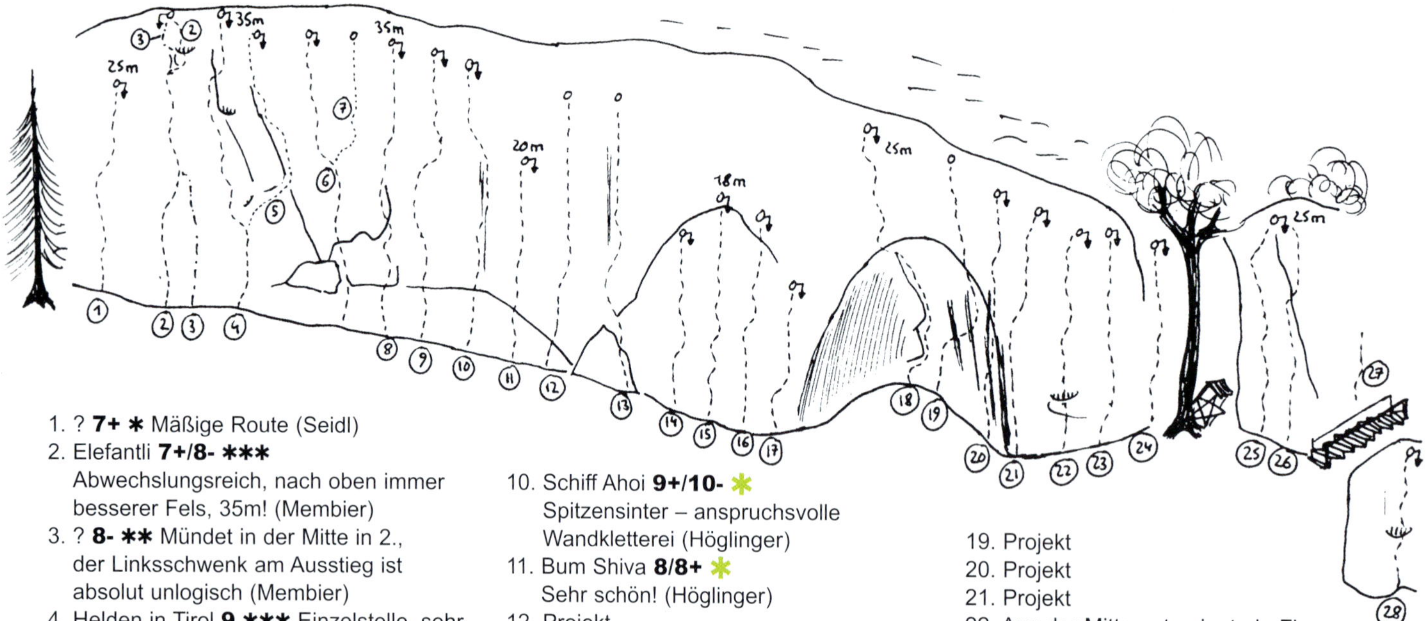

1. ? **7+ ✱** Mäßige Route (Seidl)
2. Elefantli **7+/8- ✱✱✱** Abwechslungsreich, nach oben immer besserer Fels, 35m! (Membier)
3. ? **8- ✱✱** Mündet in der Mitte in 2., der Linksschwenk am Ausstieg ist absolut unlogisch (Membier)
4. Helden in Tirol **9 ✱✱✱** Einzelstelle, sehr schön! 35m (Höglinger)
5. ? **9-/9** ✱ Grenzgeniale Verschneidung, Danke Bauz! (Membier)
6. ? **9- ✱✱✱** Anspruchsvolle Wandkletterei mit etwas weiteren Abständen
7. Projekt
8. Pizza Happy **8- ✱✱✱** Lange, schöne Ausdauerroute (Höglinger)
9. Benzinbrüder **8/8+ ✱✱** Etwas unübersichtlich (Höglinger)
10. Schiff Ahoi **9+/10-** ✱ Spitzensinter – anspruchsvolle Wandkletterei (Höglinger)
11. Bum Shiva **8/8+** ✱ Sehr schön! (Höglinger)
12. Projekt
13. Projekt
14. Trost und Rat **8- ✱✱✱** Diffizile Wand, ältere Bolts (Trawnicek)
15. ? **9+ ✱✱** Anspruchsvoll! (Reicht)
16. Shellmardine **9- ✱✱✱** Superlochkletterei (Trawnicek)
17. Saftpresse **10- ✱✱✱** Recht kurz, aber hart (Meder)
18. ? **10** ✱ Karls Superverschneidung – leider oft feucht (Reicht)
19. Projekt
20. Projekt
21. Projekt
22. Aus der Mitte entspringt ein Fluss **9+/10- ✱✱✱** Harte Boulderstelle (Schifer)
23. Deus ex machina **9- ✱✱** (Schifer)
24. Smarties **7+ ✱** Seichte Auflegerlöcher, ältere Haken (Trawnicek)
25. ? **9- ✱✱✱** Gute Wandkletterei (Reicht)
26. Zuflucht der Sünder **8/8+ ✱✱✱** Tolle Lochkletterei (Membier)
27. Projekt
28. ? **9+/10- ✱✱✱** (Reicht)

Thomas Behm
Kurt Schall
Gerhard Grabner
SPORTKLETTERN
Österreich Ost
Band 1
Long Climbs
Alpine Sportkletterrouten
Schwierigkeitsniveau ab 6/6+

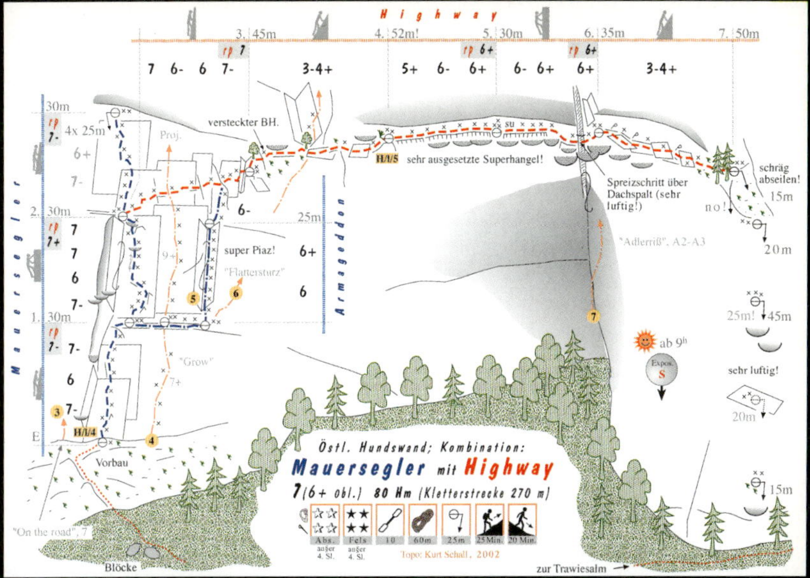
Highway
Mauersegler
Armageddon
versteckter BH.
sehr ausgesetzte Superhangel!
Spreizschritt über Dachspalt (sehr luftig!)
super Piaz!
"Flattersturz"
"Adlerriß", A2-A3
"Grow"
schräg abseilen!
sehr luftig!
Vorbau
"On the road", 7
Blöcke
Östl. Hundswand; Kombination:
Mauersegler mit Highway
7(6+ obl.) 80 Hm (Kletterstrecke 270 m)
Topo: Kurt Schall, 2002
zur Trawiesalm

Jelmagyarázat

Statisztika:
A statisztikában a terep útait a nehézség foka szerint oszlopdiagramban jelölik. Kettős nehézségi skála esetén (pl. 8+/9–) a nehézség fokát az alsó értékkel jelölik (pl. 8+/9– esetében: 8). Több kötélhosszúságú mászó utakat a legnehezebb kötélhossz szerint minősítik..
Proj. = projektek.

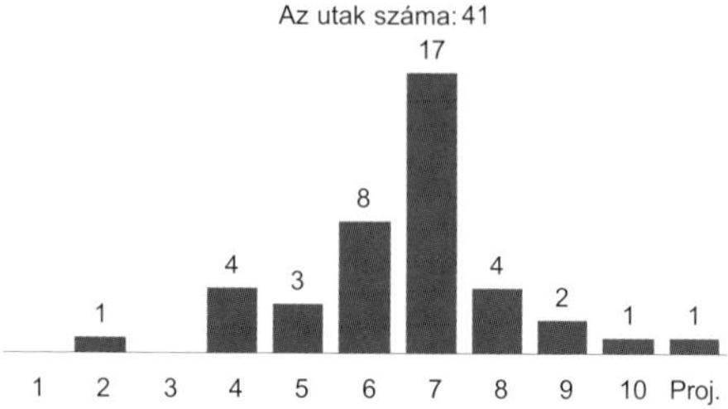

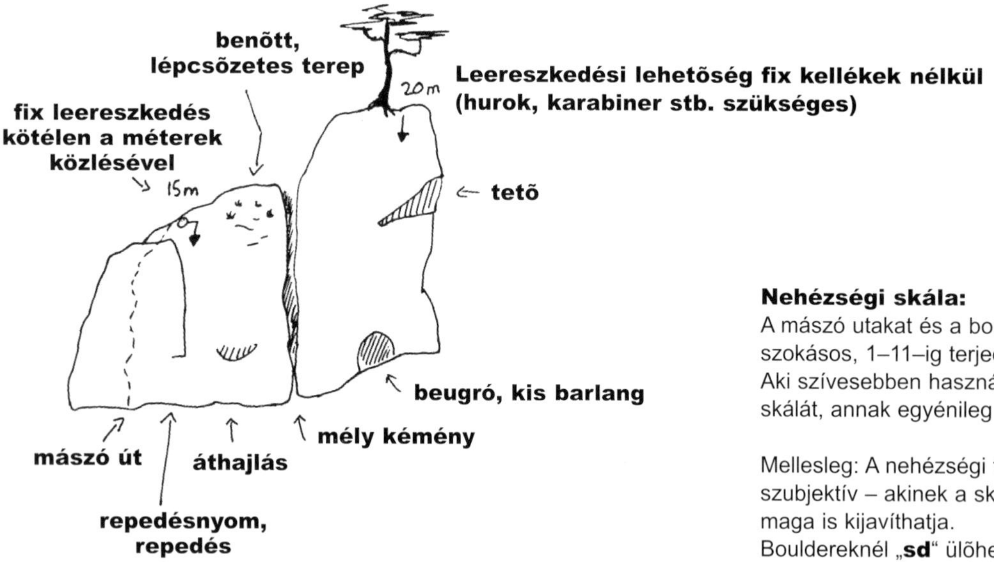

Nehézségi skála:
A mászó utakat és a bouldereket a nálunk még mindig szokásos, 1–11–ig terjedő UIAA–skála szerint minősítik. Aki szívesebben használja a francia skálát ill. a Bleau–skálát, annak egyénileg kell az átszámítást elvégeznie.

Mellesleg: A nehézségi fok megítélése természetesen szubjektív – akinek a skála nem passzol, azt a kalaúzban maga is kijavíthatja.
Bouldereknél **„sd“** ülőhelyzetből történő indulást jelent – hátsó rész a földön!

Fekvés: merre néz a fal (pl. Ny, K, DK...)

Magasság: a fal magassága (pl. 25 – 30m)

Értékelés:

✱ legeslegzseniálisabb mászó út
*** igen szép, jó fogások, szuper szikla
** szép mászó út, megéri
* rendben, semmi különleges
– csillag nélkül, hát – szakadékony vagy földes – inkább érdektelen

Mennyire jó a biztosítás:

ppp Perfekt biztosítás befúrt vagy nit kampókkal, könnyebb terepen is csekély kampótávolságok

pp Jó biztosítás befúrt ill. nit kampókkal, valamivel nagyobb távolságok is lehetségesek, a kulcshelyeken sincs mindig kéztávolságra a kampó

p A biztosítás befúrt ill. nit kampókkal nem felel már meg a mászó iskola igényeinek. Nagyobb távolságok az út kulcshelyein is, kényszerítõ nehézségek, esetleg ékek ill. Friends–ek szükségesek, nem ajánlatos gondatlanul a kötélbe esni.

~~**p**~~ Nincsenek kampók !

A fal lejtése:

 sima, lejtõs terep

 függõleges falmászás

 zömmel áthajló mászás

Gyermekeknek alkalmas:

 Ezzel a szimbólummal csak akkor találkozunk, ha a szikla különösen gyermek– ill. családbarát. Ez a fal tövében veszélytelen terepet jelent, játszólehetõséget, jó megközelítést, könny_ mászó utat...

Kezdõk:

L Ezt a szimbólumot akkor használjuk, ha egy mászó iskolában kezdõk számára különösen alkalmas utak vannak: csekély nehézség, igen jó biztosítás ill. jó lehetõség a Toprope–mászáshoz.

Značení

Statistika:
Ve statistice jsou stezky horolezecké oblasti vyznačeny diagramem podle stupné obtížnosti. Při dvojitém označeni (např. 8+/9-) je v diagramu znázorněno nižší ohodnocení (t. z. 8+/9- tedy 8). Stezky které přesahuji délku lana (i několikrát) jsou označeny podle nejtěžší délky.

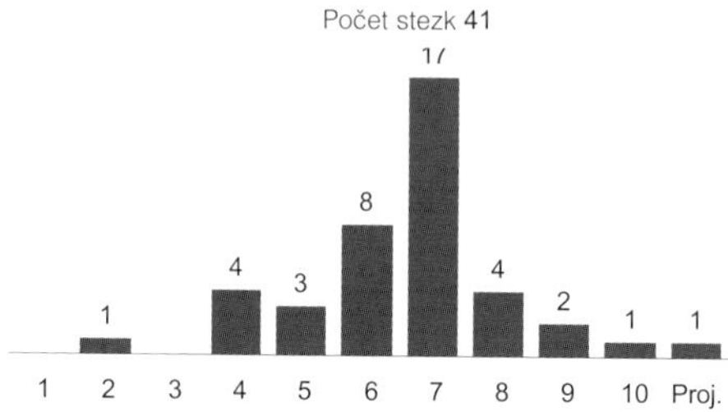

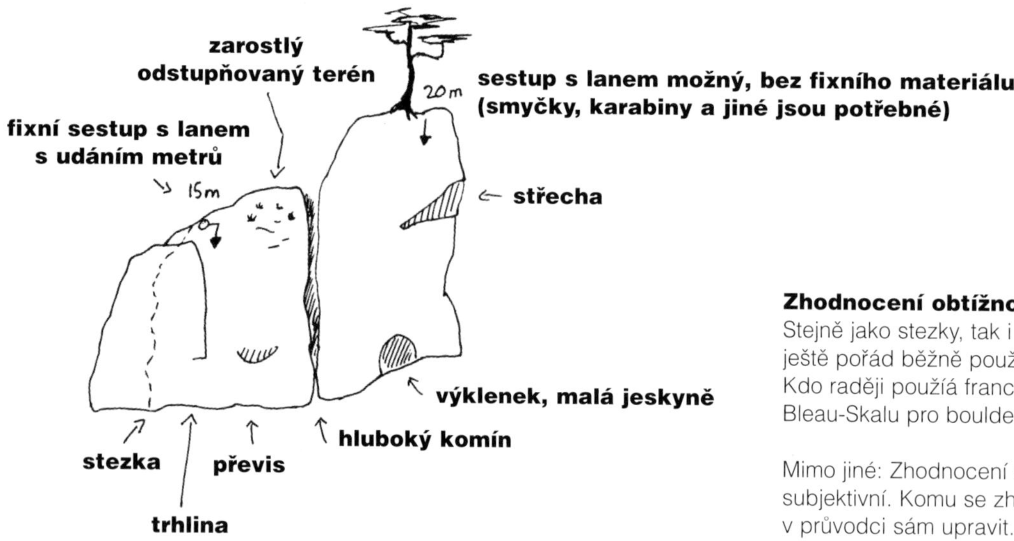

Zhodnocení obtížností:
Stejně jako stezky, tak i boulder, jsou označovány, o nás ještě pořád běžně používanou UIAA stupnicí od 1-11. Kdo raději použíá francouzkou skalu popř. Bleau-Skalu pro boulder musí si ji sám převést.

Mimo jiné: Zhodnocení obtížnosti je samozdřejmně subjektivní. Komu se zhodnocení nehodí, ten si je musí v průvodci sám upravit. U boulder to znamená „**sd**" – start ze sedu – zadek na zem!

Poloha: Směr stěny (např. s, v, j.z...)

Výška: Výška stěny (např. 25-30m)

Zhodnocení trasy:

*	Geniální stezka
***	Velmi hezká stezka, dobře probíhající, perfektní skála
**	Hezká stezka -> vyplatí se
*	Ok, nic zvláštního
–	Bez hvězdy, no jo – lámavý nebo hliněný povrch, spíš se nevyplatí

Zajištění:

ppp	Perfektní zajištění vrtacími popř lepícími háky, malá vzdálenost háků i v jednoduchém terénu.
pp	Dobré zajištění vrtacími/lepícími háky, může se také vyskytnout větší vzdálenost háků, i na rozhodujících místech není hák vždy na dosah.
p	Zajištění vrtacími/lepícími háky má již alpinistický charakter. Velká vzdálenost háků i na důležitých místech, nucené potíže, eventualní nutnost použití klínů popř. friends. Nerozvážné spouštění se nedoporučuje.
~~**p**~~	Žádné háky nejsou k dispozici.

Spád stěny:

Plochý, nakloněný terén

Kolmá stěna

Převážně převislý výstup

Přístupné pro děti:

Tento symbol se používá jenom, když je stěna obzvláště výhodná pro děti nebo pro rodiny.
To znamená terén bez nebezpečí na začáku skály. Možnosti na hraní, dobrá přístupnost, lehke stezky.

Začátečníci:

L Tento symbol se nachází jenom v úsecích horolezecké oblasti, která se obzvláště hodí pro začátečníky. Malý stupeň obtížností, velmi dobré zajištění, popř. dobré možnosti k toprope horolezeectví.